기울어진 교육

부모의 합리적 선택은
어떻게 불평등을 심화시키는가?

기울어진 교육

Love, Money & Parenting
How Economics Explains The Way We Raise Our Kids

마티아스 도프케,
파브리지오 질리보티 지음
김승진 옮김

메디치

《기울어진 교육》에 쏟아진 찬사

세상은 자녀가 잘되길 바라면 맹렬히 헌신해야 한다고 말하며 '부모다움'조차 경쟁하게 만든다. 부모는 그에 호응하듯 낙오되면 끝장이니 자녀에게 집착할 수밖에 없다며 자신의 선택을 합리화한다. 그 결과 우리는 얼마나 공정하고 합리적인 세상에 살게 되었나? 이 책은 스카이캐슬의 육아법이 모든 부모의 모범적 사례인 양 부유하는 한국 사회에 경종을 울린다. 저자들은 계층 변수의 무게감을 외면하지 않고 엄밀한 사회과학의 렌즈로 '아이 키우는 건 다 똑같다'는 말이 왜 틀렸는지를 증명한다. 부모는 그들이 어떤 사회에 발을 딛고 있는지에 따라, 그리고 미래에 대한 두려움의 크기에 따라 자녀를 다르게 대한다. 그렇다면 부모의 사랑과 자녀에 대한 강박을 구분하지 못하는 우리는 어디쯤 서 있는가? 부모라면 못할 것이 없다는 망상에 빠져 사회구조의 중요성을 망각한 사람들의 필독서다.
— 오찬호, 《결혼과 육아의 사회학》 저자

입시 제도만 고치면 대치동 불빛도 함께 사라질까? 《기울어진 교육》은 대치동으로 상징되는 중상위 계층 부모의 교육열이 한국만의 특수한 문화 현상이 아니라 경제적 인센티브에 따른 대응이라고 말한다. 소득 격차가 벌어지고 인적 자본에 대한 투자 수익성이 높아질수록 자녀 양육은 강도 높고 집약적이 될 수밖에 없다. 오늘날 교육은 '미세 조정'이라는 표현을 써도 될 만큼 자녀의 삶 자체를 관리하는 일이 되었다. 왜 우리는 양육에 점점 더 많은 돈과 시간을 쏟아 붓는가? 그리고 왜 불평등이 심화되고 계층 이동은 어려워지는가? 이 책은 한국의 대표적인 두 병폐가 한 뿌리에서 나왔다는 것을 실증 분석을 통해 설득력 있게 보여준다. 멀쩡한 사람들도 자녀의 교육 문제에서만큼은 맹목적이 되는 현실이 못마땅한 이들에게 이 책을 권한다. — 조귀동, 《세습 중산층 사회》 저자

최근 10년간 출간된 최고의 육아서
경제적 불평등이 어떻게 미국 부모를 망쳐버렸는가?

마티아스 도프케와 파브리지오 질리보티는 소득 불평등이 어떻게 부모를 강박과 불안으로 몰고 가는지를 충격적으로 보여준다. 우리는 1970년대부터 오늘날에 이르기까지 글로벌 경제가 부모를 어떻게 변화시켰는지 숫자로 확인할 수 있다. 소득 불평등 정도가 낮은 곳이라면 부모가 된다는 것은 좀 더 여유로운 사건일 수 있으나 불행하게도 미국은 그런 나라가 아니다. 이 책은 다섯 살 난 아이의 커리어를 걱정하면서 그와 동시에 좀 더 수월하게 부모 노릇을 할 수 있게 우리의 정치가 변화하기를 바라는 모든 부모를 위한 책이다. ─파덜리닷컴Fatherly.com

시대와 장소에 따라 달라지는 양육 방식의 기원과 영향에 대한 흥미롭고 통찰력 있는 분석. 저자들에 따르면 부모는 아이가 성인이 되었을 때 직면하게 될 것으로 예상되는 사회경제적 현실에 잘 준비될 수 있도록 아이의 선호, 태도, 능력을 구성하고자 한다. 저자들은 경제학의 기본 이론을 창의적으로 사용해 다양한 학문 분야를 아우르는 실증 근거들을 종합하고 해석함으로써 부모가 왜, 또 어떻게 그런 노력을 기울이는지, 그리고 어떤 양육 방식에 노출되느냐가 아이의 사회경제적 성과에 어떤 영향을 미치는지를 면밀하게 고찰한다. 대담한 시도를 치밀한 논리로 탄탄히 뒷받침했다. ─제임스 J. 헤크먼James J. Heckman, 노벨경제학상 수상자

경제학은 '육아'를 생각할 때 대번 떠오르는 분야는 아닐 것이다. 하지만 이 책은 그러한 통념을 뒤집는다. 저자들은 양육 방식의 차이가 '상충적 교환관계trade-off'의 문제로 거의 모두 설명될 수 있음을 보여주며, 각 양육 방식이 자녀가 세상을 탐험하고 위험을 감수하는 방식에 어떻게 영향을 미치는지, 또 지난 몇 십 년간 자녀에 대한 부모의 생각, 태도, 행동에서 벌어진 놀라운 변화에 경제적 요인이 얼마나 중요한 역할을 했는지 보여준다. 꼭 읽기를 권한다.

─대런 애쓰모글루Daron Acemoglu, 《국가는 왜 실패하는가Why Nations Fail》의 공저자

개인적인 경험, 이론적 분석, 실증 근거를 한데 결합한 이 책은 육아 선택이 '인센티브'에 반응하며 따라서 국가별, 시대별로 부모들이 왜 상이한 선택을 내리는지 설명하는 데 경제학적 접근이 유용하다는 주장을 설득력 있게 전개한다. 풍부하고 상세한 정보를 담고 있으며 경제학적 논거 또한 탄탄하다.
—조 블랜든Jo Blanden, 《빈곤의 대물림The Persistence of Poverty across Generations》의 공저자

멀쩡해 보이는 사람들이 왜 자신의 아이들에게는 그토록 집착하는가? 《기울어진 교육》에 따르면 이 부모들이 집단적으로 미친 것은 아니다. 그들은 이 미쳐 돌아가는 환경에 적응하려는 합리적인 경제적 행위일 뿐이다.
—제니 앤더슨Jenny Anderson, 《쿼츠Quartz》

수많은 연구에서 발견한 실증 근거들과 참신한 설명을 제시하면서, 이 책은 국가 간에, 또 국가 내의 인구 집단 간에 양육 방식이 차이를 보이는 이유를 이해하는 데 경제학이 유용한 도구가 될 수 있음을 보여준다. 학문적인 깊이와 정교함도 놓치지 않으면서 가독성 또한 높은 책이다. 이 주제를 이보다 더 잘 다룬 책은 없을 것이다. 매우 흥미롭게 읽었다.
—나타부드 파우드타비Nattavudh Powdthavee, 《행복 공식The Happiness Equation》의 저자

참으로 어려운 질문에 진지하게 답하려는 시도. 부모의 선택은 어느 정도까지 경제적 현실에 의해 좌우되는가? 단 한 문장으로 답을 하는 것은 환원주의의 위험이 있지만, 어쨌든 답을 해보자면 다음과 같다. 적어도 미국 아이들을 기르는 일이라면, 그것은 경제 때문이야 바보야!
—패트릭 A 콜먼Patrick A. Coleman, 파덜리닷컴Fatherly.com

차례

서문과 감사의 글   009
들어가는 글   015

1부
불평등한 세상에서 아이를 키운다는 것

1장 ——— 양육 방식의 경제학   043
2장 ——— 우리는 어쩌다 헬리콥터 부모가 되었을까?   089
3장 ——— 스웨덴 부모와 미국 부모는 왜 다른 선택을 할까?   136
4장 ——— 흔들리는 교육 사다리   191

2부
이상적인 양육의 과거와 현재

5장 ——— 채찍에서 당근으로: 독재형 양육의 쇠퇴   237
6장 ——— 아들 키우기와 딸 키우기: 성역할의 변화   274
7장 ——— 출산의 경제학: 가족 규모가 줄어든다   314
8장 ——— 귀족의 가치와 중산층의 가치   363

3부
기울어진 운동장 위에서

9장 ——— 학교 시스템이 미치는 영향   391
10장 ——— 양육의 덫과 양육의 미래   431

미주   455
찾아보기   501

파브리지오는 아내 마리아와 딸 노라,
그리고 작고한 부모님 프란체스카와 벌터에게,
마티아스는 아내 마리사와 아들 루카스, 니코, 오스카,
그리고 부모님 안네마리와 디트마르에게 이 책을 바칩니다.

서문과 감사의 글

이 책의 씨앗은 우리가 "스타일 있는 양육: 세대 간 선호 전승에서의 이타주의와 온정적 개입주의Parenting with Style: Altruism and Paternalism in Intergenerational Preference Transmission"라는 제목으로 펴낸 학술 논문이었다.[1] 우리는 경제학자인지라 양육에 대해 경제학적 관점으로 접근하고 있었는데, 연구를 하면서 보니 매우 많은 학문 분야(인류학, 교육학, 역사학, 심리학, 사회학 그리고 물론 경제학)가, 그러나 대개는 서로 소통이 없는 채로 양육에 대해 논의하고 있었다. 더 폭넓은 논의를 촉진하기 위해 우리는 경제학 포털 사이트 〈VoxEU〉(voxeu.org)에 "타이거 맘과 헬리콥터 부모: 양육 방식의 경제학Tiger Moms and Helicopter Parents: The Economics of Parenting Style"이라는 칼럼을 썼다. 이 글을 읽은 독자들의 반응을 보고서, 아이 키우는 부모와 양육에 대해 더 알고 싶어 하는 일반 독자 등을 포함해 조금 더 광범위한 대중과 우리의 생각을 나눌 수 있는 책을 써볼 용기가 생겼다. 이렇게 해서 이 모든 일이 시작되었다.

부모와 자녀는 우리의 오랜 연구 주제다. 양육 방식에 초점을 맞추기 전에도 우리는 인적 자본의 축적, 그리고 가정에서 이루어지는 선호와 문화 전승이 인적 자본의 축적에 미치는 영향에 대해 연구했다. 이런 주제에 대해 여러 편의 논문을 쓰는 과정에서 우리는 학술 논문으로는 다 담을 수 없는 많은 것을 알게 되었다. 이 책을 쓰면서 우리는 지난 몇 년 동안 수행했던 연구 내용을 되짚어보고 그것을 일관성 있는 설명으로 엮어보고자 했다. 또 아이 키우는 일을 사람들이 어떻게 생각하고 있는지 더 잘 파악하기 위해 학술 논문 외에 신문 기사, 블로그 글, 양육 지침서 등의 정보도 폭넓게 참고했다.

이 책은 우리 자신이 부모로서, 또 어린 시절에 자녀로서 겪은 개인적인 경험에서 출발한다. 어린 시절을 최대한 상세히 되돌아보고 현재 우리가 부모로서 꾸려가는 가정생활과 비교해보았더니 지금의 우리가 과거의 우리 부모와 매우 다른 종류의 부모라는 사실을 알 수 있었다. 우리가 더 '나은' 부모라는 말은 아니다. 우리도 그때의 상황에서 아이를 키웠다면 우리 부모와 비슷하게 행동했을 것이다. 우리가 아이를 키우는 방식이 우리 부모가 우리를 키웠던 방식과 다르다면, 이것은 우리의 지식이나 통찰이 더 나아졌기 때문이 아니라 그때와는 다른 환경에서 아이를 키우고 있기 때문이다. 이를 염두에 두고서, 우리는 아이를 키우면서 처하게 되는 환경이 부모의 양육 선택에 어떻게 영향을 미치는지 알아보는 것을 이 책의 목표로 삼았다. 이 책은 부모들에게 이렇게 저렇게 해야 한다고 조언하는 책이 아니라 부모들이 실제로 하고 있는 행동의 기저에서 작동하는 요인이 무엇인지 파악하고자 하는 책이다.

우리는 배우자의 경험에서도 많은 것을 배울 수 있었다.

파브리지오의 아내 마리아와 마티아스의 아내 마리사의 어린 시절은 우리가 경험한 어린 시절과 크게 달랐다. 여기에서도 누구의 부모가 '가장 좋은 부모'였는가는 논점에서 빗나간 주제다. 핵심은 우리가 각기 다른 나라(독일, 이탈리아, 스페인, 미국)에서 자랐다는 데 있다. 당시 이 네 나라는 아이를 키우는 방식이 각기 달랐다. 그리고 연구를 더 해보니 지금도 양육 행태는 국가마다 차이가 매우 컸다. 우리가 보고 겪은 바로도 그렇다. 부모가 된 이후에 상당히 여러 나라를 옮겨 다니며 살았던 터라, 우리는 매우 상이한 양육 문화에 종종 맞닥뜨리곤 했다. 이 책에서 우리는 이러한 개인적인 경험들을 연구자로서 배워온 학문적 지식들과 연결해서, 세상에 이렇게나 다양한 양육 방식이 존재하는 이유를 파악해보고자 한다.

1부는 오늘날의 양육을 다룬다. 우선 미국을 비롯한 선진국에서 최근 몇 십 년간 양육이 전보다 훨씬 강도 높고 집약적인 활동이 되어온 과정을 살펴본다. 1970년대와 1980년대에 느긋하게 내버려두는 부모 밑에서 어린 시절을 보낸 세대가 자신이 부모가 되자 난데없이 '헬리콥터 부모'와 '타이거 맘'이 된 것을 어떻게 설명할 수 있을까? 우리는 그 기간에 경제적 불평등이 증가하면서 사람들이 직면하는 경제적 인센티브가 달라졌기 때문이라는 답을 제시하고자 한다. 둘째, 개도국으로까지 범위를 넓혀서 국가별로 양육 방식이 크게 차이 나는 이유를 살펴본다. 여기에서도 우리는 경제적 인센티브가 국가별로 다르기 때문이라는 설명을 제시할 것이다. 셋째, 다시 선진국으로 돌아와서, 사회계층에 따라 상이한 양육 방식이 선택되면서

'양육 격차'가 벌어지고 있음을 보여주고, 그 이유를 알아본다. 우리는 소득과 교육 수준에 따라 부모들이 서로 다른 인센티브와 제약 조건에 직면하게 되며 이것으로 계층 간의 양육 격차를 설명할 수 있다고 주장할 것이다.

2부는 양육의 역사를 다룬다. 과거 수세기 동안 가혹하리만큼 엄격한 양육이 일반적이었는데 왜 오늘날에는 대부분의 부모가 아이가 잘못해도 가혹한 훈육을 피하려 하는가? 여기에서도 우리는 경제적 인센티브가 달라졌기 때문이라는 설명을 제시하고자 한다. 또한 아들과 딸에 대한 양육 방식의 차이가 시대에 따라 어떻게 달라졌는지, 경제 발전에 따라 왜 가족 규모가 작아졌는지, 아동노동에 대한 부모의 태도는 어떻게 달라졌는지, 왜 사회계층별로 상이한 선호와 가치관이 형성되고 전승되는지 등도 경제적 인센티브와 제약 조건이라는 동일한 렌즈로 분석할 것이다.

3부는 미래를 전망하면서 교육제도와 정책의 변화가 앞으로 양육에 어떤 영향을 미칠 수 있을지 알아본다. 먼저 학교 및 교육 시스템이 양육에 미치는 영향을 살펴보고 이어서 정책적 개입의 가능성을 논의한다. 우리는 부유층과 빈곤층 사이에 벌어지고 있는 양육 격차가 아이들 사이에서 기회의 불평등을 증폭시킨다고 보며, 이 격차를 좁히기 위해 무엇을 할 수 있을지 알아볼 것이다. 더불어, 불평등이 심화되고 있는 현재의 추세가 지속된다면 다음 세대에는 양육이 어떤 양상을 보이게 될지에 대해서도 논의할 것이다.

이 책은 많은 분들의 도움 덕분에 나올 수 있었다. 우선, 파브리지오의 아내 마리아와 마티아스의 아내 마리사는 처음부터 우리가 이 프로젝트에 나서도록 용기를 북돋워주었다. 물론 마리아와 마리사는 우리가 이 책의 주제에 대해 생각을 잡아나가는 데 막대한 영향을 미친 실제 양육에서 우리의 파트너이기도 하다. 전체 과정 내내 마리아와 마리사가 보내준 격려와 건설적인 비판에 고마움을 전한다. 더불어, 풍성한 영감을 주고, 우리가 양육의 '이론'에 관심을 쏟느라 정작 실제 양육에는 많은 시간을 내지 못한 것을 참아주었으며, 자신의 사례를 책에 활용할 수 있게 해준 우리의 아이들에게도 깊은 감사를 전한다.

편집자 새라 카로Sarah Caro는 이 프로젝트를 시작하도록 독려해주었고 맨 처음의 제안서 단계에서부터 최종고가 나올 때까지 편집과 관련해 커다란 도움을 주었다. 우리가 소속된 노스웨스턴 대학과 예일 대학이 베풀어준 지원에도 감사를 전한다. 또한 이 책의 토대가 된 연구는 미국 국립과학재단(마티아스가 받은 연구 지원금, SES-0820409)과 스위스 국립과학재단(파브리지오가 받은 연구 지원금, 100018_165616)의 재정 지원을 받았다.

취리히 대학, 노스웨스턴 대학, 예일 대학에서 뛰어난 연구 조교들의 도움을 받을 수 있어서 정말 행운이었다. 이들의 도움이 없었다면 이 책은 나오지 못했을 것이다. 연구 조교로 활동해준 다음 분들에게 감사를 전한다. 타이탄 알론Titan Alon, 스테판 빈더Stefan Binder, 세버린 렌하드Severin Lenhard, 엘리사 마치Elisa Macchi, 니나 뮐레바흐Nina Muhlebach, 제바스티안 오팅거Sebastian Ottinger, 마티아스 시프Mathias Schief, 베로니카 셀레

즈네바Veronika Selezneva, 애슐리 웡Ashley Wong, 레이철 우Rachel Wu, 로라 츠비시그Laura Zwissig. 책의 내용에 대해 유용한 논평과 조언을 해준 다음 분들에게도 감사를 전한다. 헬레나 아펠버그Helena Appelberg, 가브리엘레 카타니아Gabriele Catania, 쿠샬 데브Kushal Dev, 파멜라 드러커만Pamela Druckerman, 루카 파사니Luca Fasani, 바네사 한Vanessa Han, 리싱 리앙Lixing Liang, 리우 리우Liu Liu, 마사오 오가키Masao Ogaki, 앨리스 올리노Alice Ollino, 조디 오노Jody Ono, 키아라 프론자토Chiara Pronzato, 줄리언 샤러Julian Scharer, 시앙 웨이Xiang Wei, 통 장Tong Zhang. 또한 친구이자 협업자로서 전체 원고를 읽고 귀중한 의견을 내준 파비안 킨더만Fabian Kindermann, 조엘 모키르Joel Mokyr, 미셸 터틸트Michele Tertilt에게도 고마움을 전한다.

끝으로, 단순한 조교의 업무를 훨씬 뛰어넘는 기여를 해준 이 프로젝트의 전담 조교 주세페 소렌티Giuseppe Sorrenti에게 감사를 전한다. 소렌티의 열정, 아이디어, 지식, 역량이 없었다면 이 프로젝트는 결코 실현되지 못했을 것이다.

들어가는 글

'양육'이라는 말을 듣고 경제학을 떠올릴 사람은 별로 없을 것이다. 하지만 경제학은 사람들이 어떻게 의사 결정을 하는지 연구하는 학문이며, 부모로서 내리는 의사 결정은 우리가 살면서 직면하게 되는 가장 중요한 의사 결정이라고 해도 과언이 아니다. 이 책에서 우리는 몇 명의 자녀를 낳을지, 양육에 얼마나 투자를 할지, 어떤 방식으로 아이를 키울지 등에 대해 부모가 내리는 의사 결정을 이해하는 데 경제학이 매우 유용한 도구임을 보여주고자 한다.

통상적인 양육 서적과 달리 이 책은 양육 지침서가 아니다. 사회과학자로서 우리는 부모들에게 이렇게 저렇게 해야 한다고 말하는 것이 아니라 부모들이 실제로 어떻게 하고 있는지를 관찰하고 그 기저에 있는 요인과 동기를 파악하는 것이 우리의 임무라고 생각한다. 이를 위해 우리는 여러 양육 방식의 장단점을 부모가 이미 알고 있다는 가정하에 논의를 전개할 것이다. 즉, 부모가 그러한 지식을 알고 있는 상태에서 자신에게, 그리고 사랑하는 자녀에게 최선의 이익을 가져다주리라고 판단되는 방식을 선택한다는 전제하에 분석을 수행할 것이다.

이러한 분석을 통해 우리는 오늘날 고도로 집약적인 '헬리콥터 양육'(아이의 머리 위를 '뱅뱅 돌면서' 아이의 삶을 촘촘히 관찰하고 관리하는 방식의 양육)이 부상하게 된 이유는 무엇인지부터 과거에 여성 1인당 평균 자녀 수가 급감하고 핵가족 형태가 떠오른 '인구 전환'은 왜 나타나게 되었는지까지, 양육과 관련해 관찰할 수 있는 여러 현상을 이해하는 데 경제학이 매우 강력한 도구가 될 수 있음을 보여주고자 한다.

모든 것은 개인적인 경험에서 출발했다

실증 데이터와 경제학자로서 배운 학문적 지식 외에 부모로서, 또 어린 시절에 자녀로서 우리가 직접 경험한 바도 이 책의 중요한 토대가 되었다. 그러므로 먼저 간략히 우리를 소개할 필요가 있을 것 같다. 우리는 미국에 거주하고 있는 유럽 출신 연구자들로, 현재 우리가 아이들을 키우고 있는 환경과는 지리적, 문화적, 경제적으로 매우 다른 환경에서 자랐다. 또한 성인이 되어서는 일 때문에 여러 나라를 돌아다녀야 했던 덕분에 상이한 문화와 상이한 양육 방식을 접할 수 있었다. 시대별, 국가별로 자녀를 키우는 방식에 엄청난 다양성이 존재한다는 사실을 발견한 우리는 경제학 및 여타 사회과학에서 배운 지식을 양육 행태 연구에 적용해보아야겠다고 생각하게 되었다.

마티아스는 독일 북서부 니더작센주의 한 마을에서 자랐다. 주도인 하노버 인근에 있는 전형적인 중산층 마을이었다. 아버지는 주 정부 공무원이었고 부업으로 자그마한 가족 농장도 운영했다. 마티아스의 어머니는 교사였지만 농장 일과 아이를 키우는 일이 너무 바빠서 마티아스가 어렸을 때 교사 일을 그만두었다. 나중에 어머니는 지역의 정치에 참여하게 되었고 오랫동안 마을의 장을 지냈다. 마티아스는 베를린 훔볼트 대학을 졸업하고 24세에 미국으로 건너와 처음에는 미니애폴리스에서, 그다음에는 시카고에서 공부했다. 시카고 대학에서 경제학 박사학위를 받은 뒤 캘리포니아에서 첫 직장을 잡았고 미국인인 마리사와 결혼했다. 마리사는 TV와 영화의 캐스팅 감독이다. 마리사와 마티아스는 LA에서 두 아들 오스카와 루카스를 낳고 2010년에 시카고 인근으로 돌아왔다. 지금은 시카고 북쪽의 부유한 교외 지역인 에반스턴에 살고 있으며 2013년에 여기에서 셋째 아들 니코를 낳았다. 현재 오스카, 루카스, 니코는 각각 10세, 7세, 4세이고 모두 독일어와 영어를 유창하게 구사하며 시카고에 있는 독일국제학교에 다닌다.

이탈리아 출신인 파브리지오는 로버트 퍼트넘Robert Putnam이 《사회적 자본과 민주주의Making Democracy Work》에서 시민 참여 정신이 높은 곳으로 꼽은 에밀리아로마냐주에서 태어났다.[1] 아버지는 이탈리아 국영 방송사 RAI의 화이트칼라 노동자(더 정확하게는 기술자)였고 어머니는 지역 패션 회사의 의상 디자이너였다. 파브리지오는 볼로냐에서 공부를 마치고 런던에서 경제학 박사학위를 받았으며 그곳에서 스페인 사람인 마리아를 만나 결혼했다. 마리아와 파브리지오는 여러 유럽 나라를 옮겨다니며 살았다. 처음에는 바르셀로나, 그다음에는 스톡홀름, 런던, 취리히에 살았고, 2017년에 미국으로 건너와 현재는 코

네티컷주 뉴헤이븐에 살고 있다. 딸 노라는 취리히에 있는 스위스 연방공과대학에 다닌다.

노라는 어린이집은 스톡홀름과 런던에서, 유치원과 초등학교는 스톡홀름에서 다녔다. 2006년에 독일어권인 취리히로 이사했을 당시 부모 모두 독일어를 할 줄 몰랐다. 둘 다 독일인이 아닌데다 학계 종사자들이라 일터나 지인들 사이에서는 영어를 썼기 때문이다. 그 바람에 노라는 부모가 잘 모르는 언어와 학교 시스템을 스스로 파악해나가야 했다. 현재 노라는 영어, 스페인어, 이탈리아어, 독일어를 유창하게 구사하며, 프랑스어도 수준급이고, 어렸을 때 썼던 스웨덴어도 어느 정도 기억하고 있다. 노라는 제2언어를 연구하는 켄달 킹Kendall King과 앨리슨 매키Alison Mackey의 저서 《이중 언어의 강점The Bilingual Edge》에 사례로 등장하는데, 그 책에서 저자들은 이렇게 언급했다. "물론 노라의 부모는 딸을 매우 자랑스러워하지만, 어린 노라는 예외적인 천재가 아니다. 그보다는, 어쩌다 보니 4중 언어를 촉진하기에 이상적인 환경에서 태어난 것이었다고 보아야 한다."[2]

우리는 여러 나라에서 살아보았을 뿐 아니라 지금도 출장으로 세계 곳곳에서 상당한 시간을 보낸다. 파브리지오는 많은 시간을 중국과 노르웨이에 머물고, 마티아스는 독일과 벨기에에 자주 간다. 매번 우리를 가장 놀라게 하는 사실은, 문화적으로 비슷한 나라들 사이에서도 아이 키우는 방식에 엄청난 다양성이 존재한다는 것이다. 중국 부모와 미국 부모가 다르게 행동한다는 것은 고도로 세계화된 오늘날이라 해도 그리 놀라운 일이 아닐 것이다. 지리적으로도 멀리 떨어져 있고, 경제적·정치적 제도도 다르며, 수천 년 동안 문화도 매우 달랐으니 말이다. 하지만 똑같이 부유한 유럽 국가이고 다른 대륙 사람들은 노상 헷갈리곤 하는 스웨덴과 스위스가 상이한 양육 행태를 보인다는 것은 설명하기가 그리 쉽지 않다.

무엇이 양육의 차이를 만들어내는가?

스웨덴은 너그러운 '허용형permissive' 양육 방식이 권장되는 문화의 대표 사례다. 스웨덴 부모들은 학교도 안 들어간 어린아이에게 식당에서 밥 먹을 때 조용히 앉아 있으라고 요구하는 것이 인간의 근본적인 권리를 침해하는 일이라고 생각한다. 스웨덴 부모 대부분은 어떤 형태의 훈육도 옳지 않다고 본다. 체벌은 말할 것도 없고(스웨덴에서는 1979년 이래로 체벌이 불법이다), 말로 꾸짖는 것도 그렇다. 다른 나라들에서라면 대개의 부모가 아이의 행동이 부적절하다고 판단할 법한 일들(가령 낯선 어른을 계속 귀찮게 구는 것)이 스웨덴에서는 어린아이의 내재적인 본성에서 나온, 당연히 그럴 만한 일로 용인된다. 한번은 마리아와 파브리지오가 스웨덴의 한 친구 집을 방문했는데 여섯 살짜리 아이가 엄마 아빠 친구인 어른들에게 "시끄러워요! 나 TV 본다고요!"라고 소리를 쳤다. 아이 부모는 어떻게 반응했을까? "아, 그렇구나"라고 말하는 듯한 미소를 짓고서, 아이들 TV 보는 데 방해되지 않게 우리, 그러니까 어른들이 옆방으로 옮기자고 부드럽게 제안했다.

학교도 이와 비슷한 자유주의 철학을 원칙으로 운영된다. 스웨덴에서는 대부분의 영유아가 무료로 어린이집에 다닌다. 어린이집은 매우 태평하고 자유로운 장소로, 뛰어나고 사명감 있는 전문가들이 어떠한 형태의 공식적인 '학습'도 금기라는 원칙에 따라 아이들을 돌본다. 아이들은 절대적으로 최소한의 제약만 받는다. 잘못된 행동은 통제되지만, 제재하거나 벌을 주는 일은 거의 없다. 공식적인 교육은 만 7세가 되어서야 시작되고, 13세가 되기 전까지는 아이의 학업 성취에 대해 등급을 부여하지 않는다. 아이들은 걱정을 하거나 스트레스를 받는 일이 있어서는 안 되며 그러한 '악'으로부터 반드시 보호받아야 한다고 여겨진다. 야심 찬 학생이 '과도하게 공부하려' 하면 교사는 명시적으로 말리며, 아이에게 스트레스를 줄 정도로 몰아붙이는 부모는 "무책임하다"고 책망을 받는다. 스웨덴 아이들이 '경쟁심'을 발휘하는 영역은 스포츠로만 제한된다(스포츠는 스웨덴 사람들이 아이들에게 경쟁이 용인될 수 있다고 여기는 거의 유일한 영역이다). 아이의 학업에 선제적으로 개입하려는 부모는 사회적으로 지탄을 받는다. 파브리지오와 마리아가 딸 노라를 초등학교에 다른 아이들보다 일찍(그러니까 만 7세가 아니라 만 6세에) 보내도 될지 물었더니 교사의 답변은 다음과 같았다. "물론 노라는 잘 따라갈 수 있을 거예요. 하지만 제 아이라면 절대로 그렇게 하지 않겠어요."

그렇다면 스위스는 어떨까. 국제 기준으로 보면 스위스도 자유주의적인 양육 문화를 가진 곳이다. 하지만 가정에서의 양육과 학교에서의 교육 모두 스웨덴보다는 명백하게 더 엄격하다. 교사는 저학년 때부터 아이들이 교사의 권위를 인식하고 존중하도록 가르친다. 모든 연령대에서 아이들은 교실에 들어갈 때 교사와 악수를 해야 하고, 교사를 절대로 이름으로 부르지 않고 공손하고 공식적인 호칭인 '지Sie'(3인칭)를 사용하며, 교사가 이야기할 때는 조용히 경청한다.[3] 2학년부터는 평가 등급이 기록된 성적표도 받는다. 스웨덴 아이들은 그 나이에야 학교에 입학하는데 말이다. 6학년이 되면 스위스 아이들은 인문계 고등학교(김나지움)로 가는 선발 시험을 치르는데, 그중 약 20%가 인문계로 진학한다(스위스에는 중학교가 없고 초등학교에서 곧바로 고등학교로 간다). 비공식적으로 '김프뤼풍GymPrüfung'이라고 불리는 이 시험은 만 12세 아이들이 치르기에는 가혹할 정도로 어려워서 많은 부모가 별도로 사교육을 시킨다. 그 때문에 아이의 자유 시간이 크게 줄어든다. 휴직을 하고 아이의 시험 준비에 매진하는 부모도 있다. 유난히 극성스러운 부모의 행동이라고 간단히 치부할 일이 아니다. 김나지움은 대학으로 가는 관문이다. 김나지움에 못 가더라도 나중에 계열을 변경할 수 있는 기회가 있긴 하지만, 김나지움에 가면 더 수준 높은 수업을 받을 수 있고 시험에서 뽑힌 뛰어난 아이들을 또래집단으로 둘 수 있기 때문에 김프뤼풍을 잘 치르는 것은 매우 중요하다.

　이렇듯 학교 시스템이 어떻게 조직되어 있는지(가령 김프뤼풍 같은 시험이 존재하는지)가 부모의 행동에 영향을 미치긴 하지만, 그것이 스위스에서 특정한 방식의 양육을 추동하는 '궁극적인' 요인이라고 여기지는 말아야 한다. 학교 시스템은 교육에 대한 전반적인 접근 방법의 차이를 드러내는 한 가지 측면

일 뿐이다. 스위스에서는 스웨덴에서보다 경쟁이 더 쉽게 용인
된다. 우수한 아이는 별도로 더 수준 높은 교육을 받을 수 있어
야 한다는 개념도 더 쉽게 받아들여진다. 부모는 아이가 공부
를 잘하면 자랑스러워하고 기꺼이 돈과 시간을 투자해 아이의
학업 성취를 지원하려고 한다.

　　스위스와 스웨덴이 이렇게 차이를 보이긴 하지만, 그렇다
고 두 나라가 스펙트럼의 양극단에 존재하는 것은 아니다. 공
부 잘하라고 아이를 다그치고 아이의 학업 성취를 중요시한다
는 면에서 보자면 스위스 부모는 전혀 심한 편이 아니다. 이들
은 프랑스나 미국 부모보다 훨씬 덜 권위주의적이고 아이를 몰
아붙이는 경향도 훨씬 덜하다(이후에 더 상세히 살펴볼 것이다). 또
미국 내에서도 백인 부모는 아무리 헬리콥터 부모라 해도 아시
아계 미국인 부모에 비하면 아이를 덜 다그치는 편일 것이다.
많은 백인 미국인이 아시아계 미국인 특유의 엄격한 양육 방식
을 두려움과 존경이 뒤섞인 심정으로 보곤 한다(물론 여기에는 아
시아계가 능력과 성취 면에서 백인을 능가하게 될지 모른다는 두려움도 작용
하고 있을 것이다). 그리고 미국에 사는 중국계 부모도 중국에 사
는 중국인 부모에 비하면 약과일지 모른다.

　　무엇이 국가 간, 인종 간에 이렇게 큰 차이를 만드는가? 흔
히 제시되는 답은 문화적 차이다. 하지만 문화는 고정불변의
것이 아니다. 문화는 시간이 흐르면서 달라지며, 때로는 매우
급격하게 달라진다. 그리고 문화적 변화는 사회적·경제적 변
화의 결과로 생기는 경우가 많다. 마오쩌둥 시절의 중국에서는
평등이 가장 중요한 가치 중 하나였고, 실제로 1980년대 이전

에 중국은 불평등 수준이 매우 낮은 나라였다. 그러나 마오쩌 둥 사후 덩샤오핑 시대에 경제 자유화가 시작되면서 사회와 가치관이 재구성되었고, 개인들이 경제적 성공을 위해 경쟁하고 질주하는 시대로 가는 길이 닦였다. 개개인의 차이가 인정되고 기업가 정신이 고취되면서 평범한 사람들이 계층 사다리를 오를 수 있게 되었고 수백만 명이 빈곤을 벗어날 수 있었다. 이와 동시에, 경제적 불평등도 급격하게 증가했다. 이러한 경제적 대전환과 함께 문화도 달라졌다. 오늘날 중국은 매우 개인주의적인 사회이며, 많은 중국 부모가 성공이란 개인이 열심히 노력해서 획득할 수 있는 것이라고 생각한다.

대조적으로 스웨덴은 꽤 오랫동안 평등주의적 가치에 힘입어 낮은 수준의 경제 불평등을 유지하고 있다. 하지만 늘 이렇지는 않았다. 20세기 이전에 스웨덴은 매우 불평등했고, 계급 구분과 위계가 강한 전통적인 사회였다. 계급사회에서 평등한 사회로 이행하게 된 주요인은 농업의 쇠퇴와 산업화의 진전이었다. 과거에 불평등의 주된 원천이었던 토지 소유가 점점 경제적 중요성을 잃으면서, 토지를 소유한 귀족 계급, 산업 분야의 부르주아 계급, 그리고 조직화된 노동자 계급 사이에서 권력의 중심점이 이동하게 된 것이다. 중국과 스웨덴 사례 모두, 문화(양육 행태도 포함해서)는 고정불변의 것이 아니라 경제적인 변화와 함께 달라지는 것임을 말해준다.

경제적 요인의 중요성

이 책에서 우리가 개진하려는 주장은 경제적 여건, 그리고 그 것의 변화가 부모들이 선택하는 양육 행태 및 '좋은 양육'에 대한 사회적 통념에 영향을 미친다는 것이다. 먼저, 분명히 짚어 둘 것이 있다. 경제학자가 쓴 책이라고 하면 으레 예상하는 바와 달리, 우리는 부모가 금전적인 동기부여에 의해서만 움직이는 이기적인 존재라고 가정하지 않는다. 우리는 부모-자식 관계가 일반적으로 사랑과 이타심으로 동기부여되는 관계라고 보며, 어느 사회에서나 이 가정이 동일하게 옳다고 생각한다. 일반적으로 자녀를 사랑하는 마음은 중국 부모나 북유럽 부모나 다르지 않다. 또한 우리는 부유한 나라의 부모가 더 나은 양육법이나 교육법을 알고 있어서 더 좋은 양육을 한다고 가정하지도 않는다. 유럽 부모 대부분이 그렇듯이 우리도 체벌로 아이를 훈육하지 않는다. 하지만 그렇다고 체벌을 하는 부모가 다 아동 발달에 대한 지식이 없거나 자녀에 대한 애정과 공감이 없어서 체벌을 하는 것이라고는 생각하지 않는다.

우리는 모든 부모가 자녀가 장래에 살아가게 될 세상에 가장 잘 준비될 수 있게 하기 위해 최선을 다한다고 가정한다. 양육 행태의 차이는 부모 자신이 자랐던 사회적·경제적 환경, 아이를 키우고 있는 현재의 사회적·경제적 환경, 그리고 아이가 성인이 되었을 때 살게 되리라 예상되는 사회적·경제적 환경과 밀접하게 관련이 있다. 부모는 자녀가 앞으로 맞닥뜨리게 될 도전들에 잘 준비될 수 있도록 자녀의 가치관과 행동을 구성하고자 한다. 그런데 부모가 그렇게 할 수 있는 역량은 여러 가지 요인에 의해 제약을 받는다. 부유한 부모도 있고 가난한 부모도 있으며, 아이의 숙제를 도울 능력이 있는 부모도 있고 없는 부모도 있다. 직장이 더 바쁜 부모도 있고 아이와 시간을 더 많이 보낼 수 있는 부모도 있으며, 정보를 더 많이 갖고 있는 부모도 있고 그렇지 않은 부모도 있다. 이 책에서 우리는 경제적 인센티브와 제약 조건(돈, 능력, 시간)의 상호작용으로 부모의 행동을 상당히 많이 설명할 수 있음을 보여줄 것이다.[4]

부모가 자녀를 어떻게 대하는지를 이해하는 데 경제적 요인이 중요하다는 주장을 미심쩍어하는 독자도 있을 것이다. 앞에서 언급한 사례는 다 산업화된 선진국들의 사례다. 다들 비슷비슷한 경제 발전 수준을 누리고 있고, 이들 사이에서는 어느 국가의 양육 방식을 그 국가의 평균적인 생활수준과 연결해 설명할 만한 패턴이 뚜렷하게 존재하지 않는다. 하지만 경제적 요인에는 평균 소득만 있는 것이 아니다. 사실 양육 방식과 관련해서는 그 나라의 전반적인 경제 수준(소득 수준)보다 소득의 불평등 정도가 더 중요하다. 더 정확하게 말하면, 한편으로는 장래에 아이가 갖게 될 경제적 전망이 교육과 얼마나 많이 관련되는지, 다른 한편으로는 교육 기회가 얼마나 불평등한지가 양육 방식의 선택에 결정적인 영향을 미친다. 소득 불평등 정도가 높더라도 그것이 전적으로 출생 신분에 따른 결과라면 부모가 아이를 다그쳐서 공부를 잘하게 만든다 한들 별 의미가 없을 것이다. 하지만 불평등이 명문 학교를 나온 고학력자가 다른 사람들보다 훨씬 돈을 잘 벌기 때문에 발생하는 것이라면 부모는 공부를 열심히 하라고 아이를 다그쳐야 할 이유가 충분할 것이다.

우리의 연구가 보여주는 전반적인 결과는, 불평등 정도가
낮고 교육에 대한 투자 수익도 낮은 나라에서는 부모가 더 허
용적인 양육을 하는 경향이 크고, 불평등 정도가 높고 교육에
대한 투자 수익도 높은 나라에서는 부모가 권위적이고 자녀를
성취 지향적이 되도록 몰아붙이는 경향이 크다는 사실이다. 불
평등이 주된 요인이라는 설명은 앞에서 논의한 국가들의 사례
에 잘 들어맞는다. 허용형 양육이 일반적인 스웨덴은 불평등
정도가 매우 낮고, 더 성취 지향적인 스위스는 스웨덴보다 불
평등 정도가 높으며, 자녀에 대한 온갖 걱정으로 전전긍긍하
는 헬리콥터 부모의 나라 미국은 스위스보다도 불평등 정도가
높다.

느긋한 부모가 될 줄 알았는데……

양육 행태는 국가별로만 다른 것이 아니다. 시대에 따른 문화
의 변천 역시 흥미롭다. 내가 어렸을 때 우리 부모는 예전에 자
신들이 얼마나 엄한 부모 밑에서 자랐는지에 대해 종종 이야기
하곤 했다. 우리 세대에게 이런 이야기는 매우 익숙하고 일반
적인데, 실제로 우리가 어린 시절을 보낸 1970년대는 그보다
10년쯤 전에 시작된 반反권위주의의 파도가 정점에 올랐던 때
였다.

중산층에 속했던 우리 부모는 자신들이 반권위주의적이
었다고까지는 생각하지 않겠지만 그래도 당대의 문화적 가치

를 많이 받아들인 편이었다. 1970년대에 우리 부모 세대가 허용형 양육이라는 새로운 가치를 받아들인 것은 각자의 독립적인 선택이었다기보다는 사회 전체적인 가치관의 변화에서 영향을 받은 면이 컸다. 당시에는 초등학교 때부터 교사들이 자유, 독립성, 그리고 전통적 가치로부터의 해방을 강조했다. 파브리지오가 어린 시절을 보냈던 이탈리아에서는 어떤 형태로든 '권위'를 존중하면 곧바로 '파시즘'이라는 딱지가 붙곤 했다 (때로는 너무 무조건 그런 딱지가 붙었다).

학교는 부모에게 아이들 숙제에 관여하지 않도록 강하게 권고했다. 전통주의는 여러 가지 면에서 공격을 받았다. 우리 부모는 어렸을 때 구구단을 암기해야 했지만(돌고 돌아 60년 후에 우리 아이들도 그렇다!), 우리 때는 새로운 수학 교수법이 유행해서 더하기도 배우기 전에 집합 이론, 이진법, 오일러 다이어그램을 배웠다. 아이가 덧셈, 곱셈을 배우는 게 너무 느리다고 부모가 불만을 표시하면 교사들은 그저 알았다는 듯한 미소를 지을 뿐이었다. 성적 통지표를 주는 것도 구닥다리 관습으로 치부되었고 우수하지 못한 아이에게 창피를 주는 모멸적인 행위로 여겨졌다. 그래서 학업 성과에 대한 피드백은 [숫자로 된 점수가 아닌] 언어로 표현된 평가로 대체되었다(결국에는 별 차이가 없지만, 언어가 숫자보다 덜 공격적이라고 여겨졌다).

어린 초등학생들도, 나이가 더 든 청소년들도 친구들 사이에 갈등이나 문제가 생기면 부모나 교사에게 이야기하기보다는 스스로 해결하도록 독려받았다. 권위자에게 의존하려 하는 아이는 친구들 사이에서 인기를 크게 잃었고, 대조적으로 독립성과 자립심은 매우 높이 평가받았다. 이러한 경향은 파브리지오가 어린 시절을 보낸 이탈리아와 마티아스가 어린 시절을 보낸 독일 모두 마찬가지였다.

우리 부모의 어린 시절과 우리의 어린 시절에 이런 차이가 있었다면, 우리의 어린 시절과 우리 아이들의 어린 시절을 비교해볼 때 가장 두드러지는 차이는 우리가 우리 부모는 상상도 못했을 정도로 아이의 일상에 개입하고 간섭한다는 점이다. 이 사실을 깨닫고 깜짝 놀랐다. 아이를 갖기 전에는 당연히 우리가 매우 느긋한 부모가 될 것이라고 생각했기 때문이다. 우리 자신이 그렇게 자라지 않았던가! 하지만 1970년대에 부모 세대가 그랬듯이 우리의 양육도 어린 시절에 우리가 어떤 환경에서 자랐는지보다는 현재 살고 있는 사회와 경제의 조건에 더 많이 영향을 받았다. 사실 부모가 된 뒤에 우리가 하는 행동이 전에 스스로 예상했던 것과 이렇게나 달라지게 된 이유를 알고 싶었던 것이 우리가 '양육의 경제학'을 연구하게 된 계기 중 하나다.

우리 세대가 우리 부모에 비해 아이의 일상에 훨씬 더 많이 관여한다는 것은 오늘날 중산층 부모가 '표준적'이라고 생각하는 양육 방식에서 잘 드러난다. 10~20년 전만 해도 이런 방식은 '표준적'인 것과는 거리가 멀었다. 오늘날 우리는 음악 교습부터 스포츠 활동까지 온갖 교육에 아이를 등록시키고, 아이가 숙제를 다 했는지 확인하며(가끔 못하는 경우도 있지만), '플레이 데이트'[부모가 잡아주는 아이들의 놀이 약속] 일정을 잡고, 아이에게 책을 읽어준다. 또 우리는 아이들을 면밀히 지켜보는데, 잘못된 행동을 막기 위해서라기보다는 적시에 격려와 도움을 줘서 아이가 스스로의 '자유 의지'로 옳은 일을 할 수 있도록 유도하기 위해서인 면이 크다. 우리의 부모는 이런 일 중 어느 것도 하지 않았다. 적어도 이렇게 심하게 하지는 않았다. 어렸을 때 우리는 해 질 녘까지 맘껏 돌아다니며 놀았고, [부모가 미리 약속을 잡아준 집이 아니라] 내키는 대로 친구 집에 갔으며, 부모에게 숙제를 검사받지 않았고, 한참 더 클 때까지 [일정을 잡고 계획된 프로그램을 진행하는 식의] '조직된' 활동은 전혀 하지 않았다.

부모와 교사의 관계도 전과 다르다. 1970년대에는 많은 젊은 교사들이 (그들이 생각하기에) 일부 가정이 기를 쓰고 유지하려하는 구시대의 부르주아적 삶의 방식을 경멸했다. 하지만 이제는 교사와 부모 사이에 권력의 균형점이 달라졌다. 요즘에는 의견도 많고 요구하는 것도 많은 부모들 때문에 교사들이 스트레스에 시달리며 부유한 동네에서는 특히 더 그렇다. 어떤 부모는 학교의 교과과정이 충분히 야심 차지 않다고 불평하고, 어떤 부모는 자기 아이의 천재성을 교사가 알아보지 못한다고 비난한다.

우리와 우리 부모의 양육 방식이 보이는 차이는 이 책 전반에 걸쳐 우리가 설명하고자 하는 '집약적' 양육으로의 전환을 보여준다. 우리는 이 양육 전환을 같은 기간에 벌어졌던 경제적 변화에 대한 반응으로 해석할 수 있다고 생각한다. 물론 경제적 요인이 양육 방식을 결정짓는 유일한 요인이라는 말은 아니다. 하지만 40년 전을 생각해보면, 오늘날의 부모가 공통적으로 가지고 있는 많은 걱정거리가 우리가 어렸을 때는 아예 존재하지 않았다는 사실에 놀라게 된다. 독일과 이탈리아 모두 대학까지 학교 교육은 전부 무료였고 학교들 사이에 질적인 차이도 별로 없었다(두 나라 모두 아이비리그 같은 것은 존재하지 않는다). 낙제를 면할 최소한의 점수로 수업을 통과하기만 하면 18세 이전에 학교에서 무엇을 얼마나 잘했는지는 인생에 장기적으로 영향을 미치지 않았다. 대학 입학 시험도 없었고 교과 외 활동을 평가하는 입학 사정 위원회도 없었다. 대학에 가지 않는 경우에도 삶의 전망이 나쁘지 않았다. 독일에서 인문계가 아닌 고등학교를 졸업한 사람은 일반적으로 직업 교육을 받는데, 그 후에 가령 지역의 폭스바겐 공장에 취직해 받게 되는 임금은 교사, 심지어 의사의 임금과 비교해도 그리 적지 않았다. 또 실업률도 낮았고 노동자 계급의 사회적 지위도 높은 편이었다. 이러한 상황에서는 부모가 아이를 맹렬히 몰아쳐서 득이 될 것이 별로 없었다. 그러니 우리가 어렸을 때 부모가 느긋한 태도로 우리를 걱정 없이 뛰놀게 놔둔 것은 이상한 일이 아니다.

하지만 그 이후로 환경이 바뀌었다. 1980년대에 들어서면서 경제적 불평등이 가파르게 증가했고 승자독식 문화가 나타났다. 이렇게 바뀐 세상에서 부모들은 아이가 뒤처지지 않을까 점점 걱정하게 되었고, 따라서 아주 어렸을 때부터 아이가 목표를 달성하고 성공하도록 몰아붙이게 되었다. 대학이 경제적, 사회적 성공의 핵심 조건이 되자 중류층과 상류층 부모는 아이가 공부를 잘하게 만드는 데 점점 매진했다. 높은 불평등, 교육에 대한 높은 투자 수익, 그리고 학업 성취가 장래의 삶에서 갖는 막대한 중요성은 왜 우리가 우리 부모와 다른 방식으로 행동하는지, 즉, 왜 더 집약적인 양육 방식을 선택하게 되었는지를 설명해준다.

이보다 더 나은 방식은 없을까?

처음부터 명확히 밝혔듯이 우리의 목적은 부모들이 왜 이러저러한 선택을 내리는지를 설명하는 것이지, 부모들에게 어떠한 선택을 내려야 하는지 알려주는 지침서를 한 권 더 보태려는 것이 아니다. 하지만 우리가 발견한 사실들에서 교훈을 얻지 말아야 한다는 말은 아니다. 우리의 핵심 주장은 부모가 자신이 할 수 있는 한 최선의 방법으로 현재의 사회적·경제적 환경과 아이가 장래에 직면하게 될 것으로 예상되는 사회적·경제적 환경에 반응해 양육 방식을 선택한다는 것이다. 그런데 그 환경은 적어도 어느 정도는 정책적인 선택의 결과이며 어떤 정책을 선택하는지는 사회마다 다르다.

　이것이 가장 직접적으로 드러나는 영역은 교육 시스템이다. 학교들 사이에 질적인 차이가 있는지, 진로 계열이 중·고등학교 때 나뉘는지, 계열을 나누기 위해 중요한 시험을 치르고 이 시험에 장래의 삶이 막대하게 좌우되는지, 대학 입학 사정에서는 어떤 점들이 중요하게 고려되는지 등은 부모의 의사 결정에 중대한 영향을 미치는 사회 환경의 커다란 부분을 차지한다. 그리고 이러한 제도적 특성 모두 정책적인 선택과 관련이 있다. 학교 시스템 외에 양육과 관련이 큰 또 다른 정책 영역으로는, 아이를 키우는 부모에 대한 재정 지원, 육아휴직 및 출산휴가, 누진적인 조세 제도와 소득 재분배 제도, 노년이 된 부모가 자녀에게 재정적으로 얼마나 의존하게 될지에 영향을 미치는 연금 정책 등이 있다.

상이한 정책적 선택이 각각 양육에 어떤 영향을 미칠지, 또 더 나은 결과를 가져올 정책과 제도를 만드는 것이 가능할지 등에 대해 우리는 질문할 수 있고, 마땅히 질문해야 한다. 정책적 개입은 적어도 두 가지 이유에서 매우 중요하다. 첫째, 모든 아이가 기회의 평등을 누려야 한다는 점에서 중요하다. 최근 선진 산업국가들에서 불평등이 심화되면서 집약적인 양육만 증가한 것이 아니라 계층 간 양육 격차도 증가했다(이를 보여주는 실증 근거들이 이 책에 계속해서 등장할 것이다). 저소득층 가정의 아이가 더 이상 다른 아이들과 동일한 기회를 가질 수 없다면, 이는 계층 이동성이 낮아지고 불평등이 세대를 거치며 점점 심화되는 악순환으로 이어진다. 이 책의 후반부에서 우리는 이러한 위험에 대처하기 위해 공공 정책이 어떤 역할을 할 수 있을지 살펴볼 것이다.

정책적 개입으로 더 나은 제도를 만들어야 하는 두 번째 이유는, 그렇지 않을 경우 양육이 '제로섬' 경쟁이 되어 모든 가정의 후생을 악화시킬 수 있기 때문이다. 인생에서의 성공이 16세에 치러지는 단 한 번의 시험으로 결판이 나는 가상의 나라를 한번 생각해보자. 이 나라에서는 가령 그 시험의 점수가 가장 높은 100명이 사회적으로 가장 권위 있는 직업인 고위 공직자가 된다. 그리고 시험에서 평가하는 지식은 실생활과는 아무런 관련이 없다. 즉, 학생 입장에서 이 시험의 유일한 기능은 높은 지위로 올라가게 해주는 것뿐이다. 이런 나라에서 부모는 아이가 시험 준비에 매진하도록 강하게 몰아붙여야 할 인센티브를 갖게 되고, 따라서 과외 교사를 고용하고 입시 학원에 아이를 보낼 것이다. 하지만 사회 전체적으로는 후생이 악화된다. 과외니 학원이니 하는 그 온갖 노력이 실질적인 효용은 주지 못하는 지식을 공부하는 데 집중되기 때문이다. 물론 학생 개개인의 입장에서는 공부를 열심히 하면 다들 가고 싶어 하는 자리에 올라갈 수 있다는 효용이 있지만, 그러려면 다른 사람들을 밀어내야 한다. 자리의 개수가 정해져 있으면 그 자리들을 두고 벌이는 경쟁은 필연적으로 제로섬이다. 만약 정책적인 개입을 통해 부모와 아이가 더 많은 시간을 함께 보낼 여지가 생기는 방향으로 이 사회를 바꿀 수 있다면, 모두의 후생이 전보다 더 좋아질 것이다.

물론 위에서 묘사한 제로섬 나라에 완전하게 부합하는 나라는 없다. 결정적인 시험 한 방이 인생의 성공에 중요한 역할을 하는 나라가 많이 있기는 하지만 이런 시험은 적어도 어느 정도라도 실생활과 관련된 지식을 평가한다(그러므로 아이들이 이런 지식을 습득하는 것은 어쨌든 좋은 일이다). 그리고 시험은 사회가 역량 있는 개인을 선발하는 도구로서도 유용한 기능을 한다. 동등한 기회가 주어지는 이상적인 사회일 경우, 정확한 선발이 이루어진다면 모두에게 득이 될 것이다. 가령 역량이 가장 뛰어난 사람들이 정부나 기업에서 중책을 맡으면 사회에 도움이 된다.

그렇더라도, 현재의 제도에서 각 요소가 균형을 잘 이루고 있는지 아닌지는 여전히 질문할 수 있다. 예를 들어, 오늘날 미국에서 명문 대학에 가려면 거의 완벽한 내신, 거의 완벽한 수능 시험 점수, 그리고 교과 외 활동(자원봉사, 음악, 스포츠 등)의 매우 인상적인 이력, 세 가지가 모두 중요하다. 부모는 이러한 인센티브에 반응해 아이에게 점점 더 많은 압력을 가한다. 그 결과, 요즘 미국의 10대들은 기업 최고경영자 저리 가라 할 정도로 바쁜 일정을 소화해야 한다. 게다가 시험과 선발 방식의 몇몇 측면은 부유하고 교육 수준이 높은 부모를 둔 아이들에게 과도하게 유리하다. 명문대 진학의 중요한 발판이 되는 명문 사립학교나 지역적으로 재원이 조달되는 부자 동네의 공립학교에 부유한 가정의 아이들만 다닌다는 사실이 이를 극명하게 보여준다. 돈이 많이 드는 교과 외 활동도 그렇다. 따라서 학생 선발이 학생 자신의 역량보다 출신 배경에 더 크게 좌우되는 일이 벌어진다. 우리는 이보다 더 나은 방식은 없을지 질문해야 하며, 여기에 경제학적 분석이 유용하게 사용될 수 있다.

정책과 제도의 역할을 논할 때, 우리는 모든 사회에서 공히 잘 작동하는 단 하나의 방식이 있다고 보지 않는다. 특정한 종류의 양육 행태가 특정한 종류의 사회와 조응하기는 하지만, 어떤 것이 가장 바람직한지가 늘 명백한 것은 아니다. 미국은 개인주의적이고 혁신적이고 ('일중독'이라고 말해도 될 만큼) 노동 지향적인 사회다. 이에 비해 북유럽은 개개인의 노동에 대한 태도는 더 느긋하지만 강한 협업 역량과 팀워크가 이를 보완한다. 사람들의 사고방식은 자신이 익숙해진 생활 방식에 고착되곤 한다. 그래서 미국인은 유럽인이 너무 느슨하고 능력 본위적 태도가 결여되어 있다고 생각하고, 유럽인은 미국이 너무 경쟁적이고 스트레스가 많으며 불평등한 사회라고 생각한다.

앞으로 설명하겠지만, 서로 다른 불평등 양상과 그에 조응하는 양육 방식은 서로를 유지하고 강화하며, 어떤 제도가 도입될 것인가에도 영향을 미친다. 불평등 수준이 낮은 스웨덴에서는 불평등 수준을 낮게 유지하는 데 도움이 되는 방식으로 아이들을 키울 것이다. 즉, 평등한 문화에서 자란 스웨덴 아이들은 성인이 되었을 때 높은 조세와 소득 재분배를 지지하게될 가능성이 높다. 반면 미국처럼 불평등하고 경쟁적인 여건에서 자란 아이들은 커서 재분배 정책을 지지하게 될 가능성이 더 낮을 것이다. 우리는 이런 사회가 다른 사회의 경험에서 무언가를 배울 수 있으며, 때로는 지금과 다른 접근 방식을 시도해보아야 한다고 믿는다.

이 책의 구성

이 책의 전반적인 주제는 경제적 여건이 부모가 내리는 선택 및 부모-자녀 간 상호작용 방식에 영향을 미친다는 것이다. 이후의 장들에서 우리는 양육에 대해 '경제학적으로' 접근하는 것이 어떤 의미인지 상세하게 설명하고, 이 접근법을 국가별·시대별 양육 방식의 특징을 이해하는 데 적용할 것이다.

1장은 '양육의 경제학'이 고려하는 주요 요소를 소개한다. 우리는 부모와 자녀의 행동을 이해하는 데 경제학이 유용한 도구가 될 수 있다고 믿는다. 1장에서는 경제학자로서 우리가 수행하는 연구가 발달심리학 분야에서 이루어져온 연구와 어떻게 관련되는지 설명할 것이다. 발달심리학은 양육 방식에 대한 연구가 많이 이루어지는 분야이며 우리는 양육 방식을 세 가지 범주로 나누는 구분법을 발달심리학에서 빌려왔다. 그러나 심리학자의 접근법과 우리의 접근법은 차이가 있다. 심리학에서는 상이한 양육 방식이 아동의 발달에 미치는 영향에 주로 관심을 갖는다면, 경제학은 부모들이 왜 특정한 양육 방식을 선택했는지 이해하는 데 도움을 줄 수 있다.

2장은 지난 몇 십 년 동안 부유한 국가에서 양육 방식이 어떻게 변화되어왔는지를 다룬다. 우리의 양육과 우리 부모의 양육이 극명히 다른 데서 볼 수 있듯이, 1960년대와 1970년대에는 허용형 양육의 파도가 일었다가 오늘날에는 헬리콥터 양육이 지배적인 양육 방식으로 부상했다. 양육 가치관과 지배적인 양육 행태의 변화는 경제 불평등의 증가로 설명할 수 있다. 이 주장을 뒷받침하기 위해 우리는 양육 집약도의 증가와 경제적 요인의 변화 사이에 상관관계가 있음을 보여주는 실증 근거들을 제시할 것이다. 또한 각 양육 방식이 학업 성취 측면에서 아이의 성공에 어떠한 함의를 갖는지 알아보고, 다시 이것이 부모가 선택하는 양육 방식에 어떻게 영향을 미치는지 살펴볼 것이다.

3장은 양육 방식의 국가별 차이를 다룬다. 마리아와 파브리지오는 스웨덴과 스위스에서 딸 노라를 키우면서 매우 상이한 양육 문화에 직면했다. 왜 어떤 나라에는 자유주의적인 부모가 더 많고 어떤 나라에는 엄격한 부모가 더 많은가? 이 또한 경제적 요인으로 설명이 가능하다. 이를 보여주기 위해 우리는 국가 간 통계 비교에 더해, 특징적인 몇몇 나라에 대한 국가 내 분석도 활용할 것이다. 이러한 실증 근거들은 여러 경제적 요인 중에서도 특히 소득 불평등의 정도가 양육 방식 선택에 결정적인 역할을 하고 있음을 보여준다. 또한 시간에 따른 추이를 보아도 불평등이 증가한 나라들에서는 몰아붙이기 식의 양육이 증가하는 경향이 나타났으며, 불평등이 감소한 나라들에서는 부모들이 여전히 자유주의적인 방식으로 아이를 키우는 경향이 컸다.

4장은 국가 내에서 사회적·경제적 배경에 따른 양육의 불평등에 초점을 맞춘다. 우리는 소득, 교육 수준, 인종 등에 따라 양육 방식의 선택이 어떻게 차이 나는지 알아보고, 이러한 차이가 경제적 환경의 변화에 어떻게 반응하는지 살펴볼 것이다. 또한 상이한 사회적·경제적 집단 간에 양육 격차가 증가하면 다음 세대에 경제 불평등이 심화되고 계층 간 이동성이 낮아질 수 있다는 점도 논의할 것이다. 이 분석을 바탕으로, 정책적 개입이 어떻게 양육 격차를 줄이고 서로 다른 배경의 아이들이 평등한 기회를 갖게 하는 데 기여할 수 있을지도 살펴볼 것이다.

5장부터는 역사적 분석으로 논의를 확대한다. '양육의 경제학'은 현대의 부모뿐 아니라 수세기 전의 부모에게도 마찬가지로 적용된다. 5장은 멀리 성경 시대부터 시작해 양육 방식이 어떻게 달라져왔는지 살펴본다. 장기 역사의 측면에서 설명되어야 할 중요한 현상 하나는 일상적인 체벌을 포함해 엄격하고 권위주의적인 양육 방식, 즉 '독재형' 양육이 크게 줄었다는 사실이다. 이에 대한 설명과 함께, 우리는 상이한 경제적, 문화적 요인(가령 종교의 유무나 종류)이 양육 행태의 차이를 어떻게 설명해주는지도 알아볼 것이다.

6장은 젠더 측면으로 초점을 돌려 부모가 여아와 남아를 어떻게 다르게 키우는지 살펴본다. 여기에서도 역사적인 변천이 두드러진다. 오늘날에는 많은 부모가 자녀를 젠더 중립적으로 대하려고 노력하지만 아주 최근까지도 여아와 남아는 매우 상이한 어린 시절을 경험했다. 우리는 여아와 남아에 대한 양육 행태의 명확한 차이가 그만큼이나 명확하게 구분되어 있었던 사회 전반적인 성역할을 반영한다고 본다. 그러한 성역할은 산업화된 국가들에서도 불과 10~20년 전까지 지배적이었고 많은 개도국에서는 지금도 그렇다.

7장은 양육 방식에 대한 논의를 넘어, 몇 명의 자녀를 둘 것인가와 같은, 부모가 직면하는 더 근본적인 의사 결정에 대해 알아본다. 구체적으로, 대규모 가족이 일반적이고 아동노동이 널리 행해졌으며 영유아 사망률이 매우 높던 전前 산업사회에서부터, 한두 명의 자녀를 둔 핵가족이 일반적인 오늘날의 산업화된 사회까지, 경제 발전에 따라 자녀 수가 어떻게 달라져왔는지 살펴볼 것이다. 또한 가족 규모에 대한 의사 결정이 양육 방식과 어떻게 상호작용을 하는지, 특히 아이에게 노동을 시키는 것과 아이를 학교에 보내는 것 사이의 의사 결정과 어떻게 관련되는지도 알아본다. 더불어, 제2차 세계대전 직후의 '베이비붐' 같은 특정한 역사적 사건들에 대해서도 논의할 것이다.

8장은 계급 구분이 공고한 사회에서 양육 선택이 어떻게 이루어지는지 살펴본다. 경제적인 면에서 귀족 계급, 노동자 계급, 그리고 소상공인 및 상인으로 이루어진 중간 계급이 명확하게 구분되어 있었던 산업혁명 이전 시기의 영국 사회를 중점적으로 고찰할 것이다. 우리는 계급별로 뚜렷이 구별되던 경제적 인센티브의 차이가 계급별로 부모들이 그만큼이나 뚜렷이 구별되는 양육 가치관을 받아들이게 하는 요인이었다고 주장하고자 한다. 예를 들면, 당시 중간층 가정은 (오늘날의 많은 부모들처럼) 인내와 노동 윤리를 강조한 반면, 귀족층은 아이에게 노동을 경멸하고 유한계급적인 삶의 방식을 높이 평가하도록 가르쳤다. 이와 더불어 명확한 계급사회였던 이 시기의 영국에 대한 분석이, 불평등이 증가하고 있는 오늘날의 우리에게 어떤 시사점을 주는지도 논의할 것이다.

9장은 제도와 정책의 역할, 특히 학교 시스템의 구성이 양육 전략에 미치는 영향을 알아본다. 역사적인 개괄에 이어 중국, 일본, 핀란드, 스웨덴, 프랑스 등 몇몇 특징적인 국가를 골라 교육제도가 어떻게 구성되어 있는지, 그리고 이것이 부모의 선택에 어떻게 영향을 미치는지 더 상세하게 살펴볼 것이다.

이 책 전반에 걸쳐 우리는 부모의 행동이 자녀의 장래에 대한 기대와 열망에 의해 구성된다는 점을 계속해서 이야기하게 될 것이다. 우리 자신만 해도 그렇다. 우리는 루카스, 니코, 노라, 오스카가 살게 될 세상을 자주 그려본다. 결론을 맺는 10장에서는 이 책에서 개진한 논의를 바탕으로 우리 아이들이 살게 될 미래의 세상에 대해 몇 가지 상을 제시할 것이다. 우선 경제적인 면에서 현재의 경향이 지속될 경우 양육 방식이 어떻게 될지 생각해보고, 이어서 정책적 개입이 다음 세대의 양육 행태를 바꾸는 데 어떤 역할을 할 수 있을지 알아볼 것이다.

1부

불평등한 세상에서
아이를 키운다는 것

Love, Money & Parenting

1장

양육 방식의 경제학

부모의 행동을 이해하는 데 경제학적 접근법을 사용한다는 것이 정확하게 무슨 뜻인가? 매우 정당한 질문이다. 10~20년 전만 해도 경제학자가 양육에 대해 무언가 유용한 이야기를 할 수 있을 것이라고는 아무도 생각하지 않았다. 전통적으로 경제학은 화폐와 이윤, 더 일반적으로는 기업과 시장에서 벌어지는 활동을 다뤘다. 대조적으로 아이를 키우는 일은 가정에서 일어나는 일이고, 돈 문제가 개입되긴 해도 양육은 무엇보다 사랑과 애정의 활동이라고 여겨졌다.

'양육의 경제학'이라는 개념이 가능해진 것은 상당 부분 노벨상을 받은 경제학자 게리 베커Gary Becker의 개척자적인 연구 덕분이다(베커는 마티아스가 시카고 대학 경제학과에서 박사과정을 밟을 때 지도교수 중 한 명이기도 했다). 베커에 따르면 경제학의 방법론을 전통적인 '경제학적' 주제로만 협소하게 한정할 필요는 없다. 경제학은 인간 행동을 분석하는 데 두루 사용할 수 있는 범용적인 도구이기 때문이다. 그래서 베커는 경제학의 연구 대상을 범죄, 정치, 종교, 가족 등 사회의 여러 영역으로 확장했다.[1] 우리가 박사과정을 시작했을 무렵에 베커의 개념은 이미 경제학의 주류로 들어와 있었고 그의 연구는 우리에게 막대한 영향을 미쳤다. 베커의 본을 따라, 우리도 전통적으로는 사회학이나 정치학 등 다른 학문이 다루던 문제들에 경제학적 방법론을 적용하는 연구를 많이 수행했다.

인간의 행위에 경제학적 방법론으로 접근한다는 것의 핵심은, 인간이 자신에게 부과된 '제약 조건'하에서 자신의 '목적'을 달성하기 위해 최선을 다한다고 가정하는 것이다. 기업의 의사 결정을 생각해보자. 우리는 경영자가 그 기업이 가진 생산 기술의 수준, 노동자들의 숙련도와 능력, 투입 물질의 가격, 제품에 대한 수요 등과 관련된 제약 조건하에서, 어떤 직원을 어떻게 고용할 것인가, 어떤 기계에 얼마나 설비 투자를 할 것인가, 어떤 신제품을 어떻게 개발할 것인가 등에 대한 의사 결정을 내림으로써 수익 극대화라는 목적을 달성하려 한다고 본다.

이 책에서 우리는 부모가 내리는 의사 결정도 이와 동일한 접근 방식으로 고찰하려 한다. 그러려면 부모가 달성하고자 하는 목적은 무엇이며 그들에게 부과된 제약 조건은 무엇인지를 먼저 알아야 한다. 부모는 무엇을 달성하고자 하는가? 그리고 이를 위해 그들이 할 수 있는 일에 한계를 지우는 요인들은 무엇인가?

부모의 목적과 제약 조건

먼저 부모가 달성하고자 하는 목적을 알아보자. 일상에서 '경제적인'이라는 형용사는 흔히 '금전적인'이라는 의미로 사용되며, 실제로 때에 따라서는 부모가 자녀를 경제적 자원으로 활용해 금전적인 목적을 추구한다고 보는 것이 합리적인 경우도 있다. 가령 어떤 사회에서는 아이가 가정의 소득원이다. 오늘날에도 많은 개도국에서 아동노동이 널리 행해지고 있으며 과거에는 선진국에서도 아동노동이 흔했다(아동노동은 7장에서 상세히 다룬다). 또 어떤 사회에서는 부모가 노년에 부양받을 것을 염두에 두고 출산에 대한 의사 결정을 내리기도 한다. 노동력으로서든 노년의 돌봄 제공자로서든, 적어도 부분적으로라도 아이는 부모가 금전적 이득을 염두에 두고 투자하는 경제적 자산으로 간주될 수 있다.[2]

하지만 부모가 금전적인 이유에서만 자녀를 갖는다고 본다면 중요한 그림을 놓치는 것이다. 금전적인 고려도 중요하기는 하겠지만 대부분의 부모에게 아이를 키운다는 것은 무엇보다 공감과 사랑의 행위다. 그리고 부모가 아이에 대해 갖는 관심은 현재(부모는 아이가 지금 행복하기를 바란다)와 미래(부모는 아이가 앞으로 잘 살아가기를 바란다)를 모두 포함한다.

부모의 목적이 자녀가 현재 행복한 것, 그리고 앞으로 인생에서 잘 살아가는 것이라면, 부모가 처한 제약 조건은 무엇일까? 여기에서 제약 조건이란, 사람들이 의사 결정을 할 때 고려해야 할 모든 한계나 제한을 의미한다. 전통적인 경제학에서 가장 흔히 언급되는 제약 조건은 예산 제약이다. 우리는 사고 싶은 게 많지만(더 큰 집, 더 좋은 차, 더 고급스러운 휴가) 쓸 수 있는 돈이 얼마나 있는지에 의해 제약을 받는다. 양육과 관련해서 말하자면, 부모의 돈이 한정되어 있으면 아이를 최고의 사립학교에 보내거나 최신 게임기를 갖고 싶어 하는 아이의 바람을 들어줄 수 있는 역량이 제약된다.

목적과 마찬가지로 제약 조건도 반드시 금전적인 것만은 아니다. 많은 부모에게 가장 중요한 제약은 시간과 능력이다. 어떤 부모는 장시간 노동을 해야 해서 아이와 보낼 수 있는 시간이 부족하다. 때로는 시간 제약이 매우 극단적인 형태를 띠기도 한다. 가령 어떤 부모는 감옥에 있거나 다른 지역으로 일을 하러 가서 아이들과 몇 년이나 떨어져 지내야 한다. 부모의 지식과 능력 면에서의 제약도 이에 못지않게 중요하다. 어떤 부모는 아이에게 신경 쓸 시간과 자원이 있지만 식품의 영양 성분에 대한 지식이 없어서 아이에게 적절한 식생활을 제공하지 못한다. 또 어떤 부모는 아이가 앞으로 잘 살아가는 데 교육이 갖는 중요성을 과소평가한 나머지 아이가 공부를 열심히 하도록 동기부여하지 못한다. 사람들마다, 특히 부유한 사람과 가난한 사람 사이에 상이한 제약 조건과 기회가 주어진다는 점에 우리가 주목하게 된 데는 영국 경제학자 앤서니 앳킨슨Anthony Atkinson이 큰 영향을 미쳤다(파브리지오가 런던 정경대학에서 박사과정을 밟을 때 지도교수 중 한 명이었다). 불평등과 빈곤 연구의 대가인 앳킨슨은 더 오래 살았더라면 노벨상도 받을 수 있었을 것이다[노벨상은 생존해 있는 사람에게만 수여된다].

부모가 특정한 '제약 조건'에 직면한다는 것은 부인할 수 없는 사실이며, 양육과 관련해 '목적'을 갖는다는 것도 논란의 여지가 없는 사실일 것이다. 경제학자들이 여타의 사회과학자들과 다른 점은, 경제학에서는 대체로 사람들이 자신의 목적을 달성하기 위해 의도적이고 의식적으로 행동한다고 가정한다는 데 있다. 출산 선택에 대한 게리 베커의 연구를 논하면서, 미국 경제학자 제임스 듀젠베리James Duesenberry는 이렇게 언급했다. "한마디로 경제학은 개인이 어떻게 선택을 내리는가에 대한 학문이고, 사회학은 왜 개인으로서 내릴 수 있는 선택이 사실상 존재하지 않는지에 대한 학문이다."[3]

경제학의 '선택 기반적' 접근이 유용한지 아닌지를 최종적으로 판단하는 기준은 그것이 사회 현상을 잘 설명해내는지 아닌지일 것이다. 경제학적 접근은 양육 방식이 시대별, 국가별, 개인별로 달라지는 이유를 얼마나 잘 설명해내는가? 이런 의미에서, 경제학자인 우리의 과제는 양육 방식의 변화를 부모가 달성하고자 하는 목적하에서 그들이 직면하는 인센티브 및 제약 조건의 변화와 연결 지어 설득력 있게 설명하는 것이라고 말할 수 있다. 이 책에서 우리는 경제학적 접근이 실제로 양육 방식의 양상과 변화를 매우 성공적으로 설명해낸다는 점을 여러 실증 근거들을 통해 보여주고자 한다.

다이애나 바움린드의 양육 방식 구분

부모가 내리는 여러 선택 중에서도 특히 우리의 관심사는 양육 방식에 대한 선택이다. '양육 방식parenting style'은 심리학에서 나온 개념이므로, 심리학에서 이 개념이 어떤 의미로 사용되는지, 그리고 심리학자들의 접근 방법이 경제학자인 우리의 접근 방법과 어떻게 다른지를 먼저 짚어야 할 것 같다. 발달심리학에서 '양육 방식'은 부모가 아이를 키울 때 채택하는 광범위한 전략을 포괄적으로 일컫는 용어다. 발달심리학의 많은 실증 연구(일부는 이 책에서도 소개할 것이다)가 양육 방식이 아동 발달에 주요하게 영향을 미친다는 점을 밝혀왔다. 어떤 양육 행태에 노출되었는지에 따라 아이가 자라서 갖게 되는 태도, 선호, 기술, 역량 등이 달라진다는 것이다.

양육 방식 개념을 이해하는 데 우리가 주되게 참고한 것은 발달심리학 분야에서 매우 중요한 다이애나 바움린드(Diana Baumrind, 캘리포니아 주립대 버클리 캠퍼스에 재직했다)의 연구다. 바움린드는 양육 방식을 독재형 양육authoritarian parenting, 허용형 양육permissive parenting, 권위형 양육authoritative parenting의 세 가지로 구분했다.[4]

독재형 양육

명칭이 암시하듯이 독재형 양육은 부모가 아이에게 복종을 요구하고 엄격한 통제력을 행사하려 하는 유형을 말한다. 바움린드는 이렇게 설명했다.

독재형 부모는 아이의 행동과 태도를 정해진 행위 기준에 따라, 일반적으로는 종교 등 더 높은 권위에 의해 구성된 절대적인 기준에 따라 구성하고 통제하고 평가하려 한다. 이러한 부모는 자녀의 복종을 미덕으로 간주하며, 아이의 행동이나 믿음이 자신이 옳다고 여기는 것과 충돌할 경우 아이의 자아의지를 꺾기 위한 수단으로 징벌적이고 강압적인 조치를 선호한다. 또한 아이가 자신의 적합한 자리를 벗어나지 않게 해야 하고 아이의 자율성을 제약해야 하며 노동에 대한 존중을 심어주기 위해 가정에서 아이에게 모종의 의무를 부과해야 한다고 믿는다. 그는 질서와 전통적인 구조를 보존하는 것이 그 자체로 매우 가치 있는 목적이라고 생각한다. 또 이러한 부모는 아이가 부모의 말을 옳은 것으로서 받아들여야 마땅하다고 믿기 때문에 의견 개진이나 논쟁을 독려하지 않는다.[5]

영화에서 볼 수 있는 독재형 부모의 사례로, 잉마르 베리만Ingmar Bergman 감독의 스웨덴 영화 〈화니와 알렉산더Fanny and Alexander〉에 나오는 루터파 목사 에드바르 베르게루스를 들 수 있다.[6] 근엄하고 검소하고 엄격하고 유머가 없는 베르게루스는 의붓아들 알렉산더가 조금만 복종을 하지 않거나 존경을 표시하지 않아도 곧바로 무자비한 처벌을 가한다. 구타, 매질, 모욕적인 언어폭력 등이 모두 포함된다. 알렉산더의 비참함은 생부가 사망하기 전에 예술가이던 부모 아래에서 자유롭고 즐겁게 지냈던 생활에 대한 생생한 추억 때문에 한층 더 고통스럽게 느껴진다. 하지만 베르게루스가 가학적인 성향이어서 그러는 것은 아니다. 그는 자신의 행동이 장기적으로 알렉산더의 이익과 신에 대한 공경에 부합한다고 생각한다.

독재형 부모는 훈육 수단으로 체벌을 사용하는 경우가 많다. 하지만 독재형 부모의 행동과 아동 학대는 구분할 필요가 있다. 실제로 자녀에 대한 신체적인 학대는 부모가 알코올중독, 약물중독이거나 그 밖의 정신심리적 장애를 겪고 있는 역기능적 가정의 징후인 경우가 많다. 하지만 이러한 사회적 병리 현상은 이 책의 범위를 벗어난다. 이 책에서 '독재형 부모'는 그러한 부모가 아니라, 자녀를 사랑하고 자녀에 대해 좋은 의도를 가지고 있지만 다만 그것이 자녀 본인의 이해관계에도 부합한다고 믿기 때문에 자녀가 부모의 말에 복종해야 한다고 생각하는 경우를 일컫는다.

유명한 테니스 선수 앤드리 애거시Andre Agassi의 아버지 마이크 애거시Mike Agassi도 독재형 부모의 사례다. 전직 복싱 선수고 나중에는 아들의 테니스 코치가 되는 마이크는 아들 앤드리가 아주 어렸을 때부터 세계적인 테니스 선수가 되어야만 한다는 것을 분명하게 각인시켰다. 아들이 테니스를 좋아하는지, 테니스 말고 다른 것을 하고 싶어 하지는 않는지, 현재 아들의 행복과 후생이 희생되는 건 아닌지 등은 중요하지 않았고, 이런 점들을 고려하느라 목적 달성을 위한 노력이 방해를 받는 일도 없었다.

훗날 앤드리는 회고록에서, 테니스 말고 축구를 하고 싶다고 했더니 아버지가 다음과 같이 소리를 지른 일화를 언급했다. "너는 테니스 선수야! 너는 세계 최고가 되어야 해! 너는 돈을 아주 많이 벌 거야. 그게 계획이니 더 이상 토 달지 마라!"[7] 마이크는 매우 강한 의지를 가진 아버지였고, 베르게루스와 마찬가지로 이것은 그가 가학적인 성향이 있어서가 아니었다. 마이크와 베르게루스 모두, 아들에게 가장 좋은 것이 무엇인지를 오로지 자신만이 알고 있다고 생각했기 때문에 그렇게 행동한 것이었다.

　　베르게루스와 마이크 애거시가 사용한 양육법은 아동 학대와의 경계에 있다고 할 만큼 가혹했지만, 독재형 부모가 꼭 가혹한 것은 아니다. 엄격하고 복종을 요구하면서도 자녀에게 사랑과 애정을 많이 쏟는 부모도 있다. 독재형 양육의 가혹하지 않은 형태를 마리아의 엄마(파브리지오의 장모) 테레사에게서 볼 수 있다. 마리아는 프랑코 독재 시절 스페인의 가톨릭 집안에서 여섯 자녀 중 한 명으로 자랐다. 테레사는 "더 높은 권위에 의해 구성된 … 정해진 행위 기준"을 아이들에게 불어넣는 것이 자신의 임무라고 생각하는, 아이들을 매우 사랑하는 엄마였다. 테레사는 규칙을 아이들에게 설명하거나 동의를 구하지 않았고 아이들이 내면화하고 체화하도록 만들지도 않았다. 아이들은 그저 정해진 규칙에 복종하고 따라야 했다. 바움린드의 표현을 빌리면, 테레사는 아이들이 "부모의 말을 옳은 것으로서" 받아들이고 따라야 한다고 믿었다. 테레사가 베르게루스나 마이크 애거시와 다른 점은 아이들의 삶을 비참하게 만들지 않았다는 것이다. 오히려 마리아의 부모는 매우 너그러웠고 아이들의 미래를 위해 경제적으로도 많은 희생을 했다. 가령 자녀 모두 대학에 보냈고 물질적인 필요도 부족함 없이 충족시켜주었다. 늘 부모가 정한 방식대로이긴 했지만 말이다.

　1970년대에 마리아의 두 언니가 반항적인 문화를 받아들이자(부모는 과도한 자유와 "나쁜" 친구들 때문이라고 생각했다), 테레사는 마리아를 보수적인 가톨릭 조직 '오푸스 데이Opus Dei'가 운영하는 기숙사에 보냈다. 마리아는 그 기숙사에 살면서 발렌시아 대학에 다녔다. 기숙사 비용은 부모가 모두 부담했다. 음식과 숙박은 물론이고, 경건한 사감들이 제공하는 생활 규율 감시 서비스도 포함되어 있었다. 이곳에는 엄격한 통금 시간이 있었고 종교 의례에도 반드시 어느 정도 이상 참여해야 했다. 마리아는 대학 시절이 인생을 통틀어 가장 슬픈 기간이었다고 회상하지만, 마리아의 어머니는 이것이 자신이 딸에게 줄 수 있었던 가장 큰 선물이었고 딸이 학문적으로 높은 성취를 하는 데 씨앗이 되었다고 생각한다. 이 밖에도 많은 면에서 두 사람은 매우 다른 견해를 가지고 있지만, 마리아는 어머니를 사랑하고 자신이 운 좋은 딸이었다고 생각한다.

　마티아스의 할아버지 오토도 비슷하다. 마티아스의 형제들은 오토를 무섭고 까다로운 노인으로 기억하고 있다. 집에서 아이들이 시끄럽게 굴면 참아주지 않았고 사소한 잘못도 꾸짖었다. 물론 마티아스의 아버지 디트마르에게 오토의 독재형 양육은 이보다 훨씬 심각한 의미를 지니고 있었다. 오토는 다섯 자녀 모두 24세까지는 무엇을 공부하고 어떤 직업을 가져야 하는지를 오로지 아버지인 자기만 결정할 수 있다고 생각했다. 오토의 철칙에 가장 크게 영향을 받은 사람은 맏아들 디트마르였다. 오토는 디트마르가 가족 농장을 물려받아야 한다는 데

추호의 의심도 없었다. 디트마르의 경력에 대한 모든 의사 결정은 농장을 물려받는다는 장기 목표에서 나온 것이었으며, 디트마르 본인의 선호는 전혀 고려되지 않았다. 학교를 마친 디트마르는 다른 농장에서 견습을 시작했다. 여기에서도 본인의 의사는 아무런 상관이 없었다. 심지어 어느 농가에 가서 일을 배울 것인지도 스스로 결정하지 못했다. 모든 것은 오토가 알아서 했고 디트마르는 결정된 대로 그 집에 가서 일을 했다. 견습을 마치고서 디트마르는 교사가 되기 위한 학교에 입학했다. 오토가 교사 일은 농사일과 병행하기 좋다고 생각했기 때문이다. 역시 디트마르의 선호는 전혀 고려되지 않았다(사실 디트마르는 물리학이나 법학을 공부하고 싶어 했다). 오토가 디트마르의 인생에 이토록 고강도로 개입하면서 일시적으로 부자 관계가 멀어지기도 했지만, 전반적으로 오토는 자신의 의도를 거의 다 관철했다. 디트마르는 공부를 마치고 농장을 물려받았고 오토처럼 공직 일을 병행했다(디트마르는 교사가 되기 위한 교육을 받았지만 나중에 주 정부 공무원이 되었다). 디트마르의 동생들은 조금 더 독립성을 누릴 수 있었지만 그들도 삶의 경로를 스스로 결정한 것과는 거리가 멀었다.

허용형 양육

다이애나 바움린드가 제시한 두 번째 유형인 '허용형'은 독재형의 정반대 유형이라고 볼 수 있다. 허용적인 부모는 자유방임적인 접근을 취하며, 어지간한 일은 아이가 스스로 결정하도록 내버려두고 아이가 독립성을 갖도록 독려한다. 바움린드는 이렇게 설명했다.

> 허용형 부모는 아이의 충동, 욕망, 행위에 대해 징벌적이지 않고 수용적이며 긍정적인 방식으로 반응한다. 방침을 정할 때 아이와 상의하고 가정 내의 규칙에 대해 아이에게 이유를 설명한다. 가정에서 아이가 해야 할 의무를 많이 요구하지 않고 질서 있게 행동하도록 요구하지도 않는다. 이러한 부모는 아이가 부모를 본받아야 할 이상적인 존재나 아이의 현재 또는 미래 행위를 바꾸거나 적극적으로 구성해내야 할 책임이 있는 존재가 아니라, 필요할 때 활용할 수 있는 자원으로 여기도록 독려한다. 또한 아이가 자신의 행동을 스스로 관리하도록 최대한 허용하고, 통제를 가하려 하지 않으며, 외부에서 규정한 기준에 복종하라고 독려하지도 않는다.[8]

독재형 부모가 나쁜 부모를 의미하지 않듯이, 여기에서 '허용적'이라는 말도 부정적인 의미를 갖지 않는다.[9] 물론 아이에게 무관심하거나 아이를 완전히 방치하는 부모도 있다. 심리학자 엘리너 매코비Eleanor Maccoby와 존 마틴John Martin은 이런 부모를 '방임적neglectful' 혹은 '비관여적uninvolved' 부모라고 부른다.[10] 이와 달리 '허용적인' 부모는 아이에게 관심을 기울이며 아이가 잘 살아가기를 바란다. 다만 아이에게 되도록 많은 자유를 주는 것이 그 목적을 달성하기에 가장 좋은 방법이라고 생각할 뿐이다. 허용형 부모는 '자유주의적'인 부모라고도 표현할 수 있는데, 우리도 때로는 이 표현을 사용할 것이다.

　목적의식적으로 허용형 양육을 채택한 대표적인 사례로 예술가이자 디자이너인 브루스 제인스Bruce Zeines를 들 수 있다. 제인스는 급진적인 형태의 자율형 학습을 옹호하는 사람으로, 뉴욕에 '민주적이고 자유로운 학교'인 '브루클린 자유 학교(Brooklyn Free School, BFS)'를 세웠다. 이 학교가 학생들에게 엄격하게 요구하는 유일한 규칙은 민주적으로 진행되는 학교 총회에 반드시 참여해야 한다는 것이다. 학교 총회는 학생들에게 자유롭게 의견을 개진하는 역량을 길러주려고 마련된 제도다. 제인스에 따르면, 이 학교에서 학생들은 다른 이의 활동을 방해하지 않는 한 어떤 활동이건 추구해도 좋다. 다른 이를 방해할 경우, 방해받은 상대방은 총회의 소집을 요구할 수 있다.

　그는 "타이거 맘의 정반대The Opposite of Tiger Mom"라는 글에서 자신의 견해가 공립학교에서 교육을 받았던 경험에서 나온 것이라고 설명했다.[11] "나는 많은 시간을 낙서나 하고 그림이나 그리면서 보냈다. 선생님이 하는 말에는 관심이 없었다. … 나는 스스로 짠 경로대로 공부를 하기 시작했다. 학교 안에서보다 학교 밖에서 훨씬 더 많은 것을 배웠다." 이 경험으로 인해 그는 허용형 부모가 되었다. "부모로서 내 입장은, 웬만하면 아이들이 스스로 자신의 길을 발견하도록 내버려두자는 것이다. 천하태평인 부모라고 부를 수도 있겠다." 그는 아들에게 싫어하는 것을 억지로 하라고 시킨 적이 없다. 그저 아이가 스스로의 열정에 따라 배워나가도록 놓아둔다. "공립학교에서는 아이들이 누군가가 읽으라고 하니까 읽는다. 하지만 무언가를 하라고 강요하면 아이는 그것을 싫어하게 된다. 공립학교 교육은 권위에 대한 존중과 복종이 핵심이다. 복종하는 아이를 만들고 싶은가? 아니면 아이가 자유롭게 사고하는 사람, 엉망진창인 세상 속에서 우리를 도울 수 있을 사람이 되기를 원하는가?" 그는 급진적인 양육법 덕분에 자신의 아이가 옳지 않거나 피상적인 견해라고 여겨지면 어른에게도 거리낌 없이 질문할 수 있는 대담한 사람이 되었다고 주장한다.

청소년 코미디 영화 〈퀸카로 살아남는 법Mean Girls〉에 나오는 레지나의 엄마 조지 부인과 TV 드라마 〈길모어 걸스Gilmore Girls〉에 나오는 로렐라이 길모어(주인공 모녀 중 엄마)도 허용형 부모의 모습을 잘 보여준다. 조지 부인은 자신을 '쿨한 엄마'라고 부르고 10대처럼 행동한다. 말할 때도 10대들이 쓰는 은어를 사용하는데, 그 때문에 우스꽝스러워 보이기도 하지만 딸의 감정에 더 잘 연결되기도 한다. 조지 부인은 자유주의적이고 비관습적이다. 어느 정도냐면, 미성년자인 아이들이 집에서 술을 마시도록 허용하고 10대인 딸이 성관계를 갖는 것도 허용한다. 심지어 딸이 남자를 집에 데려오자 콘돔도 챙겨준다. 조지 부인은 성인의 견해와 가치관을 딸에게 부과하려 하지 않고 딸이 원하는 것을 그대로 지지해준다는 의미에서 허용적인 부모다.

로렐라이 길모어는 조지 부인만큼 급진적으로 허용적이지는 않다. 독재형 엄마와 일중독인 아빠 아래서 불행하게 자란 로렐라이는 반항적이고 독립적인 여학생이 되었다. 10대에 임신을 하고 집을 나와서 딸 로리를 낳아 혼자 키운다. 엄마로서 로렐라이는 자신의 엄마가 하지 않았을 모든 것을 한다. 절대로 아이에 대해 가치판단을 내리지 않고, 열린 마음으로 공감하고 돌보고 지원해준다. 로렐라이는 딸 로리의 견해를 늘 진지하게 듣고, 자신의 사업과 관련된 문제나 기타 심리적인 문제들을 딸에게 터놓고 상의하기도 한다. 이렇듯 딸이 자신의 문제에 대한 모든 결정을 최종적으로는 늘 스스로 내리도록 독려하기는 하지만, 그렇더라도 로렐라이는 딸에 대한 관여도가 매우 높은 엄마다. 딸의 행복에도 매우 신경을 쓰지만, 딸의 공부에도 아주 관심이 많다. 로렐라이의 양육 방식은 90%는 허용형이고 10%는 (아래에서 살펴볼) 권위형이라고 말할 수 있을 것이다.

권위형 양육

권위형 양육은 중간 지대를 차지한다. 독재형 부모처럼 권위형 부모도 아이들이 내리는 선택에 영향을 미치고자 한다. 하지만 명령과 규율보다는 논리적 설득을 통해, 그리고 아이의 가치관을 구성하려는 노력을 통해 이를 달성하려 한다. 바움린드는 이렇게 설명했다.

> 권위형 부모는 아이의 행동에 방향성을 주고자 하지만 합리적인 방식으로, 또 당면한 구체적인 사안별로 그렇게 하고자 한다. 언어로 의견을 주고받는 것을 독려하고, 부모가 정한 원칙에 대해서는 이유와 근거를 아이에게 알려주고자 하며,

아이가 따르지 않으려 하면 반대하는 이유를 들으려 한다. 그는 자율적인 자기 의지와 규율 잡힌 순응, 둘 다를 중요시한다. 따라서 부모-자녀 간 불일치가 발생하면 엄격한 통제력을 행사하지만 아이에게 제약을 많이 부과하지는 않는다. 성인으로서 부모의 관점을 강제하지만, 아이의 이해관계와 아이가 원하는 구체적인 방식도 인정한다. 아이가 현재 가지고 있는 특질을 긍정하지만 미래의 행위에 대한 기준도 설정한다. 권위형 부모는 이성과 권력을 이용해서, 그리고 규칙 체계와 긍정적 강화의 과정을 통해 아이의 가치관을 형성함으로써 자신의 목적을 달성하고자 하며, 집단의 합의나 아이의 욕망에 기초해서 의사 결정을 내리지는 않는다.[12]

언뜻 요즘 나오는 양육 지침서나 웹사이트, 블로그 등의 양육 조언과 매우 비슷하게 들린다. 이런 유형의 부모는 오늘날 선진국 중산층 부모들이 열망하는 모습과 굉장히 비슷하다. 저자인 우리 역시 아버지로서 우리가 하고자 하는 바를 위의 문단에서 바움린드가 정말 잘 포착했다고 인정하지 않을 수 없다. 만약 우리가 양육 지침서를 쓰고 있는 것이라면 이 책의 나머지 부분은 권위형 부모가 되는 방법을 알려주는 내용으로 채워야 할 것이다. 하지만 그것은 이 책의 목적이 아니다. 이 책의 목적은 왜 부모들이 특정한 양육 방식을 채택하는지, 그들이 내리는 선택이 그들이 살고 있는 사회의 사회적·경제적 여건에 어떻게 영향을 받는지 알아보는 것이다. 하지만 그 논의에 들어가기에 앞서, 각각의 양육 방식이 아이에게 실제로 어떤 결과를 가져오는지에 대해 먼저 살펴보기로 하자.

양육 방식이 아동 발달에 미치는 영향

발달심리학 분야에서는 특정한 양육 방식이 아동 발달에 어떤 영향을 미치는지에 대한 연구가 많이 이루어져왔다. 주요 결론을 종합하면, 평균적으로 권위형 부모의 자녀가 다른 양육 환경에서 자란 아이들보다 학업 성과가 좋다. 이와 관련해 자주 인용되는 논문은 스탠포드 대학 샌포드 돈부시Sanford Dornbusch의 연구 팀이 샌프란시스코 베이에어리어의 고등학생 7,836명을 대상으로 수행한 연구인데, 권위형 부모 밑에서 자란 아이들의 학업 등급이 더 좋은 것으로 나타났다.[13] 미국의 다른 지역을 대상으로 한 연구들에서도 비슷한 결과가 나타났다.[14] 또한 사회학자 탁 윙 찬Tack Wing Chan과 애니타 쿠Anita Koo는 양육 방식이 학업 성과 이외의 다른 면에 어떻게 영향을 미치는지도 함께 살펴보았는데, 영국 가구패널조사British Household Panel Survey의 청소년 패널 자료를 분석한 결과, 권위형 양육에 노출된 아이들은 학업 성과뿐 아니라 주관적으로 느끼는 후생과 자기 존중감도 더 높은 것으로 나타났다. 또 이들은 건강 상태도 더 좋았고 흡연, 마약, 싸움 같은 위험 행동에 빠질 가능성은 더 적었다.[15]

권위형 부모를 둔 아이들은 왜 더 우월한 지표들을 보일까? 심리학자 카이사 아우놀라Kaisa Aunola의 연구 팀이 스웨덴 청소년을 대상으로 수행한 연구에 따르면, 청소년의 학업적 성공을 결정하는 중요한 요인은 그들이 채택하는 '성취 전략 achievement strategy', 특히 어려움에 어떻게 반응하느냐인 것으로 나타났다.[16] 권위형 부모 밑에서 자란 청소년들은 어려움에 직면했을 때 수동적이 되거나 무기력해지는 경향, 실패를 두려워하는 경향, 실패를 자신의 능력 부족 탓으로 돌리는 경향이 더 적었다. 또 우울증에 빠지는 위험은 더 적은 반면, 당면 과제에 집중을 유지하는 역량은 더 뛰어났다. 흥미롭게도, 허용형 부모를 둔 아이들도 권위형 부모를 둔 아이들과 비슷하게 우월한 결과를 보였다. 대조적으로, 독재형이거나 방임형인 부모 밑에서 자란 아이들은 성과가 좋지 않았다. 3장에서 보겠지만, 스웨덴에서는 허용형 양육이 인기가 많고 교육 수준이 높은 중산층 가정에서 매우 보편적이다. 따라서 스웨덴에서 허용적으로 키워진 청소년들이 우수한 학업 성과를 보인 데는 [양육 방식 외에] 다른 요인들이 작용했을 가능성도 있다(이에 대해서는 이후에 다시 설명할 것이다).

권위형 부모를 둔 아이들이 학업 성취가 뛰어난 또 하나의 이유는 단순히 부모가 아이의 학교 활동에 관여하는 데 더 많은 노력을 기울이기 때문일 수도 있다. 심리학자 로런스 스타인버그Laurence Steinberg가 위스콘신과 캘리포니아 북부의 9개 고등학교를 대상으로 수행한 연구에 따르면, 권위형 부모는 아이의 숙제를 도와주고 학교의 프로그램에 참여하며 아이가 스포츠나 그 밖의 과외 활동을 하는 것을 지켜보고 아이의 과목 선택을 돕는 경향이 다른 부모에 비해 통계적으로 유의하게 강했다.[17] 또한 권위형 부모는 자녀가 무엇을 하는지, 자녀의 학업 성과가 어떠한지 등을 더 잘 파악하고 있었으며, 학업 성적이 좋을 때 아이를 칭찬하고 노력의 중요성을 강조하는 경향도 다른 유형의 부모들보다 강했다.

권위형 양육이 높은 학업 성과와 관련이 있다면, 중국계 미국인 부모들의 '타이거 맘' 양육 방식은 어떻게 설명할 수 있을까? 심리학자 루스 차오Ruth Chao는 중국계 미국인 아이들 대부분이 부모가 권위형이기보다는 독재형인데도 학교 성적이 좋다는 사실을 짚어냈다.[18] 이 아이들은 무언가 독특한 특성을 가지고 있어서 그런 것인가? 이에 대해 차오는 세 가지의 큰 범주로 나누는 유형 구분은 몇 가지 중요한 세부 맥락을 가려버리는 경향이 있다고 지적했다. 중국계 부모들은 여러 가지 규칙과 금지 사항을 두긴 하지만 그와 동시에 교육의 중요성을 강조하며 아이에게 학습 동기를 부여하고 지원하기 위해 기꺼이 많은 시간을 투자한다. 이는 독재형과 권위형의 혼합이라고 볼 수 있으며, 마리아의 엄마나 디트마르의 아빠가 채택했던 전통적인 독재형 양육과는 근본적으로 다르다(마이크 애거시의 접근 방식과는 어느 정도 공통점이 있다고 볼 수 있을지도 모르겠다).[19] 이 책에서 우리는 이와 같이 권위형 양육의 요소와 독재형 양육의 요소가 결합된 유형을 일컬어 '집약적 양육intensive parenting'이라는 용어를 사용할 것이다. 즉, '집약적 양육'은 아이의 삶에 매우 강하게 개입하는, 고도로 관여적인 유형의 부모 행동을 포착하는 용어다.

한 가지 짚어두어야 할 것은, 권위형 부모 밑에서 자란 것과 높은 학업 성적 사이에 상관관계가 나타났다고 해서 그 자체로 권위형 양육이 높은 학업 성적의 원인이라는 점이 입증되는 것은 아니라는 점이다. 권위형 부모 밑에서 자랐기 '때문에' 성적이 좋다고 말할 수 있으려면, 이상적으로는 부모들에게 무작위로 양육 방식을 할당하는 실험을 해야 한다. 즉, 연구자가 부모에게 어떤 양육 방식을 택할지 정해주고 부모가 자신의 확신이나 선호와 상관없이 그 지시대로 따르게 해야 하는데, 자유 사회에서 이런 실험은 가능하지 않다. 설령 연구윤리위원회의 승인을 얻는다 해도 실험에 참여할 부모를 모을 수 없을 것이다. 세상 어느 부모가 탄탄한 과학적 지식을 얻는 데 기여하겠다고 아이에게 체벌을 가하라는 연구자의 지시를 따르겠는가?

무작위 실험이 불가능하다는 것을 전제로 한다면, 앞에서 제시한 설문 조사가 각 양육 방식이 미치는 영향을 알아볼 수 있는 가장 좋은 방법이다. 이런 연구들에 따르면, 권위형 양육은 아이에게 기대되는 바람직한 결과, 특히 좋은 학업 성과와 관련이 크다. 하지만 이것이 직접적인 인과관계가 아니라 학업 성과에 영향을 미치는 제3의 요인이 어쩌다 보니 권위형 부모들 사이에서 많이 발견되기 때문일 가능성도 배제할 수 없다. 가령 부유하고 교육 수준이 높은 부모는 아이가 공부를 잘할 가능성이 더 크고 권위형 양육을 할 가능성도 더 크다. 이 문제는 동일한 소득이나 교육 수준을 가진 부모들만을 대상으로 양육 방식의 차이에 따른 결과를 비교하면 적어도 어느 정도 해소할 수 있다. 이후의 장들에서 우리는 부모의 소득이나 교육 수준 같은 추가적인 요인들을 '통제'한 상태에서 각 나라별로 양육 방식이 학업 성과, 시험 점수, 계층 이동성 등에 어떤 영향을 미치는지 알아본 실증 연구를 더 소개할 것이다. 이러한 실증 근거는 발달심리학 분야에서 발견된 주요 결과(권위형 부모를 둔 아이가 학업 성과가 높다는 것 등)를 잘 뒷받침한다.

경제학자가 양육 문제에 접근하는 방법

양육 방식이 자녀에게 미치는 영향에 대한 발달심리학 연구들을 살펴보았으니 다시 경제학으로 돌아와보자. 앞에서 보았듯이, 심리학 연구는 특정한 양육 방식이 아이의 발달에 어떤 영향을 미치는가에 초점을 둔다. 가령 다른 면에서는 비슷한 아이들(가령 동일한 학교에 다니는 아이들)이 상이한 양육 방식에 노출되었을 때 어떤 차이를 보이는지를 조사하는 것이다. 그런데 경제학자인 우리의 접근 방식은 세 가지 면에서 이와 다르다. 첫째, 우리는 초점을 부모에게 두고 왜 그들이 특정한 양육 방식을 선택했는지 알아보고자 한다. 이는 부모의 선택을 주어진 것으로 두고 그 선택이 가져오는 결과에 관심을 갖는 것과는 다른 접근이다. 둘째, 우리는 더 광범위한 비교에 관심이 있다. 따라서 특정한 시간과 장소에 한정하기보다는 국가와 시대에 따라 양육 방식이 왜 차이가 나는지를 질문한다. 셋째, 이러한 질문에 답하고자 할 때 우리는 '경제학적인 접근'을 한다. 즉, 우리는 부모가 제약 조건하에서 목적을 달성하기 위해 의도적인 선택을 한다고 가정한다.[20]

경제학적인 접근은 우리가 부모를 '좋은 부모'와 '나쁜 부모'로 나누지 않도록 해준다. 수세기 동안 대부분의 부모는 독재형이었다. 왜 그랬을까? 우리의 할아버지, 할머니는 좋은 부모가 무엇을 해야 하는지 몰라서 그랬을까? 또 1970년대에는 허용형 양육의 바람이 불었다. 이것은 집단적인 망상의 결과였을까? 그러다가 드디어 계몽된 전문가들이 올바른 양육 방법을 알아내 사람들에게 알려준 덕분에 오늘날의 부모들이 그러한 망상에서 구출된 것일까? 이는 피상적일 뿐 아니라 오만한 견해다. 따라서 우리는 이러한 접근 방식을 취하지 않는다.

우리는 부모의 의사 결정이 자녀와 관련해 달성하고자 하는 목적에 의해, 그리고 그 목적을 성취하는 데 각 양육 전략이 유용할지 아닐지에 대한 판단에 의해 이루어진다고 본다. 물론 부모가 각 양육 방식이 가져올 결과를 완벽하게 알고 있다는 말은 아니다. 경제학자나 여타 사회과학자들에게도 그렇듯이, 부모에게도 미래를 예측하는 것은 매우 어려운 일이다. 사실 양육 방식과 관련해 부모가 가진 정보, 지식, 역량의 한계는 그들에게 부과된 제약 조건의 일부다. 그렇더라도, 우리는 부모가 대체로 자신이 무엇을 하는지 알고 있으며 자신이 처한 환경에서 충분히 합리적으로 판단해 행동한다고 가정할 것이다.

또한 경제학적인 접근은 부모의 행동이 (정도의 차이는 있어도) 대체로 의식적으로 내린 의사 결정에 의한 행동이라고 가정한다. 물론 부모가 양육 방식을 선택하기 위해 스프레드시트에 장단점 목록을 적어가며 비교한다는 말은 아니다. 대개 부모들은 근거를 꼼꼼히 따져보지는 않은 채로, 그저 그렇게 하는 게 옳다고 느껴지기 때문에 이런저런 행동을 선택한다. 그러나 우리는 이렇게 내려진 의사 결정도 마치 부모들이 신중하게 여러 선택지를 다 따져보고 결과를 가늠해본 뒤에 내린 결정인 것처럼 간주할 수 있다고 본다. 실제로 부모는 자녀가 성인이 되어서 살게 될 세상을 종종 그려보고 가늠해보며, 경제학적인 접근 방식의 핵심은 양육에 대한 의사 결정이 이러한 고려에 영향을 받는다는 것이다. 아이가 미래에 살게 될 사회가 더 불평등하고 경쟁이 치열해질 것이라고 예상한다면 부모는 아이가 치열하고 경쟁적인 환경에서 잘 생존할 수 있게, 그리고 가능하다면 성공할 수 있게 준비시키는 데 유리한 양육 전략을 취하게 될 것이다. 이 접근 방식은 경제적 성공(소득 등) 이외의 측면에도 적용된다. 가령 시민적 자유가 강하게 보장된 나라에서는 부모가 아이에게 자신의 의견을 말하도록 독려하겠지만, 억압적인 국가에서는 자신의 견해를 밝히는 것을 조심하고 몸을 사리라고 가르치게 될 것이다.

이 책에서 우리는 경제학적 접근 방식을 사용해 부모의 양육 행태를 실제로 결정짓는 인센티브들이 무엇인지, 또 경제적 인센티브가 변화하면 양육 방식이 어떻게 변화하는지를 알아보고자 한다. 우리의 궁극적인 목적은 시대별로, 국가별로, 또 국가 내에서 각 사회적·경제적 집단별로 부모들이 채택하는 양육 방식이 어떻게 다른지에 대한 포괄적인 패턴을 알아보는 것이다. 앞에서 언급했듯이, 부모의 의사 결정을 추동하는 주요 동기는 자녀에 대한 사랑과 애정이다. 하지만 독재형 양육의 사례에서 많이 볼 수 있듯이 양육이 꼭 아이의 즉각적인 행복을 최대화하는 쪽으로만 이루어지는 것은 아니다. 왜 사랑과 애정에 의한 결정이 즉각적으로는 아이를 불행하게 하는 쪽으로 내려질 수 있는지 이해하려면, 자녀에 대한 부모의 관심과 염려가 구체적으로 어떤 형태를 띠는지 더 깊이 알아볼 필요가 있다.

부모가 자녀를 사랑하는 방식
: 이타주의와 온정적 개입주의

일반적으로 부모는 자녀의 현재 후생과 미래 후생을 모두 고려한다. 그 두 가지 목적 사이에서 어느 쪽이 더 중요하다고 판단하는지가 양육 방식을 포함한 부모의 의사 결정에 반영된다. 어떤 부모는 어린 시절이 인생에서 가장 행복한 시기여야 한다고 생각해서 어린아이들이 미래를 걱정하지 않고 즐겁게 지낼 수 있게 돕는 것이 부모의 역할이라고 볼 것이다. 반대로 어떤 부모는 어린 시절은 성인이 되어서 수확할 씨를 뿌리는 시기라고 생각해서 나중에 필요할 역량을 기를 수 있도록 투자하고 준비하는 게 중요하며, 이를 위해 엄격한 지침을 주고 때로는 아이를 몰아붙여야 한다고 볼 것이다.

우리는 최근에 수행한 한 연구에서 부모의 행위를 이해하려면 자녀 사랑이 두 가지의 상이한 요인으로 구성되어 있음을 고려해야 한다고 제안했다. 그 두 가지 요인은 이타주의altruism와 온정적 개입주의paternalism다.[21] 어떤 부모는 늘 이타적으로만 행동하고 어떤 부모는 늘 온정적 개입주의적으로만 행동한다는 말은 아니다. 상대적으로 누구는 조금 더 이타적이고 누구는 조금 더 온정적 개입주의적이겠지만, 모든 부모가 두 가지 요인을 다 가지고 있다.

게리 베커의 논지를 따라서, 우리는 부모가 아이의 전반적인 후생을 증가시킬 수 있다면 자신에게 비용이 발생하는 행위를 기꺼이 감수하려 할 때 이를 자녀에 대해 "이타적인" 태도를 가진 부모라고 정의한다.[22] 여기에서 아이의 "전반적인 후생"에는 현재의 즐거움뿐 아니라 미래의 행복과 성공도 포함된다.

부모에게 "비용이 발생하는 행위"는 무엇인가? 비용은 금전적인 비용일 수도 있고 자신에게는 유쾌하지 않은 상황을 감수해야 한다는 의미의 비용일 수도 있다. 이를테면, 이타적인 부모는 너무나 등산이 가고 싶어도 아이가 좋아하는 디즈니랜드에 가기 위해 등산 계획을 포기할 수 있다. 또 집에서 아이와 놀아주기 위해 보고 싶었던 영화나 오페라를 보러 가지 않기로 할 수도 있다. 우리는 종종 집에서 아이들과 보드게임을 하는데, 우리가 즐거워서가 아니라(정말이지 어떤 게임은 무척 지루하다) 아이들이 즐거워하는 모습을 보기 위해서다. 그러나 이타적인 부모가 된다는 것이 아이를 위해 모든 것을 포기한다는 말은 아니다. 부모는 여전히 비용과 편익을 따져본다. 대체로는 아이에게 애정을 쏟는 편인 마리아도 보드게임만큼은 너무 지루해서 아무리 사랑하는 딸의 웃음이라는 보상이 있다 해도 너무 괴롭다고 생각한다.

이타적인 부모의 핵심 특징은 아이의 감정과 의사에 완전하게 공감한다는 것이다. 이타적인 부모는 아이에게 가장 좋은 것이 무엇인가에 대해 아이 본인의 견해를 받아들인다. 즉,

아이의 눈을 통해 아이를 보고 아이에게 가장 좋은 것이 무엇인지에 대해 자신의 견해를 부여하려 하지 않는다. 따라서 아이의 선호에 동의한다. 전적으로 이타적인 동기로만 움직이는 부모라면 모든 일을 아이가 결정하도록 하고 언제나 그 결정을 인정해줄 것이다. 따라서 허용형 양육 방식을 택하게 될 것이다.[23] 앞에서 언급한 브루스 제인스가 그렇듯이, 이타적인 부모는 아이에게 싫어하는 것을 억지로 하라고 강요하지 않는다. 부모 본인이라면 아이와는 다른 선택을 내렸을지라도 말이다.[24] 아침에 단것을 먹으면 나중에 이가 썩어서 고통스러운 치과 치료를 받아야 할 것이라는 말을 듣고도 아이가 단것이 너무 먹고 싶어서 미래의 위험을 감수하겠다고 결정한다면, 전적으로 이타적인 부모는 아이의 선택을 지지할 것이다. 마찬가지로 10대 자녀가 고등학교를 그만두고 세계 여행을 하기로 결정한다면, 전적으로 이타적인 부모는 여기에 반대하지 않아야 한다.

대부분의 부모는 아이에 대해 이타적인 태도를 가지고 있다. 하지만 아이가 내리는 모든 결정에 무조건 다 동의하기로 하는 부모는 거의 없다. 대부분의 부모는 아이가 단것을 과도하게 먹지 못하도록, 또 고등학교에 다니는 아이가 학교를 중퇴하지 않도록 매우 노력할 것이다. 왜 그런가? 바로 부모 행동의 두 번째 동기인 '온정적 개입주의' 때문이다. 이타적인 부모와 마찬가지로 온정적 개입을 하는 부모도 아이를 사랑한다. 하지만 아이 본인의 이익을 위해 때로는 아이의 자율성을 제약해야 한다고 믿는다. 아이에게 좋은 것이 무엇인지에 대해 부모가 나름의 견해를 가지고 있고, 그 견해가 아이의 견해와 일치하지 않을 수 있다는 의미다. 이 경우에 온정적 개입을 하는 부모는 아이가 원하는 것에 반대하고 부모의 의지대로 아이의 행동에 영향을 미치려 한다. 무엇이 지금 아이를 행복하게 해주는지에만 관심을 갖는 것이 아니라 성인인 부모의 관점으로 아이의 행동을 보면서 장단점의 비중을 따진다.[25]

우리는 모든 부모가 어느 정도는 온정적 개입주의의 동기를 가지고 있다고 생각한다. '온정적 개입주의paternalism'의 어원 자체가 '부성애'를 뜻하는 라틴어 '파테르누스paternus'다. 아직 무엇이 자신에게 좋은지 나쁜지 정말로 알지 못하는 아주 어린 아이에게는 온정적 개입을 하지 않는 것이 불가능하다. 더 큰 아이들에게도 이타적으로 대할 것이냐 온정적 개입을 할 것이냐는 양자택일의 문제가 아니라 정도의 문제다. 극단적인 예로, 청소년 자녀가 갱단과 어울리고 마약을 한다고 생각해보자. 아이가 "나는 내가 무엇을 하는지 알고 그것이 초래할 결과도 알지만 포기하기에는 너무 재미있어요"라고 주장한다고 해서 "아, 그렇구나" 하고 수긍할 부모는 없을 것이다. 아무리 자유주의적인 부모라도 이런 일은 막으려 할 것이다. 부유한 부모라면 다른 동네로 이사를 가려 할 것이고,[26] 그렇지 못한 부모는 엄격한 통금 시간을 정하려 할 것이다. 또 어떤 부모는 심리 상담사의 도움을 받으려 할 것이다. 하지만 이런 부모도 다른 종류의 선택(가령 교과 외 활동으로 무엇을 선택할 것인가, 어떤 남자친구나 여자친구를 사귈 것인가 등)에서는 아이가 원하는 대로 결정하게 놔두는 것이 가장 좋다고 생각할 수 있다.

부모와 자식의 의견이 일치하지 않게 만드는 가장 흔한 상황은 현재의 즐거움과 그것이 장기적으로 미칠 영향이 상충할 때일 것이다. 종종 부모는 아이의 장래에 대해 아이 본인보다 더 많이 걱정한다. 따라서 온정적 개입을 하는 부모는 아이의 장기적인 이해관계에 부합한다고 생각될 경우 아이의 현재 행복을 줄일 수도 있는 행동을 기꺼이 택하려 한다.[27]

부모가 온정적 개입을 할 동기를 갖는다는 점을 고려하면, 왜 많은 부모가 권위형이나 독재형 양육 방식을 택하는지 이해할 수 있다. 이 두 유형의 부모는 아이의 선택에 영향을 미치려 한다. 반면 전적으로 이타적인 부모라면 허용형 양육을 택하게 될 것이다.[28]

환경이 양육 방식에 미치는 영향

앞에서 양육 의사 결정의 기저에 있는 기본적인 동기들을 살펴보았다. 그렇다면, 더 구체적으로 특정한 부모가 어떤 양육 방식을 채택하는지, 그리고 국가나 시기에 따라 어떤 양육 방식이 지배적이 되는지를 결정짓는 요인은 무엇일까? 한 가지 가능성은, 그저 가정마다 부모의 성향이 다를 수 있다는 것이다. 어떤 사람은 축구를 좋아하고 어떤 사람은 오페라를 좋아하듯이, 어떤 부모는 더 자유주의적이거나 이타적이고 어떤 부모는 더 개입적일 수 있다. 이런 차이 중 어떤 것은 사회적·경제적 요인과 관련이 있다. 이를테면 브루스 제인스 같은 예술가는 농부나 점원보다 더 자유로운 양육을 하는 경향이 있을 것이고, 더 종교적인 사람들은 더 개입적인 양육을 하는 경향이 있을 것이다(5장 참조). 하지만 부모들이 보이는 양육 방식의 차이가 모두 사회적 요인으로 설명되는 것은 아니다. 우리와 사회적·경제적으로 비슷한 지위에 있는 많은 학자들이 우리보다 훨씬 느긋한 양육 태도를 가지고 있기도 하고, 반대로 더 엄격한 양육 태도를 가지고 있기도 하다.

　　이보다 더 흥미로운 가능성은 똑같이 개입주의적인 성향을 가진 부모가 각자가 처한 환경에 따라 상이한 양육 전략을 취하게 되는 경우다. 자유주의적 성향의 부모 두 명이 있는데, 한 명은 베이루트에 살고 한 명은 테헤란에 산다고 해보자. 그리고 각각 딸이 하나씩 있는데 딸이 미니스커트를 입고 싶어 한다고 생각해보자. 베이루트(복식 문화가 자유롭다)의 부모는 딸이 무엇을 입든 상관하지 않거나 미니스커트 입는 것을 지지해줄 것이다. 반면 동일한 성향의 부모라도 테헤란(여성이 부적절한 의복을 입으면 '도덕 경찰'에게 체포될 수 있다)에 산다면 딸의 선택을 막기 위해 독재형으로 행동할 것이다. 마리사와 마티아스도 미국에서는 경찰이 보호자 없이 돌아다니는 아이를 데려가 보호하고 부모를 아동 방임으로 고발하기 때문에 아이들끼리 동네를 맘대로 돌아다니도록 두지 않는다. 하지만 독일에서는 어린 아이들도 보호자 없이 마음대로 돌아다닐 수 있기 때문에 독일의 친지를 방문할 때는 그곳 방식대로 아이들이 마음대로 돌아다니게 둔다. 더 일반적으로 말해서, 아이가 어떤 사회적·경제적 환경에 살게 될 것이라고 예상하는지는 부모의 양육 선택에 매우 중요한 영향을 미친다.

	반응적 부모	비반응적 부모
자녀의 선택에 개입함 (집약적 양육)	권위형	독재형
자녀의 선택에 개입하지 않음	허용형	(방임형)

그림 1.1. 바움린드의 양육 방식 범주를 자녀에 대한 반응도와 자녀의 선택에 대한 개입도에 따라 나타냈다.

이제까지 살펴본 개념들을 부모의 양육 방식 선택에 적용해보자. 그림 1.1에서 양육 방식은 부모와 자녀 사이에 벌어지는 상호작용의 두 가지 측면에 따라 결정된다. 하나는 부모가 아이에게 얼마나 잘 반응하는가, 다른 하나는 부모가 아이의 의사 결정에 얼마나 관여하는가다. 이 분류 체계는 양육 방식과 관련된 많은 실증 연구에서 사용되고 있으며, 우리도 이 체계를 바탕으로 논의를 전개할 것이다. 아이에게 반응적이지 않고 아이의 의사 결정에 영향을 주려고도 하지 않는 부모는 '방임형' 부모다. 부모가 아이에게 정말로 무관심한(즉, 이타적이지도 않고 온정적 개입주의적이지도 않은) 경우에 방임형 양육이 나타나기는 할 테지만, 우리의 관심사는 '주된 양육 방식' 사이에서 부모가 내리는 선택이며, '주된 양육 방식'에는 허용형, 권위형, 독재형, 세 가지만 해당된다. 양육과 관련해 부모의 목적과 제약 조건은 어떻게 부모의 선택을 이끄는가? 어느 경우에 부모는 아이에게 압력을 가하지 않는 편이 좋다고 판단해 허용형 방식을 따르는가? 어느 경우에 부모는 아이에게 더 압력을 가하는 편을 선택하는가? 어느 경우에 부모가 규칙을 강조하고 어느 경우에 자유를 강조할 것으로 예측되는가?

양육 방식은 자녀의 성공에 얼마나 중요한가?
: 허용형 양육과 집약적 양육 사이의 선택

우선 허용형 양육과 집약적 양육을 비교해보자(집약적 양육에는 독재형과 권위형이 포함된다). 핵심적인 차이는, 집약적 양육을 하는 부모는 아이의 선택에 개입하려 하고 허용형 양육을 하는 부모는 그렇지 않다는 것이다. 앞에서 개괄했듯이 아이에 대한 이타주의는 부모를 허용형 양육으로 이끄는 요인이고, 온정적 개입주의는 집약적 양육으로 이끄는 요인이다. 전적으로 이타적인 부모라면 허용형 양육을, 전적으로 온정적 개입주의적인 부모라면 집약적 양육을 택하게 될 것이다. 그런데 대부분의 부모는 두 가지 동기를 혼합적으로 가지고 있다. 이런 경우, 허용형 양육과 집약적 양육 사이의 선택은 그들이 처한 사회적·경제적 환경에 좌우된다.

　어느 정도라도 온정적 개입을 하는 모든 부모는 아이가 무엇을 택하는 것이 가장 좋은가에 대해 부모 나름의 견해를 가지고 있고, 종종 이 견해는 아이 본인의 선택과 어긋난다. 이때 부모가 개입하기로 하느냐 마느냐를 결정짓는 핵심 질문은 아이의 선택이 가져올 결과가 얼마나 중대하냐다. 다시 이 질문은 그 선택이 아이의 장래 인생에 얼마나 큰 영향을 미치느냐와 관련이 있다. 바로 이 지점에서 '환경'이 중요성을 갖는다. 아이의 결정에 걸려 있는 것이 많지 않으면, 즉, 설령 '잘못된' 행동을 해도 아이의 장래에 큰 파장이 없을 것으로 보인다면 부모는 아이가 뜻대로 하도록 허용할 것이다. 하지만 부모의 견해대로 하는 것이 아이가 장래에 성공적인 삶을 꾸려가는데 핵심적으로 중요하다고 판단된다면 아이의 선택에 개입하려는 동기가 커질 것이다.

아이의 선택이 장래에 미치는 영향이 정확히 무엇인지는 사안에 따라 다르다. 부모는 자녀의 건강을 염려할 수도 있고, 직업 전망을 염려할 수도 있고, 장래의 애인이나 배우자에 대해 염려할 수도 있다. 같은 부모라도 사안에 따라 어느 경우에는 더 개입적이고 어느 경우에는 덜 개입적일 수 있고, 실제로 그럴 가능성이 크다. 이를테면 어떤 부모는 아이가 다칠 위험이 있을 때는 매우 보호적이고 개입적으로 행동하지만 자녀의 직업과 관련해서는 더 허용적인 태도를 가질 수 있다.

부모는 아이의 선택이
장래에 미치는 영향을 어떻게 판단하는가?

아주 많은 사안에서 부모와 자녀의 의견이 일치하지 않을 수 있지만, 대표적인 유형 하나를 꼽으라면 현재의 즐거움과 미래를 위한 투자 사이에, 어떻게 가중치를 둘 것이냐 하는 문제일 것이다. 아이가 숙제에 쓰는 시간을 줄이고 비디오게임에 시간을 더 쓰기를 바라는 부모를 우리는 한 번도 본 적이 없다. 대부분의 경우 부모는 자녀의 장래 전망을 염려하고, 반면 아이는 즉각적인 만족에 더 관심이 많다.

부모가 자신의 의지를 아이에게 관철할지 말지 결정할 때, 가령 공부를 더 하라고 아이를 몰아붙일지 말지 결정할 때, 그렇게 노력을 기울일 만큼 공부에 많은 것이 걸려 있는지가 중요한 고려 대상이 될 것이다. 경제적 불평등이 양육 방식을 좌우하게 되는 지점이 바로 여기다. 아이가 학교가 너무 지루해서 중퇴하고 저숙련 일자리를 얻으려 한다고 생각해보자. 임금 불평등이 크지 않고 블루칼라 노동자도 사회적으로 높은 지위를 인정받는 사회라면, 부모는 학교를 그만두는 것이 아이의 장래에 미칠 결과를 비교적 덜 걱정할 것이다. 하지만 경쟁적이고 불평등한 사회라면 많이 걱정할 것이다.

고등학교 중퇴자가 의사나 엔지니어보다 소득이 조금 적을 뿐이라면 부모는 교육에 대해 더 느긋한 태도를 취할 수 있을 것이고, 따라서 그런 사회에서는 허용형 양육 방식이 더 널리 선택될 것이다. 그런 사회에서 집약적 양육(권위형, 독재형, 혹은 이 둘의 혼합)은 아이의 독립성을 불필요하게 제약하고, 아이가 자신의 재능과 적성을 발견해가는 것(가령 자신에게 더 잘 맞는 직업을 찾아나가는 것)을 가로막을지도 모른다. 대조적으로, 교육에 대한 보상이 크고 학력이 낮은 사람들의 생활 여건이 매우 안 좋은 나라라면 부모는 개성의 발달을 억압하는 비용을 치르더라도 공부를 열심히 하도록 아이를 몰아붙일 동기가 커질 것이다. 이런 면에서, 경제적 불평등이 심하면 집약적 양육이 채택될 가능성이 높아질 것이라고 예상해볼 수 있다. 이 책에서 우리는 양육 방식의 시대적 변천, 그리고 국가별 차이와 관련한 실증 근거가 이 예측을 강하게 뒷받침한다는 것을 보여줄 것이다.

한편 좋은 일자리가 개인의 능력보다 출생 시 신분이나 사회적 연줄에 따라 결정되는 사회여도 부모는 교육에 신경을 덜 쓸 것이다. 파브리지오의 삼촌 지아니는 은퇴한 엔지니어로 한때 매우 성공적인 사업가였는데, 일가친척 중 대학에 간 최초의 인물이었다. 중하층이던 부모는 그가 대학에서 공부를 잘하고 있는지 아닌지에 매우 신경을 썼다. 그의 부모에게는 성인이 된 자녀가 노동을 하지 않게 두는 것이 매우 큰 경제적 희생이었기 때문이다. 대조적으로, 대학에서 만난 부유한 친구들은 훨씬 더 느긋했고 공부를 조금 하고 나면 오래도록 파티를 하고 놀았다. 대학이 부유층의 특권인 사회에서는 졸업하는 데 10년이 걸려도 별일이 아니었던 것이다. 부유층 학생들은 그렇게 하더라도 좋은 일자리를 갖는 데 아무런 어려움이 없으리라는 것을 잘 알고 있기 때문이다. 어차피 그들에게 좋은 직장을 잡게 해주는 것은 학위라기보다는 그들의 가문일 테니 말이다.

장래의 성공을 위해 현재 힘들여 노력하는 것과 당장 현재의 즐거움을 누리는 것 사이에 가중치를 다르게 부여한다는 것 말고도 부모와 자녀 사이에 갈등을 일으키는 요인은 많다. 또 다른 중요한 갈등 요인, 특히 청소년기에 중요한 요인은 부모로서는 승인할 수 없는 위험한 행동에 자녀가 빠져드는 것이다. 오토바이 타기부터 결혼 전 성관계까지, 사례는 다양하다.

대체로 부모가 자녀보다 위험 회피적이다. 그리고 많은 사회에서 보호적인 부모가 증가하는 추세가 나타나고 있다. 이런 태도의 단점은 아이가 걱정과 두려움으로 움츠러들어 주도적으로 행동하지 못하게 만든다는 것이다. 여기에서도 환경 요인이 부모의 인센티브에 영향을 미친다. 갱단과 마약 거래인이 많은 가난한 동네에 산다면, 아이가 청소년기에 범죄에 노출될 경우 장래의 삶을 나락으로 떨어뜨릴 결정을 내리게 될 가능성이 커진다. 반면 중산층 동네에서는 그런 위험이 훨씬 덜하다. 따라서 안전한 중산층 동네의 환경에서는 자녀가 삶에서 두려움 없이 여러 가지를 실험해보고 주도적으로 행동하도록 놔두어도 실패했을 때 감당해야 할 결과가 그리 심각하지 않을 것이다. 그런 환경에서 자란 아이는 성인이 되어서도 혁신이나 기업가 정신처럼 위험을 수반하는 결정에 더 긍정적인 태도를 갖게 될 것이다.

집약적 양육의 수단
: 금지하거나 설득하거나

부모가 집약적 양육을 유도하는 경제적 환경, 즉 아이에게 지침을 주는 게 매우 중요하다고 느껴지는 환경에 살고 있다고 해보자. 그렇다면 부모는 자녀의 선택이 부모가 성인의 관점에서 판단하는 바에 부합하도록 영향을 미치고 싶을 것이다. 이를 위해 두 가지 전략을 사용할 수 있다. 첫째는 강압이다. 즉, 특정한 행동은 금지하고 또 다른 특정한 행동은 강요하는 것이다. 이것은 독재형 양육의 특성이다. 행동을 일일이 지켜보고 처벌을 통해 엄격한 규칙을 강요하는 것도 이런 양육 방식의 특성이다. 독재형 부모는 부모가 시키는 행동이 왜 옳은 일인지, 왜 장기적으로 아이 본인의 이해관계에 부합하는지를 아이에게 설득하려고 하지 않는다. 그저 시키는 대로 말을 들으라고만 말할 뿐이다.[29]

두 번째 방법은 설득이다. 자녀 스스로 내리는 의사 결정이 부모가 바라는 바에 부합하도록 아이의 가치관과 선호를 구성해내고자 하는 것이다. 이를테면 부모는 아이에게 강한 노동 윤리를 주입하려 할 수 있다. 또 쾌락을 위해 약물에 의존하는 것을 꺼리는(혹은 두려워하는) 태도를 불어넣고자 할 수도 있다. 우리의 상황과 더 비슷한 사례를 들어보자면, 삶에서 학업적 성취가 매우 중요한 우선순위가 되어야 한다고 아이가 믿게 만들려 할 수 있다. 이것은 권위형 양육의 사례이며, 하버드 대학 정치학자 조지프 나이Joseph Nye가 말한 '부드러운 권력soft power'이라는 개념과도 일맥상통한다. '부드러운 권력'은 국제관계학의 맥락에서 제시된 개념인데, 조지프 나이에 따르면 그것은 호소, 매력, 미세한 의사소통 등을 통해 타인의 선호를 구성해낼 수 있는 역량을 말하며 강압이나 뇌물과는 종류가 다르다.[30] 부드러운 권력은 다른 이를 내가 원하는 대로 행동하도록 유도하는 데 매우 효과적이다. 그리고 바로 이것이 권위형 부모가 양육에서 달성하고자 하는 목표다.

그러면 부모는 이 두 가지 전략 사이에서 어떻게 선택을 내리는가? 우리는 어느 쪽이 명백하게 더 옳거나 그르지는 않다고 본다. 물론 독재형 양육의 한 요소인 강압은 부정적인 뉘앙스를 가지고 있고, 강압이 체벌과 결합되면 부정적인 반발 작용이 있다는 점은 잘 알려져 있다. 하지만 권위형 부모도 아이의 의견과 감정을 그 자체로 인정하지는 않는다는 점에서 부정적인 뉘앙스를 가질 수 있다. 허용형 부모와 달리 권위형 부모는 아이의 선호를 그대로 받아들이기보다 아이가 성인처럼 사고하도록 지침을 주려고 한다(권위형을 부정적으로 보는 사람이라면 아이의 사고를 '조작하려 한다'고 표현할 것이다). 가령 아이는 본래적인 성향상 재미있는 것을 좋아하고 친구들과 게임을 하기를 원하지만, 권위형 부모는 아이가 게임의 가치를 숙제보다 평가절하하도록 유도할 수 있다. 아이의 '가치관'을 재구성하려 한다는 점에서 권위형 양육은 모든 양육 방식 중 가장 개입적이라고 볼 수 있다. 대조적으로, 독재형 양육 방식은 아이의 속성과 선호를 그 자체로 인정하기는 한다. 이것은 허용형 양육 방식과 마찬가지다. 다만 허용형과 달리 아이의 행동을 규율하려 할 뿐이다.

어느 방식이 명백히 더 좋거나 나쁘지 않다면, 선택은 상대적인 비용과 편익의 문제가 된다. 부모의 관점에서 보면 모든 양육 방식에는 비용이 따른다. 독재형 부모는 아이를 감시하는 데 시간과 노력을 들여야 한다. 권위형 부모는 즉각적인 보상을 미루는 것이 좋은 일이라고 여길 수 있도록 아이의 본래적 특성에 배치되는 가치관을 주입하기 위해, 혹은 아이가 당면한 선택지를 장기적인 성공의 관점에서 평가해야 한다고 생각하게 만들기 위해 매우 열심히 노력해야 한다. 또 아이의 선호를 바람직한 방향으로 이끌어줄 것이라고 여겨지는 활동에 아이가 참여하도록 독려하는 데도 시간을 써야 한다. 가령 클래식 음악이나 운동을 가르치면 집중력, 끈기, 성취 지향성 등을 키워줄 수 있겠지만, 부모 입장에서 이런 활동을 시키는 데는 돈도 시간도 많이 든다.

돈, 시간 등의 직접적인 비용 외에 심리적 부담이라는 비용도 있다. 모든 부모가 어느 정도는 이타적인 마음을 가지고 있으므로 아이가 싫어하는 일을 강요하는 것을 피하고 싶을 것이다. 이런 면에서 보면 부모에게는 허용형 양육이 집약적 양육보다 심리적 비용이 덜 든다. 아이를 감시하거나 아이에게 가치관을 주입해야 하는 부담을 덜어주기 때문이다. 하지만 허용형 부모도 비용을 치른다. 가령 부모 자신은 내키지 않는데 아이들이 하는 대로 따라야 한다거나, 아이가 맘대로 굴어서 불쾌해하는 이웃이나 친구에게 사과를 해야 하는 등의 비용을 감수해야 한다.

파브리지오의 한 북유럽 친구는 허용형 양육의 열렬한 신봉자다. 아이들이 어렸을 때 두 가족은 함께 소풍을 가곤 했다 (두 집 아이들은 나이가 같다). 그런데 가끔 친구의 네 살짜리 아이가 갑자기 난리를 치면서 다른 것을 하자고 요구했다. 그럴 때면 아이의 아버지는 매번 파브리지오에게 이렇게 양해를 구했다. "미안, 미안, 우리 아들이 스트레스를 받았나 봐." 그리고 소풍은 중단되었다. 그는 연신 미안하다고 사과를 했고 다들 서둘러 접시와 식탁보를 치우고 전체 일정을 접었다. 아들에게 "안돼, 우리는 지금 점심을 먹어야 해"라고 말하는 것은 그에게 전혀 선택지가 아니었던 것이다.

비용뿐 아니라 장점도 양육 방식마다 다르다. 권위형 양육의 장점은 아이가 성장하면서 점점 더 두드러지게 나타난다. 탄탄한 노동 윤리를 갖추게 된 아이는 회복력과 끈기를 갖게 될 것이고, 이것은 대부분의 직업에서 매우 중요한 자질이다. 하지만 허용형 양육에도 장점이 있다. 전형적인 북유럽 어린이는 세상물정 모르는 샌님이 아니라 더 독립적이고 자립적인 성인으로 성장하며 아마도 자신의 적성이나 소질에 더 잘 맞는 자리를 발견할 수 있을 것이다. 아이가 수학이나 재무관리 같은 '유용한' 과목을 좋아하도록 세뇌하는 것은 부모에게는 합리적으로 보일 수 있어도 아이의 숨겨진 재능을 질식시켜버릴지 모른다. 매우 집약적인 양육을 받으며 자라는 아이들 중 몇몇은 세계적인 축구 선수나 영감이 뛰어난 예술가가 될 가능성을 자기도 모르는 사이에 차단당하고 있을지도 모른다. 허용형 부모 아래서 자란 아이는 자신이 좋아하는 것을 주장하고 관철하는 법을 알게 되고 자신의 자연적인 적성을 더 잘 따라갈 수 있을 것이다. 반면 권위형 부모 아래서 자란 아이는 부모의 걱정을 내면화하게 될 것이다. 직업 선택과 관련해서는 오히려 독재형 양육이 권위형 양육보다 덜 개입적일 수 있다. 마리아의 오빠는(앞에서 말했듯이 마리아의 엄마는 가혹하지 않은 유형의 독재형 엄마였다) 성공적인 화가가 되었다. 대조적으로, 마리아의 딸은 예술가의 길은 전혀 시도해보지 않게 될 것이다. 권위형 부모인 파브리지오와 마리아가 이미 온갖 노력을 기울여서 딸이 예술가처럼 경제적으로 불확실한 직업을 선택하지 않게끔 유도했

을 것이기 때문이다.[31]

독재형 양육의 큰 단점 하나는 부모가 지속적으로 아이를 지켜보고 감시해야 한다는 점이다. 아이가 중요한 결정을 내려야 할 특정한 시점과 장소에서 그렇게 지켜보는 게 불가능하다면 독재형 부모의 아이는 그때 스스로 올바른 결정을 할 수 없을 것이다. 대조적으로, 권위형 양육은 아이가 성인의 가치와 태도를 내면화하도록 유도한다. 성공할 경우, 아이는 혼자 있을 때도 '성인이 생각할 법한' 의사 결정을 내릴 수 있다. 다시 말해 권위형 양육의 핵심 장점은 (독재형에 비해) 직접적인 감시가 가능하지 않은 상황에서도 작동한다는 것이다. 이 장점은 집약적 양육의 두 가지 유형(독재형과 권위형) 사이에서 부모가 무엇을 선택하는지와 관련해 실증 데이터에서 드러나는 결과들을 설명하는 데 매우 중요하다. 이후에 계속 보겠지만, 독재형 양육은 가족 농장에서 자녀가 계속해서 부모와 함께 지내는 경우처럼 부모가 자녀를 가까이에서 지켜볼 수 있을 때 더 일반적으로 나타나며, 권위형 양육은 아이가 독자적으로 중요한 결정들을 내려야 할 상황이 많은 환경에서 더 많이 나타난다. 가령 아이가 집에서 멀리 떨어진 대학에 다니는 것이 인생의 성공에 중요한 사회라면 권위형 양육이 많이 나타날 것이다.

본성 대 양육

앞에서 우리는 권위형 부모는 자녀의 가치관과 선호를 구성하는 데 노력을 기울인다고 주장했다. 그런데 부모가 그 목적을 정말로 달성할 수 있는가? 양육이 실제로 어느 정도나 아이의 가치관과 선호를 구성하는 데 영향을 미치는지에 대해 오랫동안 많은 논쟁이 있었다. 한편에서는 아이의 성격은 태어날 때부터 각인되어 있다고 본다. [후천적인] 양육보다는 [선천적인] 유전자에 의해 결정된다는 것이다.[32] 이에 따르면, 중상류층 집안에서 태어난 아이가 일반적으로 성공적인 삶을 꾸려가는 것은 좋은 양육 환경을 제공하는 가정에서 자라서라기보다 우월한 유전자 풀 덕분이다. '본성'과 '양육'의 상대적인 중요성을 둘러싸고 오랫동안 인류학자와 집단유전학자 사이에 다소 결론 없는 논쟁이 있어왔다.[33] 하지만 어쨌든 양육이 매우 중요하다는 데는 거의 의심의 여지가 없어 보인다. 예를 들어, 입양아를 대상으로 한 연구들에 따르면 가정의 양육 환경이 아이에게 매우 중요한 영향을 미치는 것으로 나타났다.[34]

내성적이냐 외향적이냐와 같은 개인적인 성격을 설명하는 데는 유전적 요인(본성)이 매우 중요하다. 반면 환경적 요인(양육)은 아이가 커가면서 발달시키게 되는 능력과 기술에 핵심적으로 영향을 미친다. 권위형 부모가 영향을 미치고자 하는 아이의 특성은 대부분 인내심, 위험 회피, 노동 윤리 같은 '비인지적 기술'이다.[35] 이를테면 인내심은 충동적인 성향이 얼마나 강한지 약한지와 같은 선천적인 성격에도 달려 있겠지만 후천적으로 획득되는 것이기도 하다. 아이가 더 인내심 있는 사람이 될 수 있게 도우려는 부모는 행위의 결과를 면밀히 따져보고 몇 년, 몇 십 년 뒤에 발생할지 모를 장기적인 반향을 생각할 수 있는 능력을 아이에게 가르치려 할 것이다. 아이들은 장기적으로 고려하는 능력을 타고나지 않는다. 하지만 배워서 획득할 수는 있다.

가정의 양육 환경과 사회적 환경이 아이의 비인지적 기술에 강하게 영향을 미친다는 데는 이제 논란의 여지가 없을 만큼 탄탄한 실증 근거가 존재한다. 노벨상을 수상한 제임스 헤크먼James Heckman은 사회적·경제적으로 불리한 여건의 가정을 대상으로 하는 재정 지원 프로그램이 아이의 비인지적 기술을 높이는 데 매우 강한 긍정적 효과를 낸다는 사실을 보여주었다.[36] 가난한 가정 가운데 지원을 받은 가정의 아이들은 지원을 받지 못한 가정의 아이들에 비해 학습에 더 강한 동기부여를 받는 경향이 있었고 범죄에 가담할 가능성이 더 적었으며 자신의 선택이 미래에 가져올 결과에 대해 더 많이 생각하는 경향을 보였다. 재정 지원이 해당 가정의 양육 방식에 영향을 미칠 수는 있지만 유전자에 영향을 미칠 수는 없으므로, 헤크먼의 연구 결과는 비인지적 기술이 유전적으로만 결정되는 것은 아님을 말해준다.

비인지적 기술은 개인이 성공적인 삶을 누리는 데 매우 중요하다. 여러 연구자와 협업으로 진행한 한 연구에서 헤크먼은 비인지적 기술이 노동시장과 사회적 행위의 장에서 성공하는 데 영향을 미치는 주요 요인이라고 언급했다.[37] 많은 실증 연구들이 특히 위험 감내 능력과 끈기가 아이에게 어떻게 전승되는지에 초점을 맞추었는데, 이 두 가지는 우리의 논의에서 매우 중요한 특질이다. 독일 사회경제패널German Socioeconomic Panel 설문 조사 데이터를 이용한 한 연구에 따르면, 아이를 키우는 데 투자를 더 많이 하는 부모는 위험에 대한 자녀의 태도와 신뢰에 더 크게 영향을 미칠 수 있는 것으로 나타났다.[38] 요컨대 실증 근거들은 부모의 선택이 아이의 가치, 태도, 그리고 궁극적으로 아이 자신이 내리게 될 의사 결정에 깊이 영향을 미친다는 견해를 강하게 뒷받침한다.

다른 제약 조건들
: 논리적 설득 능력과 지식

이제까지 사회적·경제적 환경이 부모의 목적에 어떻게 영향을 미치는지, 또 환경적 제약이 양육 방식에 어떻게 영향을 미치는지 살펴보았다. 이에 더해, 동일한 사회에 사는 부모들 사이에서 드러나는 양육 방식의 차이를 파악하려면 가정마다 차이가 나는 추가적인 요인을 고려해야 한다. 가령 '부드러운 권력'으로 아이의 가치관과 행동에 영향을 미칠 수 있는 부모의 역량과 기회가 가정마다 다를 수 있다. 집 밖에서 장시간 일을 해야 하는 부모는, 집 가까이에서 많은 시간을 보내면서 아이의 행동을 더 잘 살펴볼 수 있는 부모에 비해 엄격한 규칙을 적용하기가 어려울 것이다. 교육을 많이 받은 부모는 논리적으로 설명할 수 있는 능력이 뛰어나서 '어른'으로서 부모가 내리는 판단이 더 옳다는 점을 아이에게 더 효과적으로 설득할 수 있을 것이다. 부유한 부모는 아이의 집중력과 학업 역량을 높여줄 수 있는 음악이나 스포츠 활동 등에 비용을 더 쉽게 지출할 수 있을 것이다. 이 모든 요인이 각각의 부모가 선택하는 양육 방식의 차이를 설명하는 데 도움을 준다.

또 다른 제약 조건은 지식이다. 사회적·경제적으로 불리한 가정은 양육이 미치는 효과에 대한 정보가 부족할 수 있다. 경제학자 오라치오 아타나시오Orazio Attanasio는 몇몇 개도국에서 부모들이 아이의 인적 자본 발달에 투자를 하지 않는 경향을 보이는 이유가 부모들이 교육의 경제적 가치를 과소평가하기 때문이라고 설명했다. 가령 아이가 어렸을 때 말을 많이 해주는 간단한 상호작용만으로도 아이의 인지 발달에 큰 이득이 된다는 것을 모든 부모가 알고 있는 것은 아니다.[39] 개도국 농촌에서는 이러한 정보가 더 심각하게 부족할 것이다. 문해율이 여전히 낮은 편이고 정보가 느리게 전파되기 때문이다. 반면 정보에 더 쉽게 접근할 수 있는 선진 산업국가에서는 지식 격차가 상대적으로 덜 심각하고 덜 만연할 것이다.

경제학자가 수행한 초창기 양육 연구 중 하나에서 브루스 와인버그Bruce Weinberg는 가난한 부모는 금전적인 보상을 통해 아이의 행동에 영향을 미칠 수 있는 자원이 부족하기 때문에 아이의 행동을 통제할 때 체벌에 의존하게 된다고 설명했다.[40] 부유한 부모는 10대인 아이가 부모가 원하는 방식대로 행동할 경우 보상으로 오토바이를 사주거나 매우 비싼 테니스 클럽에 등록시켜주겠다는 약속을 할 수 있다. 하지만 가난한 부모는 칭찬받을 만한 행위에 대해 그런 식으로 보상을 해줄 수가 없다. 와인버그에 따르면, 이는 미국에서 체벌이 저소득 가구 사이에서 더 많이 발견되는 이유를 설명해준다.

우리는 부모의 교육 수준이 소득보다 심지어 더 중요한 제약 조건이 될 수도 있다고 생각한다. 어떤 부모는 아이가 부모의 조언을 따르도록 '설득'하기가 어려워서 결국 독재적인 방식에 의존하게 될지 모른다. 또한 교육 수준이 높은 중산층 부모는 '올바른' 가치관을 아이에게 불어넣고 그것을 적극적인 지원으로 뒷받침할 수 있을 것이다. 가령 [학업 성과의 중요성을 강조한 뒤에] 미분이나 라틴어 숙제를 도와줄 수 있을 것이다. 이것은 미분이나 라틴어를 모르는 부모로서는 할 수 없는 일이다. 스위스에서는 6학년 아이들 상당수가 인문계 계열로 진학하기 위한 시험("들어가는 글"에서 설명한 '김프뤼풍')을 치러야 한다. 이 시험의 수학 영역에는 매우 복잡한 문제들이 나오는데, 아이가 상급 과정의 수학 기법(가령 방정식 푸는 법)을 알고 있으면 더 유리할 것이다. 물론 아이들은 공식을 사용하지 않고 기본적인 개념과 논리만으로 답에 도달할 수 있는 능력을 증명해야 하며, 교육 당국은 단순한 암기로는 준비할 수 없고 순수하게 인지 '역량'만을 테스트할 수 있는 문제를 출제하고자 노력한다. 그렇더라도 연습은 유용하다. 따라서 수학을 잘하는 부모가 아이를 이끌어주기가 더 쉽다. 그들은 아이에게 가정교사 역할을 해줄 수 있고 매우 신뢰할 만하게 이렇게 말해줄 수 있다. "너는 할 수 있어!" 이런 면에서, 교육 수준이 낮은 부모를 둔 아이는 불리하다.

사회 변동과 양육
: 허용형 부모에서 헬리콥터 부모로

국가나 시기에 따라 상이한 양육 방식이 선택되는 이유를 경제학이라는 틀을 통해 이해하는 데 필요한 조각들을 모두 제시했다. 이제 실전에 들어가서, 아이의 장래 전망과 관련해 양육 방식이 갖는 중요성이 어떻게 달라져왔는지, 또 각 양육 방식의 비용과 편익이 가정마다 어떻게 달라지는지 알아볼 차례다.

우리는 사회과학자들이 솔깃해 할 만한 한 가지 질문부터 답을 찾아보려고 한다. 반권위주의적 문화가 지배적이던 1970년대에 어린 시절을 보내면서 권위에 도전하고 물질주의를 경멸하도록 독려받으며 자랐던 사람들이 왜 성인이 되어서는 매우 집약적인 양육을 하는 헬리콥터 부모가 되었는가? 미국 등 여러 나라에서 헬리콥터 부모가 부상한 것과 그 시기에 벌어진 주요 경제적 변화들이 어떻게 맞물리는지 다음 장에서 알아보기로 하자.

2장

우리는 어쩌다 헬리콥터 부모가 되었을까?

"엄마는 헬리콥터처럼 내 머리 위를 뱅뱅 돈다. … 나는 이유를 설명하지 않고 재채기를 할 권리가 있다." 고전적인 양육 지침서 《부모와 청소년 사이*Between Parent and Teenager*》에서 10대 청소년 레너드는 이렇게 한탄한다. 아동심리학자 하임 기노트Haim Ginott가 1969년에 펴낸 이 책은 베스트셀러가 되었다.[1] 레너드는 이렇게 불평했지만, 그래도 당시의 부모는 오늘날의 부모가 자녀의 삶을 통제하는 정도에 비하면 훨씬 덜 강박적이었다. 오늘날 '헬리콥터 부모'라는 표현은 관여도가 매우 높고 시간 집약적이며 통제적인 양육 방식을 가진 부모를 일컫는 말로 널리 쓰인다. 이러한 양육은 지난 30년 사이에 크게 확산되었다. 양육 집약도가 점점 더 높아지면서, 이제 '집약적 양육'은 부모가 아이를 감독하고 보호하는 것만이 아니라 아이가 학교에서 잘 생활해나가는지, 어떤 활동들을 선택하는지, 심지어는 어떤 친구를 사귀고 어떤 여자친구, 남자친구를 만나는지까지 포함해 온갖 측면에 깊이 관여하는 것을 의미하게 되었다.

타이거 맘과 과잉양육의 덫?

이와 같은 집약적 양육은 오늘날의 헬리콥터 부모들이 어린 시절을 보냈던 1970년대의 허용적 양육 방식과 무척 대조적이다. 독립적이던 1970년대의 청소년 세대를 오늘날 자녀의 성공에 목을 매는 부모 세대로 만든 것은 무엇일까? 이 시기를 경험한 사람의 기억은 좀 다르다. 〈무서운 엄마Scary Mommy〉라는 인기 웹사이트를 운영하는 작가 웬디 위스너Wendy Wisner는 자신의 느긋하던 어린 시절을 "히피 부모 밑에서 자랐다"고 표현한다. 그는 "반쯤 벗은 채 맨발로 마르타의 포도밭을 뛰어다니거나 전국을 돌아다니면서 어린 시절을 보냈다"며, 자신의 부모가 늘 "자아를 발견하고 세상을 바꾸고 세계를 탐험하는 임무를 수행하는 중"이었다고 회상했다.[2] 그런 어린 시절을 보내서 운이 좋았다고 생각하지만, 본인이 부모가 된 다음에는 "더 전통적인 가족 스타일을 받아들였다." 여전히 "반문화 스타일이나 본성에 충실한 생활의 장점을 조금은 유지하려 하긴 하지만" 말이다. 미국의 유명한 TV 뉴스 앵커 톰 브로카우Tom Brokaw는 이 변화를 다음과 같이 요약했다. "이들은 무엇이건 당신이 전해주면 흡수하고 소화할 것이다. 이제 이들은 자녀의 머리 위를 뱅뱅 돌면서 아이를 축구 캠프에 데려다주고, 아이가 대학 예비 과정을 듣고 명문 대학에 가게 하려 안달복달하고, 홀 푸드 마켓[Whole Foods Market, 고급 슈퍼마켓 체인점]에서 장을 본다. 매우 놀라운 변화다."[3]

부모가 자녀의 삶에 깊숙이 침투하는 것은 다양한 형태로 나타날 수 있다. 아이에게 어려운 과제를 부여하고 그것을 달성하도록 몰아붙이는 유형의 극단적인 사례로 예일 대학 법학 교수 에이미 추아Amy Chua를 들 수 있다. 중국계 미국인인 추아는 베스트셀러 저서 《타이거 마더The Battle Hymn of Tiger Mother》에서 딸을 성공 지향적이고 근면하고 자신감 있는 사람으로 키우기 위해 자신이 취했던 엄하고 혹독한, 전형적인 동아시아식 양육 방식을 뛰어난 논리로 (그리고 뛰어난 유머 감각을 곁들여) 옹호했다. 추아는 어르고 달래는 것보다 몰아붙이는 것이 더 효과적이라고 믿는다. "서구 부모들은 아이의 자존감을 많이 걱정한다. 그런데 아이의 자존감과 관련해 부모가 할 수 있는 최악의 일은 아이가 포기하게 두는 것이다. 다시 말해, 자신감을 길러주기에 가장 좋은 것은 아이가 지레 할 수 없을 거라고 생각했던 무언가를 할 수 있다는 사실을 깨닫게 하는 것이다."[4] 추아는 "긍정적 강화positive reinforcement와 북돋워주는 환경을 제공하는 것"보다 "아이가 자신이 무엇을 할 수 있는지 알게 하고 능력, 열심히 일하는 습관, 자신감을 갖도록 해줌으로써 미래에 대비시키는 것"이 아이를 보호하는 최선의 방법이라고 주장한다.[5]

추아는 독재형 부모인가, 권위형 부모인가? 추아의 신조는 두 가지 요소를 다 담고 있다. 한편으로, 추아는 아이에게 내면의 자신감을 길러주려면 좋아하지 않는 일도 억지로 몰아붙여서 시킬 필요가 있다고 본다. 이것은 독재형 부모의 요소다. "중국 부모들이 잘 알고 있는 것이 하나 있는데, 어느 것이든 그것을 잘하게 되기 전까지는 절대로 재미있지 않다는 것이다. 그런데 무언가를 잘하게 되려면 노력을 해야 하는데 아이들이 스스로 노력을 하지는 않는다. 따라서 아이의 선호를 억누를 필요가 있다. 아이들이 따르지 않으려고 할 것이기 때문에 종종 부모 쪽에서 강한 의지가 필요하다. 뭐든지 처음이 가장 어려운 법인데, 서구 부모들은 처음에 포기해버린다."[6] 다른 한편으로, 추아는 궁극적으로는 아이가 성공을 위해 스스로 동기부여를 할 수 있어야 한다고 생각한다. 이것은 권위형 부모의 특징이다.

추아의 양육 방식은 종종 중국의 문화적 특성과 연결되곤 하지만, 집약형 양육이 확산되는 추세는 선진 산업국가 전반에서 관찰되는 현상이다.[7] 양상은 조금씩 다를 수 있다. 어떤 부모는 관심과 조언으로 아이를 거의 질식시키지만 '강요적'이라기보다는 '과보호적'이라는 의미에서 그렇다. 파브리지오가 아는 한 이탈리아 엄마는 훈련을 마치고 피로해진 아들에게 더운 밥을 먹이기 위해 25세인 아들이 군 복무를 하는 곳 근처 마을에 월세로 아파트를 얻었다. 이탈리아 엄마들이 모두 이렇게 보호적이라면 정부는 전방에 엄마들을 위한 특별 캠프를 꾸려야 할 것이다. 심리학자 해라 에스트로프 마라노Hara Estroff Marano는 이러한 양육을 '과잉양육overparenting'이라고 부른다. 논쟁적인 제목의 저서 《약골의 나라: 침투적 양육의 높은 비용*A Nation of Wimps: The High Cost of Invasive Parenting*》에서, 그는 미국에서 젊은 성인들의 독립성이 감소한 듯한 경향을 보이는 것에 대해 과잉양육을 원인으로 지적했다.[8] 마라노는 부모의 개입이 성인이 된 이후의 자녀에게까지 확장되어 고등학교와 대학을 마친 이후에도 부모가 자녀의 교육에 계속해서 관여하고 있다고 언급했다. 예를 들면, 점점 더 많은 부모가 자녀의 대학원 지원 과정에 참견하고, '학교 방문의 날'에 자녀와 함께 가며, 대학원 입학 사정관에게 전화를 해서 만나자고 한다. 마라노는 이제는 경영 대학원이나 법학 대학원처럼 전통적으로 지원자의 동기나 자립심을 중시하던 곳에까지 부모가 관여하고 있다고 경악스러워한다.[9]

마라노 외에도 많은 사람들이 과잉양육 열풍을 비판했다. 영국 저널리스트 태니스 케리Tanith Carey는 타이거 맘 열풍을 '길들이자는' 책을 썼는데, 베스트셀러가 된 이 책에서 그는 과도한 양육이 아이의 창조성과 개인성을 죽이고, 모두 동일한 대학과 동일한 직업을 목표로 하는, 개인성과 상상력이 부족한 붕어빵 세대를 만들 수 있다고 비판했다.[10] 권위형보다 허용형을 열렬히 지지하는 사람으로서, 케리는 부모가 '성공'의 개념을 확장해야 한다고 주장한다. 케리는 더, 더, 더 열심히 공부하라고 아이를 몰아붙이기보다 아이가 행복해지도록, 인간으로서 번성할 수 있도록 도와야 한다고 본다. 스탠포드 대학 학부 학생처장 출신 줄리 리스콧-하임스Julie Lythcott-Haims도 최근 출간한 저서에서, 마라노와 케리가 제기한 비판에 동의했다.[11]

그는 자녀의 숙제를 대신 해주고 비싼 사교육을 시키며 심지어다 큰 자녀의 대학원 진학이나 구직까지 챙기는 부모가 수동적이고 의존적이고 상상력이 없는 세대를 만들어낸다며, 부모들이 '과잉양육의 덫'에서 벗어나야 한다고 촉구했다.[12]

집약적 양육의 증가 추세를 보여주는 근거
: 부모는 자녀와 더 많은 시간을 함께 보낸다

대학원 입학 사정관에게 전화를 하거나 군대 간 아들 밥을 해주는 부모는 현 상황을 극명하게 보여주는 일화이긴 하지만, 경제학자로서 집약적 양육의 증가를 이야기하려면 이러한 징후들이 더 일반적인 패턴의 일부임을 보여줄 수 있는 체계적인 실증 근거가 필요하다. 이것은 이 책 전반에 걸쳐 마찬가지다. 양육 방식의 변화 추세와 요인에 대해 우리가 제시하는 설명이 신뢰할 만하다는 것을 입증할 근거가 실제로 존재하는지 확인하기 위해, 이 책에서 우리는 많은 부모와 자녀를 대상으로 조사한 다양한 데이터를 살펴볼 것이다.

정말로 지난 몇 십 년간 양육이 더 집약적이 되었는가? 이것을 알아보는 첫 단계는 부모가 시간을 어떻게 보내는지에 대한 설문 조사 결과들을 살펴보는 것이다.[13] 많은 나라의 통계당국이 사람들이 하루 24시간을 어떻게 보내는지에 대해 조사하고 있다. 미국 통계청은 미국인 시간사용조사(American Time Use Survey, ATUS)를 수행하며,[14] 다른 나라들에서도 비슷한 조사가 이루어지고 있다.[15] 이러한 시간 사용 데이터는 최근 몇 십 년 사이에 실제로 부모들이 아이에게 점점 더 많은 시간을 쏟고 있음을 보여준다.

그림 2.1은 캐나다, 이탈리아, 네덜란드, 스페인, 영국, 미국에서 엄마와 아빠가 양육에 쓰는 시간을 나타낸 것이다. 데이터가 1970년대부터 존재하는 네덜란드와 미국은 지난 몇 십 년간의 경향을 특히 잘 보여준다. 2005년에 네덜란드 엄마들은 아이를 키우는 데 1975년보다 1주일에 4시간을 더 썼고 아빠들은 3시간을 더 썼다. 평균적으로 2005년에 아이가 부모와 상호작용하는 시간이 1975년에 비해 날마다 한 시간씩 더 많아졌다는 의미다. 미국에서는 양육 시간의 증가가 이보다 더 크다. 1970년대에서 2005년 사이 엄마와 아빠가 1주일에 아이에게 쏟는 시간은 각각 약 6시간 증가했다. 자녀는 매일 1시간 45분을 부모와 더 많이 상호작용하게 되었다. 캐나다, 이탈리아, 스페인, 영국은 데이터가 존재한 기간이 더 짧지만, 이들 나라에서도 부모가 양육에 쓰는 시간이 증가한 것은 분명하다.

부모가 양육에 쓰는 시간 증가가 아동 1인이 받는 관심의 증가에 미치는 영향은 더 크다. 같은 기간 동안 출산율이 떨어졌기 때문이다. 네덜란드에서 가구당 평균 자녀는 (합계출산율로 측정했을 때) 1960년 3.1명에서 2014년 1.7명으로 줄었고, 미국에서는 같은 기간 3.7명에서 1.9명으로 줄었다. 과거보다 오늘날 자녀 수가 더 적다는 것을 감안하면, 단순히 부모와 자녀의 상호작용 시간이 하루에 약 2시간 늘었다고 말하는 것은 아이 한 명이 받는 관심의 증가를 과소평가하는 것이다.

부모가 자녀와 보내는 시간의 '질' 또한 고려해야 한다. 아

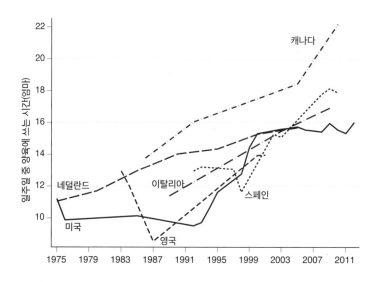

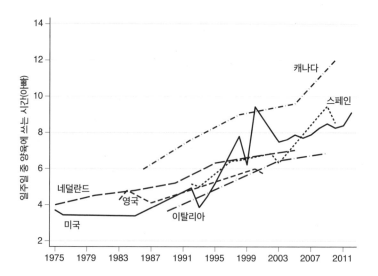

그림 2.1. 엄마(위)와 아빠(아래)가 양육에 쓰는 시간(1주일당). OECD 중 6개 국가.

이와 TV를 함께 보는 것은 어떤 활동에 아이와 함께 관여하는 것과는 다르다. '질'은 수량화하기가 더 어렵지만 평균적으로 오늘날의 부모가 10~20년 전보다 교육 수준이 높은 것은 분명하고, 이것이 부모와 자녀의 상호작용의 질에 영향을 미쳤을 것이다. 또한 오늘날 부모는 더 싸고 효과적인 교육 도구를 이용할 수 있다. 아이를 '자극하고' 발달을 돕기 위한 교육용 장난감, 웹사이트, 애플리케이션, 전자장비 등을 개발하는 산업군이 생겨났을 정도다. 하지만 이 변화의 순효과는 측정하기 어렵다. 테크놀로지는 오남용되기가 쉽기 때문이다. BBC 뉴스의 "교육 리포트"에서 주디스 번스Judith Burns는 부모가 스마트폰을 과도하게 사용하는 것이 가정생활을 교란한다고 주장했다. 번스가 인용한 한 설문 조사에 따르면, 3분의 1 이상의 청소년이 부모에게 휴대전화를 그만 확인하라고 말한 적이 있는 것으로 나타났다.[16] 이러한 사실은 부모와 자녀의 상호작용의 질이 실제로 전보다 높아졌는지에 대해 의문을 제기한다.

또 다른 흥미로운 관찰 결과는 미국과 네덜란드에서 대학 교육을 받은 부모가 양육에 들이는 시간이 그보다 학력이 낮은 부모가 들이는 시간보다 더 큰 폭으로 증가했다는 사실이다. 1975년 네덜란드에서는 대학 교육을 받은 엄마가 그보다 학력이 낮은 엄마보다 양육에 주당 1시간을 더 썼다. 아빠의 경우에는 이 격차가 30분이었다. 그런데 21세기 들어 첫 10년간 이 격차는 엄마와 아빠 모두에서 2시간 30분으로 늘었다. 미국의 경우에는 변화가 더 크다. 1970년대에는 교육을 더 받은 부모나 덜 받은 부모나 아이 돌보는 데 비슷한 시간을 썼지만 오늘날에는 3시간 이상의 격차를 보인다(이에 대해서는 4장에서 더 자세히 다룬다).

시간사용조사에는 부모가 아이와 '어떤' 활동을 하는지에 대한 항목도 포함되어 있다. 1976년에 미국 부부는 평균적으로 주당 2시간(엄마 76분, 아빠 43분)을 아이와 놀아주고 책을 읽어주고 이야기를 하는 데 썼고, 17분(엄마 10분, 아빠 7분)을 숙제를 도와주는 데 썼다. 2012년에는 주당 6시간 반(엄마 204분, 아빠 184분)을 아이와 놀아주고 책을 읽어주고 이야기를 하는 데 썼고, 숙제를 도와주는 데 1시간 반(엄마 65분, 아빠 31분)을 썼다. 전체적으로 미국 부모가 이러한 활동을 통틀어 쓰는 시간은 주당 2시간 반 미만에서 8시간 이상으로 3.5배 늘었다.

이탈리아도 비슷하다. 1989년(이때부터 데이터가 존재한다)에 이탈리아 부부는 아이와 놀아주고 책을 읽어주고 이야기를 하는 데 평균적으로 약 2시간(엄마 53분, 아빠 71분)을 썼고, 숙제를 도와주는 데 약 1시간(엄마 41분, 아빠 13분)을 썼다. 그런데 20년 뒤인 2009년에는 아이와 놀아주고 책을 읽어주고 이야기를 하는 데 7시간(엄마 257분, 아빠 165분)을 썼고, 숙제를 도와주는 데 1시간 반(엄마 77분, 아빠 25분)을 썼다.[17] 전체적으로 이탈리아 부모가 이러한 활동에 통틀어 쓰는 시간은 주당 약 3시간에서 8시간 반으로 2.9배 늘었다.

미국에서 홈스쿨링이 증가하는 추세도, 아이의 생활을 더 완전하게 통제하고 자신이 옳다고 생각하는 방식대로 이끌고자 하는 부모가 증가하고 있음을 보여주는 징후일지 모른다. 미국 교육부에 따르면, 학령 인구 중 집에서 공부를 하는 아이의 비중이 1999년에서 2012년 사이 두 배로 늘어 3.4% 정도가 되었다. 이것은 헬리콥터 양육의 징후일까? 홈스쿨링을 하는 부모의 90% 이상이 학교 환경에 대한 우려가 주된 이유였다고 언급했다. 즉, 홈스쿨링의 증가는 헬리콥터 양육이 증가하는 추세를 보여주는 징후라고 볼 수 있다.[18]

집약적 양육의 영향은 아이들의 경험에서도 드러난다. 미국에서 걷거나 자전거로 등하교하는 아이는 1969년 41%에서 2001년 13%로 줄었다.[19] 또 6~8세 미국 아동의 자유로운 놀이 시간은 1981년에서 1997년 사이 25%가 줄었고, 숙제에 쓰는 시간은 두 배가 되었다. 부모가 아이와 보내는 시간이 증가한 것이 단지 아이들과 함께 놀고 게임을 하는 것을 더 많이 즐기게 되어서가 아닐까 생각했다면, 이 결과는 그렇지 않음을 말해준다. 물론 부모는 아이와 게임도 한다(특히 게임이 교육적인 내용을 담고 있어서 아이보다 부모가 더 좋아할 경우에는 더욱 그럴 것이다). 하지만 새로운 집약적 양육의 상당 부분은 어려서부터 아이를 성취 지향적이 되도록 몰아붙이는 활동으로 이루어진다.

요컨대 오늘날 부모는 10~20년 전에 비해 분명히 훨씬 많은 시간을 아이들과 보낸다. 그렇다면 물어야 하는 것은 "왜?"이다. 오늘날의 부모가 자신의 부모 세대보다 더 현명하고 더 정보가 많고 아이들을 더 사랑해서인가? 부모-자녀 간 상호작용 시간의 증가는 고도로 교육을 받고 고도로 동기부여가 된 성인들을 키워내는가? 아니면 마라노, 케리, 리스콧-하임스 같은 비판적인 저자들이 말하듯이, 독립성과 창의성이 결여된 '마마보이'와 '파파걸'의 세대를 키워낼 뿐인 비이성적 광기의 징후인가?

이 책에서 우리의 목적은 어떤 상황이 양육 방식의 전환을 가져왔는지 파악하는 것이다. 우리는 부모가 인센티브의 변화에 반응하며, 특히 아이가 성인이 되었을 때 살게 될 경제적 환경을 고려한다고 본다. 그렇다면 부모가 자녀의 생활에 점점 더 집착적으로 관여하도록 만든 환경적 요인은 구체적으로 무엇인가? 무슨 일이 일어난 것인지 알아보기 위해, 우리의 어린 시절인 1960년대와 1970년대로 잠시 돌아가보자.

우리의 어린 시절

어렸을 때 우리는 식구가 다 같이 먹는 저녁 식사 시간 전까지만 집에 들어오면 나머지 시간에는 대체로 지켜보는 사람 없이 지냈다. 당시에는 다들 그랬기 때문에 골목은 돌아다니며 노는 아이들로 가득했다. 또 골목에서 노는 데는 돈이 들지 않으므로 상이한 계급이나 배경의 아이들 사이에 상호작용이 아주 많았고, 1960년대 말과 1970년대 유럽에서는 주거지가 사회계층별로 분리된 정도가 아주 낮았기 때문에 더욱 그랬다.

파브리지오는 다섯 살 때 시골에서 볼로냐로 이사했다. 볼로냐는 '레드 원'이라고 불리는데 지붕 기와의 색과 좌파 쪽으로 치우친 정치적 전통 때문에 붙은 별명이다(볼로냐는 1945년에 해방되었을 때부터 1991년에 공산당이 해산했을 때까지 예외 없이 공산당 후보가 시장으로 뽑힌 곳이다). 파브리지오의 가족은 교외의 한 동네에 정착했다. 중산층과 노동자 계급이 섞인 동네였다. 아이들도 부모들도 사회적 구분에 그리 중요성을 부여하지 않았다. 계급의식이랄 것이 있었다면, 사회 규범상 화이트칼라 사람들이 자신의 계급 배경을 되도록 숨기고 블루칼라와 공유하는 계급 정체성을 드러내는 것이 지배적인 분위기라는 것 정도였다. 가령 경제적 성공이나 교육적 성취를 자랑스러워하는 티를 내면 사람들은 눈살을 찌푸렸다.

　거의 완전히 공적으로 재원이 조달되는 학교 시스템은 정의와 평등의 가치를 적극적으로 촉진했다. 초등학교 아이들은 베트남 전쟁에 대해 글을 썼고 세계평화 수호에 대한 강의를 들었다. 파브리지오의 부모는 가톨릭 냉담자였고 전국 선거에서는 지배 연정의 일부인 온건 중도 정당을 찍었지만 지방 선거에서는 중도 좌파를 찍었다. 전반적으로 그들은 꽤 전형적인 중산층 가정이었고 주변에 비해서는 오히려 보수적인 편이었다. 그럼에도 이들의 가치관은 당대에 지배적이던 평등주의적 문화를 반영하고 있었다. 파브리지오의 아버지는 명백한 화이트칼라였지만, 지역 학교 위원회 위원으로 선출되었을 때 부유한 가정이 자녀를 도심에 있는 명문 학교에 보내 계층 간 분리를 일으키는 것을 막기 위한 조치들을 지지했다.

　학교 수업은 대체로 오전에만 이루어졌다. 방과 후 활동이 있긴 했는데 이것은 부모가 둘 다 일을 해야 하는 어려운 가정을 돕기 위해 무료로 제공되던 사회 서비스였다(당시에는 여성의 노동 참여가 낮아서 맞벌이가 드물었다). 하지만 더 부유한 가정 아이들도 사회적 통합을 위해 방과 후 활동에 참여해야 한다는 강력한 동료집단 압력이 있었다. 따르지 않는 소수의 부모는 교사와 교장에게 지적을 받았다. 파브리지오의 가족은 사회 규범에 순응해야 한다고 느꼈다.

학교에서 마련한 방과 후 활동(대부분 아이들이 맘대로 돌아다니게 두고 느슨하게 감독하는 것으로 이루어져 있다)을 제외하면 교과 외 활동은 드물었다. 어떤 학생들은 조직화된 스포츠 활동에 참여하기도 했지만(대부분 남아는 축구, 여아는 배구나 댄스), 이들은 예외였다. 학교 공부 자체도 그리 어렵지 않았다. 8학년까지는 낙제가 드물었고 그마저도 부모의 동의가 있어야 했다. 언제부턴가 점수로 등급을 매기는 것이 금지되었고 아이들 사이에 학업 성과의 차이가 두드러지게 드러나지 않도록 언어로 평가 결과를 매기는 방식으로 바뀌었다. 성과가 차이를 보이면 그것은 아이들 탓이 아니라 소득이나 기회의 면에서 불리한 아이들에게 그러한 불평등의 효과를 상쇄하는 역할을 제대로 하지 못한 학교의 책임으로 간주되었다. 아이들마다 타고난 능력치가 다르다는 개념은 금기였다.

또래 문화도 공부를 열심히 하려는 아이에게 그리 우호적이지 않았다. 공부 잘하는 아이는 친구들 사이에서 별로 인기가 없었다. 파브리지오는 자신의 성적에 대해 되도록 이야기하지 않았고 수줍음을 많이 탔다. 선생님에게서 공개적으로 칭찬을 받으면 자랑스럽기보다는 아이들의 반응이 걱정되고 창피했다. 그의 부모는 아들의 성적이 좋은 것이 당연히 기뻤지만 이미 잘하는 아이를 더 몰아붙여야 할 필요성은 전혀 느끼지 못했다. 방임적인 부모여서가 아니라, 아들이 공부는 이미 잘하고 있으니만큼 나가 놀면서 친구들과 어울리고 다양한 사회적 배경의 사람들과 상호작용하는 법을 배우도록 독려하는 것이 더 중요하다고 생각했기 때문이다. 약물 등 해로운 활동에 대해서는 잘 지켜보고 경계했지만 아이가 어떤 친구들과 어울리는지에 대해서는 걱정하지 않았다.

부모와 교사는 학교를 독립적인 개인성을 기르는 도구로 보았지, 미래의 경제적 성공을 촉진하는 도구로 보지는 않았다. 볼로냐로 이사를 하게 되었을 때 파브리지오의 부모는 새 동네에 좋은 학교가 있는지 알아보는 데 전혀 관심이 없었다. 대부분의 부모가 그냥 집에서 가장 가까운 학교에 아이를 보냈고, 좋은 학교와 나쁜 학교라는 개념 자체가 없었다. 파브리지오의 부모는 혼합적인 환경에서 사는 것이 행운이라고 생각했다. 가끔씩 치고받고 싸워도 이를 통해 아이가 강해질 것이고 미래의 어려움과 갈등에 대처할 역량을 키울 수 있을 테니까 말이다. 다른 아이와 문제가 발생해도 일이 정말로 심각해지기 전까지는 교사나 다른 어른에게 말해서 그들이 개입하도록 하지 말아야 한다는 것이 지배적인 분위기였다. "공격적이거나 불공평하게 굴지는 말되, 공격을 받으면 되받아쳐 싸우라"는 규칙이 대체로 통용되었다.

당시에 파브리지오의 가족이 살았던 경제적 환경은 부모가 양육에 대해 느긋한 태도를 갖는 데 결정적으로 중요한 요인이었다. 1970년대 말까지 실업은 유럽에서 주요 이슈가 아니었다(번영하고 있던 북부 이탈리아 도시 볼로냐는 더욱 그랬다). 불평등은 원래도 낮았지만 1970년대에 고유가로 높은 인플레를 거치고 나서 더 낮아졌다. 이탈리아에는 '에스컬레이터'라고 불리는 독특한 임금 제도가 있었기 때문이다. 임금이 인플레에 따라 정기적으로 조정되어서 구매력의 손실을 보상해주는 제도인데, 중요한 지점은 인플레 수당이 임금 액수에 비례해서가 아니라 모든 노동자에게 동일한 액수로 지급되었다는 것이다. 따라서 인플레가 높은 시기에 화이트칼라와 블루칼라의 임금 격차를 평준화하는 효과를 냈다.[20] 그 덕분에 이 시기에 임금 격차는 역사상 가장 낮은 수준으로까지 떨어졌다.

당시의 정치적인 상황도 이러한 경향이 뒤집히리라 예측할 만한 징후를 전혀 보이지 않았다. 이탈리아 공산당은 사상 최고의 인기를 구가하고 있었다. 1976년 선거에서 공산당은 34%를 득표했는데, 전통적으로 늘 우세하던 기독민주당과 맞먹는 득표율이었다. 그리고 사람들 사이에서는 이탈리아 정치가 앞으로 더욱 좌파 쪽으로 가리라는 예상이 널리 퍼져 있었다.

마티아스의 어린 시절 이야기도 비슷하다. 마티아스는 독일 하노버 바로 북쪽의 한 마을에서 자랐다. 하노버는 인구가 약 50만 명 정도 되는 대도시로 교통의 요지였고 자동차와 타이어 공장을 포함한 제조업의 중심지였다. 또한 폭스바겐의 본사가 있는 볼프스부르크에서 가까웠다. 마티아스의 가족은 하노버 외곽에 있는 인구 5,000명 정도의 마을에 살았고 가족의 뿌리가 17세기 초까지 거슬러 올라가는 마을 토박이였다. 작은 농장을 가지고 있었지만 마티아스가 태어날 무렵에는 이미 아버지 디트마르와 할아버지 오토 모두에게 농업은 가족 소득원으로서 부차적인 것이었다. 아버지와 할아버지는 주 정부 공무원으로 일했다. 몇몇 오래된 농가가 있었지만 이 마을은 이미 교외 주거지와 비슷해져 있었고 남성 가장 대부분은 하노버로 출퇴근을 했다.

1970년대에 독일에서는 '남성 가장' 모델이 가족 형태의 표준이었다. 대부분의 엄마는 집에서 아이를 돌봤다. 아주 어린 아이들을 위한 어린이집은 존재하지 않았다. 네 살이 되면 유치원에 갈 수 있었지만 마티아스는 처음 며칠 동안 너무 울어서 유치원을 다닐 수 없었다. 초등학교는 만 6세에 시작되었는데 하루 중 겨우 몇 시간만 수업이 있었다. 수업이 끝나면 아이들은 걸어서 집에 돌아와 점심을 먹었다. 교육제도는 전반적으로 아이에게 도움이 필요할 때면 언제나 엄마가 아이를 돌볼 준비가 되어 있다는 전제하에 짜여 있었다. 그러니 마티아스의 엄마가 첫째와 둘째(마티아스)를 낳고 교사 일을 그만둔 것은 놀랄 일이 아니다. 농장 일과 아이 돌보는 일만으로도 엄마는 너무 바빴다.

마티아스의 학교 친구들 중에도 엄마가 직장에 다니는 아이는 별로 없었고, 그마저도 대부분 파트타임으로 일했다. 전일제로 일하는 엄마를 둔 아이는 매우 드물었고 아버지가 감옥에 있거나 이혼을 했거나 하는 문제가 있다는 신호였다. 이 중산층 마을에서는 크게 부유한 집도 없고(이 마을에서 가장 소득이 높은 축에 드는 사람은 동네 치과 의사나 약사 등이었다) 크게 가난한 집도 없이, 대부분의 가정이 소박한 단독주택에서 비슷비슷한 여건으로 살았다.

파브리지오처럼 마티아스도 자신의 어린 시절이 오늘날

자신의 자녀들에 비해 훨씬 더 느긋하고 태평스러웠다고 기억한다. 학교 수업은 겨우 몇 시간뿐이었고 점심을 먹고 나면 마티아스와 세 명의 형제자매는 마음껏 돌아다니며 놀았다. 저녁 먹을 시간에 집에 들어오기만 하면 마티아스의 부모는 아이가 어디에서 무엇을 하고 있는지에 대해 걱정하지 않았다. 마티아스는 친구 집에 가서 놀거나 공터에서 건초 더미로 성벽을 쌓거나 동네 아이들과 축구를 했다. 마티아스의 부모가 요구한 몇 안 되는 의무는 농장 일과 관련된 심부름이었는데, 송아지에게 꼴을 먹이는 것을 돕거나 건초를 만드는 것, 수확물을 거둬 오는 것 등이었다.

마티아스의 부모는 학교생활에 대해서도 가정생활과 마찬가지로 자유주의적인 태도를 취했다. 학교에서 공부를 얼마나 많이 할지, 아니 공부를 할지 말지도 아이가 결정하도록 내버려두었다. 아이가 여러 과목에서 낙제점을 맞아 유급을 할지 모르는 상황이 된다면 마티아스의 부모도 걱정을 하고 과외 교사를 알아보려 했겠지만, 수업을 잘 따라가는 한 아이의 공부에 간섭하지 않았다.

마티아스는 이러한 상황에서는 숙제를 하는 것이 별 의미가 없다는 것을 일찌감치 알아차렸다. 수업 시간에만 충분히 집중해도 과목을 통과하는 데는 문제가 없었기 때문에 부모는 공부를 더 하라고 다그치지 않았다. 교사들도 대개는 숙제를 체계적으로 검사하지 않았고 아주 열심히 공부를 하는 소수의 학생들을 단골로 호명해 답을 말하도록 했다. 숙제 검사를 하는 교사가 가끔 있기는 했지만 통학 버스 안에서 초보적인 답을 써 넣는 것만으로도 혼나지 않기에 충분했다. 더 재미있는 할 일이 너무 많았기 때문에 마티아스는 몇 년 동안 숙제를 아예 하지 않았다. 진지하게 숙제를 다시 하게 된 것은 12학년이 되어서였는데, 이때부터는 학교 성적이 아비투르(Abitur, 대학 입학을 결정짓는 고등학교 졸업 시험)에 반영되었기 때문이다.

마티아스의 부모가 내린 결정 중에는 본인들의 개인적인 경험에서 비롯한 것도 있다. 마티아스의 아빠 디트마르는 매우 엄격하고 독재형인 양육 환경에서 자랐다. 그의 아버지는 아들에게 스스로 삶의 경로를 그려볼 여지를 거의 주지 않았다. 학교도 그랬다. 교사들은 날마다 체벌을 했다. 종종 고통스러웠던 이러한 경험에서, 디트마르는 자신의 아이에게는 최대한의 자유를 주고 대부분의 결정을 아이 스스로 내리게 하겠다고 다짐했다. 마티아스의 엄마 안네마리는 그다지 심한 압력을 받으며 어린 시절을 보내지는 않았다. 딸이어서 가족 농장을 물려받을 것으로 기대되지 않았기 때문인 면도 있다. 그렇더라도 안네마리 역시 대부분의 아이들이 자신의 삶에서 무엇을 할지 스스로 선택할 자유가 거의 없는 환경에서 자랐다. 안네마리는 자신이 가질 수 있었던 자유가 드물고 귀한 특권이라고 생각했고 그 자유를 자신의 자녀에게 누리게 해주고 싶었다.

그러나 이러한 개인사로 설명할 수 있는 건 일부일 뿐이다. 마티아스의 부모가 다른 부모보다 더 자유주의적이긴 했지만 마티아스의 친구들도 대개 비슷한 어린 시절을 보냈다. 개인사 못지않게 중요한 것은 경제적 환경이다. 그 당시는 불평등과 실업률이 기록적으로 낮았고 마티아스가 자란 동네와 같은 교외 주거지에 사는 사람이 많았다. 범죄도 적었고 약물 중독 같은 문제는 더 큰 도시에서나 일어나는 일이었다. 따라서 부모는 아이가 심각한 문제에 처할지 모른다는 걱정을 할 필요가 없었다. 그리고 학교 공부를 잘하지 못해도 여전히 졸업 이후에 비교적 괜찮은 삶을 기대할 수 있었다. 이런 환경에서, 부모가 아이를 호되게 다그치는 것은 합리적인 일이 아니었다.

마티아스의 어린 시절인 1970~1980년대의 비교적 고요하고 안정적이던 분위기는 마티아스 부모의 어린 시절인 1940~1950년대와 크게 대조적이다. 안네마리와 디트마르는 제2차 세계대전 중에 태어났다. 그들의 부모는 두 개의 대전을 겪었고, 1930년대의 세계적인 불황을 겪었으며, 1920년대와 2차 대전 직후 두 번의 초인플레를 겪었고, 기아와 빈곤이 만연한 시기를 살았다. 이들의 가족은 이 모든 역경을 비교적 무사히 뚫고 살아남았는데, 농장을 소유하고 있어서 직접 농사를 지을 수 있었기 때문에 누릴 수 있었던 안정성 덕분이었다. 그러니 디트마르와 안네마리의 부모가 땅을 소유하고 가족 농장을 계속 운영하는 것이 가족의 생존에 필수적이라고 여긴 것은 이상한 일이 아니다. 이러한 배경을 고려하면 오토가 아들 디트마르에게 자신이 밟은 경로를 따라오라고 강요한 이유도 어느 정도 짐작할 수 있다. 마찬가지로 1970년대에 디트마르가 아버지 오토와는 매우 다른 양육 태도를 갖게 된 것 역시 소농이 급격히 쇠락한 당대 독일의 경제적 여건 변화가 영향을 미쳤을 것이다.

경제적 여건에 더해, 학교 제도가 어떻게 구성되어 있는지도 양육 방식의 선택에 중요한 영향을 미친다. 마티아스가 어렸을 때 (그리고 정도는 덜하지만 지금도) 독일의 학교 시스템은 비교적 이른 시기에 계열을 선택하는 것이 큰 특징이었다. 4학년이 되면 아이들은 세 종류의 학교 중 하나로 진학했다. 대학에 가기 위한 준비를 하는 학교(김나지움)는 가장 학업이 뛰어난 아이들이 가는 곳이고, 나머지 두 종류(레알슐레와 하우프출러)는 직업 학교였다. 이런 환경에서 부모는 교사가 아이에게 어느 계열을 추천할지에 대해 촉각을 곤두세울 것이고 아이를 더 좋은 계열로 진학시키기 위해 집약적 양육을 선택하리라고 예상해 볼 수 있다.

최근 몇 십 년 사이에는 실제로 이런 경향이 점점 더 강해졌다. 예를 들면, 부모가 교사를 찾아가서 '올바른' 추천서(즉, 김나지움 추천서)를 써달라고 사정하는 것이 일반적인 일이 되었다. 하지만 1970년대에는 계열 선택을 앞둔 시점에서조차 부모가 훨씬 더 느긋한 태도를 가지고 있었다. 우선, 어느 계열로 가든 장래의 인생에 많은 영향을 미치지 않았다. 가장 낮은 계열로 간다 해도 아이의 미래 전망이 그리 나쁘지 않았다. 그런 학교를 졸업하면 일반적으로 견습 프로그램에 들어가게 되는데 대개는 취업과 잘 연결되었기 때문이다. 그리고 사회적 관습상 아이가 진학할 '적합한' 학교는 계급적 배경에 따라 결정되는 면이 컸다. 이를테면 노동자 계급 출신 아이들은 하우프출러(기본학교)에 갈 것으로 기대되었고(부모들도 그렇게 생각했다), 상류층(가령 의사, 변호사, 약사) 부모를 둔 아이들은 학교에서 성적이 딱히 뛰어나지 않더라도 김나지움에 갈 것으로 기대되었다.

일단 김나지움에 가고 나면 학업 성적은 그리 중요하지 않았다. 마티아스의 친구들만 봐도, 부모가 자녀의 유급을 걱정하긴 했지만 유급은 흔했고 그리 창피한 일로 여겨지지 않았다. 오히려 유급을 한 (약간 더 나이가 많은) 아이들은 '쿨한' 아이로 통했다. 오늘날의 미국 부모처럼 아이의 학교 성적에 대해 걱정하는 일은 거의 없었다.

김나지움 졸업 이후에 어떤 장래가 펼쳐지는지를 보면 그 이유가 쉽게 이해된다. 낙제만 면한 성적으로라도 일단 김나지움을 졸업하고 나면 대학 교육은 무료였다. 1970년대와 1980년대에 학생들은 대학 수학 능력에 대해 추가적으로 어떤 질문도 받지 않은 채로 어느 대학의 어느 학과라도 들어갈 수 있었다. 즉, 고등학교에서 받은 점수는 미래의 삶을 결정짓는 요소가 아니었다. 그러니 유급을 면할 최소한의 점수만 넘으면 아이도 부모도 학교 성적 때문에 스트레스를 받는 일이 거의 없었다는 것은 충분히 납득이 간다.

'성적에 신경 쓰지 않는다'는 규칙에 예외가 있었다면, 주로 의대를 가고자 하는 아이들이었다. 의대는 지망생에 비해 정원이 적었고, 입학하려면 고등학교 성적과 의대 입학 시험(메디지네르테스트medizinertest, 다른 나라의 대입 시험과 비슷하다)이 둘 다 중요했다. 마티아스의 급우들 사이에서도 의대에 가려는 아이들(주로 의사의 자녀들)은 다른 아이들에 비해 눈에 띄게 성적에 신경을 많이 썼고 스트레스를 받았다.

1960년대와 1970년대 이탈리아와 독일의 경험은 이 시기의 더 폭넓은 경향을 반영한다. 최근 프랑스 경제학자 토마 피케티Thomas Piketty와 이매뉴얼 사에즈Emmanuel Saez가 수행한 연구에 따르면, 산업화된 국가들에서 불평등은 2차 대전 직후부터 감소하기 시작해 1970년대에 역사적인 저점에 도달했다.[21] 이렇게 불평등이 낮았던 시기는 허용형 양육이 증가하고 독재형 양육이 쇠퇴한 시기와 일치한다.

물론 경제적 요인이 전체를 말해주는 것은 아니다. 특히 유럽에서는 2차 대전 이후 파시즘에 대한 반작용도 큰 영향을 미쳤다. 또 사상의 면에서도, 빌헬름 라이히Wilhelm Reich, 카를 융Carl Jung, 에리히 프롬Erich Fromm 등을 위시한 프로이트 학파와 정신분석 이론의 부상, 버트런드 러셀Bertrand Russell의 사회 비판, 장 폴 사르트르Jean Paul Sartre와 시몬 드 보부아르Simon de Beauvoir의 실존주의-페미니즘-마르크스주의의 결합, 그리고 프랑크푸르트 학파의 철학 등이 서구 문화를 급진적으로 반순응주의적인 방향으로 밀어붙이는 데 일조했다. 1950년대 '비트 세대'가 보여준 언더그라운드 예술과 문학의 저항은 1960년대에 사회적, 문화적 행동주의로 진화했다. 반권위주의는 히피 운동으로 첫 번째 정점에 올랐고, 더 거칠고 적대적인 반기득권 운동인 1970년대의 펑크 서브컬처로 이어졌다. 자유연애, 성적인 자유, 여성해방과 페미니즘, 강한 평등주의, 그리고 마약에 대한 허용적인 태도 등이 이러한 운동의 공통된 주제였다. 사상 측면에서의 이러한 분위기는 허용형 양육이 점점 더 확산되는 데도 영향을 미쳤다.

1980년대의 전환점
: 불평등 증가와 히피 대 여피

서구에서 1980년대는 정치적, 경제적, 문화적 전환점이었다. 1970년대 말부터 보수주의적인 반反혁명이 펼쳐지기 시작했다. 1978년에는 폴란드의 추기경 카롤 보이티와Karol Wojtyła가 교황이 되었는데(요한 바오로 2세), 이는 가톨릭교회가 매우 뚜렷하게 보수주의로 전환했음을 의미했다. 그의 (논쟁적이기는 해도) 열정적이고 카리스마 있는 리더십은 대중의 관심을 폴란드 같은 공산권 국가의 억압적인 측면으로 돌리면서 가톨릭교회의 권위, 대중성, 권력을 회복하는 것을 목표로 했다.

1979년에는 마거릿 대처Margaret Thatcher가 영국 총리가 되었다. 대처는 개인주의를 찬양하고 몇 십 년 동안 번성했던 평등주의적인 가치를 부정하는 것을 정치적 기치로 삼았다. 예를 들면 1987년 인터뷰에서 대처는 "사회라는 것은 없다"고 말했다. "개개인의 남성, 여성, 그리고 그의 가족들이 있을 뿐이며 정부는 사람들을 통해서, 그리고 무엇보다 사람들이 자기 자신을 챙기는 것을 통해서 말고는 할 수 있는 일이 없다"는 것이었다.[22] 대서양 반대편에서는 1981년에 로널드 레이건Ronald Raegan이 미국 대통령이 되었다. 레이건과 대처는 자유시장과 개인주의의 미덕, 그리고 사회주의적이거나 공산주의적인 이상에 대한 깊은 경멸 등 그들이 공유하는 가치를 매우 강하게 밀어붙였다. 그들의 리더십은 세계를 재구성했고 보수주의적 자유주의를 내세웠으며 소련의 붕괴에 일조했다.

경제 불평등 면에서도 급격한 변화가 있었다. 그림 2.2는

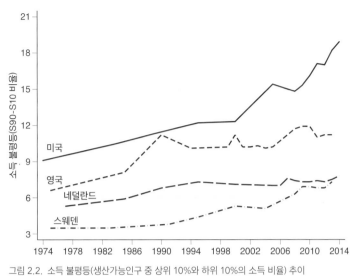

그림 2.2. 소득 불평등(생산가능인구 중 상위 10%와 하위 10%의 소득 비율) 추이

OECD에 속한 4개 국가의 생산가능인구 가운데 가장 부유한 10%와 가장 가난한 10%의 소득 비율('S90-S10 비율'이라고 부른다)을 보여준다.[23] 1980년대 이래 소득 불평등은 계속 증가하고 있으며 미국과 영국이 특히 심하다. 미국은 1974년에서 2014년 사이에 이 비율이 9.1에서 18.9로 두 배가 되었고, 같은 기간 영국에서는 6.6에서 11.2로 증가했다. 이탈리아에서는 1984년(이때부터 데이터가 존재한다) 7.7에서 12.6으로 증가했다. 전통적으로 매우 평등주의적인 지향을 가지고 있던 나라들에서도 불평등이 증가했다. 이를테면 스웨덴은 3.5에서 7.3으로, 네덜란드는 5.3에서 7.8로 S90-S10 비율이 증가했다. 앵글로색슨 국가들보다는 여전히 불평등 수준이 훨씬 낮지만(현재 네덜란드와 스웨덴 모두 미국의 1970년대 수준보다 불평등 정도가 낮다) 상당한 증가이긴

하다.

1980년대 소득 불평등의 가파른 증가는 상당 부분 교육에 대한 투자 수익이 높아진 데 따른 것이다. 미국에서 대학 교육을 받은 사람의 평균임금과 고졸자 평균임금의 비율은 1.5에서 2로 증가했다. 더불어, 대학원 학위의 투자 수익이 가파르게 증가했다.[24] 영국 경제학자 조앤 린들리Joan Lindley와 스티브 마친Steve Machin의 연구에 따르면, 미국과 영국 모두에서 대졸자 대비 대학원 졸업자의 임금 프리미엄이 지난 몇 십 년간 크게 증가했다.[25] 1970년대 초에는 두 집단의 평균임금이 동일했는데 2009년에는 대학원 졸업자가 대졸자보다 평균적으로 임금이 3분의 1이나 높았다(고졸자보다는 최대 136%나 높았다). 그나마 이것도 대학원 학위의 가치를 과소평가한 것일 수 있다. 대학원 학위를 얻은 사람 상당수가 금전적인 면에서는 '초고소득'이 아니더라도 비금전적인 보상이 큰 직군에 종사하기 때문이다. 학계의 직업이 그런 사례인데(일부 명문대 교수는 초고소득에 해당할 수도 있다), 이들이 받는 보상은 권위, 연구의 자유, 직업 안정성 같은 비금전적인 이득과 관련이 크다. 어쨌든 오늘날 대학원 교육의 투자 수익은 매우 높으며, 직장을 가지고 있는 사람 중 대학원 졸업자가 지난 몇 년간 크게 증가한 데서도 대학원 학위의 매력을 확인할 수 있다.

불평등 증가의 또 다른 요인은 동일한 학력을 가진 사람들 사이에서도 임금 불평등이 증가했다는 점이다. 이것은 전공에 따른 소득의 격차가 벌어진 것(재무, 공학 등의 전공자는 임금이 크게 올랐고 인문학이나 사회과학은 줄었다)과 명문대 출신과 비명문대 출신 사이의 임금 격차가 커진 것에 기인한 면이 크다.[26] 불평등과 관련한 이 모든 변화는 하나의 공통된 결과를 낳았는데, 장래의 전망과 관련해 교육의 중요성이 막중해진 것이다.

불평등은 왜 증가했는가? 일반적으로 꼽히는 주범은 정치적으로 우파가 우세해지면서 재분배 효과가 작은 경제정책이 도입되었다는 것이다. 하지만 대부분의 경제학자들은 정치적 변화가 주된 이유는 아니라고 본다. 가장 널리 받아들여지고 있는 설명은 기술 변화가 불평등 증가를 초래했다고 보는 것이다.[27] 정보기술 혁명이 벌어지면서 교육 수준이 낮은 노동자에 대한 수요가 크게 줄고 교육을 많이 받은 노동자에 대한 수요는 크게 증가하는 방향으로 노동시장의 여건이 대거 바뀌었다. 이에 더해 정치적, 제도적 변화로 인해 정부가 기술 변화의 악영향을 소득 재분배와 사회적 프로그램으로 충분히 완화하지 못하게 되면서 상황이 악화됐다. 어떤 학자들은 기술 변화가 이런 방향으로 정치적, 제도적 변화를 일으킨 원인이라고 보기도 한다. 예를 들어 경제학자 대런 애쓰모글루Daron Acemoglu, 필립 아기온Philippe Aghion, 지안루카 비올란테Gianluca Violante는 고학력의 임금 프리미엄이 증가해 고숙련 노동자들이 노조에서 이탈하면서 노조가 약화되었다고 주장했다.[28] 파브리지오와 존 해슬러John Hassler, 호세 로드리게스 모라Jose Rodriguez Mora, 크예틸 스토레스레튼Kjetil Storesletten으로 구성된 또 다른 경제학자 연구 팀은 임금 불평등이 1980년대에 벌어진 정치적 변화의 결과가 아니라 원인일 수 있다는 가설을 모델로 세우고 이를 검증했다.[29] 불평등이 낮고 교육에 대한 투자 수익도 낮았던

1960년대에는 고소득자를 포함해 대부분의 사람들이 복지 프로그램을 지지했다. 복지 프로그램은 안정성과 안전망을 제공했고, 실업률이 낮았으므로 복지 재정을 충당하는 데도 큰 무리가 없었다. 하지만 1980년대 이후 상대적으로 더 부유한 계층이 자신의 후생을 스스로 챙기는 편을 택하면서 복지국가에서 이탈했다. 이들은 자신의 교육과 개인적인 성공에 더 투자했고 사회적 보호는 덜 중요하다고 생각했다. 투표할 때가 되면 이들은 우파 정당이 내세우는 세금 인하, 그리고 소득을 [저소득층으로] 이전하는 사회적 프로그램의 철폐를 지지했다. 반면 뒤처진 사람들은 자신의 이해관계에 배치되는 정책들에 맞서 싸울 만한 힘과 역량이 없었다.

이러한 변화를 반영해, 문화와 라이프스타일의 유행도 달라졌다. 1970년대의 평등주의적이던 문화는 1980년대에 개인주의가 부상하면서 대중의 호응 면에서 백래시를 맞았고 점차로 밀려났다. 두 개의 잘 알려진 신조어 '히피'와 '여피'가 이러한 변화를 잘 보여준다. 히피는 1960년대 젊은이들 사이에 퍼진 급진적인 반권위주의 정치 운동을 말하며, 미국에서 시작되었지만 빠르게 전 세계로 퍼졌다. 여피는 1980년대에 처음 만들어진 말로 '젊은 도시 전문직young urban professional'의 준말이다. 고소득 전문직에 종사하는 고학력 젊은 층을 말하며, 좋은 커리어를 갖는 데 집착하고 성공에 따르는 물질적 징표를 중요시한다.

애비 호프먼Abbie Hoffman과 제리 루빈Jerry Rubin은 히피 운동의 창시자로 꼽힌다. 호프먼은 1989년에 사망할 때까지 계속해서 급진적인 활동가였지만, 루빈의 생애는 1980년대 초에 벌어진 문화적 전환을 그대로 보여준다.[30] 루빈은 캘리포니아 주립대 버클리 캠퍼스를 중퇴하고 1960년대에 인종차별 반대 운동과 반전운동을 이끌면서 널리 이름을 알렸다. 이 운동은 베트남으로 가는 무기와 군 인력의 수송을 방해하기 위한 시위를 조직하면서 정점에 올랐다. 하지만 1970년대 말에 루빈은 정치 운동에 대한 신념을 잃었다. 그는 성공한 기업가가 되었고 곧 백만장자가 되었다. 1986년에 그는 '이피 대 여피Yippie vs. Yuppie'라는 제목 아래 호프만과 일련의 논쟁을 벌였다. 루빈은 본인의 전향을 옹호하면서 히피 문화가 약물 남용, 섹스, 사유재산 파괴 등 안 좋은 결과를 낳는다고 비난했다. 현재 그는 새로운 세대의 혁신적인 기업가들에게 희망을 걸고 있다. 미래에 중요한 사회적, 경제적, 정치적 전환을 이루어낼 사람들이 바로 이들이라는 것이다.

우리는 경제적 불평등의 증가가 문화적 가치의 변화만이 아니라 양육 행태의 변화도 촉발했다고 본다. 특히 점점 많은 부모가 아이의 성공이 교육적 성취에 달려 있다고 확신하게 되었고, 이렇게 장래의 성공이 교육에 막중하게 걸려 있는 세상에서 허용형 양육은 매력이 떨어졌다. 중산층 부모는 아이가 어른처럼 성공 지향적인 태도를 갖도록 밀어붙이기 시작했다. 바로 이러한 맥락에서 '헬리콥터 양육'이 확산되었다.

그림 2.3은 미국에서 대졸자 엄마들이 양육에 들이는 시간을 노동시장에서의 대졸 (임금) 프리미엄과 함께 표시한 것이다. 여기에서 대졸 프리미엄은 대졸 노동자의 임금과 그보다

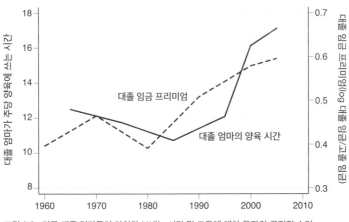

그림 2.3. 미국 대졸 엄마들이 아이와 보내는 시간 및 교육에 대한 투자의 금전적 수익

학력이 낮은 노동자의 임금 사이의 비율을 말한다.[31] 이 두 가지 변수는 놀랍도록 비슷한 추이를 보여준다. 1980년대에 대졸 프리미엄이 증가하면서 고학력 엄마들이 아이와 보내는 시간이 크게 증가했다. 이는 우리의 주장을 뒷받침해주는 현상이다.

우리는 경제적 여건의 변화가 (부분적으로라도) 부모가 아이와 보내는 시간에 더 많이 투자하게 한 요인이라고 주장했다. 이 주장이 신빙성이 있으려면 양육 방식이 자녀의 학교 성적과 그 이후의 삶의 성공에 정말로 유의미한 영향을 미쳐야 한다. 실증 근거는 집약적 양육(더 포괄적으로 말해서 부모가 아이와 상호작용하는 데 들이는 시간)이 아이의 학업 성과를 높인다는 가설을 얼마나 강하게 뒷받침하는가? 1장에서 우리는 이 가설을 뒷받침하는 발달심리학 분야의 연구를 일부 소개했다. 이제 다양한 나라의 데이터를 포함해 이 문제를 더 상세히 살펴볼 수 있게 해주는 두 개의 조사 자료를 추가로 살펴보자.

부모가 아이와 보내는 시간이
자녀의 학업 성취에 미치는 영향

먼저 살펴볼 자료는 OECD 국가들의 국제학업성취도평가 (Program for International Student Assessment, PISA) 데이터다. 1997년에 공식적으로 시작된 이 조사는 3년마다 15세 학생들의 수학, 과학, 읽기 능력을 테스트한다. 70개국 이상, 학생 수로는 50만 명 이상이 참여한다. 각 국가는 참여 학교를 무작위로 선정하고 학생 표본은 인구 비례를 대표할 수 있도록 구성한다(즉, 다양한 배경과 역량의 학생들이 포함되도록 한다). 국가 간 비교가 가능하도록 전 세계 학생들은 (자국 언어로 번역된) 동일한 문제로 시험을 치른다.

PISA에 대해 사람들은 대개 국가와 학교 제도에 따라 학생들의 학업 성취도가 어떻게 다른지에 관심을 보인다. 우리는 구체적으로 '양육'이라는 측면에 관심이 있다. 최근 몇 차례의 조사에는 참여 학생을 대상으로 부모와 자녀의 상호작용 양상을 묻는 설문 항목이 포함되었고, 그에 대한 답변은 해당 학생의 시험 점수와 함께 기록되어 있다.

우리는 2012년에 실시된 조사를 분석에 활용했다. 우선 부모의 관여도를 묻는 질문에 대한 학생의 답변을 토대로 양육의 집약도를 측정했다. 구체적으로, 다음의 기준을 모두 만족할 경우 해당 학생이 '집약적 양육'에 노출되었다고 구분했다.

1) 부모가 1주일에 1회 이상 자녀의 학교생활에 대해 자녀와 이야기한다.

2) 부모가 1주일에 1회 이상 자녀와 대화한다.

3) 부모가 1주일에 1회 이상 자녀와 식사를 같이 한다.[32]

이것은 집약적 양육에 대한 매우 온건한 정의이지만 구분 기준으로 삼기에는 충분하다. 어린 시절에 우리는 매일 부모와 대화를 하고 식사를 같이 했다. 하지만 학교생활에 대해 매주 부모와 이야기를 하지는 않았던 것 같다. 그러므로 우리의 부모는 '비집약적 양육'을 하는 부모로 분류될 것이다.

동아시아 국가인 한국을 보자. 한국은 PISA 점수가 매우 상위인 편에 속한다. 한국보다 PISA 점수가 높은 곳은 상하이(2012년에는 중국에서 PISA에 참여한 유일한 도시였으나 2015년에는 참여 지역이 확대되었다), 싱가포르, 홍콩, 타이완뿐이다. 한국 학생들의 수학 점수는 554점인데 미국은 481점, OECD 평균은 494점이다(OECD는 산업화된 고소득 국가들로 구성되어 있다). 그림 2.4에서 알 수 있듯이, 한국 학생들 가운데 비집약적 양육에 노출된 학생들의 수학 점수는 540점, 집약적 양육에 노출된 학생들의 수학 점수는 563점으로, 23점이나 차이가 났다.[33] 읽기 점수와 과학 점수도 비슷하게 각각 24점과 22점의 차이를 보였다.

23점은 매우 큰 차이다. 이것은 (유럽에서 스위스와 더불어 점수가 가장 높은 편에 속하는) 핀란드와 (점수가 실망스럽다고 여겨지는) 프랑스나 영국 같은 평균적인 OECD 나라 사이의 차이와 비슷하다. 그런데 상이한 양육 방식에 노출된 아이들 사이의 시험 점

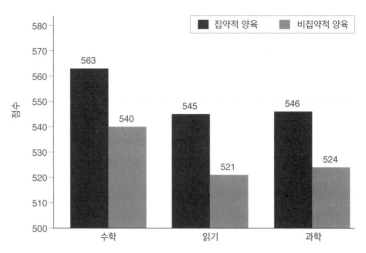

그림 2.4. PISA 2012년 자료 기준, 집약적 양육과 비집약적 양육에 노출된 한국 학생들의 점수

수 격차가 부모의 학력을 반영하는 것이 아니냐고 생각할 수도 있을 것이다. 집약적인 양육을 하는 부모는 평균적으로 고학력일 가능성이 크고, 교육을 더 많이 받은 부모는 숙제를 도와주는 등 아이의 학업을 돕기에 더 유리할 것이다. 이 문제를 해결하려면 동일한 학력을 가진 부모들로만 한정해서(즉, 부모의 학력을 '통제'한 상태로) 양육 방식별 시험 점수를 비교해볼 필요가 있다. PISA는 부모의 학력에 대한 정보도 제공하므로 우리는 표준적인 통계 기법 중 하나인 다중회귀분석을 사용해 부모의 학력이 학생의 점수에 미치는 효과와 양육 방식이 학생의 점수에 미치는 효과를 분리할 수 있었다.[34] 다소 놀랍게도, 동일한 양육 방식을 가진 부모들 사이에서는 부모의 학력이 더 높다고 해서 자녀의 시험 점수에 크게 영향을 주지 않았다. 부모 모두가 고학력이어도 자녀의 수학 점수는 평균적으로 7점만 높아

2장 우리는 어쩌다 헬리콥터 부모가 되었을까?

지는 것으로 나타났다. 반면 학력 수준이 동일한 부모들 사이에서 비교했을 때 집약적 양육을 하는 부모의 자녀는 비집약적 양육을 하는 부모의 자녀보다 평균적으로 20점이나 점수가 높아지는 것으로 나타났다. 따라서 부모의 학력보다 양육 방식이 학생의 점수에 더 크게 영향을 미친다고 볼 수 있다. 읽기 점수와 과학 점수에서도 비슷한 결과가 나타났다.

한국 학생들에게서 나타난 결과가 다른 나라에서도 나타날까? 2012년 PISA 데이터는 벨기에, 칠레, 독일, 홍콩, 크로아티아, 헝가리, 이탈리아, 한국, 마카오, 멕시코, 포르투갈 등 11개 국가 부모의 양육 방식에 대한 정보를 제공한다. 이 국가들 거의 모두에서 집약적 양육은 학생의 시험 점수와 양의 상관관계를 보였다. 그 효과가 가장 큰 곳은 이탈리아였다(세 과목 평균 34점). 예외는 벨기에와 독일뿐이었는데, 이 두 나라에서는 집약적 양육이 시험 점수에 미치는 효과가 거의 없었다.

한국 학생의 점수가 가령 멕시코 학생의 점수와 다른 데는 양육 방식 외에 학교 시스템의 차이 등 국가 특성과 관련한 여러 가지 요인들이 영향을 미쳤을 것이므로 한국 학생은 한국 학생과, 멕시코 학생은 멕시코 학생과 비교해야 합리적일 것이다. 통계 기법을 활용해서 11개 국가 각각에서 양육 방식이 시험 점수에 미치는 평균적인 효과를 계산하는 것이 가능하다(경제학자들의 용어로는 "국가별 고정효과를 통제한 상태에서 회귀분석을 한다"고 말한다). 그렇게 계산한 결과, 한 국가 내에서도 집약적 양육에 노출된 학생들이 그렇지 않은 학생들보다 평균적으로 상당히 높은 점수를 보였다. 읽기, 수학, 과학 모두에서 14~17점 차이가 나타났다. 부모의 학력이 같은 학생들끼리만 비교하면 양육 방식의 효과는 약간 줄어서 11~14점의 차이를 나타냈지만 여전히 큰 차이다. 이 결과들은 모두 통계적으로 유의했다.

PISA는 부모가 아이와 함께하는 구체적인 활동에 대한 정보도 담고 있다. 특히 2009년 질문지에는 부모가 아이와 얼마나 자주 책을 읽는지, 아이에게 이야기를 얼마나 자주 해주는지, 정치나 영화 같은 이슈에 대해 얼마나 자주 대화를 나누는지를 묻는 문항이 포함되어 있었다. 앞에서 설명한 것과 동일한 통계 기법을 사용해서, 우리는 부모의 학력을 통제한 상태에서 위와 같은 부모의 활동과 자녀의 시험 점수 사이의 상관관계를 조사했다. 많은 부모가 여러 가지 활동에 동시에 관여하고 있었으므로(가령 책도 읽어주고 이야기도 해주는 식으로), 우리는 각 활동의 효과를 다른 활동의 영향을 통제한 상태에서 추정했다. 그 결과, 아이에게 책을 읽어주는 것은 수학, 읽기, 과학 점수를 16~18점 올리는 것으로 나타났다. 하지만 이야기를 해주면 2~7점만 상승했다. 흥미롭게도, 아이와 정치에 대해 이야기를 나누는 것은 9~12점이라는 상당히 큰 점수 차이를 가져오는 것으로 나타났다.

여기에서 말하는 효과는 '상관관계'이며 이것을 직접적인 '인과관계'로 해석하는 것은 주의해야 한다. 몇몇 양육 서적은 그런 해석을 내리기도 하지만, 우리는 단지 부모가 아이에게 책만 더 읽어주면 아이의 시험 점수가 올라갈 것이라고 말하는 게 아니다. 우리는 책을 읽어주고 이야기를 해주고 정치 이슈를 함께 논의하는 부모는 이런 활동을 하지 않는 부모에 비해 여러 가지 측면에서 아이에게 더 깊이 관여하는 부모일 가능성이 있다고 해석한다. 따라서 앞에 제시한 결과들은 그런 것들을 다 포함하는 포괄적인 의미에서 양육 방식 간 차이가 미치는 효과로 보아야 하며, 우리는 그중 단지 몇 가지 지표만 측정했을 뿐이다. 이러한 해석에 부합하게, 세 가지 활동(책, 이야기, 토론)을 모두 하는 부모의 자녀에게 효과가 가장 크게 나타났다. 이러한 활동이 충분히 자주 이루어진다고 볼 때, 이 아이들은 세 가지 가운데 어떤 활동도 하지 않는 부모의 아이들보다 평균적으로 점수가 32점 높았다. 2009년 PISA 설문을 토대로 한 앞의 분석을 2012년 PISA 설문으로 확인하려면, 2012년 자료에서 우리가 '집약적 양육'으로 구분했던 학생들의 성과를 그렇지 않은 학생들의 성과와 비교해보면 된다. 분석 결과, 2009년 PISA 자료와 2012년 PISA 자료는 일관된 결과를 보여주었다. 즉, 집약적 양육에 노출된 학생들의 학업 성과가 그렇지 않은 학생들에 비해 통계적으로 유의하게 높았다.

미국에서의 양육 효과 분석
: 전국아동청소년 장기추적조사(NLSY97)

양육 방식이 자녀의 학업 성취에 미치는 영향을 알아보기 위해 살펴볼 두 번째 자료는 미국의 1997년 전국아동청소년 장기추적조사(National Longitudinal Survey of Youth 1997, NLSY97)다. NLSY97은 1996년 12월 31일에 12~16세였던 전국 9,000명의 아동·청소년을 대상으로 전반적인 생활에 대해 설문 조사를 한 것으로, 최초 면접 조사는 1997년에 수행되었다. 부모와 자녀 모두를 대상으로 다양한 주제에 대해 질문을 했는데 여기에는 양육 방식에 대한 문항도 있다. 이후 동일한 표본을 대상으로 매년 조사를 실시해 성인이 되어가면서 어떤 변화를 보이는지 추적하고 있다. 따라서 단순히 시험 점수에 미치는 효과를 넘어서 어린 시절에 노출된 양육 방식이 성인이 된 후에 어떤 결과로 이어지는지까지 알아볼 수 있다.

우리는 두 가지 문항에 대한 답변을 토대로 부모의 양육 방식을 구분했다. 첫 번째 문항은 아이가 부모에게 지지받는다고 느끼는지 여부다. "부모가 당신에게 어떻게 행동하는지를 생각해볼 때, 일반적으로 당신은 부모가 당신을 매우 지지한다고 말하겠습니까, 다소 지지한다고 말하겠습니까, 아니면 그리 지지하지 않는다고 말하겠습니까?"라는 질문에 대해 "매우 지지한다"로 답했으면 '지지하는 부모'라고 구분했고, 그렇지 않으면 '지지하지 않는 부모'라고 구분했다. 두 번째 문항은 부모가 얼마나 엄격한지에 대한 것으로, "당신이 해야 할 일이라고 여겨지는 일들을 하느냐와 관련해, 일반적으로 부모가 당신에게 허용적이라고 보십니까, 엄격하다고 보십니까?"라는 질문에 응답자는 '허용적임'과 '엄격함' 둘 중 하나로 답변을 고르게 되어 있었다. 우리는 두 문항에 대한 답변을 결합해 부모의 양육 방식을 네 가지 범주로 나누었다. '비관여형' 부모는 '허용적'이고 '지지하지 않는' 부모, '독재형' 부모는 '엄격'하고 '지지하지 않는' 부모, '허용형' 부모는 '허용적'이고 '지지하는' 부모, '권위형' 부모는 '엄격'하고 '지지하는' 부모다.[35]

양육 방식을 이런 식으로 측정하는 것에는 물론 한계가 있다. 가장 중요한 문제는 이 구분이 학생이 주관적으로 판단한 답변에 토대를 두고 있다는 점이다. 따라서 갈등이 많은 가정의 아이는 부모가 자신을 지지하지 않거나 엄격한 편이라고 답할 가능성이 크고, 이 경우 부모는 실제보다 과도하게 독재형으로 구분될 수 있다. 부모의 양육 방식이 실제로 얼마나 독재형인지에 더해 해당 가정 내에 갈등이 얼마나 심한지까지 합쳐진 평가가 되기 때문이다. 마찬가지로, 실제로는 권위형인 부모가 허용형 부모로 잘못 구분될 소지도 있다. 일반적으로 부모와 관계가 좋으면 실제로는 부모가 자녀의 행동에 대해 엄격한 규율에 따라 지침을 주는 경우에도 자녀가 부모를 엄격하다고 묘사하지 않으려 하는 경향이 있기 때문이다. 이에 더해 학생들은 부모가 얼마나 엄격한지, 또 부모가 얼마나 자신을 지지하는지를 판단할 때 주변의 또래집단을 기준으로 삼는 경우가 많다. 가령 아시아계 미국인 학생이라면 보통 정도라고 판단할 만한 부모를 백인 미국인 학생은 '매우 엄격하다'고 판단할 수 있다. 하지만 이런 한계를 감안하더라도 이 구분법(연구에서 널리 쓰이는 방식이다)은 양육 방식이 미치는 효과에 대해 일관된 결과를 보여준다.

표 2.1은 부모의 양육 방식에 따라 자녀의 학업 성과가 어떻게 다른지를 나타낸 것이다. 비관여형 엄마를 둔 자녀는 고등학교를 중퇴할 가능성이 평균에 비해 37% 높고 대학을 졸업할 가능성은 현저히 낮다. 비관여형 아빠를 둔 자녀는 고등학교를 중퇴할 가능성이 평균에 비해 26% 높다. 비관여형 부모

	엄마의 양육 방식				
	비관여형	허용형	권위형	독재형	전체
고등학교 중퇴 이하	32%	22%	22%	25%	23%
대학교 중퇴 이하	51%	51%	50%	54%	51%
학사와 석사 학위	16%	25%	27%	20%	24%
박사와 전문 석사 학위	0.8%	1.3%	1.8%	1.1%	1.4%
	100%	100%	100%	100%	100%

	아빠의 양육 방식				
	비관여형	허용형	권위형	독재형	전체
고등학교 중퇴 이하	25%	19%	17%	22%	20%
대학교 중퇴 이하	55%	49%	49%	54%	51%
학사와 석사 학위	19%	30%	31%	23%	28%
박사와 전문 석사 학위	1.1%	1.2%	2.3%	1.1%	1.6%
	100%	100%	100%	100%	100%

표 2.1. 양육 방식별 자녀의 교육 성취

를 둔 자녀의 성과가 안 좋다는 것은 놀랄 일이 아닐 것이다. 여기엔 사회적·경제적으로 불리한 계층의 무관심하고 방임적인 부모까지 포함되어 있을 것이기 때문이다. 우리의 주제와 더 관련 있는 비교는 관여적인 세 유형 사이의 차이다. 세 유형을 비교해보면, 독재형 부모의 자녀가 두드러지게 성과가 나쁘다. 독재형 아빠를 둔 자녀는 대학을 마치지 못할 가능성['고등학교 중퇴 이하'와 '대학교 중퇴 이하'의 합]이 76%인데, 권위형 아빠를 둔 자녀는 66%, 허용형 아빠를 둔 자녀는 69%다(응답자 전체 평균은 71%). 아빠에 비해 덜 두드러지긴 하지만 엄마에 대해서도 패턴은 비슷하다. 권위형 엄마를 둔 자녀는 허용형 엄마를 둔 자녀보다 학업 성취가 높다. 가장 큰 차이는 대학원 수준에서 나타난다. 권위형 엄마를 둔 자녀는 박사 학위나 전문 석사 학위를 받을 가능성이 허용형 엄마를 둔 경우보다 40% 높다. 전체 표본 중 대학원에 진학한 사람의 비중 자체가 크지는 않지만, 앞에서 설명했듯이 대학원 학위의 경제적 수익이 급격하게 커지고 있음을 생각하면 이 결과는 매우 중요한 함의를 갖는다.

여기에서도 결과를 해석할 때 주의해야 한다. 양육 방식의 차이는 매우 중요한 사회적·경제적 차이들을 가릴 수 있다. 예를 들어 4장의 표 4.1이 보여주듯이, 독재형 부모와 비관여형 부모 모두 허용형이거나 권위형인 부모보다 평균적으로 교육 수준이 낮다. 부모의 교육 수준은 자녀의 학업 성과에 직접적으로 영향을 미치므로(가령 교육을 더 많이 받은 부모는 아이의 숙제를 더 잘 도와줄 수 있다) 상관관계 중 일부는 양육 방식보다는 부모의 교육 수준 차이에서 기인한 것일 수 있다. 그 밖에도 인종에 따른 가족 구조의 차이나 부모의 연령 등 중요하게 영향을 미치는 사회적·경제적 요인들이 더 있을 것이다. 사회적·경제적 특성들이 양육 방식의 선택에 어떻게 영향을 미치는지는 4장에서 더 상세히 알아볼 것이다.

복합적으로 작용하는 여러 요인 중 양육 방식의 효과만을 분리해내기 위해 우리는 '다항 로지스틱 회귀분석'이라는 통계 기법을 사용했다. 이 책에서 이 기법을 여러 차례 사용하게 될 것이므로 통계 용어인 '승산'과 '승산비'에 대해 잠깐 설명하고 넘어가기로 하자.

용어 설명
: 승산과 승산비

결과가 '성공' 아니면 '실패'로 나오는 사건을 생각해보자. 특정한 학교에 합격을 하느냐 못하느냐 같은 경우가 그런 사례다. 여기에서 성공 확률과 실패 확률 사이의 비율을 성공의 '승산'이라고 부른다. 가령 과거 데이터에 따르면 여학생의 3분의 1, 남학생의 4분의 1이 성공하는 것으로 나타났다고 해보자. 그러면 여학생의 성공 승산과 남학생의 성공 승산은 각각 1:2와 1:3이다. 이 둘의 비율을 상대적 '승산비'라고 부른다. 이 사례에서 남학생 대비 여학생의 승산비는 1.5다(2분의 1을 3분의 1로 나눈 것이다). 승산비가 1보다 크면 여학생이 남학생보다 성공할 가능성이 크다는 의미다.

　　로지스틱 회귀분석은 사회적·경제적 특성이 동일한 부모들 사이에서 서로 다른 양육 방식 사이의 상대적 승산비를 추산할 수 있게 해준다. 다른 말로, 양육 방식이 X인 부모 대 양육 방식이 Y인 부모의 상대적 승산비는, 다른 조건은 동일하고 양육 방식만 X와 Y로 차이가 있는 부모들 사이의 상대적인 성공률을 말한다. 여기에서 짚어둘 점은, 각 유형의 부모의 '절대적인 성공률'은 사회적·경제적 요인에 영향을 받지만 우리가 사용하는 통계 모델에서 이 성공률 사이의 상대적 '비율'은 사회적·경제적 요인으로부터 독립적이라고 가정된다는 것이다. 그럼 다시 본론으로 돌아가보자.

부모의 양육 방식과 자녀의 학력 사이 상관관계
: NLSY97 분석 결과를 중심으로

먼저 엄마의 양육 방식이 자녀가 대졸 학력을 갖는 데 미치는 효과를 보자(아빠는 잠시 무시하기로 한다). 비관여형 엄마 대비 허용형 엄마의 상대적 승산비는 1.7, 독재형 엄마의 상대적 승산비는 1.3, 권위형 엄마의 상대적 승산비는 2.1이다. 학사 학위를 받기 위해서는 권위형 엄마를 두는 것이 가장 유리하고, 그다음은 허용형, 그다음은 독재형이며, 비관여형 엄마를 두는 경우는 가장 불리하다.

승산비보다 더 와 닿는 개념인 '성공률'로 이야기하기 위해 가상의 백인 여아 제인, 제시카, 질, 주디스를 생각해보자. 엄마들은 사회적·경제적 조건(가령 학력, 연령 등)이 모두 동일하고 양육 방식만 다르다. 그림 2.5는 이 경우 각각의 성공 확률(자녀가 대학을 졸업할 확률)을 그래프로 나타낸 것이다. 제인의 엄마가 비관여형이고 제인이 대학을 졸업할 확률이 20%라고 하자. 이 정보가 주어져 있을 때, 상대적 승산비를 이용해 나머지 세 명이 대학에 갈 확률을 계산할 수 있다. 이 계산은 서로 다른 양육 방식들이 미치는 영향의 정도를 가늠해볼 수 있게 해준다. 허용형 엄마를 둔 제시카는 30%, 독재형 엄마를 둔 질은 24%, 권위형 엄마를 둔 주디스는 34%로, 권위형 엄마를 둔 주디스가 대학을 졸업할 확률이 가장 높다.

물론 다른 요인들도 자녀의 학업적 성공에 영향을 미치고, 양육 방식보다 중요성이 결코 덜하지 않은 요인들도 많다. 가령 각 양육 방식 모두에서 엄마의 교육 수준이 높으면 아이

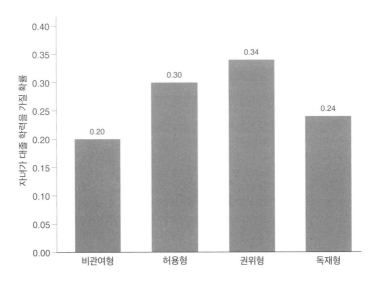

그림 2.5. 사회적·경제적 조건이 동일할 경우, 양육 방식별 자녀가 대졸 학력을 가질 확률 추산치

가 대학을 졸업할 확률이 높아진다. 또한 여아가 남아보다 대졸 학력을 가질 가능성이 크다. 그리고 무엇보다 아이의 교육적 성공을 가장 강력하게 설명해주는 요인은 아시아계인지 여부다. 양육 방식을 포함해 다른 모든 요인이 동일할 때, 아시아-태평양 출신 이민자 가정의 아이는 성공 확률이 2.5배나 올라간다. 가상의 사례로 두 명의 아시아계 여아 자오와 주가 있다고 해보자. 이들의 엄마는 제인, 제시카, 질, 주디스의 엄마와 동일한 사회적·경제적 조건을 가지고 있다. 자오의 엄마는 비관여형이고 주의 엄마는 권위형이다. 이 경우 자오가 대학을 졸업할 확률은 39%로 제인(20%)보다 훨씬 높으며 주가 대학을 졸업할 확률은 무려 56%다.

아시아계인 것과 높은 학업 성과 사이의 강한 상관관계는 어떻게 설명할 수 있을까? (우리는 문화적, 행동적 차이가 유전적 차이보다 더 설명력이 크다고 보므로 인종적, 유전적 설명은 배제할 것이다.) 우리의 데이터는 실제 양육 방식에 대해 매우 개략적인 측정치만을 제공한다. 우리가 사용하는 범주 구분은 아이가 자신의 부모를 엄격하다고 여기는지 여부, 그리고 지지해준다고 여기는지 여부에 따른 것이다. 그런데 아이가 이 질문에 무엇이라고 답변하든 간에, 아시아계 가족의 상호작용은 다른 인종 가족의 상호작용과 차이가 있을 것이고 이것은 양육 방식에도 모종의 차이를 가져올 것이다. 이러한 세밀한 차이는 우리가 사용하는 개략적인 범주에는 포착되지 않는다. 예를 들어 우리 저자들의 자녀에게 설문을 돌린다면 마리아와 마리사는 에이미 추아가 말한 타이거 맘과 같은 범주에 들어갈지 모른다. 하지만 실제로 마리아와 마리사는 평균적인 아시아계 엄마에 비하면 훨씬 더 '부드러운' 편일 것이다. 이런 면에서 볼 때, 아시아계인 것이 높은 학업 성과와 관련이 있다면 아시아계 가정의 아이들이 더 엄격한 종류의 권위형 양육에 노출되기 때문일 것이라고 생각해볼 수 있다.

이제 아빠의 경우를 살펴보자. 전반적으로는 엄마의 경우와 비슷하다. 아빠와 엄마가 둘 다 비관여형인 여아 재클린이 있다고 해보자. 그리고 재클린이 대학을 마칠 확률이 20%로, 제인과 동일하다고 해보자. 여기에 4명의 여아 제니퍼, 조디, 줄리아, 징징을 더 생각해보자. 제니퍼는 부모 모두 독재형, 조디는 허용형, 줄리아는 권위형이고, 징징은 권위형에다 중국계라고 해보자. 제니퍼가 대학을 마칠 확률은 23%로 재클린보다 약간만 높다. 흥미로운 사실은 독재형 아빠가 자녀의 학업 성과에 미치는 영향이 비관여형 아빠만큼이나 낮다는 점이다. 엄마의 경우에는 독재형이 비관여형보다 아이의 학업 성과에 긍정적인 결과를 가져왔던 것과 대조적이다. 다음으로, 부모 모두 허용형인 조디와 부모 모두 권위형인 줄리아의 성공 확률은 각각 36%와 40%다. 즉, 부모 모두 허용형이거나 권위형인 경우, 엄마만 그럴 경우(제시카와 주디스)보다 대학을 졸업할 가능성이 높아진다(조디는 제시카보다, 줄리아는 주디스보다 성공률이 높다). 마지막으로 징징의 성공 확률은 무려 65%다!

　　대학원 학위를 받을 확률을 보면 양육 방식이 미치는 효과가 더 크다. 주목할 만한 결과는, 허용형 양육에 비해 권위형 양육이 자녀의 성공 확률을 더 크게 높인다는 점이다. 앞의 사례로 돌아가 재클린이 박사 학위를 받을 확률이 0.5%라고 해보자. 부모 모두 허용형인 조디가 박사 학위를 받을 확률은 0.8%로 재클린보다 약간 높을 뿐이다. 반면 부모 모두 권위형인 줄리아는 이 확률이 1.3%다. 학사 학위의 경우에는 조디와 줄리아의 성공 확률이 비슷했다. 즉, 대학에 대해서는 허용형 부모인지 권위형 부모인지가 아이의 성공에 미치는 영향이 그리 크게 달라지지 않았다. 하지만 대학원의 경우에는 권위형 부모가 허용형 부모보다 아이의 성공에 더 큰 영향을 미치는 것으로 보인다. 앞의 사례에서 허용형 부모에서 권위형 부모로 이동할 때 성공 확률이 두드러지게 증가하는 것을 볼 수 있다. 마지막으로, 여기에서도 아시아계인 것은 매우 중요하다. 징징이 박사를 받을 확률은 최고 5.4%에 이른다.

양육 방식은 자녀가 위험한 행동에 노출될 가능성과도 상관관계를 보인다. 동일한 데이터를 이용해서 양육 방식이 자녀의 수감 가능성, 첫 성관계 연령, 콘돔 사용, 흡연, 알코올중독, 마약 사용 등에 미치는 영향을 알아본 결과, 이 모든 행위에 대해 일관된 패턴이 나타났다. 비관여형이거나 독재형인 부모를 둔 자녀는 위험에 노출될 가능성이 허용형이나 권위형 부모를 둔 경우보다 높았고, 권위형 부모(특히 엄마)의 자녀가 위험한 행동에 노출될 가능성이 가장 낮았다.

소결
: 헬리콥터 양육의 경제적 뿌리

PISA와 NLSY97 데이터는 양육 방식이 자녀의 학업 성과 및 자녀가 위험한 행동에 노출될 가능성에 영향을 미친다는 것을 보여주었다. 권위형 양육을 하는 부모를 둔 아이는 학교에서 공부를 잘할 가능성, 더 높은 학력을 갖게 될 가능성이 더 높았고, 위험한 행동에 관여할 가능성은 더 낮았다. 교육 성과를 보면, 허용형 부모를 둔 아이들의 성과가 중간 정도이고 독재형이나 비관여형 부모의 자녀들은 그보다 성과가 낮았다. 이 결과들은 부모의 교육 수준을 통제한 상태에서도 통계적으로 유의했다.

우리가 사용한 양육 방식 분류에 포착되지 않는 추가적인 차이들도 있었다. 미국에서 아시아계이면 성공 확률이 상당히 증가한다. 양육 방식에 대해 우리가 사용한 투박한 범주 구분은 부모와 자녀의 상호작용에서 중요한 변수들을 다 포착하지 못하기 때문에, 아시아계의 두드러진 성과 또한 (우리의 구분으로는 포착되지 않는) 양육 방식과 관련이 있을 수 있다. 우리는 학습 능력이 [생물학적으로] 인종 간에 유의한 차이를 나타낸다고 보지 않으므로, 우리가 발견한 큰 차이는 아이가 부모 및 또래 집단과 상호작용하는 방식에서 기인한다고 보아야 할 것이다.

이 모든 실증 근거의 조각들을 맞춰보면 우리가 제시하고자 하는 일반적인 주제에 부합한다. 부모가 아이와 상호작용하는 데 들이는 시간의 변화에서 알 수 있듯이 양육의 집약도와 관련해 큰 전환이 벌어졌고, 이 전환은 경제 불평등과 교육에 대한 투자 수익이 증가하고 더 일반적으로 양육 방식이 아이의 장래를 더 막중하게 좌우하는 방향으로 경제적 변화가 벌어진 시기에 발생했다. 이러한 경제적 변화의 결과, 부모는 아이의 학업 성과를 점점 더 걱정하게 되었고 더 집약적인 양육을 하는 것으로 반응했다. 즉, 아이가 학업 성과를 더 잘 낼 수 있을 법한 양육 방식을 선택했다. 따라서 헬리콥터 부모의 부상은 변화된 경제적 환경에 부모가 합리적으로 반응함으로써 나타난 결과라고 해석할 수 있다.

3장

스웨덴 부모와 미국 부모는
왜 다른 선택을 할까?

이 책의 주제는 부모가 아이를 어떤 방식으로 키울 것인가를 선택하는 데 경제적 인센티브가 큰 영향을 미친다는 것이다. 경제적 불평등이 증가해서 아이의 장래를 좌우하는 데 교육이 미치는 영향이 막중해지면 부모는 자녀가 성공의 경로를 밟는 데 더 유리할 수 있는 집약적 양육을 선택하는 것으로 반응한다. 2장에서 우리는 '양육의 경제학'으로 지난 30년간의 전반적인 변화, 즉 불평등이 급격히 증가한 시기에 타이거 맘과 헬리콥터 부모 유형의 양육 방식이 확산된 현상을 매우 잘 설명할 수 있다는 것을 보여주었다.

시간에 따른 변천보다 국가들 사이의 차이를 설명하는 것은 더 어려운 과제다. 국가들은 인종 구성, 다양성, 역사, 문화

등 수많은 차원에서 차이를 보이고 이 각각이 양육 방식에 영향을 미친다. 세대에서 세대로 전승되는 각국의 문화와 전통이 부모와 자녀의 관계에 매우 크게 영향을 미치리라는 점은 당연히 예상할 수 있을 것이다. 그렇다면 경제적 요인은 어느 정도나 중요할까?

이 장에서 우리는 국가별 양육 행태의 차이 역시 양육의 경제학으로 매우 잘 예측할 수 있음을 보여줄 것이다. 우리는 부모가 내리는 많은 선택이 얼핏 보면 그곳의 문화를 반영하는 것처럼 보이지만 사실은 경제적 여건에 뿌리를 두고 있는 경우가 많다는 사실을 발견했다. 여기에서도 경제적 불평등이 핵심 요인이다.

소득 불평등의 수준 및 변화 추이 둘 다 국가마다 차이가 크다. 미국은 불평등의 증가세가 두드러지는데, 특히 소득 분포에서 중간과 꼭대기 사이의 격차가 크게 벌어지고 있다. 가구 실질소득의 중앙값은 1980년 이래 거의 달라지지 않았는데 상위 1%의 소득은 급격히 증가했다. 전체 소득에서 이 작은 집단이 차지하는 비중은 1980년에서 2014년 사이 10%에서 21%로 두 배가 되었다.[1] 오늘날 가장 부유한 1%의 가구 소득 총합은 가장 가난한 10%의 가구 소득 총합의 38배나 된다.

유럽은 미국에 비해 소득 불평등이 낮은 편이다. 미국에서는 소득 분포의 90%선에 위치한 사람이 10%선에 위치한 사람보다 6.5배를 더 벌지만 북유럽 나라들에서는 이 수치가 3배 정도다. 프랑스와 독일은 북유럽보다는 소득 격차가 크지만 미국보다는 훨씬 낮다. 유럽에서도 지난 30년간 불평등이 증가했지만 미국만큼 빠르게 증가하지는 않았다. 그리고 [미국에서 가구 소득 중앙값이 정체 상태인 것과 달리] 대부분의 유럽 국가에서는 가구 소득 중앙값도 꾸준히 증가했다. 중앙값 증가세가 부유층의 소득 증가세보다는 낮았지만 말이다.

경제적 인센티브에 초점을 둔 우리의 이론에 따르면, 북유럽처럼 더 평등한 사회에서는 부모들이 더 허용적이어야 한다. 반대로, 불평등이 심한 나라에서는 타이거 부모나 헬리콥터 부모가 더 일반적이어야 한다. 양육의 경제학은 시간에 따른 변천도 설명할 수 있다. 불평등이 빠르게 증가하고 있는 나라에서는 부모들이 더 집약적인(특히 권위형) 양육 쪽으로 옮겨갈 것이고, 소득 분배가 더 평등해지고 있는 나라에서는 더 허용적인 양육 쪽으로 옮겨갈 것이다. 모든 사회가 불평등해지고 있다면 그중에서도 불평등이 더 빠르게 증가하는 나라에서 집약적 양육이 더 빠르게 확산될 것이다. 이러한 예측이 맞는지 실증 근거로 확인해보자.

아이에게 가장 중요한 가치관은 무엇인가?
: 상상력, 독립성, 근면성 사이에서

우리는 세계가치관조사(World Values Survey, WVS)의 데이터를 이용해 국가별 양육 방식을 분석했다. 세계가치관조사는 스톡홀름에 기반을 둔 전 세계 사회과학자들의 네트워크가 수행하는 조사로, 문화적 가치관의 변화와 그것이 사회적, 정치적 생활에 미치는 영향을 조사한다.[2] 조사 항목에는 부모가 아이를 키울 때 가장 중요시하는 가치가 무엇인지를 묻는 항목도 있다. 이 장은 산업화된 OECD 국가들에 초점을 맞출 것이다. 불평등 수준을 제외하면, 개도국까지 표본에 포함할 때보다 국가들 사이의 사회적·경제적 차이가 작을 것이기 때문이다.[3] 예를 들어 우리의 표본에 있는 국가들은 1인당 소득(1인당 GDP로 측정했다)이 대체로 비슷하다. 더 많은 국가를 포함한 분석은 이후의 장들에서 다시 다룰 것이다.

세계가치관조사에서 양육 관련 문항은 아이가 가정에서 배워야 할 가장 중요한 가치관이나 태도가 무엇이라고 생각하는지를 묻는다. 응답자들은 다음의 보기에서 5개까지 고를 수 있다. 독립성, 근면성, 책임감, 상상력, 관용과 다른 사람에 대한 존중, 검약, 결단력과 끈기, 종교적 신념, 이타심, 복종. 이 중에서 복종은 독재형 양육과 가장 큰 관련이 있는데, 이에 대해서는 5장에서 다룰 것이고, 이 장에서는 먼저 상상력, 독립성, 근면성에 초점을 맞출 것이다. 근면성은 집약적(더 구체적으로는 권위형) 양육과 관련이 있고 상상력과 독립성은 허용형 양육과 관련이 있다.

부모들이 생각하는 양육 가치관이 불평등 수준에 따라 국가별로 어떻게 다른지 살펴보면 불평등이 심한 나라에서 집약적 양육이 더 많이 행해질 것이라는 우리의 가설을 확인해볼 수 있다. 그림 3.1은 국가별로 상상력, 독립성, 근면성을 선택한 응답자의 비중을 소득 불평등의 척도인 지니계수(지니계수가 높으면 불평등이 높다)와 함께 나타낸 것이다.[4]

여기에서 매우 두드러진 패턴을 확인할 수 있다. 불평등

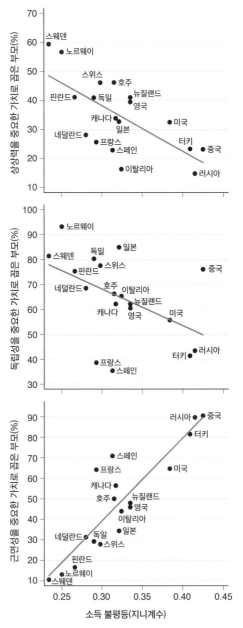

그림 3.1. OECD 국가와 중국, 러시아의 소득 불평등(지니계수)과 상상력(맨 위), 독립성(중간)
근면성(맨 아래)을 아이가 가정에서 배워야 할 중요한 가치로 꼽은 부모의 비중

이 높은 나라에서는 근면성이, 불평등이 낮은 나라에서는 독립성과 상상력이 부모가 생각하는 중요한 가치로 꼽히는 경향이 크다. 우리는 이 상관관계의 강도를 '상관계수'라고 불리는 통계 지표로 측정했다. 상관계수는 -100부터 +100까지 있을 수 있으며, 상관계수가 0이면 두 변수 간에 관계가 없는 것이고 +100이면 가장 밀접한 양의 상관관계(하나가 올라가면 다른 하나도 올라간다), -100이면 가장 밀접한 음의 상관관계(하나가 올라가면 다른 하나는 내려간다)가 있는 것이다.[5] 우리는 불평등과 근면성 사이에서는 매우 강한 양의 상관관계(89%)를, 불평등과 독립성 및 상상력 사이에서는 강한 음의 상관관계(각각 -48%와 -68%)를 발견했다.

먼저 근면성을 보자. 미국 응답자의 65%가 자녀에게 가르쳐야 할 핵심 덕목으로 근면성을 꼽은 반면, 북유럽에서는 불과 11~17%만이 근면성을 꼽았다. 독일에서도 30%가 채 안 되는 부모만이 근면성을 꼽았다. 이것은 '매우 근면하게 일하는 독일인'이라는 문화적 고정관념에는 잘 부합하지 않지만(마티아스는 이 고정관념이 과장되었다고 생각한다) 독일이 불평등이 낮은 나라라는 사실에는 잘 부합한다. 불평등이 중간 정도인 이탈리아와 호주 부모는 미국 부모보다는 근면성에 덜 집착하지만 독일이나 북유럽 부모보다는 근면성을 더 중요하게 여긴다. 일반적인 패턴에 맞지 않는 국가도 있다. 프랑스와 스페인은 불평등이 높지 않은데도 부모들이 근면성을 매우 중요한 가치로 꼽는다. 이 예외에 대해서는 이후에 더 상세히 설명할 것이다. 어쨌든 일반적인 패턴은 불평등 수준과 근면성에 대한 부모들의 강조 사이에 강한 양의 상관관계가 있음을 보여준다. 즉, 불평등이 높은 나라에서는 아이가 근면성을 길러야 한다고 생각하는 부모가 많다.

독립성과 관련해서는 반대의 패턴이 나타난다.[6] 북유럽 부모들은 자녀를 독립성 있는 아이로 키우는 것을 매우 중요하게 여긴다. 노르웨이에서는 무려 93%의 응답자가 독립성을 다섯 가지 주요 양육 가치에 포함했다. 중부 유럽 부모도 독립성을 중요시했다. 하지만 미국 부모는 절반만이 독립성을 꼽았다. 독립성이 높이 평가되는 또 다른 나라는 일본이다. 이는 동아시아 부모들 사이에서 일반적인 현상으로 보이는데, 이 점에 대해서는 나중에 다시 설명할 것이다.

독립성과 비슷하게, 상상력도 북유럽 부모들 사이에서 높이 평가받는다. 대조적으로, 불평등이 심한 나라에서는 훨씬 작은 비중의 부모가 상상력을 꼽았다. 예를 들면 미국 부모 중 상상력을 꼽은 비중은 3분의 1도 되지 않았다. 터키도 마찬가지인데, 이곳도 불평등이 심하다. 파브리지오로서는 절망스럽게도 이탈리아는 OECD 국가 중 부모가 상상력에 가치를 가장 덜 부여하는 나라다. 이탈리아가 역사적으로 그렇게 많은 시인, 발명가, 예술가를 배출했는데도 말이다. 독일인인 마티아스에게는 이 조사가 더 기운 나는 결과를 보여준다. 독일 부모는 40% 이상이 상상력을 꼽았기 때문이다. 이탈리아의 스포츠 해설가들이 항상 독일 축구 팀은 조직적으로 잘 짜여 있지만 이탈리아 선수들보다 상상력이 떨어진다고 말하는 것을 생각해보면, 여기에서도 경제적 요인이 문화적 고정관념보다 설명력이 크다고 볼 수 있다.

중국과 러시아는 20세기에 공산주의 혁명을 경험한 나라 가운데 규모가 큰 나라에 속하며 시장경제로 전환한 뒤 소득 불평등이 가파르게 상승했다. 이 두 나라는 OECD 국가는 아니지만 비교를 위해 표본에 포함했다. 중국과 러시아 모두 부모의 태도는 우리의 가설에 잘 부합한다. 중국과 러시아 응답자의 90%가 근면성을 꼽았고, 상상력을 꼽은 부모는 러시아의 경우 15%(OECD 최저인 이탈리아보다도 낮다), 중국의 경우 23%에 불과했다.

요컨대 세계가치관조사 데이터는 경제적 불평등이 더 허용적인 양육을 할 것이냐 더 집약적인 양육을 할 것이냐를 가르는 중요한 요인임을 강하게 시사한다. 불평등이 낮은 독일, 네덜란드, 북유럽의 부모는 아이가 독립성과 상상력을 갖는 것이 중요하다고 보는 경향이 크며, 이는 허용형 양육과 관련이 있다. 반면 불평등이 심한 미국, 중국, 러시아 등의 부모는 근면성을 높이 평가한다. 이 패턴은 각 양육 가치관이 국가마다 부모들 사이에서 평균적으로 얼마나 높이 인정받는지를 비교한 것이다. 이후에는 설문 답변을 토대로 각각의 부모가 어떤 양육 방식을 가지고 있는지를 도출해 더 세부적인 분석을 수행할 것이다. 그 전에, 집약적 양육과 허용형 양육이 아이의 행복에는 각각 어떤 영향을 미치는지 알아보고, 특징적인 몇몇 나라를 선택해 부모의 행동을 더 자세히 살펴보기로 하자.

세상에서 가장 행복한 아이들

느긋한 방식의 양육을 무관심과 혼동해서는 안 된다. 우리의 관심사는 미국인이, 혹은 중국인이 유럽인보다 더 좋은 부모인지 나쁜 부모인지 논하는 것이 아니다. 각 양육 방식에는 나름의 장단점이 있고 무엇이 적절한지는 경제 상황에 따라 다르다.

논쟁의 여지는 있지만, 허용적이되 관심을 쏟는 부모의 아이는 경쟁적인 사회에서 맞닥뜨릴 어려움들에는 상대적으로 잘 준비되지 못할지 모르지만 더 행복하고 독립적이 될 가능성이 크다. 유니세프가 각국의 아동 후생에 대해 조사한 연구에 따르면, 네덜란드 아이들이 세상에서 가장 행복도가 높은 것으로 나타났다.[7] 네덜란드에 이어 (세계가치관조사 표본에 있는 나라들 가운데) 노르웨이, 핀란드, 스웨덴, 독일, 스위스, 덴마크 등이 상위를 차지했다. 이 나라들은 불평등이 낮고, 부모가 자녀의 독립성과 상상력을 높이 평가하며, 엄격한 노동 윤리를 주입하는 데 덜 집착하는 경향이 있다.

유니세프는 물질적 후생, 건강과 안전, 교육, 행동과 위험, 주거와 환경이라는 다섯 가지 범주에 대해 다양한 지표를 종합해 순위를 매긴다. 조사 항목에서 양육 방식과 가장 관련이 큰 것은 부모가 아이의 후생을 높이기 위해 얼마나 많은 시간을 쓰는가이다. 날마다 아이와 아침을 함께 먹거나 날마다 혹은 규칙적으로 아이들과 운동을 하는 것 등이 그런 사례다. 여기에서도 네덜란드와 북유럽 아이들이 최상위권이다. 이들 나라의 부모는 자녀의 성취에 대해서는 더 느긋한 태도를 가지고 있을지 모르지만, 아이가 필요로 하는 것을 면밀히 챙기고 아이의 건강에 굉장히 신경을 쓰며 아이와 많은 시간을 보낸다.

아동의 행복에 대한 모든 지표가 결국 부유한 가정의 아이인지 아닌지로 귀결되지 않느냐고 생각할 수도 있을 것이다. 하지만 1인당 GDP와 아동의 전반적인 후생 사이의 상관관계는 약한 편이다. 예를 들면 체코는 오스트리아보다 아동 후생 순위가 높고, 슬로베니아는 캐나다보다 높으며, 포르투갈은 미국보다 높다. 세 쌍의 비교 대상 모두 전자가 후자보다 가난한데도 아동의 행복도는 더 높다. 그리고 영국과 미국은 매우 크고 부유한 국가이지만 아동 행복도 순위는 낮다. 영국 아동의 행복도는 16위이고, 1인당 GDP로 볼 때 우리의 표본에서 노르웨이와 스위스에 이어 세 번째로 부유한 나라인 미국은 아동의 행복도가 26위다.

네덜란드
: 정상적으로 살자. 이미 너무 미쳐 돌아가고 있다!

세상에서 아이들이 가장 행복한 나라인 네덜란드에서 부모는 아이가 독립적인 사람이 되도록 독려한다. 아이들은 점심을 스스로 준비하고 아주 어려서부터 자전거 타는 법을 배운다. 세계가치관조사에서 노력과 근면성에 그리 큰 가치를 두지 않는 것으로 나타난 데서도 알 수 있듯이, 네덜란드 부모가 어린아이에게 무언가를 성취하라고 몰아붙인다거나 어린 자녀가 천재라고 기뻐한다는 이야기는 접하기 어렵다. 타이거 맘의 양육 가치관과는 매우 다르게, 네덜란드 부모는 아이가 실용적이고 소박하게 현실에 천착하기를 원한다. 그들의 표현을 빌리면, "정상적으로 살자. 이미 너무 미쳐 돌아가고 있다doe maar gewoon, dan doe je al gek genoeg"는 것이다.[8]

아이들에 대한 느긋한 기준은 광범위한 성인-아동 관계에 적용된다. 네덜란드 부모는 아이의 머리 위를 뱅뱅 돌며 아이를 지켜보지 않는다. 놀이터 근처에는 종종 커피숍이나 레스토랑이 있어서, 아이들이 알아서 놀 동안 부모들도 커피숍이나 레스토랑에서 자기들끼리 담소를 나누며 논다. 부모들은 꽤 위험한 행동도 용인한다. 네덜란드 아이들이 도시에서 자전거를 탈 때 헬멧을 쓰는 경우는 30% 미만인데, 이는 유럽 평균보다 훨씬 낮은 수치다.[9] 네덜란드 도로는 자전거 친화적인 편이어서 상대적으로 안전하긴 하지만, 매년 12세 미만의 아이 1만 8000명이 자전거 사고로 응급실에 온다. 아이들은 거추장스럽고 불편해서이기도 하지만 '쿨해' 보이지 않는다고 생각해서 헬멧 쓰기를 싫어하는데, 네덜란드 부모는 아이들의 이러한 주장을 인정하고 받아들인다. 그래서 헬멧과 보호 장구를 갖추고 '안전한 자전거 타기'의 모범을 보이려 하기보다, 부모도 아이 앞에서 헬멧 없이 자전거를 타곤 한다.

학교 활동도 느긋한 양육 문화를 반영한다. 네덜란드 아이들은 10세 이전에는 숙제가 없다. 저학년 때는 아이들 사이에 경쟁이 거의 없고 낙제도 흔하지 않다. 이렇게 태평하다고 해서 아이들이 학업적으로 높은 성취를 내는 데 어려움이 있는 것 같지는 않다. 2015년 PISA에서 네덜란드 학생들은 유럽에서 매우 상위권에 속했고 수학 성적은 (스위스에 이어) 두 번째로 높았다. 네덜란드는 수학과 과학에서 점수가 저조한 학생의 비중이 미국보다 일관되게 작다. 또한 네덜란드 학생들은 PISA 참여 국가 전체에서 삶의 만족도가 가장 높다. 학업 성취는 네덜란드보다 높지만 삶의 만족도는 낮은 한국, 일본, 중국 아이들과 대조적이다.

스웨덴
: 아이는 아이 짓을 하게 놔두자

네덜란드처럼 스웨덴에서도 아이의 후생이 우선이다. 스웨덴 부모들은 이 목표를 홀로 감당하지 않는다. 즉, 국가의 지원을 강하게 받는다. 스웨덴에서는 엄마와 아빠가 합쳐서 16개월의 유급 육아휴직을 쓸 수 있다. 엄마, 아빠 어느 쪽도 혼자 13개월 이상을 쓸 수는 없는데, 부모 모두가, 특히 아빠가 양육에 힘을 쓰라는 의미에서다. 유급 육아휴직은 아이가 7세가 될 때까지 사용 가능하다. 많은 부모가 여기에 더해 무급 휴직까지 사용한다. 너그러운 육아휴직 정책은 젊은 성인들이 아이를 낳도록 독려하는 효과를 낸다. 스웨덴이 유럽에서 출산율이 가장 높은 나라인 것은 우연이 아니다. 육아휴직은 가정을 지원하는 여러 가지 정책 중 하나일 뿐이다. 어린이집과 유치원은 정부에서 많은 보조를 받기 때문에 사실상 공짜여서, 80% 이상의 아이가 취학 전 교육을 받는다.

이러한 재분배 정책은 스웨덴 부모들의 양육 방식에도 영향을 미쳤을 것이다. 국가가 많은 지출을 감당해주는 나라에서는 개인의 경제적 성공이 그리 긴요하고 절박한 일이 아니다. 그리고 정부가 보조하는 공공 어린이집의 존재는 부모들이 특정한 하나의 양육 방식을 택하도록 인센티브를 제공한다. 스웨덴 부모들의 행동을 설명하는 데 사회 정책이 제공하는 인센티브는 분명 중요한 요인이다. 하지만 정책과 제도는 하늘에서 떨어지는 것이 아니다. 구체적인 양육 활동을 지원하는 양육 서비스 지원 제도는 널리 지지를 받는 정책이며 집권한 정당의 노선이나 성향과 상관없이 여러 정권에서 계속해서 유지되어왔다. 가정에 대한 복지를 줄이겠다고 하는 정당은 선거에서 대패하고 말 것이다.

스웨덴 부모들은 세계에서 가장 허용적인 양육을 하는 축에 속한다. 그들은 심각한 위험을 초래하기 전까지는 아이가 최대한의 자유를 보장받아야 한다고 생각한다. 스웨덴 아이들이라고 별나게 착하거나 별나게 못된 것은 아닐 터이므로, 놀이터에서 아이들 사이에 싸움이 일어나는 일은 흔하다. 만국 공통인 일반적인 패턴은 한 아이가 다른 아이를 때리면 맞은 아이가 울면서 엄마에게 달려가는 것이다. 이탈리아 아빠인 파브리지오는 자기 아이가 다른 사람에게 해를 끼치거나 방해가 되지 않도록 제지해야 할 책임이 부모에게 있다고 생각한다. 이탈리아에서는 좋은 부모라면 자기 아이가 선을 넘는 것을 보면 곧바로 단호하게 꾸짖어야 한다고 느낄 것이다. 그래서 맞은 아이의 부모는 때린 아이의 부모가 화들짝 놀라 미안하다고 크게 사과를 하리라고 예상한다. 그런데 스웨덴의 놀이터에서는 이런 분명한 규칙이 없다. 부모들은 한가하게 커피숍에 앉아서 시간을 보내며 아이들이 무엇을 하고 있는지 열심히 관찰하지도 않는다. 문제가 생겨도 아이들이 알아서 할 것이라고 생각하기 때문에 끼어들지 않는다. 상황이 아주 심각해지면 스웨덴 방식의 문제 해결 프로토콜이 가동된다. 때린 아이가 맞은 아이의 심정에 공감을 하게끔 부드럽게 설득하는 것이다. 이어서 두 아이가 한 번 끌어안고 나면 상황 끝이고, 부모들은 대수롭지 않게 이렇게 말할 것이다. "그저 아이들인걸요." 초기의 문화적 충격을 어느 정도 소화하고 난 마리아와 파브리지오는 스웨덴에서 어린아이들이 어떻게 자신에게 주어진 자유를 '악용'하는 법을 터득해나가는지도 알게 되었다. 때로 그들의 '자발적이고' '진정한' 사과는 뒤돌아서서 승리의 미소를 씩 짓는 것으로 이어지곤 했다. 하지만 스웨덴 아이들이 다른 나른 아이들보다 더 폭력적인 성향을 갖게 되는 것은 아니다. 마리아와 파브리지오는 놀랍게도 점차 아이들이 서로 평화롭게 놀고 공존하는 법을 알아나가는 것을 보았다.

　스포츠라는 두드러진 예외를 제외하면 스웨덴에는 조직화된 교과 외 활동이 존재하지 않는다. 권위형 부모인 마리아와 파브리지오는 노라를 부드럽게 다그쳐 피아노를 배우게 했다. 피아노 선생님은 동유럽 출신의 매우 엄한 선생님이었다. 이 선생님에게 레슨을 받는 아이들은 대부분 외국인이었고 아시아계가 많았다. 노라가 피아노를 잘 치는 것이 마리아와 파브리지오에게는 감격스럽고 자랑스러웠지만, 스웨덴의 지인들은 노라의 천재성에 감탄과 존경을 보이기보다 아이에게 무언가를 이렇게 과도하게 시키는 부모에 대해 눈살을 찌푸렸다. 대체로 스웨덴 부모들은 아이에게 음악 학원이나 '어린이 수학 천재 교실' 같은 것을 다니게 하지 않는다. 같은 맥락에서, 어린이집에서도 읽기나 쓰기 같은 공식적인 교육은 시키지 않는다. 의무 교육은 만 7세가 되어서야 시작된다(북유럽 나라들 모두 그렇다). 심지어 아이가 초등학교에 다닐 때도 부모는 8세밖에 안된 어린아이가 잔인하게도 공식적인 교육을 강요받아야 하는 것을 엄청나게 안쓰러워하고 걱정한다. 어떤 부모는 입학 연령을 더 늦춰야 한다고 주장한다. 하지만 "아이가 학교에서 잔인하게도 공식적인 교육을 강요받을지 모른다"는 우려의 근거가 무엇인지는 불확실하다. 스웨덴에서는 '공식적인' 교육조차도 공식적인 것과는 거리가 멀기 때문이다. 학교에서는 쉬는 시간이 매우 자주 주어지며, 아이들은 자기 마음대로 책상 앞에 앉아 있을 수도 있고 교실 안을 돌아다닐 수도 있다. 이탈리아 사람이 보기에 스웨덴의 교실 상황은 '통제된 혼돈 상태'라고 묘사하는 것이 딱 적합해 보인다.

스웨덴 아이들은 많은 시간을 옥외에서 보낸다. 스웨덴 날씨가 그리 좋지 않다는 것을 생각하면 의아할 것이다. 남유럽 부모는 아기가 너무 추울 거라고 생각해서 겨울에 아기를 집 밖에 거의 데리고 나가지 않는다. 하지만 스웨덴 사람들은 나쁜(부적절한) 복장이 있을 뿐이지 나쁜 날씨라는 것은 없다고 생각한다. 마리아와 파브리지오는 1999년에 스톡홀름의 덴더리드 병원에서 노라를 낳았다. 이들은 기온이 영하 10도 아래로 떨어질 경우 어떻게 해야 하는지에 대해 주의 사항을 들은 바 있었다. 노라가 태어난 지 이틀 뒤에 퇴원을 하게 되었는데, 몹시 추운 겨울날이었고 온도계는 영하 18도를 가리키고 있었다. 간호사에게 어찌해야 할지 걱정스럽게 물었더니 이런 대답이 돌아왔다. "영하 20도 아래로 내려가기 전까지는 걱정 안 하셔도 됩니다. 옷을 잘 입혔으니까요." 이어서 간호사는 웃으며 조금 더 도움이 되는 주의 사항을 알려주었다. "스톡홀름 사람들은 걱정이 너무 많아요! 저는 보덴(스웨덴 북부의 추운 도시) 사람인데요, 아무 위험도 없다고 장담할게요." 얼마 지나지 않아 남쪽 나라 출신의 엄마 아빠인 마리아와 파브리지오도 단단하게 옷을 입혀 잘 보호해주기만 하면 아기가 추운 겨울에 밖에서 낮잠 자는 것을 아주 좋아하고 잘 적응한다는 사실을 알게 되었다. 즉, 스웨덴 사람들은 자신이 하고 있는 일이 무엇인지 잘 알고 있다. 하긴, 스웨덴의 아동 사망률은 세계에서 가장 낮은 편이 아니던가.

아무리 그래도 마리아와 파브리지오는 스웨덴 관습을 모두 받아들일 수는 없었다. 예를 들면 몇몇 스웨덴 지인은 아이를 '숲속 어린이집'에 보냈다. 날씨가 너무 험할 때 잠시 들어가 있을 수 있는 오두막 같은 것이 있을 뿐 기본적으로 아이들을 연중 옥외에서 놀게 하는 어린이집이었다. 스웨덴 지인들은 그런 어린이집에 다니면 아이가 박테리아에 덜 노출되고 질병도 덜 걸린다고 신이 나서 열변을 토했지만, 마리아와 파브리지오는 예의 바르게 고개를 끄덕였을 뿐 더 평범한 실내 어린이집에 아이를 보냈다.

스칸디나비아 부모들은 일반적으로 느긋하지만 양육 철

학에 대해서는 매우 강고한 믿음을 가지고 있다. 그들은 나머지 세상이 약간 미쳤다고 생각한다. 마리아와 파브리지오가 스위스의 독일어권 지역으로 이사를 가게 되었을 때 그 전에 아이를 미리 적응시키기 위해 1년간 노라를 스톡홀름에 있는 독일인 학교에 보낼까 생각한 적이 있었는데, 스톡홀름의 지인들은 모두 그것이 아주 끔찍한 생각이라고 말했다. 스웨덴 부모들에게는 독일 학교의 교육 방식과 독일 부모의 양육 방식이 너무나 가혹하게 독재적으로 보였기 때문이다.

독일과 스위스
: (어느 정도까지는) 느긋한 양육

물론 독일에 대한 스웨덴 부모들의 인식은 과장되어 있다. 독일 부모가 스칸디나비아 부모보다는 엄격할지 모르지만, 양육 방식을 어떻게 인식하느냐는 당신이 현재 어떤 양식에 익숙해져 있는지에 따라 달라진다. 미국인은 독일 부모가 독재형이라고 생각하지 않을 것이다. 〈타임〉에 독일로 이사한 미국인 엄마의 사연이 실린 적이 있다. "독일 부모는 자기들끼리 모여 커피를 마시고 아이들에게는 관심을 갖지 않는다. 아이들이 모래 구덩이 위 20피트 높이의 정글짐에 매달려 있는데도 말이다. 안전 매트는 어디에 있는가? 책임 소재에 대한 공지는 어디에 붙어 있는가? 개인 상해 변호사는 어디에 있는가?"[10] 문화 충격은 여기에서 끝나지 않았다. 이 미국인 엄마는 독일 유치원이 아이들의 공부에는 전혀 방점을 두지 않고 있다는 사실에 깜짝 놀랐다. 부모들도 아이가 취학 연령이 되기 전에 읽고 쓰는 법을 배우라고 닦달하지 않았다. 무엇보다 가장 큰 문화 충격은, 저학년 아이들도 보호자 없이 걸어서 등하교를 하고 동네를 마음대로 돌아다닌다는 것이었다. 이 기사는 미국인 엄마가 용기를 내서 딸을 혼자 빵집에 보내보는 모습으로 끝을 맺는다. 물론 발코니에서 내내 딸을 지켜보면서.

마티아스도 세 아들이 다니는 학교에서 종종 문화적 충돌을 겪는다. 마티아스의 아이들은 시카고에 있는 독일국제학교에 다니는데 여기 교사들은 대개 독일, 오스트리아, 스위스 출신이며 최근에야 시카고에 온 사람들이어서 아이들이 노는 것에 대해 여전히 느긋한 독일식 태도를 가지고 있다. 입학 이후 초기 며칠 동안에는 아이가 놀이터에서 놀다가 가벼운 상처나 멍이 생기는 사고가 났을 때 학교가 아무런 설명도 제공하지 않아서 경악에 빠지는 부모가 많았다. 아이가 다녔던 미국식 어린이집에 익숙해져 있는 미국 부모들은 이런 경우에 적어도 무슨 일이 왜 일어났는지에 대해 당연히 학교가 문서로 상세한 '사고 경위서'를 작성해줄 것이라 기대하며, 추가적인 대책을 논의하고 다시는 이런 일이 일어나지 않게 하겠다는 약속을 듣기 위해 교사(이왕이면 교장)와 만나야 한다고 생각한다. 반면, 독일 교사들은 부모가 경위를 물으면 그저 어깨를 한 번 으쓱하고 이렇게 말할 것이다. "우리가 안 보는 동안에 놀이터에서 벌어진 일이에요." 몇몇 미국 부모들에게 이것은 말문이 막힐 정도로 놀라운 일이다.

스위스도 비교적 느긋한 양육이 이루어지는 곳이다. 과잉

양육은 스위스 문화의 일부가 아니다. 2015년 5월에 〈뉴욕 타임스〉는 "스위스 부모는 관찰하고, 미국 부모는 머리 위를 뱅뱅 돌며 감시한다"는 의미심장한 제목의 기사를 게재했다.[11] 미국에 사는 스위스 엄마는 카페에 앉아서 딸이 더 작은 남자애와 작은 다툼을 벌이는 것을 그저 바라본다. 전형적인 스위스 엄마가 그러듯이, 이 엄마는 이렇게 중요치 않은 사건에 부모가 끼어들어야 할 이유를 전혀 발견하지 못하며 아이들이 알아서 갈등을 해결하게 두려 한다. 그런데 아이 위를 뱅뱅 돌며 감시하는 유형인 상대 아이의 엄마가 의외의 반응을 보여 깜짝 놀란다. 상대 엄마는 대수롭지 않은 일이라는 듯한 스위스 엄마의 반응을 도저히 받아들이지 못하고 아이와 엄마 모두가 사과를 해야 한다고 주장한다.

스위스 양육 문화에서 독립성은 매우 중요한 가치로 여겨진다. 초등학생, 아니 유치원생도, 지켜보는 성인 없이 자기들끼리 걸어서 등하교를 한다. 이렇게 해도 아이들이 해를 입지 않을 여건을 마련하는 것은 국가의 몫이다. 학교 근처의 도로에는 운전자들에게 경고하는 표지판이 곳곳에 세워져 있다. 운전자들의 습관도 양육 방식에 맞춰 조정되리라고 여겨지는 것이다! (그리고 아동 보호 구역에서 거칠게 운전하면 처벌이 매우 무겁다.)

하지만 스위스 아이들이 느긋한 양육 방식에 노출되고 압력을 거의 받지 않는다는 주장에는 몇 가지 짚고 넘어가야 할 점이 있다. 위의 묘사는 특정 연령대까지만 해당되는 이야기다. 초등학교 저학년까지는 느긋한 어린 시절을 즐기지만 학년이 올라가면 스트레스가 커진다. 앞에서 언급했듯이, 스위스에는 김프뤼풍이라는 시험이 있다. 고등학교를 인문계로 진학할 것이냐 실업계로 진학할 것이냐를 가르는 이 시험은 인생의 큰 전환점이고 많은 가정에 커다란 스트레스를 주는 요인이다. 취리히에서는 이 시험을 12세인 6학년 때 치른다. 많은 부모가 아이를 시험 대비반에 등록시키고 장시간 동안 공부를 돕는다. 시험 날에는 장관이 펼쳐진다. 걱정하는 부모들이 우르르 시험장 앞에서 진을 치고 기다리다가 시험을 마치고 나오는 아이의 얼굴 표정을 조마조마한 마음으로 살핀다. 이것은 경제적 불평등 외에 학교 시스템 같은 제도적 특성 또한 양육 방식의 선택에 중요한 영향을 미친다는 점을 말해준다. 이 역시 '양육의 경제학'이 예측하는 바에 부합한다. 시험이 아이의 장래 전망을 막대하게 좌우한다면 부모가 어떤 양육 방식을 택하느냐에 걸려 있는 것이 많아지게 되고, 집약적 양육을 택할 인센티브가 커진다. 이에 대해서는 9장에서 더 자세히 다룰 것이다.

스위스는 면적은 작지만 언어, 경제적 특성, 심지어 학교 시스템에서도 지역별로 다양성이 매우 크다. 취리히 대학 학위 논문에서 경제학자 줄리안 샤러Julian Scharer는 스위스의 아동·청소년 설문 조사인 COCON(Competence and Context) 데이터를 이용해 스위스 내에서 지역별로 불평등과 양육 방식을 비교했다.[12] COCON은 2006년에 시작된 장기 추적 조사로, 독일어권, 프랑스어권 지역을 포괄한다. 샤러는 부모와 자녀의 관계를 묻는 문항에 부모가 답변한 내용을 토대로 응답자의 양육 방식을 나누었고, 스위스에서는 독재형 양육이 일반적이지 않으므로 부모를 허용형과 권위형으로만 구분했다. 분석 결과,

소득 불평등이 큰 지역에서 권위형 부모의 비중이 높았다. 권위형 부모의 비중은 불평등이 높은 슈비츠, 보, 바젤에서는 높았고 불평등이 낮은 아르가우, 졸로투른, 비엘, 베른 등에서는 현저하게 낮았다. 이 결과는 우리가 국가 간 비교에서 발견한 패턴과 동일하다.

영국
: 헬리콥터 부모들이 증가하고 있다

나라별로 지배적인 양육 방식의 차이는 단순히 유럽과 미국의 문화적 차이만의 문제가 아니다. 모든 유럽 국가가 다 느긋한 양육 방식으로 독립성과 상상력을 함양하는 것은 아니다. 브렉시트에 책임을 지고 사퇴를 하기 불과 몇 개월 전인 2016년 1월에 당시 영국 총리 데이비드 캐머런David Cameron은 런던 북부 이즐링턴의 부모들에게 한 연설에서, 부모와 교육자 들이 타이거 맘의 정신으로 아이들에게 근면의 가치를 심어주어야 한다고 주장했다. 공립학교들이 '모두가 챔피언'이라는 문화보다는 에이미 추아가 말한 "열심히 노력하고, 네가 할 수 있다는 것을 믿고, 일어서서 다시 도전하라"는 정신을 심어주어야 한다는 것이었다. 캐머런은 이렇게 말했다. "성격, 그중에서도 끈기가 성공의 핵심입니다. 당신이 얼마나 똑똑하든 간에 지속적으로 노력하고 집중하지 않는다면, 그리고 당신이 실패에서 회복될 수 있다는 것을 믿지 않는다면 잠재력을 다 발휘할 수 없을 것입니다".[13] 도덕적 가치를 역설한 이 열정적인 연설에서 캐머런은 '헤더다운 프렙 스쿨'이나 '이튼 칼리지' 같은 명문 사립학교 입학의 중요성은 이야기하지 않았다. (캐머런 본인은 이튼 출신이다.)

전체 이야기를 다 하지 않았음에도, 아마 캐머런은 성가대 앞에서 설교를 한 격이었을 것이다. 영국인들의 양육 방식, 특히 고학력인 부모들의 양육 방식은 독일이나 북유럽보다 훨씬 집약적이다. 1990년대 이래 영국에서 헬리콥터 부모형 양육 방식이 급격히 확산되었다. 이러한 유형의 영국 부모들은 미국 부모들처럼 자녀의 대학 진학을 적극적으로 돕고 '대학 방문의 날'에 자녀와 함께 간다.

그렇다 보니, 이제 대학들은 예비 신입생을 대상으로 하는 '대학 방문의 날'에 으레 부모가 함께 올 것이라고 예상한다. 그리고 함께 방문한 부모들은 점점 이런저런 것들을 질문하고 요구한다. 그래서 대학들은 학생 대상의 프로그램이 진행되는 동안 부모 대상의 세션을 별도로 열기도 한다. 학생 대상의 프로그램에 부모가 막무가내로 나타나는 것을 막기 위해서다. 석사 신입생을 위한 파티에 어느 엄마가 스무 살이 훨씬 넘은 자녀의 학업에 대해 교수와 이야기하기 위해 (물론 초대받지 않고) 나타났다는 일화도 있다. 흥미롭게도, 영국 부모들의 태도가 집약적으로 변화한 전환점은 1998년 '수업 및 고등교육 법안 Teaching and Higher Education Bill'이 통과된 시점인 것으로 보인다. 이 법으로 수업료가 올랐고, [저소득층] 대학생 생활비 보조 장학금인 매인터넌스 그랜트maintenance grants가 없어졌으며, 그 대신 자산 조사 기반의 적격성 심사를 거쳐 제공되는 학자금 대출 제도가 도입되었다.[14] 그때 이래로 학비는 연 1,000파운드에서 9,000파운드로 올랐고 명문대 입학 경쟁이 치열해졌다. 또한 1998년의 개혁 이전에는 상당히 많은 학생이 매인터넌스 그랜트를 받을 수 있었지만(가령 대학 조교수 급[영국 대학의 'lecturer']의 월급이면 자녀가 이 장학금의 수혜 대상이 될 수 있을 정도의 '저소득'으로 분류되었다) 새로운 시스템이 도입된 후로 많은 중·저소득층 부모가 1~2년 다녀 보고 학교나 전공을 바꾸거나 학업을 그만두겠다는 자녀의 선택을 감당할 수 없게 되었다. 영국 부모는 또한 아이가 안정적이고 보수가 좋은 직장을 잡기 어려울 법한 전공을 택하는 것도 감당하지 못한다. 한마디로, 고등교육 개혁 이후 (경제적인 면에서) 아이의 장래 전망과 관련해 어느 대학, 어느 전공을 택하느냐가 막대한 중요성을 갖게 되었고 이러한 변화와 나란히 헬리콥터 양육이 확산되었다.[15]

중국
: 아이에게 가장 좋은 것이 무엇인지는 부모가 안다

집약적 양육이 지배적인 나라를 하나만 꼽으라면 단연 중국이다. 에이미 추아는 중국계 부모들이 서구 부모들보다 자녀의 학업 성과에 더 관심을 쏟는다고 말한다. "중국 부모는 날마다 거의 10배는 많은 시간을 아이와 학교 공부를 예습, 복습하는 데 쓴다. 그에 비해 서구 부모는 스포츠에 더 많이 참여하는 경향이 있다."[16] 세계가치관조사 데이터에서도 중국 양육 문화의 전형적인 특성이 잘 드러난다(그림 3.1 참조). 중국 응답자의 90%

가 양육에서 중요하게 여기는 가치로 근면성을 꼽았다(미국은 65%, 스웨덴은 불과 11%다). 〈차이나 데일리〉에 보도된 한 조사에 따르면, 중국에서는 에이미 추아가 말한 엄격한 양육 방식이 널리 받아들여지고 있다. 설문에 응한 1,795명 중 94.9%가 "지인 중에 엄격한 엄마 유형인 여성이 있다"고 답했고, 55.1%가 "중국 방식의 양육에 장점이 있다"고 생각한다고 말했다. "타이거 맘이 아이들이 어린 시절에 누려야 할 즐거움을 박탈한다"고 답한 사람은 18%에 불과했다.[17] 이 기사에 인용된 베이징 대학의 한 교육학 교수는 미래에 직면하게 될 치열한 경쟁에 더 잘 준비된 똑똑한 아이를 길러낼 수 있다는 것이 이러한 양육 방식의 장점이라고 설명했다.

중국에서 타이거 맘 신화는 유명 배우 자오웨이Zhao Wei와 통다웨이Tong Dawei가 주연한 텔레비전 드라마로도 제작되었을 만큼 인기가 있다(드라마 제목은 "호랑이 엄마, 고양이 아빠"다). 성난(타이거 맘), 수(성난의 남편), 챈챈(이들의 5세 딸)이 주인공이다. 성난(중국어로 "남자보다 나은"이라는 의미다)은 성공한 회사의 최고경영자로, 의지가 강하고 엄격하며 딸이 성공의 길을 가는 데 지침을 주기 위해 막대한 노력을 쏟을 태세가 되어 있다. 이와 달리 수는 더 허용적인 부모다. 드라마는 이 둘이 코믹하게 티격태격하는 내용을 중심으로 전개된다.

반복적으로 등장하는 주제는 챈챈이 최고의 교육을 받게 하는 것이 얼마나 중요한가다. 하루는 딸 챈챈이 예쁘게 보이려고 화장을 하고 있는 모습을 성난이 발견한다. 성난은 이 모습에 무척 속이 상하고 화가 난다. 이 사건으로 인한 모녀 갈등은 챈챈이 이제는 화장을 하고 싶지 않고 두두처럼 되기 위해 공부를 열심히 하고 싶다고 말할 때에서야 풀린다. 성난은 두두라는 훌륭한 아이가 대체 누구인지 궁금해지는데, 알고 보니 두두는 맹렬히 공부하는 아이들이 다니는 제일초등학교에 다니고 있었다. 이제 성난의 인생 목표는 챈챈을 그 학교에 보내는 것이 되었다. 그 학교에 입학하려면 해당 학군 내에 거주해야 하는데 그곳은 집값이 매우 비싸다. 성난은 살던 2층 아파트를 팔고 평방미터당 9만 위안(약 1만 4000달러)이나 하는 허름하고 낡은 '명문 학교 지구 주택学区房'을 사기로 한다. 남편 수와 친지들이 주택 대출을 200만 위안이나 얻으면 식구들의 생활이 비참해질 것이라고 말렸지만, 성난은 자신의 아버지는 가난했어도 딸의 교육에 돈을 거의 다 털어 넣었고 그 덕분에 자신이 가장 좋은 학교를 나와서 성공할 수 있었다며 뜻을 굽히지 않는다.

하지만 가족의 막대한 희생에도 챈챈은 꿈의 초등학교에 들어가지 못한다. 해당 학군에 최소 2년 이상 거주해야 입학할 수 있게 입학 규정이 바뀌었기 때문이다. 그래도 성난은 포기하지 않는다. 성난은 딸을 일반 초등학교에 보내지 않고 입학을 한 해 미룬다. 물론 그동안 챈챈을 놀게 두는 일은 있을 수 없다. 성난은 직장을 그만두고 딸에게 직접 초고강도의 집약적 홈스쿨링을 한다. 또 날마다 강도 높은 체조와 운동을 시키고 음악과 미술 레슨을 위해서도 돈을 아끼지 않는다. 성난은 자신의 선택에 한치의 의심도 없다. "우리 경력은 희생해도 돼. 하지만 우리 딸의 미래는 희생하면 안 되지. 우리는 딸을 위해서 사는 거니까."

성난은 근면이 성공으로 가는 길이라고 믿는 헌신적인 중국 엄마의 전형을 보여준다. 이 믿음은 세계가치관조사에서 중국 응답자들이 한 답변에서도 잘 나타난다. 성공하는 아이로 키우기 위해 엄마는 때로 무자비해지기도 한다. 하루는 챈챈이 종일 할머니와 밖에서 노느라 숙제를 끝내지 못했는데 밤에 집에 돌아온 성난은 자고 있는 아이를 억지로 깨워 숙제를 마저하게 한다. 과장된 허구의 이야기일 뿐일까? 완전히 그렇지는 않다. 하루는 파브리지오가 중국인 지인의 딸이 피아노를 굉장히 잘 치는 것에 몹시 감탄해서, 아이가 어떻게 이렇게 천재적인 재능을 갖게 되었느냐고 물어보았다. 그러자 중국인 지인은 솔직히 자신의 딸이 다른 아이들보다 더 음악적 재능이 있는 것 같지는 않다며 단지 다른 아이들보다 연습을 훨씬 많이 시켰을 뿐이라고 말했다. 많은 중국인 부모가 아인슈타인이 했다고 알려져 있는 다음의 말에 동의한다. "천재는 1%의 재능과 99%의 노력으로 이루어진다."

중국 사례도 양육의 경제학으로 설명이 가능하다. 오늘날 중국은 불평등이 매우 심하다. 서구 유럽 국가는 물론이고 미국보다도 심하다. 그리고 교육에 걸려 있는 것이 극도로 많다. 마지막으로, 성난 본인의 인생 이야기에서도 드러나듯이, 근면과 노력은 사회적 성공의 강력한 도구다. 중국에서 성공으로 가는 매우 중요한 관문은 '가오카오高考'라고 불리는 대학 입학 시험인데, 매년 900만 명이 이 시험을 치른다. 가오카오 점수가 높으면 명문대에 갈 수 있고 가오카오 점수가 낮으면 아예 대학에 못 간다. 명문대에 입학하려면 성적 외에 여러 가지 교과 외 활동도 중요한 미국과 달리, 중국은 오로지 성적만이 중요하다. 가오카오가 만들어내는 드라마에 대해서는 9장에서 더 상세히 다룰 것이다.

경제 불평등과 교육의 경제적 중요성 증가가 중국에서 집약적 양육이 확산된 이유를 다 설명해주는 것은 아니다. 이 두 가지 요인이 매우 중요하긴 하지만 중국식 양육 방식의 몇몇 부분은 현재의 경제적 조건뿐 아니라 과거의 오랜 문화적 전통을 반영하는 것이기도 하다. 가령 권위와 위계에 복종하는 전통을 존중하는 것은, 똑같이 불평등이 높아서 집약형 양육을 택하더라도 서구에 사는 부모가 권위형으로 더 기우는 것과 달리 중국 부모는 독재형으로 더 기우는 이유를 설명해준다. 에이미 추아는 이렇게 설명했다. "중국 부모들은 아이에게 가장 좋은 것이 무엇인지를 자신이 안다고 생각한다. 그래서 아이의 욕망과 선호를 누르고 자신의 의지를 관철한다."[18]

일본
: 귀한 아이일수록 세상에 내보내라

일본의 양육 문화는 중국과 흥미로운 대조를 보인다. 오늘날에는 중국과 일본이 매우 다른 나라지만, 오랜 세월 동안 두 나라는 많은 문화적 특질을 공유해 왔다. 교육과 학업 성취는 두 나라 모두에서 매우 높이 평가받는다. 부모와 노인에 대한 공경도 두 나라 모두에서 중요한 전통 가치다. 따라서 오랜 문화적 전통이 양육 방식을 결정하는 주요 요인이라고 믿는다면 두 나라에서 비슷한 양육 방식이 나타나리라고 예상해야 한다. 하지만 오늘날 두 나라는 경제적 상황이 크게 다르다. 우선, 일본이 훨씬 부유하다. 1인당 GDP가 중국의 2.5배나 된다(성장률은 최근 20년 동안 중국이 일본보다 훨씬 더 높았지만 말이다). 더 중요한 점은 일본의 소득 불평등 정도가 중국보다 훨씬 낮다는 것이다. 일본의 지니계수는 미국보다도 훨씬 낮고, 독일과 영국의 중간 정도다. 경제적 여건의 차이에 부합하게, 일본과 중국은 부모가 양육에서 중요시하는 가치에서도 차이를 보인다. 세계가치관 조사에서 일본 부모는 중국 부모보다 근면성과 노력의 가치를 덜 중시하는 것으로 나타났다. 일본 응답자 사이에서는 3분의 1만이 근면성을 다섯 가지 가치 중 하나로 꼽은 반면 중국은 이 비중이 90%였다. 한편, 일본 부모는 중국 부모보다 상상력을 높이 샀다. 즉, 중국과 일본은 양육의 경제학이 예측하는 바에 부합하는 차이를 보인다.

하지만 독립성을 중요시한다는 점에서는 중국과 일본의 양육 문화가 수렴한다. 중국 부모의 76%, 일본 부모의 80%가 독립성을 중요한 가치로 꼽았는데, 미국의 56%보다 훨씬 높은 것이다. 독립성에 대한 강한 강조는 "카와이 코니와 타비오 사세요可愛い子には旅をさせよ"라는 일본 속담에 잘 드러난다. 귀한 자식일수록 세상에 내보내야 한다는 뜻인데, 자립심을 키워주는 것의 중요성을 말한다. 아주 어렸을 때부터 일본 아이들은 대중교통을 혼자 이용하며 물건을 사 오는 것과 같은 심부름을 한다.

자립심 강한 아이를 키우는 것의 중요성이 일본의 양육 문화에 뿌리 깊이 박혀 있다는 것은 인기 TV 프로그램 〈하지메테노 오츠카이(はじめてのおつかい, 첫 번째 심부름)〉에서도 볼 수 있다. 어린아이가 난생처음으로 심부름을 하는 것(가령 남매가 가게에 가서 물건 사 오는 것 등)을 보여주는데, 25년 넘게 방영되어온 장수 프로그램이다.[19] 일본 부모는 아이의 자립심을 왜 이렇게 강조하는 것일까? 우선 가능한 설명 하나는 일본 문화가 사회적 신뢰도와 공동체 소속감이 높다는 데서 찾을 수 있다. 일본의 범죄율은 예외적이라 할 정도로 낮으며, 어려서부터 아이들은 만약 도움이 필요하면 주변 사람들에게 도움을 청할 수 있으리라는 것을 자연스럽게 알게 된다.[20]

일본 부모는 중국 부모보다 노동 윤리에 덜 집착하지만, 일본에서도 집약적 양육이 확산되고 있다. 특히 교육에 대해서 그렇다. 일본은 오래전부터 교육을 중요시했고, 특히 엄마들이 아이의 학업적 성취에 매우 큰 책임을 지고 있었다. 한참 전부터도 엄마의 이런 역할을 지칭하기 위해 '교육 마마'라는 말이 쓰였다는 데서 잘 알 수 있다. 그런데 이 전통은 희한한 방식으로 변질되어온 듯 보인다. 아동발달 연구자들이 일본 엄마들과 유치원 및 초등학교 교사들과의 관계를 연구한 결과, 1960년대의 전통적인 '교육 마마'는 대개 교사 앞에서 조심스러워하고 학교의 방침이나 방법론을 지지했는데 오늘날의 '몬스터 부모'는 아이의 모든 측면에 훨씬 강하게 개입하는 것으로 나타났다.[21] 몬스터 부모는 학교가 기대만큼의 교육을 해주지 못한다고 생각해 종종 교사와 갈등을 빚곤 한다.[22]

프랑스와 스페인
: 유럽에도 독재형 양육이 있다

이제까지 살펴본 국가들의 양육 방식은 경제학적 접근이 예측하는 바와 잘 맞아떨어졌다. 그런데 우리의 이론에 난점을 제기하는 두 개의 유럽 국가가 있다. 프랑스와 스페인이다. 세계가치관조사 데이터를 분석한 결과, 프랑스의 경우 근면성에 대해서는 우리의 이론이 예측하는 바에 대략 부합하는 결과가 나왔지만, 독립성과 상상력에 대해서는 경제 불평등 정도에 비추어 예상되는 바에 비해 가치가 훨씬 낮게 여겨지는 것으로 나타났고 복종은 가치가 훨씬 높게 부여되는 것으로 나타났다. 프랑스 응답자의 43%가 복종을 양육에서 가장 중요시하는 다섯 가지 가치 중 하나로 꼽았는데, 이는 독일(17%), 스웨덴(17%) 미국(30%)보다 훨씬 높은 수치다. 스페인은 프랑스와 비슷한 42%였다.

　　프랑스와 스페인 부모들에게서 나타나는 의외의 독재형 양육은 체벌을 용인하느냐와 관련해서도 볼 수 있다(지금은 체벌에 대한 두 나라의 법률이 다르다. 2007년부터 스페인에서는 체벌이 법으로 금지되었지만 프랑스에서는 2017년 현재 체벌이 합법이다). 5개 유럽 국가 (스웨덴, 오스트리아, 독일, 프랑스, 스페인)에서 5,000명의 부모를 대상으로 체벌에 대한 견해, 실제 체벌 사용 경험, 폭력에 대한 본인의 경험 등을 조사한 바에 따르면, 프랑스와 스페인 두 나라 모두에서 부모들이 꽤 일반적으로 체벌을 하는 것으로 나타났다.[23] 스페인 부모의 절반 이상(55%)이 아이의 얼굴을 때린 적이 있다고 답했고, 80%가 엉덩이를 때린 적이 있다고 답했으며, 7%가 물체를 가지고 아이를 때린 적이 있다고 답했다. 프랑스의 경우는 각각 72%, 87%, 5%였다.

　　프랑스와 스페인에 대해 가능한 설명 하나는 가톨릭 종교를 가진 부모들이 독재형 양육을 하는 경향이 두드러진다는 것이다. 미국 사회학자 게르하르트 렌스키Gerhard Lenski는 디트로이트의 부모들을 대상으로 가톨릭 부모와 개신교 부모의 양육 방식을 분석했는데,[24] 가톨릭 부모가 개신교 부모보다 자녀와의 관계에서 더 보수적이고 스스로 방향을 설정해가는 능력과 자율성보다 권위에 복종하는 것을 더 중요시하는 경향이 있는 것으로 나타났다. 가톨릭 부모는 체벌을 하는 경향도 더 컸다. 하지만 이 연구는 미국을 대상으로 하고 있고 50년 전의 상황을 분석한 것이다. 세계가치관조사 데이터로 더 최근의 상황에 대한 여러 나라의 자료를 보면, 이 가설은 부분적으로만 뒷받침된다. 아르헨티나(48%), 칠레(58%), 콜롬비아(67%), 멕시코(64%), 페루(61%), 브라질(55%), 폴란드(55%) 등 조사에 포함된 대부분의 가톨릭 국가에서 부모들이 복종의 가치를 높이 평가하긴 했지만, 이탈리아(29%)는 가톨릭 국가인데도 부모들이 복종에 그리 가치를 부여하지 않았다. 또한 국가 내에서 부모의 행동을 비교해보면(5장 참조), 종교적 성향이 강한 부모가 평균적으로 더 독재형이긴 하지만 가톨릭과 여타 종교 사이에는 별로 차이가 없었다. 종교 외에 또 다른 설명 요인으로 정치적인 역사(스페인은 상대적으로 민주 국가가 된 역사가 짧고 1930년대에 내전을 겪었다)나 교육 시스템의 특성 등을 생각해볼 수 있는데, 이는 9장에서 알아볼 것이다.

세계가치관조사 데이터는 무엇을 말해주는가?

몇몇 특징적인 국가들을 살펴보았으니, 세계가치관조사 데이터를 더 상세히 분석해보자. 이 장의 서두에서 우리는 2012년 세계가치관조사 데이터(조사에 포함된 국가가 가장 많다)를 토대로 각 국가의 부모들이 특정한 양육 가치를 어느 정도 선호하는지가 그 국가의 불평등 수준과 관련된다는 점을 보여주었다. 세계가치관조사 데이터에서 우리는 몇 가지 추가적인 정보를 더 끌어낼 수 있다. 첫째, 부모의 가치관에 대한 정보를 사용해 각 응답자의 양육 방식을 유추할 수 있다. 둘째, 많은 국가가 이 조사에 반복적으로 참여했으므로 특정 양육 방식의 비중이 불평등의 변화에 따라 어떻게 달라지는지 '추이'를 살펴볼 수 있다. 즉, 정말로 더 불평등해지면 권위형 부모 비중이 증가하고 허용형 부모 비중이 줄어드는지를 검증할 수 있다. 셋째, 세계가치관조사는 연령, 학력 등 개별 응답자들의 사회적·경제적 특성에 대해 많은 정보를 담고 있다. 부모 개개인의 사회적·경제적 특성이 양육 방식의 선택에 영향을 미칠 가능성이 크므로, 우리는 통계 기법을 활용해 이 추가적인 요인들의 효과와 국가 단위에서 소득 불평등의 효과를 분리해서 살펴볼 수 있다.

세계가치관조사의 각 응답자를 양육 방식별로 범주화하기 위해 우리는 독립성, 상상력, 근면성, 복종의 네 가지 가치를 사용했다. 응답자가 다섯 가지를 고를 수 있었으므로 네 가지 중 복수를 선택했을 수 있다. 우리는 무엇을 중복 선택했든 간에 일단 '복종'을 선택한 모든 부모는 독재형으로 분류했다. 자녀에게 복종을 요구하는 것은 독재형 양육의 매우 두드러진 특징이고, 다른 유형의 양육 방식과 공유되지 않는 특징이기 때문이다(권위형 부모는 아이가 스스로 옳은 일을 선택할 수 있게끔 설득하려 하고, 허용형 부모는 아이의 선택에 개입하지 않으려 한다). 다음으로, '복종'을 선택하지 않은 부모(즉, 독재형이 아닌 부모) 가운데 '근면성'을 중요한 가치로 꼽은 부모를 '권위형'으로 분류했다. 더 나은 성과를 내도록 아이를 몰아붙이는 것은 권위형 부모의 특징이지만 허용형 부모의 특징은 아니기 때문이다. 마지막으로, 독재형도 권위형도 아닌 부모 중에서 '독립성'이나 '상상력'을 중요한 가치로 선택한 부모는 허용형으로 분류했다. 이 두 가지 가치는 허용적인 방식과 내재적으로 관련이 크기 때문이다. 네 가지 가치 중 어느 것도 고르지 않은 부모는 전체 응답자 중 9%밖에 되지 않아서 분석에서 제외했다.

불평등이 증가하면 권위형 부모가 증가한다

그림 3.2는 전체 부모 중 각 양육 방식을 택한 부모의 비중이 국가의 불평등 수준에 따라 어떻게 다른지를 보여준다.[25] 여기에서 우리는 '불평등'을 전일제 피고용 노동자들의 소득 분포에서 90%선과 10%선의 임금 비율로 측정했다(이 지표는 이 장의 앞부분에서 언급한 지표나 2장에서 언급한 S90-S10과 다르다). 그림 3.1에서 사용한 지니계수를 사용해도 매우 비슷한 결과가 나오겠지만, 우리는 여러 시점에 걸쳐 더 나은 측정치를 구할 수 있는 지표를 사용했다.[26] 이 그림은 각 국가별로 세계가치관조사에서 입수 가능한 자료들의 평균을 사용한 것이다.

우선 허용형 양육을 보자(그림 3.2의 맨 위 그래프). 불평등이 높은 나라는 허용형 양육을 택하는 부모 비중이 작다. 불평등이 낮은 스웨덴에서는 많은 부모가 허용형이다. 반면 미국에는 허용형인 부모가 거의 없는데, 미국은 불평등이 매우 높다. 세계가치관조사 자료가 여러 해에 걸쳐 존재하므로 한 국가 내에서 변화의 '추이'도 살펴볼 수 있다. 이것은 우리가 이전에 출판한 학술 논문에서 더 체계적으로 분석한 바 있다.[27] 그 연구에서 우리는 한 국가 내에서 양육 방식의 변화가 불평등 수준의 변화와 맞물린다는 점을 발견했다. 대부분의 경우 어느 국가에서 불평등 정도가 증가하면 허용형 양육 방식을 채택하는 부모의 비중이 줄었다. 노르웨이는 평균적으로 허용형 부모가 많지만 1996년에서 2007년 사이 불평등이 증가했고 허용형 부모 비율이 전보다 낮아졌다. 핀란드, 독일, 뉴질랜드, 미국도 마찬가지다. 시작 시점에서 불평등 정도는 각기 달랐지만 불평등 증가에 따라 허용형 양육이 줄어든다는 추세는 모든 나라에서 일관되게 관찰되었다. 한편, 스페인에서는 2007년에서 2011년 사이 불평등이 감소했고 허용형 부모 비율이 높아졌다. 하지만 사회과학 연구들이 다 그렇듯이 어떤 이론도 완벽한 예측을 하지는 못한다. 잠재적으로 중요한 요인일 수 있는 다른 요소들을 추상화해버리고 하나의 요인(우리의 경우에는 불평등)에만 초점을 맞추기 때문이다. 이를테면 독일에서는 2006년에서 2013년 사이에 불평등 정도가 달라지지 않았지만 허용형 부모 비율이 높아졌다.

그림 3.2의 중간 그래프는 불평등이 높은 곳에서는 더 많

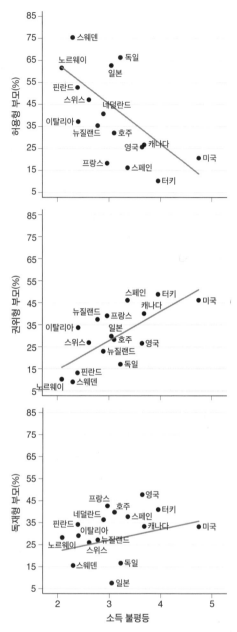

그림 3.2. OECD 국가 소득 불평등(소득 분포에서 90%선의 소득 대 10%선의 소득)과
허용형(맨 위), 권위형(중간), 독재형(맨 아래) 양육 방식을 채택한 부모의 비중

은 부모가 권위형 방식을 채택하게 된다는 것을 보여준다. 북유럽에서는 권위형 양육이 그리 인기가 없다. 네덜란드, 스위스, 독일에서도 권위형 양육은 일반적으로 받아들여지지 않는다. 반면 미국에서는 권위형이 인기이고 터키, 프랑스, 스페인도 그렇다. 또한 우리가 전에 수행한 연구에서 한 나라 안에서 불평등 정도가 달라질 때 권위형 양육의 비중이 어떻게 변화하는지 분석한 결과, 미국은 1995년에서 2011년 사이 불평등이 급격히 증가했고 그 기간 동안 권위형 부모 비중이 39%에서 53%로 증가했다.

마지막으로 그림 3.2의 맨 아래 그래프는 불평등과 독재형 양육의 관계를 보여준다. 독재형 양육은 자녀의 복종을 강조하는 것이 특징이다. 불평등이 높을수록 독재형 양육의 비중이 높아진다(이 상관관계는 불평등과 나머지 두 양육 유형의 상관관계만큼 강하지는 않다). 앞에서 일본에 대해 논의한 내용에 부합하게, 일본에는 독재형 부모가 거의 없다. 한편 몇 가지 의외의 결과도 있는데, 가령 핀란드에는 스웨덴에 비해 독재형 부모가 많다. 이후의 장들에서 설명하겠지만 독재형 양육을 선택하게 하는 주된 요인은 해당 국가의 전반적인 불평등 수준보다 부모의 사회적·경제적 지위와 해당 국가의 경제 발전 정도다.

경제 불평등의 효과는 얼마나 큰가?

세계가치관조사 데이터를 통한 국가 간 분석은 어느 국가의 소득 불평등이 증가하면 허용형 양육이 줄고 권위형 양육이 증가할 것이라는 가설을 뒷받침해주었다(정도는 덜하지만 독재형 양육도 증가했다). 하지만 이 관계는 더 면밀히 살펴볼 필요가 있다. 지금까지 우리는 거시경제 차원에서의 불평등만 분석했다. 하지만 개인적인 수준에서 양육 방식은 학력 등 부모 개개인의 사회적·경제적 특성에도 크게 영향을 받을 것이다. 또 국가 단위로 보더라도 서로 다른 양육 방식은 어느 정도 문화적 차이(가령 중국의 유교 전통이나 미국의 청교도 전통)를 반영하는 것일 수 있다. 이러한 요인들을 별도로 고려하지 않고 추상화해버리면 불평등이 양육에 미치는 영향을 과대평가하게 될지 모른다.

이 문제를 해결하기 위해, 2장에서 소개한 통계 기법(다항 로지스틱 회귀분석)으로 돌아가보자. 그리고 국가 수준에서 자료를 총합하지 말고 개개인에 대한 원 데이터를 가지고 분석하기로 하자(원래 세계가치관 조사는 개개인에게 설문 조사를 해서 데이터를 모았다). 이렇게 하면 국가 수준에서의 불평등 정도가 일으킨 효과를 부모 개개인의 교육 수준이나 그 밖의 인구 통계학적 특성이 일으킨 효과와 분리할 수 있다.[28] 이를테면 우리는 동일한 사회적·경제적 특성을 가진 부모들이 해당 국가의 소득 불평등 수준에 따라 각 양육 방식을 채택하게 될 확률이 어떻게 달라지는지 알아볼 수 있다. 국가 특정적 요인(가령 문화)이 미치는 효과를 통제하기 위해서는, 국가마다 여러 해의 세계가치관 조사 데이터가 있다는 점을 활용했다. 즉 동일한 국가에 거주하고 있으므로 국가 특정적 요인의 영향은 똑같이 받는 부모들 사이에서 그 국가의 불평등 수준이 달라짐에 따라 양육 방식이 어떻게 달라지는지를 비교할 수 있었다. 이 방법은 '국가별 고정효과를 감안한[통제한] 회귀분석'이라고 불린다.

전반적으로 이 분석은 앞에서 개괄한 덜 정교한 방식의 분석과 비슷한 결과를 보여준다. 즉, 불평등의 증가는 부모가 어떤 양육 방식을 채택하는지에 대해 우리가 예측한 대로의 영향을 미쳤다.[29] 구체적으로 말하면, 어느 국가의 경제적 불평등이 심화되면 동일한 사회적·경제적 특성을 가진 부모라 하더라도 상당히 덜 허용적으로 바뀌었고 상당히 더 권위형으로 바뀌었으며 약간 더 독재형으로 바뀌었다.

이 효과가 양적으로 어느 정도나 유의미한지 감을 잡기 위해 다음의 가설적 상황을 생각해보자. 1996년에 연령, 학력 등의 면에서 평균적인 스웨덴의 부모가 있다고 하자. 당시 스웨덴의 불평등 정도는 2.3이었다. 그때 이러한 특성을 갖는 부모가 허용형, 권위형, 독재형이 될 확률이 각각 75%, 6%, 19%였다고 하자. 이것은 그림 3.2에 나오는 스웨덴 평균과 비슷하다. 이제 이 부모를 불평등이 2011년의 미국 수준인 곳으로 옮겨다 놓는다고 해보자. 우리는 이 경우에 이 부모가 허용형, 권위형, 독재형 양육을 채택할 확률을 추산할 수 있는데, 그 결과는 그림 3.3에서 보듯이 각각 21%, 26%, 53%다.[30] 이는 스웨덴에서의 원래 확률과 매우 다르다! 그리고(상대적인 변화율로 보았을 때) 허용형에서 권위형으로의 변화가 특히 눈에 띈다(이 결과는 통계적으로 유의하다). 이 가설적 상황에서 허용형 부모의 비중이 줄어든 정도는 스웨덴과 미국의 허용형 부모 비중의 실제 차이와 비슷하다(그림 3.2 참조). 이는 개인적인 특성이나 국가 특정적 요소(문화 등)가 아닌 '불평등'이 스웨덴과 미국의 양육 방식 차이

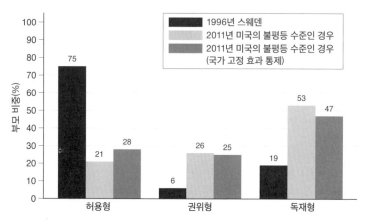

그림 3.3. 1996년 스웨덴의 평균적인 특성을 가진 부모의 양육 방식 분포 추산치(검정 막대) 대
스웨덴이 2011년 미국 수준의 불평등을 갖게 될 경우 양육 방식 분포 추산치. 국가별
고정 효과를 통제하지 않은 경우(옅은 회색 막대)와 통제한 경우(짙은 회색 막대)

를 대부분 설명해준다는 의미다. 나아가 이 결과는 소득 불평
등의 증가 추세가 지속된다면 전 세계적으로 헬리콥터 양육이
급격히 증가할 가능성이 있음을 시사한다.

　여기에서 짚어둘 점이 두 가지 있다. 첫째, 양육 방식에 영
향을 미칠 수 있을 법한 여러 요인(부모 개인의 사회적·경제적 특성
이나 국가의 특성 등)을 통제하기는 했지만 우리가 양육 방식에 영
향을 미치는 모든 요소를 고려했다고 확신할 수는 없다. 따라
서 불평등과 양육의 상관관계가 (적어도 어느 정도는) 우리가 측
정하지 않은 요인에 의해 발생했을 가능성이 있다. 둘째, 앞에
서 예로 든 가상의 사례에서 스웨덴의 불평등이 미국과 비슷해
질 수 있다고 제시함으로써 그 기간 안에 하나의 국가가 실제
로 경험할 수 있는 것보다 훨씬 큰 변화를 상정했다. 어느 나라
의 양육 방식이 이 사례에서와 같은 극적인 변화를 가령 향후

10년 사이에 보일 가능성은 거의 없다.

　또한 위의 분석 결과는 해당 국가의 불평등 정도에서 예측되는 것과 상당히 다른 양육 방식이 나타나는 국가들이 있다는 사실도 드러내주었다. 독일과 스웨덴은 둘 다 불평등이 낮긴 하지만 낮은 불평등 수준에서 예상되는 것보다도 더 큰 비중의 부모가 허용형 양육을 하는 것으로 나타났다. 마찬가지로 일본 부모 중 독재형 부모의 비중도 예외적으로 작다. 대조적으로, 소득 불평등 정도에 비해 프랑스와 스페인은 허용형 부모의 비중이 매우 작고 권위형이나 독재형인 부모 비중이 크다(이에 대해서는 뒤에서 더 자세히 설명할 것이다). 이탈리아는 독재형이나 허용형보다는 권위형 양육이 두드러지게 지배적이다. 마지막으로 독재형 양육은 영국, 터키, 미국에서 해당 국가의 소득 불평등 수준에 비추어 예상되는 정도보다 더 강하게 나타난다. 한편 권위형 양육이 전 세계적으로 많아지는 추세인데, 이는 2장에서 설명한 전 세계적인 불평등 증가와 궤를 같이 한다.

　부모의 교육 수준이 미치는 영향은 어떠한가? 우리의 추산치에 따르면, 고등학교를 마치지 못한 부모에 비해 고등학교를 졸업한 부모가, 그리고 대학을 마친 부모는 훨씬 더 허용적인 양육을 할 가능성이 높았다. 대졸자인 부모가 독재형이 되는 경우는 매우 드물었다. 즉, 이들은 '복종'을 자녀에게 주입해야 할 가장 중요한 가치라고 생각하지 않았다. 부모의 교육 수준이 낮을 때 독재형이 될 가능성이 높다는 결과에 대해서는 4장에서 더 자세히 다룰 것이다.

　마지막으로, 경제 발전이 양육 방식에 미치는 효과는 어떠한가? OECD 국가들끼리 비교한 바로는 큰 영향을 발견할 수 없었다. 1인당 GDP(경제 발전을 측정하는 표준 척도) 증가가 허용적인 양육의 비중을 약간 더 높이는 것으로 나타나긴 했지만, OECD 국가 표본에서는 소득 불평등이 양육 방식에 미치는 효과가 경제 수준이 미치는 효과보다 훨씬 강하고 강건성도 높았다. 이와 관련한 논의는 개도국까지 포함해 더 많은 국가를 대상으로 분석한 5장에서 더 상세하게 다룰 것이다.

누진적 조세와 재분배 정책의 효과

이제까지 우리는 세전 소득 불평등의 효과만 살펴보았다. 하지만 사람들은 '가처분 소득', 즉 세금을 내고 난 뒤에 자신이 실제로 쓸 수 있는 돈에 더 관심이 많다. 이에 더해, 사람들의 실질적인 후생은 공공재(공원, 공립 병원, 법 질서 등)를 제공하는 공공정책과 사회 안전망(공적 연금, 실업 수당, 의료보험 등)에도 영향을 받는다. 양육 방식이 부모가 아이의 미래를 어떻게 전망하느냐에 따라 결정된다면, 해당 국가의 조세 제도와 사회적 지출 역시 양육 방식을 선택하는 데 영향을 미칠 것이라 예측해볼 수 있다. 너그러운 복지 정책을 가진 나라라면 부모는 아이의 학업 성취에 대해 더 느긋하고 덜 집착적인 태도를 보이게 될 것이다. 장래에 아이가 경제적인 어려움에 처하더라도 국가의 지원을 받을 것이라 예상할 수 있기 때문이다.

누진적 조세는 강력한 정책 도구다. 소득이 높을수록 세율이 높아지는 경우를 '누진적 조세'라고 부른다. 누진세의 목적은 소득이 높은 사람들이 손해를 보더라도 가난한 사람들에게 유리하도록 소득을 재분배하는 것이다. 더 누진적인 세제를 가지고 있을수록 고소득자와 저소득자 사이에 가처분 소득의 격차가 줄어든다.

우리의 가설은 조세가 덜 누진적일수록 부모가 더 집약적인 양육 전략을 채택하게 되리라는 것이다. 반대로 조세가 매우 누진적인 나라에서는 많은 부모가 허용적인 양육 전략을 취할 것이다. 우리는 조세 누진성의 정도에 대한 조지아 주립대 '앤드루 영 정책대학원'의 지표를 이용해 이 가설을 확인해보았다.[31] 그림 3.4는 실증 근거가 우리의 가설을 뒷받침함을 보여준다. 더 누진적인 조세 시스템을 가진 나라에서는 부모가 허용형 양육을 채택할 가능성이 더 높고 권위형이나 독재형을 채택할 가능성은 더 낮았다.

다음으로 GDP 대비 사회적 지출 비중을 살펴보자.[32] 사회적 지출은 가난한 사람을 돕는 경향이 있고 실질 불평등을 줄이는 효과가 있다. 그러므로 사회적 지출이 많은 나라에서는 허용형 부모가 더 많고 권위형 부모가 더 적을 것이라고 예상해볼 수 있다. 이 예측도 실증 근거로 뒷받침된다. 또한 사회적 지출과 독재형 양육은 약하게나마 음의 상관관계를 보인다(통계적으로 유의하지는 않다).

앞에서 언급한 상이한 결과들은 모두 하나의 원인에서 나오는 것이 아니냐는 반론을 제기할 수도 있을 것이다. 세전 소득 불평등이 낮은 나라는 세율도 높고 사회적 지출도 높지 않겠느냐는 것이다. 스웨덴이 그렇고 미국은 그 반대이듯이 말이

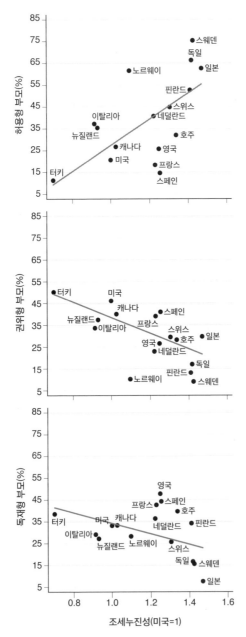

그림 3.4. OECD 국가의 조세 누진성과 양육 방식별 부모 비중

다. 하지만 이 장에서 논의한 세 가지 변수는 양육 방식에 각각 독립적으로 영향을 미치는 것으로 나타났다. 우리는 다중회귀 분석을 통해 낮은 세전 소득 불평등, 높은 누진세, 높은 사회적 지출이 각각 더 허용적인 방향으로 양육 방식에 영향을 미친다는 것을 발견했다.

　더 정확하게 말하자면, 동일한 사회적·경제적 조건을 가진 두 부모를 비교했을 때 불평등이 낮고/낮거나, 더 누진적인 조세 시스템을 가지고 있고/있거나, 더 너그러운 사회적 지출을 하는 나라에 사는 사람이 그렇지 않은 사람보다 허용적인 부모일 가능성이 더 높고 권위형이거나 독재형일 가능성은 더 낮다. 더 와 닿을 만한 예로, 부모의 나이, 학력 등 사회적·경제적 조건이 동일하고 거주 국가만 다른(가령 독일과 터키) 두 가정이 있다고 해보자. 그리고 터키 가정의 부모가 허용형, 권위형, 독재형이 될 확률이 각각 10%, 45%, 45%라고 해보자(그림 3.5, 첫 번째 막대). 그러면 다른 모든 면에서는 동일한 독일의 부모가 허용형, 권위형, 독재형이 될 확률은 각각 49%, 22%, 29%로 추산된다(그림 3.5, 두 번째 막대). 즉, 개인적인 특성이 동일해도 독일 부모가 터키 부모에 비해 허용적인 양육을 할 가능성이 크다. 이 차이 중 일부는 국가의 불평등 정도로, 또 다른 일부는 독일의 더 너그러운 복지 정책으로 설명할 수 있다. 이 두 요인을 분리하기 위해, 다른 모든 것은 실제 터키와 같되 조세와 사회적 지출만 독일 수준인 가상의 나라를 생각해보자. 그러면 이 가상의 나라에 사는 부모는 허용형, 권위형, 독재형이 될 확률이 각각 39%, 27%, 34%가 된다(그림 3.5, 세 번째 막대). 터키와 이 가

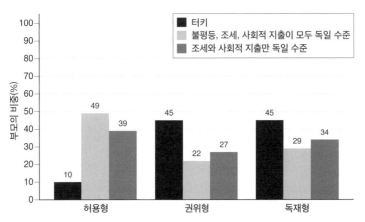

그림 3.5. 2007년 터키의 평균적인 특성을 가진 부모의 양육 방식 분포 추산치[검정 막대]와 불평등, 조세, 사회적 지출이 독일과 같은 경우[옅은 회색 막대] 및 조세와 사회적 지출만 독일과 같은 경우[짙은 회색 막대]의 양육 방식 분포 추산치

상의 나라의 차이는 터키와 독일의 차이보다 작다. 터키의 조세와 복지 제도를 독일처럼 조정하는 것만으로는 (즉 더 누진적인 조세와 더 너그러운 복지 제도를 도입하는 것만으로는) 허용형 부모가 될 가능성을 10%에서 39%까지로만 높일 수 있었다.[33] 이렇게 조세와 복지 제도를 조정한 후에도 독일의 허용형 부모 비중이 여전히 10%p 더 높은데(독일은 49%다), 이 10%p의 차이를 마저 줄이려면 불평등이 독일 수준으로 낮아져야 한다.

전반적으로, 세전 소득 불평등의 차이를 감안한 뒤에도 정부 정책이 양육 방식의 차이를 어느 정도 설명할 수 있음을 알 수 있다. 정책의 변화가 부모가 아이를 키우는 방식에 영향을 미친다는 의미다. 이에 대해서는 이후의 장들에서 다시 다룰 것이다.

교육에 대한 투자 수익과 양육 방식의 선택

논란의 여지는 있지만 양육 방식에 가장 중요하게 영향을 받는 것은 자녀의 학업 성과일 것이다. 양육 방식의 선택이 자녀가 장래에 직면하게 될 경제적 전망과 관련된다는 것이 우리의 주장이므로, 부모의 개입이 경제적인 면에서 아이의 미래 전망을 크게 좌우할수록 개입의 강도가 높아질 것이라고 예상해볼 수 있다. 특히 교육에 대한 투자 수익이 높은 나라에서 부모들은 허용형에서 멀어지고 권위형에 특히 가까워질 것이다. 교육에 대한 투자 수익과 해당 국가의 불평등 정도는 관련이 있긴 하지만 서로 다른 지표다. 물론 교육에 대한 투자 수익이 높다는 말은 학력이 더 높은 노동자가 돈을 더 많이 번다는 의미이므로 이것은 불평등의 요인이 될 수 있다. 하지만 불평등에는 양육 방식에 덜 직접적으로 영향을 미치는 다른 종류의 요인도 작용한다(가령 애초에 얼마나 많은 부를 가지고 있는가 등). 따라서 일반적인 불평등 수준이 아니라 교육에 대한 투자 수익을 살펴보면 부모가 양육 방식을 선택하는 데 영향을 미치는 기저의 인센티브에 더 세밀하게 초점을 맞출 수 있을 것이다.

안타깝게도, 국가 간 교육에 대한 투자 수익을 비교하는 일은 생각보다 훨씬 복잡하다. 경제학자들이 교육에 대한 투자 수익을 계산하는 표준적인 방식은 대졸 노동자의 소득을 학력이 더 낮은 노동자의 소득과 비교하거나 교육 연수가 1년 더 증가했을 때 소득에 어떤 영향을 미치는지를 보는 것이다. 하지만 장래의 경제적 전망에 교육이 얼마나 막대한 영향을 미치는지와 관련해 국가 간 차이를 포착하는 데는 두 방법 모두 한계가 있다. 어떤 국가(가령 스위스)에서는 직업 훈련이 중요해서 상이한 유형의 직업 훈련을 받은 사람들 사이에 임금 격차가 크고 특정 계열은 진입하는 데 경쟁이 치열하다. 따라서 단순히 교육 햇수를 측정하는 것으로는 이런 현실을 잘 반영할 수 없다. 마찬가지로 미국 같은 나라에서는 일반 대학에 비해 명문 대학의 소득 프리미엄이 큰데, 표준적인 측정 방법으로는 명문 대학이 주는 추가적인 이득이 포착되지 않는다. 이를테면 독일 같은 나라에서는 대학 간 차이가 훨씬 작기 때문에, 이를 고려하지 않고 국가 간 비교를 하는 것은 문제가 될 수 있다.

이러한 한계가 있지만 국가별로 교육에 대한 투자 수익과 양육 방식의 상관관계는 여전히 우리의 이론에 부합하는 결과를 보여준다. 우리는 교육에 대한 투자 수익 자료로 세계은행의 최근 데이터를 사용했다.[34] 그림 3.6은 교육에 대한 투자 수익이 높은 나라들에서 권위형이나 독재형 부모의 비율이 높음을 보여준다. 반면 교육에 대한 투자 수익이 낮은 나라는 부모들이 더 허용적인 경향이 있다.[35] 흥미롭게도 교육에 대한 투자 수익은 프랑스와 스페인에 허용적인 부모가 왜 그렇게 적은지를 설명해준다. 앞에서 언급했듯이, 불평등을 기준으로 보면 이들 나라에서 허용형 부모가 이렇게 적다는 것은 잘 설명이 되지 않는다. 두 나라 모두 불평등이 그리 높지 않기 때문이다. 그런데 우리는 프랑스와 스페인이 교육에 대한 투자 수익이 유럽 국가 가운데 매우 높은 편이라는 사실을 발견했다. 이는 프랑스와 스페인 부모들이 여타의 유럽 국가(북유럽 국가, 혹은 나머지 면에서는 프랑스, 스페인과 비슷한 점이 많은 이탈리아) 부모들보다 몰

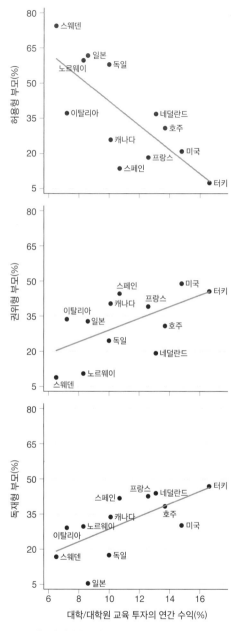

그림 3.6. OECD 국가들의 대학과 대학원 교육에 대한 투자 수익 대 양육 방식별 부모 비중

아붙이는 방식의 양육을 채택하는 경향이 크다는 사실을 설명해준다.

정치제도와 시민적 자유, 그리고 양육 선택

이제까지 알아본 요인(불평등, 재분배, 교육에 대한 투자 수익)은 모두 부모가 자녀의 '경제적' 전망을 어떻게 예상하는지와 관련이 있다. 하지만 아이의 미래에 대한 열망과 두려움은 금전적인 문제만이 아니다. 자기 생각을 자유롭게 말하면 공격을 받거나 감옥에 가서 기본적인 법의 보호를 받을 수 없는 나라의 부모라면 아이가 어떤 식으로든 튀지 말고 관습을 따르도록 가르치려 할 것이고, 따라서 독재형 양육 방식을 채택하게 될 것이다. 대조적으로, 발언의 자유가 널리 퍼져 있고 시민적 권리가 잘 보호되는 나라에서는 아이가 자연적인 적성이나 취향을 따르도록 독려할 마음이 들 것이다. 그러한 나라에서는 혁신을 추동할 수 있는 비관습적이고 비판적인 사고를 발달시키는 데 도움이 되는 상상력과 독립성이 더 유용할 것이고, 따라서 허용형 양육이 더 널리 채택될 것이다.

즉, 부모가 어떤 양육 방식을 선택하는지에는 경제적 요인만이 아니라 시민적 자유가 얼마나 강하게 보호되는지, 사법 제도가 얼마나 잘 작동하는지와 같은 정치제도의 속성도 영향을 미치리라고 예상할 수 있다. 이 가설이 맞는지 확인하기 위해, 우리는 세 가지 지표를 살펴보았다. 첫째는 인권과 법치에 대한 지표로, 예테보리 대학이 발표하는 '정부 제도의 질Quality of Government Institute' 지수다. 이 지표는 언론 자유, 시민적 자유, 정치적 자유, 인신 매매, 정치범, 수감률, 종교적 박해, 고문, 처형 등을 조사한다. 예상대로 그림 3.7은 시민적 자유가 더 잘 보호되는 나라에서는 허용형 부모 비율이 높고, 권위형과 독재형 부모 비율이 낮은 경향이 있음을 보여준다.

둘째로 우리는 국제투명성기구가 발표하는 부패 지수를 이용해 양육 방식과의 상관관계를 알아보았다. (국제투명성기구는 독립적이고 정치적 당파성이 없는 기구임을 표방한다.) 이 지표는 국가별로 해당 국가의 국민이 공공 영역의 부패 정도를 어떻게 인식하는지 조사해 순위를 매긴다.[36] 부패가 심한 나라는 공식적인 제도가 취약하고 비공식적인 위계가 능력보다 더 중요하다. 그런 사회에서 비판적이고 독립적인 사고는 성공에 도움이 되기보다 문제를 일으킬 가능성이 크다. 북유럽 국가들과 뉴질랜드, 스위스는 이 지표에서 상위를 차지하는 국가들인데, 이는 국민 대다수가 자국의 정치제도가 부패하지 않았다고 여긴다는 의미다. 우리의 표본에서 이탈리아와 터키는 자국민이 부패한 나라라고 인식하는 정도가 가장 높다(슬프지만 이 책의 저자 중 한 명에 따르면 그럴 가능성이 충분히 있다고 한다). 우리는 국민이 인식하는 부패 정도가 낮은 것과 허용적인 양육 방식 사이에 매우 강한 양의 상관관계가 있음을 발견했다. 권위형 양육과는 마이너스 상관관계가 있었고 정도는 더 약하지만 독재형 양육과도 마이너스 상관관계가 있었다.[37]

셋째로 우리는 세계은행이 조사하는 법치 수준(세계거버넌스지수Worldwide Governance Indicators)과 양육 방식과의 상관관계를

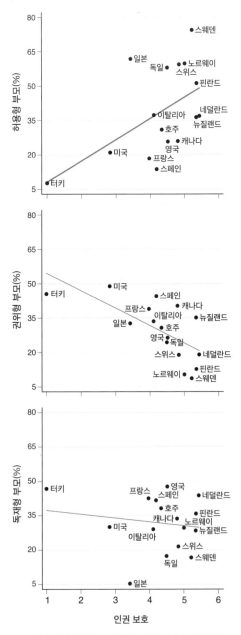

그림 3.7. OECD 국가별 인권과 법치 지표(관찰 가능한 기간의 평균)와 양육 방식별 부모 비중

살펴보았다. 이 지표는 기업, 시민, 전문가를 대상으로 자국의 규칙을 얼마나 신뢰하며 얼마나 잘 지키는지에 대한 인식을 조사한 것이다. 범죄와 폭력의 가능성뿐 아니라 계약의 실효성, 사유재산권, 경찰, 법원 등도 포함된다. 숫자가 크면 법치가 잘 지켜진다는 의미다. 다른 지표들로 분석했을 때와 마찬가지로, 법치가 강한 나라에서는 허용적인 양육이 선택될 경향이 크고 권위형이나 독재형 양육이 선택될 경향은 작은 것으로 나타났다.

앞에서도 강조했듯이, 이 상관관계를 덥석 인과관계로 해석해선 안 된다. 우선 사람들이 시민적 자유를 더 강하게 옹호하도록 만드는 제3의 요인이 그와 동시에 허용형 양육을 독려하는 요인이기도 할 가능성을 배제할 수 없다. 또한 여기에서 알아본 정치제도의 질에 대한 세 가지 지표는 서로 강하게 연결되어 있다. 가령 북유럽 국가들은 부패가 낮고 법치가 강하고 개인의 자유가 잘 보장된다. 이런 한계들을 감안하더라도, 여기에서 발견된 결과들은 정치제도가 경제학이 말하는 인센티브 이론에 부합하는 방식으로 양육 방식에 영향을 미친다는 점을 시사한다.

소결
: 국가 간 양육 방식의 차이가 나타나는 이유

앞 장에서 우리는 최근 몇 십 년간 산업화된 경제권에서 불평등이 증가한 것과 헬리콥터 부모 및 타이거 부모가 부상한 것 사이의 관련성을 이야기했다. 우리는 불평등이 높을수록 부모가 공부를 잘하도록 아이를 몰아붙일 인센티브가 더 커진다고 설명했다. 이 해석과 일관되게, 양육의 집약도가 자녀의 시험 점수 및 학력과 양의 상관관계가 있음을 실증 근거로 확인할 수 있었다.

이 장에서는 국가별 양육 방식의 차이를 설명하는 더 어려운 문제를 다뤘다. 왜 미국 부모, 스웨덴 부모, 중국 부모는 아이를 각기 다르게 키우는가? 일반적인 설명은 문화적 차이를 핵심 요인으로 꼽는다. 이와 달리 우리는 경제적 인센티브의 차이로 우리가 관찰한 국가 간 차이의 상당 부분을 설명할 수 있다고 주장했다.

먼저 우리는 부모가 아이를 키울 때 가장 중요하다고 여기는 가치가 무엇인지 알아본 세계가치관조사 데이터를 이용해 통계 분석을 수행했다. 헬리콥터 양육이 부상한 이유를 설명할 때도 그랬듯이, 여기에서도 불평등이 매우 중요한 요인이었다. 불평등한 나라에서 부모는 근면성을 상상력이나 독립성보다 더 중요시하는 경향을 보였다. 또한 우리는 몇몇 국가를 선택해 부모가 양육 방식을 선택하는 데 중요한 영향을 미치는 요인들을 더 자세하게 조사했다. 여기에서 우리는 문화적인 요인이 적어도 어느 정도의 역할을 한다는 것을 발견했다. 가령 가톨릭이 우세한 프랑스나 스페인에서는 허용형 양육이 바람직하지 않게 여겨지는 경향이 있었고 일본 문화에서는 독립성이 매우 중요시되는 경향이 있었다. 그럼에도 일반적인 패턴은 양육의 경제학이 예측하는 바에 부합했다. 즉, 높은 불평등과 교

육에 대한 높은 투자 수익은 집약적 양육을 촉진하는 경향이
있었다.

이어서 우리는 세계가치관조사 데이터를 개별 응답자 수
준에서 다시 분석했다. 각 응답자가 중요하다고 꼽은 양육 가
치에 기반해 독재형, 권위형, 허용형으로 양육 성향을 분류한
뒤, 추가적인 개인적 특성들을 고려해 통계 분석을 수행했다.
그 결과, 사회적·인구학적 특성(가령 부모의 교육 수준)을 통제한
뒤에도 우리의 가설이 맞음이 확인되었다. 이에 더해 국가 간
불평등 수준의 차이뿐 아니라 한 국가 내 불평등 수준의 변화
추이와 양육 방식의 관련성에서도 우리의 가설이 확인되었다.
즉, 소득 불평등이 증가하면 권위형 부모 비율이 높아지고 허
용형 부모 비율이 낮아지는 경향이 있었다. 이 결과는 국가들
사이에 나타나는 패턴의 차이가 단지 문화적 차이를 반영하는
것이라는 기존의 통념을 반박하는 추가적인 근거가 된다. 가
령 북유럽은 동질적인 사회이고, 이 동일한 특성이 한편으로는
더 협업적이고 덜 불평등한 사회가 되는 데 영향을 미치고 다
른 한편으로는 부모가 더 느긋한 방식으로 아이를 키우게 하는
데도 영향을 미쳤을 것이라는 설명이 있을 수 있다. 이것이 이
야기의 전부라면 국가 내에서 시간의 변화에 따른 양육 방식의
변천이 체계적인 양상을 나타내지 않아야 한다. 하지만 우리는
불평등 수준의 변화가 양육의 집약도에 영향을 미친다는 점을
확인할 수 있었다.

또한 우리는 집약적 양육을 촉진하는 인센티브에 영향을
미치는 추가적인 변수들도 고려했다. 교육에 대한 투자 수익은

우리의 이론에 부합하는 방향으로 양육 방식의 선택에 영향을 미쳤다. 즉, 교육에 대한 투자 수익이 높으면 허용적인 부모 비율이 낮아진다. 마찬가지로 다른 모든 여건(세전 소득, 불평등 수준 등)이 동일할 때 조세가 더 누진적이고 사회 안전망이 더 잘되어 있는 나라의 부모들은 더 느긋한(더 허용적인) 양육을 하는 것으로 나타났다. 경제적 요인 외에 정치제도의 질도 중요하다. 시민적 자유가 강하게 보호되고 부패가 적으며 독립적이고 효율적인 사법 시스템을 가진 국가에서는 부모들이 아이가 잘 보호받으리라는 것을 알기 때문에 더 느긋하고 허용적인 태도를 취할 수 있다.

다시 한 번 강조할 점은, 우리가 가치 판단을 내리려 하는 게 아니라는 점이다. 근면은 경제성장에 유용할 수 있다. 하지만 교육과 집약적 양육에 너무 많은 것이 걸려 있는 사회에서는 아이의 자발성, 창조성, 그리고 전반적인 후생 등이 훼손되어 바람직하지 않은 결과를 가져올 수도 있다. 흥미롭게도 정치제도의 질이 높고 시민적 권리가 잘 보호되며 허용적인 양육이 일반적인 스위스와 스웨덴은 2016년 글로벌혁신지수Global Innovation Index에서 최상위를 차지했다.[38]

이상의 모든 결과가 양육 방식이 부모가 직면하는 인센티브에 크게 좌우된다는 이 책의 전반적인 논지에 잘 부합한다.

4장

흔들리는 교육 사다리

양육 방식은 국가들 사이에서만이 아니라 국가 내에서도 차이가 난다. 부유한 사람들이 택하는 양육 방식은 가난한 사람들이 택하는 양육 방식과 체계적으로 다르다. 이를테면 오래전부터 심리학자들은 독재형 양육이 저소득층 가정에서 더 많이 관찰된다는 것을 발견했다.[1] 교육, 인종, 심지어 정치적 견해와 같은 사회적·경제적 특성들도 양육에 영향을 미친다. 경제학적 분석은 같은 나라에서도 왜 부모마다 상이한 양육 방식을 선택하는지, 또 이것이 소득 불평등과 사회계층 이동성에 어떤 의미를 갖는지 설명하는 데 도움을 줄 수 있다.

불평등이 크게 증가하면서 사회적·경제적 요인이 양육에 미치는 영향은 매우 첨예한 이슈가 되었다. 특히 미국, 그중에서도 뉴욕, LA, 시카고, 마이애미, 워싱턴DC 같은 대도시의 불평등이 두드러지게 증가했다. 이런 대도시에서는 지독한 빈곤과 과시적인 부가 서로 매우 가까이에 존재한다. 대도시는 늘 많은 다양성을 보였지만, 소득 불평등이 이렇게 급격히 치솟은 것은 최근의 일이다. 오늘날 맨해튼은 미국에서 인구 규모가 일정 수준 이상 되는 카운티 중 가장 불평등한 곳으로, 카운티 내 소득 불평등이 세계에서 가장 불평등한 다섯 나라와 비견될 만큼 높다.[2] 하지만 1980년만 해도 맨해튼은 미국 카운티들 중에서 불평등 순위가 17번째에 불과했다.

불평등 증가는 중산층의 쇠퇴 및 주거지 분리의 증가와 나란히 벌어졌다. 사회과학자인 조지 글래스터George Glaster, 재키 컷싱어Jackie Cutsinger, 제이슨 부자Jason Booza가 인구 총조사 데이터를 이용해 100개 대도시 권역을 분석한 결과, "2000년에 12개 대도시 권역의 도심 동네 가운데 중간 소득군에 속한 곳의 비중은 1970년의 45%보다 크게 낮은 23%에 불과했다." 또 2000년에 "이 도시들에서 절반 이상의 가구(52%)와 동네(60%)가 해당 대도시 권역의 소득 중앙값에 비해 '낮은' 혹은 '매우 낮은' 소득을 가지고 있었다".[3] 이 연구에 따르면, 1970년부터 2000년 사이에 주거지의 계층별 분리 현상 역시 증가했다. 저소득 가구가 고소득층 동네에 사는 일, 혹은 고소득 가구가 저소득층 동네에 사는 일이 점점 더 드물어졌다는 의미다. 2000년에 저소득 가구 중 겨우 37%만이 중위 소득 동네에 살고 있었는데, 1970년의 55%보다 크게 낮아진 수치다.

불평등과 주거지의 계층별 분리가 심해지면 가난한 사람

들은 소득과 고용뿐 아니라 양육에서도 뒤처지게 된다. 상류층과 중산층 부모가 불평등과 교육에 대한 투자 수익 증가에 반응해 더 집약적인 양육으로 방향을 돌리는 동안, 사회적·경제적으로 낮은 계층의 부모는 그와 같은 투자를 할 수 있는 역량이 줄어들 수 있기 때문이다. 이 장에서 살펴보겠지만, 실제로 서로 다른 계층 사이에 부모들이 선택하는 양육 방식은 극명하게 차이가 나며 최근에 불평등이 급증한 기간 동안 이 격차는 더욱 벌어졌다. 양육 격차의 증가는 다시 불평등을 악화시키고 이는 계층 이동성을 가로막는 장벽을 영속화한다.

우리의 주장은 로버트 퍼트넘이 《우리 아이들: 빈부 격차는 어떻게 미래 세대를 파괴하는가 Our Kids: The American Dream In Crisis》에서 개진한 분석의 보충이라고 볼 수 있다.[4] 우리처럼 퍼트넘도 1959년 오하이오주 포트 클린턴의 고등학교를 다니던 시절의 개인적인 경험을 언급하며 당시에는 사회계층 간 구분이 그리 심하지 않았음을 보여주었다. 상이한 배경의 아이들이 완전히 동일한 기회를 가졌던 것은 아니지만, 학교들은 비교적 비슷비슷했고 대개의 동네는 주민 구성이 다양했다. 또 그의 고등학교 동창 대부분은 성인이 되었을 때 자신의 부모보다 더 잘살았다. 하지만 오늘날의 아이들이 처한 여건은 매우 다르다. 특권층 가정의 부모들이 자녀를 계층 사다리의 위쪽 칸에 올리기 위해 갖은 노력을 기울이고 좋은 학교가 있는 중상류층 동네에 자신들을 분리시키는 동안, 가난한 가정의 아이들은 기회가 점점 줄어든다.

이 장은 불평등과 빈곤이 야기하는 양육의 제약 조건에 초점을 맞춘다. 앞 장들에서 우리는 최근에 집약적 양육이 확산된 것은 집약적 양육을 할 경우 발생할 이득에 대한 부모의 인식이 달라졌기 때문이며, 따라서 궁극적으로 부모의 '목적'과 관련이 있다고 설명했다. 사회계층 간 양육 전략을 비교할 때도 부모가 양육에서 '목적'으로 삼는 바는 대체로 동일하다고 간주할 수 있을 것이다. 따라서 상위 계층에서 정도가 더 심하기는 해도 집약적 양육으로 옮겨가려는 경향은 전 사회계층에서 공히 관찰할 수 있다. 그러나 부모가 처하는 '제약 조건'은 부모의 소득과 학력에 따라 차이가 크다.

부모의 제약 조건 가운데 어떤 것은 금전적인 것이다. 집약적 양육의 몇몇 요소는 돈이 많이 든다. 양질의 돌봄 서비스, 음악이나 스포츠 등 역량 강화를 위한 교육, 대입을 위한 사교육 등이 그런 사례다. 불평등 증가가 유발하는 명백한 결과는 소득 분포의 꼭대기와 바닥에 위치한 가정 사이에 가용 자원의 격차가 커진다는 것이다. 그러면 부유한 가정에서는 집약적 양육의 비용이 상대적으로 덜 들게 되고, 그렇지 못한 사람들은 집약적 양육의 비용을 감당하기가 더 어려워진다. 가령 부유층 사이에서 교육과 레크리에이션 서비스에 대한 수요가 증가하면 가난한 사람들에게 제약 조건이 강화된다. 수요가 증가하면서 레슨비 등 교육 서비스 가격이 오르기 때문이다.

이에 못지않게 중요한 제약 조건은 시간이다. 부유한 사람들은 집 청소 같은 서비스를 돈으로 해결할 수 있고 그렇게 절약한 시간을 아이 돌보는 데 쓸 수 있다. 하지만 매우 적은 임금을 받고 일하는 사람은 생계를 유지하기 위해서만도 여러 개의 일자리를 가져야 하므로 아이와 보내는 시간을 희생해야 한다. 더 중요한 점은 시간 제약이 부모 모두가 아이와 함께 거주하는지와도 관련이 있다는 것이다. 아이를 돌보는 부담이 부모 두 사람에게 분산되면 집약적 양육을 수행하기가 더 용이하다. 그런데 많은 나라에서 한부모 가정은 가난한 사람들 사이에서 더 많이 발견된다. 따라서 한부모인지 여부는 양육 격차의 중요한 요인이 된다.

이 장에서는 미국에서 사회계층별로 양육이 어떤 차이를 보이는지 살펴보고, 이어서 양육 격차의 근본 원인과 이를 해소하는 데 정책적 개입이 어떤 역할을 할 수 있을지 알아보기로 하자. 최근 불평등이 두드러지게 증가한 미국을 중심으로 양육 격차를 살펴볼 것이지만, 여타 선진 산업국가들에서도 이와 비슷한 경향이 발견된다.

사회적·경제적 계층에 따른 양육 격차

여기서 우리가 사용하고자 하는 데이터는 2장에서 양육 방식이 학업 성과에 미치는 영향을 알아볼 때 사용했던 미국 NLSY97 데이터다. 2장에서 설명했듯이 우리는 NLSY97 데이터에서 부모가 자녀를 지지하는지, 그리고 부모가 자녀에게 엄격한지를 묻는 문항에 대한 답변을 토대로 각 부모의 양육 방식을 유추할 수 있었다. 이 장에서도 허용형, 독재형, 권위형, 비관여형(방임형)의 동일한 범주를 분석에 사용할 것이다.

NLSY97 데이터는 학력에 따라 부모가 선택하는 양육 전략에 상당한 차이가 나타난다는 것을 보여준다. 표 4.1은 엄마와 아빠의 교육 수준에 따라 양육 유형을 나타낸 것이다. "고등학교까지"는 부모가 표준적인 12년의 학교 과정을 마친 경우(즉, 고졸)이고, "고등학교 졸업 이후에도 교육 지속"은 대학 교육을 조금이라도 받은 경우를 말한다. 이 표는 엄마와 아빠 모두 교육을 더 많이 받으면 비관여형이나 독재형 양육을 하는 경향이 더 낮고 허용형이나 권위형 양육을 하는 경향이 더 높다는 사실을 보여준다. 교육 수준을 세분화하면 차이는 더 커진다. 박사 학위가 있는 엄마들 중에는 비관여형인 엄마가 아무도 없고 무려 절반 정도가 권위형이다.

그런데 이 표에서 사용된 개괄적인 양육 유형 구분에는 불완전한 면이 있다. 가령 똑같이 '권위형'이라고 분류되는 부모들 사이에서도 어떤 부모는 다른 부모보다 아이의 생활에 더 밀도 있게 관여하고 아이들과 더 많은 시간을 보낼 것이다. 양육 밀도의 차이를 수량화해볼 수 있는 한 가지 방법은 2장에서 했던 것처럼 부모의 시간 사용을 알아보는 것이다.

그림 4.1은 지난 몇 십 년 사이 교육 수준이 낮은 부모("고등학교까지")와 높은 부모("고등학교 졸업 이후에도 교육 지속")가 양육에 쓰는 시간이 각기 어떻게 달라져왔는지 보여준다. 1980년대 이래 전반적으로 부모가 자녀에게 쓰는 시간이 크게 증가했음은 앞에서 이미 알아보았다. 그림 4.1은 집약적인 양육이 전반적으로 확산된 것과 더불어 부모의 학력에 따른 격차 또한 벌어지고 있다는 것을 보여준다. 오늘날 교육 수준이 높은 부모는 교육 수준이 낮은 부모보다 아이와 보내는 시간이 주당 평

부모의 교육 수준	부모 모두		엄마		아빠	
	고등학교 까지	고등학교 졸업 이후 교육 지속	고등학교 까지	고등학교 졸업 이후 교육 지속	고등학교 까지	고등학교 졸업 이후 교육 지속
비관여형	18%	11%	16%	11%	19%	11%
허용형	32%	35%	35%	37%	28%	32%
독재형	18%	15%	14%	13%	21%	18%
권위형	33%	39%	34%	39%	31%	39%
	100%	100%	100%	100%	100%	100%

표 4.1. 부모의 교육 수준에 따른 양육 방식(NLSY97)

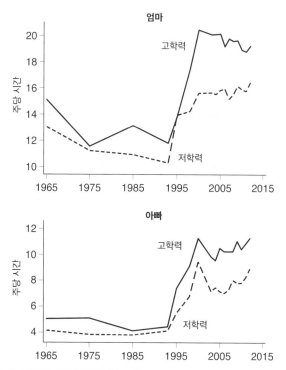

그림 4.1. 미국 엄마와 아빠가 양육에 쓰는 시간

균 2시간이나 많다. 이 차이는 부모의 학력을 세분화해보면 더 극명하게 나타난다. 2003년에서 2006년 사이, 대학 교육을 마친 엄마들(학사 학위 소지자)은 고등학교까지만 마친 엄마들에 비해 아이와 보내는 시간이 주당 평균 4시간 더 많았고, 대학원을 졸업한 엄마들(박사 또는 전문 석사 학위 소지자)은 이보다도 30분이 더 많았다. 사회학자 애넷 라로Annette Lareau에 따르면, 아이와 보내는 시간의 양뿐 아니라 질도 차이가 난다. 교육 수준이 높은 중상류층 부모는 '조직화된 계발 육성 활동'을 하면서 아이와 더 밀도 있게 시간을 보내는 반면, 사회적 배경이 더 불리한 부모는 상대적으로 덜 관여적인 활동을 하는 경향이 컸다.[5]

고학력 엄마가 양육에 쓰는 시간이 더 많은 것은 고학력 여성이 전업주부일 가능성이 더 커서가 아니다. 오히려 반대다. 교육 수준이 높은 여성은 상대적으로 직장에 쓰는 시간도 더 많고 아이와 보내는 시간도 더 많다. 즉, 고학력 엄마가 저학력 엄마에 비해 양육에 쓰는 시간이 더 많은 것은 공식적인 노동시장에서 보내는 시간의 차이를 반영하는 것이 아니라 여가 시간 사용의 차이를 반영하는 것이라고 보아야 한다. 대졸 여성은 고졸 이하의 여성보다 여가 시간이 주당 4시간 적으며, 이는 양육에 들이는 시간의 격차와 비슷하다. 학력에 따른 양육 시간의 격차가 단순히 시간 제약 때문만은 아니라는 것을 보여주는 결과다(물론 저소득층 한부모 엄마 가구 등 특정한 집단의 경우에는 절대적인 시간 제약이 분명히 중요한 요인일 것이다).

부모의 학력에 따른 양육 시간의 격차는 미국만의 이야기가 아니다. 경제학자 조너선 구라이언Jonathan Guryan, 에릭 허스트Erik Hurst, 멜리사 키어니Melissa Kearney가 14개 선진 산업국가를 대상으로 분석한 연구에서도 교육 수준이 높은 엄마가 그렇지 않은 엄마보다 아이와 시간을 더 많이 보내는 것으로 나타났다.[6]

양육 방식이 자녀의 계층 이동성에 미치는 영향

양육의 경제학은 부모가 자녀의 성공 기회를 높여줄 수 있으리라고 판단되는 방향으로 양육 전략을 선택한다고 가정한다. 그런데 자녀의 성공은 무엇으로 측정하는가? 성인이 된 뒤의 자녀의 성공과 계층 상승을 측정할 수 있는 한 가지 방법은 자녀의 학력을 보는 것이다. 표 4.2는 자녀의 학력(고등학교 졸업 이후에도 교육을 지속할 확률로 측정)을 부모의 학력과 양육 방식(부모의 양육 방식이 동일할 경우로 한정)에 따라 구분해 표시한 것이다.

먼저 이 표는 학력의 세대 간 경직성이 매우 크다는 것을 보여준다. 양육 방식과 상관없이 학력이 높은 부모의 자녀는 역시 학력이 높을 가능성이 크다. 그럼에도 동일한 학력을 가진 부모들 사이에서 비교해보면 양육 방식이 중요한 영향을 미침을 알 수 있다. 양육 방식은 특히 자녀 학력의 상향 이동에 중요한 영향을 미친다. 여기에서 학력의 '상향 이동'이란 부모 둘 다, 혹은 둘 중 한 명이 대학 교육을 받지 못했는데 자녀는 대학 교육을 받게 될 가능성을 말한다. 놀라운 일도 아니지만, 자녀가 부모에 비해 교육 사다리의 더 높은 층으로 올라가게 될 가능성은 부모가 비관여형일 때 가장 낮았다. 부모 모두 학력이

	부모 모두 대학 교육을 받지 못함	부모 중 한 명이 대학 교육을 받음	부모 모두 대학 교육을 받음
비관여형	36%	52%	79%
허용형	40%	68%	85%
독재형	43%	62%	78%
권위형	49%	67%	84%

표 4.2. 부모의 교육 수준과 양육 방식별 '자녀가 고등학교 졸업 이후에도 교육을 지속한 가정'의 비중. 부모가 동일한 양육 방식을 가지고 있을 경우로만 한정함(NLSY97).

낮은 가정들끼리만 비교해볼 때, 양육 성향이 권위형이면 자녀의 성공 가능성이 가장 높았다. 이 경우 비관여형인 부모보다 자녀의 성공 가능성이 13%p 높다. 흥미롭게도 부모 중 적어도 한 명이 대학 교육을 받은 경우에는 허용형 부모도 권위형 부모 못지않은(심지어 약간 더 높은) 성공 가능성을 보이는 것으로 나타났다. 학력이 높은 쪽이 자녀에게 역할 모델이 되고 '부드러운 기술'을 사용할 수 있어서 '엄격한'(NLSY97 조사에서 부모가 "엄격하다"고 답한 경우 권위형으로 분류된다) 양육의 필요성이 줄어들었을 것이라 해석해볼 수 있다.[7]

'상향 이동'을 자녀가 학력 사다리의 가장 높은 층인 대학원 학위(박사 학위, 또는 법학이나 의학 등의 전문 석사 학위)를 획득할 가능성으로 정의하면, 부모의 양육 방식이 미치는 영향이 더 커진다. 부모 모두 고졸인 가정에서는 양육 방식이 비관여형에서 독재형으로 옮겨갈 때 자녀가 대학원을 마칠 확률이 약 3배 증가하는데, 부모 중 한쪽이 대학 교육을 받은 경우에는 약 5배 증가한다. 물론 그 확률 자체가 높지는 않다. 부모의 학력이 낮을 경우에는 아무리 권위형 양육을 하더라도 자녀가 최고 수준의 학력을 획득하게 될 확률이 약 10%에 불과하다. 그렇더라도, 이 결과는 학력이 낮은 부모의 자녀가 최고 수준의 학력을 달성하려면 집약적 양육이 필요조건이기는 하다는 점을 말해준다.

여기에서도 집약적 양육과 자녀 학력의 상향 이동이 갖는 상관관계가 그 자체로 꼭 인과관계라는 것을 의미하지는 않는다. 가령 자녀의 학업적 성공이 부모의 소득이나 재산 등 다른 요인에 주로 달려 있고 마침 그 요인이 양육 방식에도 영향을 미쳤을 가능성이 있다. 이 가능성을 완전히 배제할 수는 없지만, 우리가 발견한 상관관계가 인종, 부모의 학력, 부모의 소득, 부모의 자산 등 다른 변수들을 통제한 다중회귀분석에서 강하게 나타난다는 것은 시사하는 바가 크다.[8] 가령 동일한 소득을 가진 두 가정 중 한 가정은 집약적 양육을 하고 다른 가정은 비집약적 양육을 했다면 전자의 자녀가 계층 사다리를 오를 확률이 더 크다. 인종이나 학력이 같은 두 가정으로 이야기해도 마찬가지다.

엄마와 아빠의 양육 방식을 구분해서 분석했을 때도 흥미로운 결과가 나타난다. 엄마와 아빠가 반드시 같은 방식으로 자녀에게 영향을 미치지는 않는 것이다. 우선 엄마와 아빠의 양육 방식 모두 자녀의 성취에 영향을 미친다. 회귀분석 결과 자녀의 학업 성취(교육 연수 기준. 12년은 고졸, 16년은 대졸에 해당한다)는 부모 모두 권위형일 때 가장 높았다. 또한 엄마의 양육 방식이 아빠의 양육 방식보다 중요했다. 다른 요인들을 통제했을 때, 권위형 엄마를 둔 자녀는 비관여형 엄마를 둔 자녀에 비해 평균적으로 교육 연수가 8개월 더 많은 반면, 아빠의 경우에는 차이가 4개월에 불과했다. 이는 가족 내에서 전통적인 젠더 역할이 지속되고 있음을 시사하는 것일 수 있다. 자녀 교육에 더 구체적으로 신경을 쓰는 쪽이 여전히 아빠보다는 엄마인 것이다.

흥미롭게도 독재형 양육에서는 엄마와 아빠가 반대의 효과를 냈다. 독재형 엄마를 두는 것은 (비관여형 엄마를 두는 것에 비해) 자녀의 학업 성취에 긍정적인 반면, 독재형 아빠는 자녀의 학업 성취를 오히려 낮추는 것으로 나타났다.[9] 이 결과는 엄마와 아빠가 '서로 다른 방식으로' 독재형일 가능성을 시사한다. 아마도 엄마는 아이가 숙제를 하도록 강요하는 식으로 아이의 성공과 관련해 엄격하게 요구하는 게 많은 반면, 아빠는 부모에 대한 복종을 강조하는 등 학업 이외의 측면에 더 초점을 두는 식으로 차이가 나는지 모른다.

양육 방식이 자녀의 계층 이동성에 미치는 영향
: 영국의 경우

영국도 사회적·경제적 불평등 및 사회적 계층 이동성과 관련해 매우 흥미로운 나라다. 특이하게도 영국은 1688년 명예혁명 이후 비교적 안정적인 정치 시스템이 줄곧 유지되고 있으며 수백 년 동안 혁명도 외세의 침략도 겪지 않았다. 덕분에 다른 나라에 비해 사회적 격동이 덜했으며 계층 구분이 더 실질적이고 뚜렷하게 유지되고 있다.

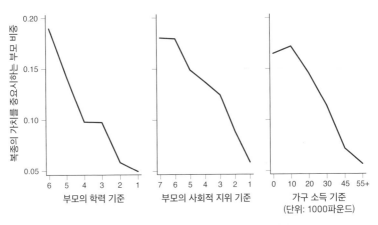

그림 4.2. 영국에서 '복종'이 아이에게 중요하다고 응답한 부모의 계층별 비중

　　미국과 마찬가지로 영국도 사회계층에 따라 양육 방식에 상당한 차이가 있음을 데이터로 확인할 수 있다. 영국에서 계층 간 양육 방식의 차이를 살펴볼 수 있는 최근 데이터는 밀레니엄 코호트 연구에서 얻을 수 있다. 이것은 2000~2001년에 태어난 1만 9000명의 아동을 장기 추적 조사한 데이터다. 그림 4.2는 이 조사에서 '복종'이 중요한 가치라고 답한 부모의 비중을 계층별로 보여준다.[10] 자녀에게 '복종'을 기대하는 것은 독재형 부모의 특성임을 생각할 때, 이 답변은 계층별 독재형 부모의 비중을 보여준다고 해석할 수 있다. 무엇을 기준으로 계층을 구분하는지에 상관없이(가령 학력을 기준으로 하건, 블루칼라 대 화이트칼라와 같은 사회적·경제적 지위를 기준으로 하건, 소득 수준을 기준으로 하건 간에) 낮은 사회적 계층에서 독재형 양육이 더 널리 퍼져 있음을 볼 수 있다. 이 패턴은 미국에서도 나타나지만(표 4.1 참조) 영국에서 더 뚜렷하다. 무엇으로 계층을 나누건 상관없이 최하

위 계층의 독재형 부모 비중이 최상위 계층의 독재형 부모 비중보다 3배 이상 많다.

앞에서 미국 데이터를 통해 우리는 양육 방식의 선택이 계층 이동성에 큰 영향을 미친다는 것을 살펴보았다. 영국도 마찬가지다. 우리는 미국의 NLSY97과 비슷한 정보를 제공하는 영국 가구패널조사BHPS 데이터를 통해 영국의 계층 이동성을 분석했다. 먼저 부모와 그들의 성인 자녀를 직업에 따라 비숙련 단순 노동자부터 고소득 노동자까지 7개의 계층으로 구분했다. 후자에는 대기업 경영자, 고위 공무원 등이 포함된다.[11] 양육 방식(사회학자 챈과 쿠가 제시한 방법론에 따라 구분)[12]은 세대 간 계층의 상향 이동성에 어떤 영향을 미칠까? 그림 4.3은 양육 방식별로 자녀의 계층이 상향 이동한 가구, 즉 자녀가 성인이 되었을 때 부모보다 높은 사회적·경제적 지위를 갖게 된 가구의 비중을 보여준다.

그림 4.3이 보여주듯이, 영국에서 권위형 양육에 노출된 자녀가 상향 이동 가능성이 가장 높다. 집약적 양육의 또 다른 형태인 독재형 양육도 계층의 상향 이동 가능성이 비교적 높고, 반면 허용형 양육은 상향 이동 가능성이 상대적으로 낮다. 부모의 사회적 지위는 계층 이동성과 양육 방식 둘 다에 영향을 미친다. 우리는 회귀분석을 통해 양육 방식이 계층 이동성에 미치는 효과와 부모의 사회적 지위가 계층 이동성에 직접적으로 미치는 효과를 분리할 수 있다. 부모의 사회적 지위를 통제했을 때, 독재형 양육의 경우 허용형 양육보다 자녀가 상향 이동을 하는 비중이 7%p 증가하는 것으로 나타났다. 또 권

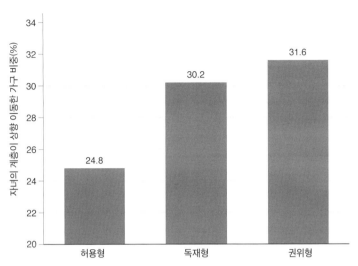

그림 4.3. 영국의 양육 방식별 '자녀의 계층이 상향 이동한 가구' 비중

위형 양육은 허용형 양육보다 자녀가 상향 이동을 하는 비중이 13%p 증가했다. 이 효과는 자녀가 부모보다 두 단계 이상 계층이 상향 이동하는 경우(가령 부모는 공장의 작업반장이고 자녀는 고위 공무원이나 대기업 경영자가 되는 경우)를 보면 더 강하게 나타난다(각각 10%p와 14%p).[13]

미국의 NLSY97 데이터와 영국의 BHPS 데이터가 보여주는 결과는 유사점도 있고 차이점도 있다. 주된 공통점은 미국과 영국 공히 권위형 양육이 학력과 직업의 두 가지 측면 모두에서 세대 간 계층의 상향 이동을 이끄는 데 가장 유리하다는 것이다.

4장 흔들리는 교육 사다리

한부모 가정, 결혼, 이혼

오늘날 미국 아동의 3분의 1은 한부모 가정에서 자라고 한부모 가정은 사회적·경제적으로 불리한 계층에 특히 더 많다.[14] 가령 한부모 가정은 엄마가 대졸인 경우보다 고졸인 경우에 훨씬 더 일반적이다. 한부모는 금전적, 시간적 측면 모두에서 양육 전략의 선택에 매우 강한 제약을 받는다.

한부모 가정은 아이를 키우는 데 특별한 어려움을 갖는다. 우선 가구 소득원이 한 명이므로 가용 자원이 더 적고, 아이를 돌볼 사람을 확보하는 데도 어려움이 있으며, 아이들과 '양질의 시간'을 보내기가 더 어렵다. 저소득층에서는 이런 어려움이 한층 더 크다. 시장 기반의 돌봄 서비스를 이용할 수 없고 생계를 위해 여러 개의 일자리를 가져야 하기 때문이다. 아이 돌봄 서비스(도우미나 어린이집)를 구매할 여력이 없고 가까이 사는 가족이나 친지의 도움도 쉽게 얻을 수 없는 경우, 아이의 일상을 촘촘하게 관리하는 헬리콥터 양육을 한다는 것은 단순히 불가능하다.

실제로 미국의 NLSY97 데이터를 보면, 연령과 학력을 통제했을 때 한부모 엄마는 아이 아빠와 함께 사는 엄마들에 비해 독재형이 될 가능성이 더 높았고 권위형이 될 가능성은 더 낮았다.

양육을 지원하는 공적인 사회제도, 가령 북유럽 국가들이 제공하는 무료 공립 어린이집 등이 있으면 한부모 가정에 수반되는 불이익을 완화할 수 있다. 파브리지오는 스웨덴에서 한부모를 많이 보았지만 그들 모두 큰 어려움 없이 살아가고 있었다. 하지만 미국처럼 돌봄 서비스를 시장에서 구매해야 하는 곳에서는 많은 한부모가 장시간 일을 해야만 아이 돌보는 비용을 겨우 댈 수 있을 것이고, 저소득층에게 이것은 어마어마하게 어려운 일일 수 있다.

한부모 가정은 처음부터 양 당사자가 같이 살지 않았거나 결혼을 한 후 별거나 이혼을 했을 때 발생한다. 미국노동통계국의 경제학자 세 명이 NLSY의 더 이전 데이터인 NLSY79(1957년~1964년 출생자 조사)을 이용해 사회적·경제적 지위별로 결혼과 이혼 현황을 조사한 결과,[15] 학력과 인종에 따라 큰 차이가 있음이 드러났다. NLSY79 표본에서 고등학교를 마치지 못한 성인 중 19%가 46세까지 결혼을 하지 않았는데 대졸자는 이 비중이 11%였다. 교육 수준에 따른 결혼 격차는 시대가 지나면서 급격히 증가했다. 더 이른 시기인 1950~1955년 출생자들 사이에서는 교육을 더 받은 사람과 덜 받은 사람 사이에 차이가 별로 없었다.[16]

이혼 격차도 비슷한 양상을 보인다. 1957~1964년 출생자 중 고등학교를 마치지 못한 경우 첫 결혼의 60%가 이혼을 한 반면, 대졸자의 경우에는 이 비중이 30%였다. 전반적으로 결혼을 할 확률, 결혼을 유지할 확률, 이혼 후 재혼할 확률 모두 교육 수준이 높을수록 높아진다. 또한 이 격차는 1957~1964년 출생자가 그 이전 출생자보다 크다. 결혼을 하지 않을 가능성과 이혼할 가능성은 인종에 따라서도 차이를 보이는데, 이것은 이후에 다시 설명할 것이다. 어쨌든 학력별, 사회적·경제적 집단별 결혼 격차와 이혼 격차의 증가는 양육 방식의 선택에 영향을 미치고 양육의 불평등을 증폭시킨다.

한부모 가정이 양육에 어려움을 겪는 이유는 가용 자원이 부족해서만이 아니다. 부모 사이의 관계가 아이에게 미칠 수 있는 영향도 문제가 된다. 이혼 가정이나 별거 가정의 자녀는 부모가 함께 거주하는 가정의 자녀에 비해 학업 성과가 안 좋은 경향이 있다.[17] 경제학자 토마 피케티는 별거 자체가 꼭 그 이유인 것은 아니라고 설명했다.[18] 일반적으로 별거를 하는 부부는 그 전에도 관계가 좋지 않았을 가능성이 높다. 피케티에 따르면 부모 중 한쪽과 사는 아이는 부모가 별거하기 2년 전부터 이미 학업 성취에 어려움을 겪기 시작한다. 또한 1975년 프랑스에서 이혼이 더 쉬워지도록 한 법률이 개정되면서 별거가 증가했지만 이것이 가정불화를 강화하는 효과를 내지는 않았다. 이러한 결과는 [별거 자체가 아니라] 부모가 자주 싸우는 등 불안정한 가정에서 겪게 되는 요동이 자녀의 학업 성과에 영향을 미치는 주요인임을 말해준다. 교육 수준이 높은 남녀가 더 안정적으로 관계를 유지한다고 볼 때, 평균적으로 이들은 조화로운 관계를 구축할 가능성이 더 높고 갈등도 더 잘 다룰 수 있을 것이다. 이것은 양육 방식의 선택에, 그리고 궁극적으로 자녀의 학업 성취에 영향을 미칠 것이다.

부모가 결혼한 상태로 아이를 함께 키우는 가정들로만 한정해보면, 배우자가 어떻게 선택되었는지도 중요하다. 일반적으로 배우자는 사회적·경제적 배경이 비슷한 경우가 많다. 사회과학자들은 이를 '동류 짝짓기assortative mating'라고 부른다. 미국에서 각 인종 집단은 자신이 속한 인종 집단에서 배우자를 찾는 경향이 크다. 상이한 인종 간 결혼이 점점 늘기는 했지만 여전히 예외적이다. 2015년에 새로 결혼한 부부 중 인종이나 민족이 서로 다른 경우는 17%에 불과했다. 1967년의 3%에 비해서는 증가한 것이지만 여전히 낮다.[19]

최근에 불평등이 급격히 증가한 것을 생각할 때, 인종뿐 아니라 학력 면에서 배우자가 어떻게 선택되었는지도 중요하다. 대부분의 고졸자가 대졸자와 결혼한다면 대졸 프리미엄이 꼭 가구 간 불평등으로 이어지지는 않을 것이다. 하지만 현실에서 사람들은 교육 수준이 비슷한 사람과 결혼하는 경향이 크다. 이 경향은 지난 몇 십 년간 점점 강해졌는데, 여성의 교육 수준이 높아진 것이 한 이유다. 10~20년 전만 해도 대졸자는 여성보다 남성이 훨씬 많았고, 따라서 대졸 남성 중 많은 수가 자신보다 교육 수준이 낮은 여성과 결혼했다. 1980년에는 20세에서 60세 사이의 대졸 기혼 남성 중 54%가 자신보다 학력이 낮은 여성과 결혼했다. 그런데 2007년이면 이 비중은 31%로 줄어든다.[20] 학력이 낮은 사람은 학력이 높은 사람과 결혼하기가 특히 더 어려워졌다. 경제학자 래시 에이카Lasse Eika, 마그네 모그스태드Magne Mogstad, 바싯 자파르Basit Zafar의 연구에 따르면 "1980년에는 [고등학교를 졸업하지 않은 미국인의 경우] 무작위 짝짓기의 확률 추산치보다 동류 짝짓기의 가능성이 3배 더 많았는데 2007년에는 이 수치가 6배가 되었다".[21] 교육 수준에 따른 동류 짝짓기는 가뜩이나 증가하는 양육 불평등을 한층 더 증폭시킬 수 있다. 고학력자인 부모가 높은 소득과 안정적인 직장을 가지고 있는 가정과, 부모 모두 임금이 정체되어 있고 고용이 불안정한 가정 사이에 양육 격차가 점점 더 벌어지게 되는 것이다.

인종의 영향

많은 나라에서 사회적·경제적 불평등의 매우 중요한 측면 하나는 인종 집단 간 불평등이다. 미국이 대표적이다. 미국 통계청에 따르면 2015년 가구 소득 중앙값이 아시아계 가정은 7만 7000달러, 비非히스패닉 백인 가정은 6만 3000달러, 히스패닉 가정은 4만 5000달러, 흑인 가정은 3만 7000달러였다. 또 가장이 시민권자인 가구는 소득 중앙값이 5만 7000달러, 가장이 시민권자가 아닌 가구는 4만 5000달러였다.[22] 부의 격차는 소득 격차보다 더 크다. 2013년에 순자산(주택, 금융 자산 등 소유한 모든 자산의 총합에서 부채를 뺀 것) 중앙값은 비히스패닉 백인 가정 14만 2000달러, 히스패닉 가정 1만 4000달러, 흑인 가정 1만 1000달러였다.[23] 부분적으로 이러한 차이는 교육 수준의 차이를 반영한다. 2015년에 25세 이상 인구 중 비히스패닉 백인은 36%가 학사 학위 이상의 학력을 가지고 있었는데, 아시아계는 54%, 히스패닉은 16%, 흑인은 23%였다.[24] 대학을 마친 노동자가 학력이 더 낮은 노동자보다 소득이 훨씬 높으므로 집단 간 학력 격차는 집단 간 소득 격차로 이어진다. 또한 높은 소득을 갖는다는 것은 자산 증식을 위해 저축을 더 많이 할 수 있다는 의미이므로 이는 부의 격차로도 이어진다. 인종별 소득과 부의 격차는 10~20년 전에 비하면 나아지긴 했지만, 이 격차를 줄이기 위한 노력의 성과는 최근 들어 둔화되고 있다.

전국 데이터에서 드러나는 미국의 집단 간 교육 격차는 마티아스가 살고 있는 일리노이주 에반스턴(그의 직장인 노스웨스턴 대학이 있는 곳이기도 하다)에서도 잘 드러난다. 에반스턴은 시카고 바로 북쪽의 교외 지역으로, 미시간호에 면해 있다. 호수에 바로 맞닿아 있는 동네는 매우 부유하고 평균 교육 수준이 높다. 하지만 부유한 미국 교외 지역치고는 드물게도 에반스턴은 다양성도 크다. 호수에서 1마일만 내륙 쪽으로 들어가면 거대한 저택들은 사라지고 소박한 단독 주택이나 연립 주택이 나타나며 오랜 흑인 동네들도 있다. 2010년 인구총조사에서 에반스턴 인구는 66%가 백인, 18%가 흑인, 9%가 아시아계, 9%가 히스패닉이었는데(총합이 100%가 넘는 이유는 이 구분이 상호 배타적인 범주가 아니기 때문이다), 미국 전체의 인구 구성(백인 72%, 흑인 13%, 아시아계 5%, 히스패닉 16%)과 대체로 비슷하다.

에반스턴에는 좋은 공립학교들이 있고 다양한 배경의 아이들이 함께 다닌다. 그럼에도 학업 성과는 사회적·경제적 집단에 따라 두드러진 차이를 보인다. 최근의 한 연구에 따르면 에반스턴의 공립 중학교 학생들은 인종에 따른 성적 격차가 가장 큰 편에 속한다. 백인 학생들(평균적으로 부유한 가정 아이들)은 전국 평균보다 거의 4개 학년이나 높은 학업 성취를 보인다. 히스패닉 아이들은 전국 평균과 비슷하고 흑인 아이들은 0.5학년이 낮다.[25] 인종에 따른 학업 성취 격차는 부모의 소득 및 교육 수준과 관련이 크다. 에반스턴이 유독 큰 격차를 보이는 데는 몇 가지 이유가 있다. 우선 에반스턴에는 부유한 가구와 저소득층 가구가 섞여 있다. 미국에서 이러한 다양성은 보기 드물다. 대도시를 제외하고는 대개 소득에 따라 주거지가 분리되는 경향이 커서 '부유한' 도시나 교외 지역은 '가난한' 도시나 교외 지역과 지방정부도 다르고 학교 시스템도 다르다. 두 번째 요인은 에반스턴이 대학 도시라는 사실에서 찾을 수 있다. 사회적·경제적 집단 사이의 차이는 매우 고학력자인 대학 교직원과 연구자들의 존재 때문에 한층 더 증폭된다. 이들 중에는 소수자가 별로 없다. 버클리(캘리포니아 대학), 채플힐(노스캐롤라이나 대학) 등 미국에서 학업 성취 격차가 큰 다른 도시들도 대학 도시인 경우가 많다.

학업 성취 격차는 초등학교 때 시작되어 고등학교를 마칠 때까지 계속된다. 그리고 이 격차는 대학 진학 기회나 진로 기회의 불평등으로 이어진다. 에반스턴의 유일한 공립 고등학교인 에반스턴 타운십 고등학교는 학생 수가 3,000명이 넘으며 미국에서 매우 좋은 고등학교로 꼽힌다. 2014년 졸업생 중 84%가 대학에 진학했다. 하지만 학교 내에서는 상당한 격차가 존재한다. 이 학교의 학생 구성은 에반스턴의 인종 다양성을 반영해 백인 43%, 흑인 31%, 히스패닉 17%, 아시아계 4%다.[26] 그런데 백인과 아시아계 학생의 점수가 다른 학생들보다 현저하게 높다. 2014년에 이들의 학점 평균은 4점 만점에 각각 3.71과 3.66이었는데 흑인은 2.62, 히스패닉은 2.71이었다. 백인과 아시아계 학생들은 대학 수준의 수업을 제공하는 고급반에 더 많이 들어간다. 대입 표준 시험에서도 격차가 크다. 2014년에 에반스턴 타운십 고등학교의 ACT 평균 점수는 36점

만점에 백인 27.5점, 흑인 17.9점, 히스패닉 19.5점이었다(아시아계는 별도로 집계되지 않았다). 전국 평균은 21점이었다.

에반스턴, 그리고 미국 전반에서 발견되는 커다란 학업 성취 격차는 우려스럽다. 인종별 소득과 부의 격차를 줄이기 위해 중요한 조치 중 하나는 출신 배경과 상관없이 아이들이 가장 좋은 교육을 받을 수 있게 하는 것이다. 격차를 좁힐 방법을 찾으려면 근원을 알아야 한다. 이 격차의 큰 부분은 양육자의 사회적·경제적 차이, 즉 부와 소득과 교육 수준의 차이로 설명할 수 있다. 실제로 에반스턴 같은 곳은 이 차이가 특히 큰 곳이다.

2014년에 에반스턴의 1인당 소득은 비히스패닉 백인 5만 3492달러, 흑인 2만 4296달러, 히스패닉 1만 7939달러였다.[27] 교육 수준의 차이도 크다. 백인 성인 중 79%가 대졸인데 흑인은 29%, 히스패닉은 33%에 불과하며, 아시아계는 무려 92%가 대졸이다. 그렇더라도 학업 성과와 이런저런 불평등 지표들의 상관관계가 최종적인 답을 알려주는 것은 아니다. 정확히 어떤 기제를 통해서 사회적·경제적 불평등이 아이들의 학업에 영향을 미치는지도 알아보아야 한다.

인종에 따른 불평등이 작동하는 한 가지 기제는 양육 방식을 통해서다. 미국의 경우, NLSY97 데이터에 따르면 아시아계 부모들은 더 독재적이고(아시아계 엄마는 22%가 독재형인데 백인 엄마는 11%만이 독재형이다) 백인 부모들은 더 허용적이다. 흑인 부모는 히스패닉 부모나 백인 부모보다 더 독재적이다. 어떤 패턴은 엄마와 아빠가 다르다. 가령 흑인 엄마는 백인이나 히스패닉 엄마보다 비관여형이 될 가능성이 덜하지만 흑인 아빠는 반대다. 양육 방식이 자녀의 성공과 상관관계가 있으므로, 이러한 차이는 인종 집단 간 자녀의 성취 격차를 어느 정도 설명해 줄 수 있을 것이다. 하지만 양육 방식의 인종 간 차이는 전체적으로 크지 않아서 막대한 성과 격차를 설명하는 데는 불충분하다. 또한 양육 방식이 아이의 학업에 미치는 영향은 집단들 사이에 고르지 않을 수 있다. 예를 들면 아시아 부모는 독재형일 가능성이 큰데, 일반적으로는 독재형 양육이 아동의 성과와 음의 상관관계를 갖지만 2장에서 보았듯이 아시아계 아이들은 학업 성과가 좋다.

결혼 시장과 젠더 불균형

한부모일 경우, 양육 방식의 선택에서 막대한 제약에 처하게 된다는 것은 이미 언급했다. 한부모 가정의 비중은 교육 수준 뿐 아니라 인종에 따라서도 다르다. 2014년에 흑인 아동(18세 미만) 중 한부모와 사는 비중은 66%였는데, 히스패닉은 42%, 비히스패닉 백인은 25%, 아시아계는 17%였다.[28] 이는 매우 큰 격차로 아이의 성취 격차를 설명하는 주요인이 될 수 있다. 몇몇 소수자 집단에서 한부모 엄마 비중이 높은 것과 결혼율이 낮은 데는 여러 이유가 있지만, 그중에서도 중요한 요인은 빈곤이다. 결혼 등 남녀가 서로 의무를 다하는 관계는 경제적으로 안정적일 때 유지하기가 더 쉽다. 이 점에서 경제적 기회가 적고 실업률이 높으면 소수자들은 더 큰 어려움에 봉착한다.

'결혼 시장'과 관련해 인종적 소수자가 직면하는 또 하나의 큰 문제는 젠더 불균형이다. 결혼율이 높으려면 결혼 가능한 남녀의 '공급'이 결혼 시장에서 균형을 이루어야 한다. 하지만 사회계층적으로 가장 불리한 도심 빈민 지역에서는 성비가 이미 균형을 한참 벗어나 있다. 역사상 유례없는 수감률 때문에 젊은 흑인 남성이 부족해서다. 2009년에 백인 남성의 수감율은 0.7%였던 데 비해 흑인 남성의 수감률은 4.7%에 달했다.[29] 게다가 감옥에 있는 사람 상당수는 결혼 적령기라고 할 수 있는 젊은이들이다. 2009년에 25~29세 흑인 남성의 수감율은 11%였고 고졸 이하인 경우는 수감률이 무려 32.2%였다.[30]

어려움은 여기에서 그치지 않는다. 앞에서 우리는 동류 짝 짓기가 증가하고 있음을 살펴보았다. 즉, 학력과 소득이 높은 사람들이 점점 더 '끼리끼리' 결혼한다. 젊은 흑인 여성이 미래에 자녀에게 가장 좋은 기회를 주고 싶다면 일단 본인이 대학에 가고 배우자 역시 대학을 나온 사람으로 선택하는 것이 유리할 것이다. 하지만 이러한 젊은 흑인 여성이 직면하는 문제는 결혼 시장의 전반적인 성비 불균형 외에 교육의 젠더 불균형으로 한층 더 심화된다. 오늘날 여성은 모든 인종 집단에서 평균적으로 남성보다 학업 성취가 높다. 그런데 몇몇 인종 집단은 이 격차가 더 크다. 2012년에 고등학교를 졸업한 흑인 여성의 69%가 그해 10월 대학에 등록했지만, 흑인 남성은 57%로 12%p의 격차를 보였다. 라티노들 사이에서는 이 격차가 심지어 더 크다. 대조적으로 백인은 이 격차가 현저히 작고 아시아계는 가장 작은 3%p에 불과하다.[31]

대학의 젠더 격차는 경제적으로 불리한 집단의 학생을 주요 대상으로 하는 대학들에서 더 크다. 가령 시카고를 보면, 마티아스가 일하는 노스웨스턴 대학은 매우 선별적으로 입학생을 뽑는 사립대학이다. 미국에서 최고 명문대 중 하나로 꼽히며 학비는 연간 6만 5000달러로 매우 비싼 편이다(필요 기반 장학금을 받을 수 있긴 하다). 이 학교는 학생 구성이 완벽한 젠더 균형을 이루고 있다. 2015년에 1,978명의 남성과 1,993명의 여성이 학부에 등록해서 여성 비중이 50.2%였다.[32] 이 수치를 보면, 입학 사정 담당 부서가 연애 시장으로서 대학의 기능을 의식적으로 고려했을 수도 있을 것 같다. 미국의 다른 명문 대학들도 마찬가지다. 즉, 명문대에서는 학생의 젠더 불균형이 두드러진 현상이 아니다.

노스웨스턴 대학에서 남쪽으로 몇 킬로미터 아래, 시카고 시내 중심부에는 드폴 대학이 있다. 학부 학생 수가 총 1만 6707명인 가톨릭 대학이다. 사립학교이지만 학비가 노스웨스턴보다는 싸다. 2016년에 연간 학비가 3만 7000달러였고 주거비 등을 포함한 전체 비용은 5만 달러가 조금 넘었다.[33] 드폴은 노스웨스턴만큼 학생 성비가 균형을 이루고 있지는 않다. 이곳의 학생 성비는 미국 대학생 전체의 성비와 비슷하다. 2015년 신입생 중 56%가 여성, 44%가 남성으로, 대략 여성 5명 대 남성 4명의 성비를 보였다.[34] 물론 잠재적인 배우자를 만날 수 있는 곳은 대학 말고도 많고, 많은 대학생이 졸업 후 한참 뒤에 결혼한다. 그래도 대학 내 성비가 불균형적이면 대학에서 하는 연애, 그리고 궁극적으로는 결혼 시장에서 얻는 기회에 영향을 미치리라고 예상해볼 수 있다.

더 남쪽으로 오면 시카고 주립대학이 있다. 이곳은 공립대학으로, 경제적으로 어려운 계층인 시카고 남부 지역 학생들이 주로 다닌다. 시카고 주립대학은 학비가 훨씬 싸다. 2015년에 학비는 8,800달러였고 주거비를 포함해 전체 비용은 연간 약 2만 달러였다.[35] 많은 학생들이 연방 정부가 지원하는 재정 보조 수혜 대상이다. 시카고 주립대학에는 인종적 소수자인 학생이 많다. 2012년에 흑인 학생 비중이 83%였다. 그런데 이곳은 젠더 불균형이 노스웨스턴이나 드폴보다 훨씬 두드러진다. 2012년 시카고 주립대학 학부생 중 여학생이 무려 72%였다. 남성 1명당 여성이 2.5명이 넘는 것이다.[36]

남성보다 훨씬 많은 수의 여성이 대학을 다닌다면, 이 여성 중 일부는 교육 수준이 비슷한 애인이나 배우자를 만나지 못하게 될 것이다. 버락 오바마 전 대통령의 가족인 미셸 오바마와 딸들은 미국에서 [인종적 소수자 여성이] 가질 수 있는 무한한 가능성을 보여주었다(두 딸 중 한 명은 현재 하버드에 다닌다). 미셸 오바마는 시카고 남부 출신으로 부모 모두 대학을 나오지 못했으며 시카고의 공립학교를 다녔다. 이 출발선에서 미셸은 프린스턴과 하버드 대학을 나왔고 버락 오바마를 만나기 전에 유수의 로펌에서 일했다. 비슷한 환경에서 자라는 많은 젊은 흑인 여성에게 미셸은 분명히 매우 감명을 주는 역할 모델일 것이다. 하지만 교육 분야에서 흑인의 젠더 불균형이 줄어들지 않는 한(혹은 타인종 간 결혼이 급격히 증가하지 않는 한) 흑인 여성이 자신과 비슷하게 교육 수준이 높은 남성과 결혼해 아기를 키울 가능성은 아시아 여성이나 백인 여성보다 낮을 것이다. 그리고 아시아 여성이나 백인 여성은 이미 가구 소득이 높아서 더 유리한 위치에 있다.

물론 이전 시대와 달리 오늘날 '성공적인 짝짓기'는 교육의 유일하거나 주된 목적이 아니다.[37] 그렇더라도 양육에 대해, 그리고 부모가 양육의 책임을 다하는 관계에 대해 말하자면 배우자의 역량과 태도는 중요하다. 이는 오늘날 교육 분야에서 발견되는 젠더 불균형이 사회적·경제적으로 불리한 계층의 여성이 직면하는 어려움을 가중시키게 되리라는 뜻이다.

양육 격차와 빈곤의 덫

개인이나 사회가 도저히 깨고 나오기 어려운 방식으로 안 좋은 일들이 꼬리를 물고 발생하는 악순환 고리가 있는데 빈곤이 그것의 원인이자 결과인 경우를 일컬어 경제학자들은 '빈곤의 덫'이라는 표현을 쓴다. 가령 어느 나라가 경제 발전을 하려면 물리적 자본과 인적 자본에 투자를 해야 하는데, 사람들이 너무 가난하면 소득의 대부분을 기본적인 생존에 필요한 것들에 써야 하므로 저축률이 낮을 것이다. 그러면 투자가 낮을 것이고, 따라서 빈곤은 계속될 것이다. 또 다른 사례는 가난한 노숙자가 집 주소가 없어서(신원이 불확실하다고 판단한 고용주가 고용을 꺼려서) 일자리를 구할 수 없는 경우다. 그런데 일자리가 없으면 임대료를 낼 돈을 벌지 못하므로 주소지를 가질 수 없다. 두 사례 모두에서 빈곤은 빈곤으로 이어진다.

이 장에서 우리는 상이한 인구 집단들 사이에 소득, 부, 교육의 불평등이 존재할 뿐 아니라 양육 격차도 벌어지고 있음을 알아보았다. 만약 이 격차가 어떤 가정에서는 번영에서 번영으로 이어지는 선순환 고리 역할을 하는 반면, 어떤 가정에서는 빈곤에서 빈곤으로 이어지는 악순환 고리 역할을 한다면 양육 격차는 양육의 덫으로 이어질 수 있다. 집약적이고 성취 지향적인 방식의 양육은 다른 조건에서도 이미 유리한 처지인 집단에서 양육의 표준 방식이 되었다. 학력이 높은 부모는 아이를 부모가 함께 키우는 경향이 크고, 상대적으로 더 많은 시간을 아이를 돌보는 데 쓰며, 아이가 계층 사다리의 높은 위치를 유지하거나 더 높이 올라가게 하는 데 도움이 될 양육 방식을 선택한다. 대조적으로, 다른 조건에서도 이미 불리한 가정의 부모는 점점 더 여러 제약에 묶여서 고학력, 고소득자 부모가 하는 것 같은 집약적이고 성취 지향적인 방식의 양육에서 멀어진다. 따라서 양육 격차는 사회적·경제적으로 불리한 아이들이 처한 어려움을 가중시키고 사회의 계층 이동성을 낮출 수 있다.

앞에서 살펴본 시간 사용 데이터는 교육 수준이 높은 부모와 낮은 부모 사이에 양육에 대한 투자의 격차가 벌어지고 있음을 보여주었다. 그림 4.1에서 볼 수 있듯이 지난 10~20년간 모든 부모가 양육에 투자하는 시간이 늘어났지만 증가 폭은 교육을 가장 많이 받은 집단에서 가장 컸다. 양육 격차가 증가해 왔다는 의미다.

양육 방식과 부모의 태도에 대한 여타 지표들도 동일한 방

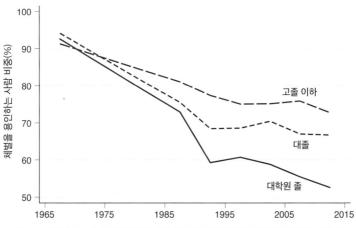

그림 4.4. 미국에서 교육 수준별 체벌에 대한 용인 정도(해당 집단 중 체벌을 용인하는 사람의 비중)

향을 가리킨다. 불평등의 증가와 교육에 대한 투자 수익의 증가로 최근 몇 십 년 동안 자녀의 교육적 성과에 긍정적인 영향을 미치는 양육 방식, 특히 권위형 양육이 확산되었다. 대조적으로 '옛 방식', 가령 일상적인 체벌 등 엄격한 독재형 양육은 줄어들었다. 그림 4.4는 미국에서 교육 수준별로 체벌에 대한 태도(훈육을 위해 아이를 때리는 것이 용인될 수 있다고 답한 사람의 비중)가 어떻게 달라졌는지를 보여준다.[38] 1960년대에는 교육 수준에 상관없이 전반적으로 체벌이 용인되었다. 그러다가 1970년 이후로 체벌을 용인하는 사람의 비중이 크게 줄기 시작하는데, 이는 독재형 양육의 쇠퇴와 궤를 같이한다(이에 대해서는 5장에서 더 상세히 다룰 것이다). 흥미로운 점은 체벌을 용인하는 정도가 교육 수준에 따라 점점 더 큰 격차를 보이게 되었다는 것이다. 체벌을 용인하는 비중은 교육 수준이 가장 높은 집단(대학원 이상)

에서 가장 두드러지게 감소했다. 반면 고졸 집단(그림 4.4에서 "고졸 이하")에서는 체벌을 용인하는 비중이 대학원 학력 이상 집단의 절반 정도만 감소했다. 체벌에 대한 태도는 실제 체벌 행위와 관련이 크다고 볼 수 있으므로, 이 결과도 집단별로 양육 행위에 격차가 벌어지고 있음을 보여주는 한 사례라고 해석할 수 있다.

양육 격차는 양육의 덫으로 이어지고 있는가

양육 격차가 벌어져 상이한 사회적·경제적 배경을 가진 아이들이 갖게 될 기회의 차이가 증폭된다면, 양육의 덫이 발생할 가능성이 매우 현실적으로 존재한다고 볼 수 있다. 양육 격차가 양육의 덫으로 바뀔 가능성이 있는지 알아보려면 중요한 질문 하나가 반드시 논의되어야 한다. 양육의 사회적·경제적 차이는 경제 환경의 변화에 어떻게 반응하는가? 특히 지난 몇 십년간 미국 등 여러 나라에서 벌어졌던 것처럼 불평등이 증가하면 양육 격차도 증가하는가? 만약 그렇다면 자기 강화적인 메커니즘이 작동해 높은 불평등과 빈곤의 [세대 간] 지속이라는 악순환이 발생한다. 즉, 불평등이 심해질 때 양육 격차가 증가한다면 사회적·경제적 여건이 가장 좋은 아이와 가장 낮은 아이의 학업 성취는 더 벌어질 것이고, 그리하여 계층 이동성이 낮아질 것이며, 그리하여 다음 세대의 불평등이 더 심해질 것이다.

양육의 덫에 빠질 위험이 얼마나 큰지를 가늠해보려면 양육 격차의 근본 원인을 찾아내고 경제 불평등이 증가할 때 어떤 일이 벌어질지를 알아보아야 한다. 우리의 인센티브 이론에 따르면, 한 사회 내에서 가정마다 양육 방식이 차이를 보이는 이유는 두 가지로 설명할 수 있다. 첫째, 사회적·경제적 배경이 다른 부모는 자녀의 미래에 대해 기대하고 열망하는 바가 다르기 때문에 양육 방식에서 차이를 보일 수 있다. 이 설명에 따르면, 계층에 따라 부모는 합리적으로 자녀가 가게 될 경로를 다르게 예상하고 그에 맞게 양육 행동을 조정하게 될 것이다.

사회학자 멜빈 콘Melvin Kohn과 카르미 스쿨러Carmi Schooler가 이런 종류의 이론을 제시했다. 그들은 노동자 계층이 주로 갖게 되는 직업이 대체로 단조로우며 따라서 '질문하는 정신'은 그런 직업에 방해가 될 것이라고 가정했다.[39] 그러므로 자녀가 노동자 계층이 될 것이라고 예상하는 부모는 논증과 토론을 강조하는 양육 방식을 채택할(즉, 권위형 부모가 될) 인센티브가 줄어들 것이고, 이유를 묻지 않고 복종할 것을 강조하는 독재형 방식을 취하게 될 것이다.

하지만 오늘날 콘과 스쿨러가 제시한 사례는 다소 낡은 것으로 보인다. 제조업 분야에 아직 남아 있는 일자리는 단조로운 일이 아니며, 산업사회 혹은 포스트 산업사회 국가들에서 가장 단조로운 일은 이미 기계나 컴퓨터가 대체했거나 다른 나라로 아웃소싱되었기 때문이다. 그럼에도 이 이론은 여전히 일정 부분 적합성을 갖는다. 우선 서비스 분야에 단조로운 일이 여전히 많이 존재한다. 또한 표 4.2에서 보았듯이, 부모의 교육 수준이 낮으면 자녀의 교육을 중요시하는 양육 방식을 취한다고 해도 자녀가 실제로 높은 교육 수준을 획득하게 될 가능성이 더 낮다. 부분적으로 이것은 교육을 더 많이 받은 부모가 평균적으로 소득이 더 높고, 자녀에게 물려줄 수 있는 능력이나 기술 수준도 높으며, 인적 자본과 지식 그리고 비인지적 기술(근면, 끈기 등)도 더 잘 전달할 수 있기 때문일 것이다. 어느 경우든, 교육 수준이 낮은 부모는 교육 수준이 높은 부모에 비해 자녀의 학력을 높이는 데 유리할 법한 방식으로 양육에 투자하는 것이 그리 큰 성과를 가져오지 않을 것이라고 예상하게 될 것이다. 그러므로 합리적으로 양육에 투자를 덜 하거나 다른 방식으로 투자하는 편을 택할 것이다.

양육 격차에 대한 두 번째 설명은 부모의 목적이나 기대보다는 부모가 직면하는 제약 조건이 다르다는 데 초점을 둔다. 가령 사회적·경제적 배경이 다르면 각각의 양육 방식을 실행할 수 있는 역량도 차이가 날 것이다.[40] 독재형 부모 밑에서 자란 노동자 계급 부모는 권위형 양육이라는 개념이 생소할지 모른다. 권위형 양육의 핵심 특성인 '아이의 선호나 태도를 구성해나가는 것'은 교육 수준이 높은 부모가 가지고 있을 가능성이 더 높은 '부드러운 기술'들을 필요로 한다. 또한 이 장의 앞에서 언급한 돈과 시간의 제약도 있다. 중산층, 상류층 부모가 선택하는 집약적 양육의 몇몇 측면(비싼 교과 외 활동 등)은 가난한 부모에게 선택지가 아니다. 또한 경제적으로 어려운 처지인 부모는 장시간 일을 해야 하거나 여러 개의 일자리를 가져야 해서 양육에 쏟을 시간이 없을 것이다.

불평등은 가정을 넘어서 아이들이 자라는 더 폭넓은 환경과도 관련이 있다. 아동발달에서 또래집단이 매우 중요하다는 점은 교육학 분야의 여러 연구를 통해 오래전부터 잘 알려져 있다. 아이들은 서로에게서 아주 많은 것을 배우며 야심찬 아이들은 비슷한 목적을 가지고 있는 아이들에게 둘러싸여 있을 때 더 좋은 성과를 낸다. 만약 부모의 투자와 또래집단의 영향이 서로를 강화한다면, 아이가 강력한 또래집단에 둘러싸여 있는 부모는 양육에 더 많은 노력을 쏟으려 할 유인이 생길 것이다.[41] 그리고 주거지가 계층별로 분리된다는 것은, 부유한 가정의 아이들은 부유하고 교육 수준이 높은 권위형 부모들이 많은 동네에 살게 된다는 것을 의미한다. 이에 못지않게 중요한 것은 긍정적이거나 부정적인 역할 모델의 존재다.[42] 주거지의 계층별 분리는, 저소득층 아이들이 사회적 배경이 다른 성인을 보기가 어려워지므로 가정에서 접하는 것과 다른 유형의 역할 모델과 상호작용할 수 있는 기회가 줄어든다는 것을 의미한다.

이와 같은 요인들로 양육 격차를 설명할 수 있음을 염두에 두고서, 부모가 경제적 환경의 변화, 특히 불평등의 증가에 어떻게 반응할지 알아보자. 먼저 부모가 자녀에 대해 갖는 기대와 관련해, 불평등과 교육에 대한 투자 수익이 모두 증가하면 이는 부모의 목적, 즉 자녀에게 거는 기대와 희망에 어떤 영향을 미치게 될까? 불평등이 증가하면 어떤 방식으로 양육을 하느냐에 아이의 장래가 크게 좌우될 수 있다. 부모는 자녀가 장래에 계층 사다리의 어디에 있게 될지 더 많이 걱정하게 될 것이고, 따라서 양육에 더 많이 투자하려는 인센티브를 갖게 될 것이다. 이것은 경제 불평등이 증가하면서 전반적으로 집약형 양육이 증가한 이유를 설명해준다. 그런데 전체적으로 집약형 양육이 증가한 추세와 별도로, 집단 간 양육 격차와 관련한 핵심 질문은 불평등이 증가할 때 상이한 계층의 부모가 자녀에게 기대하는 바[부모의 목적]가 동일한 방식으로 달라질 것인가다.

　　원칙적으로 말하자면, 불평등이 증가하면 계층 사다리의 어디에 있건 양육에 걸려 있는 것이 많아진다. 따라서 부모의 목적 면에서 불평등 증가가 꼭 양육의 '격차' 증가로 이어지는 것은 아니다. 하지만 서로 다른 계층의 부모는 자신이 아이의 장래에 어느 정도나 영향을 미칠 수 있을지에 대해 서로 다른 판단을 내릴지 모른다. 자신이 몰아붙이면 아이가 성공할 수 있겠지만 그냥 두면 실패할 것이라고 믿는 부모라면, 불평등이 증가할 때 집약적 양육을 하려는 강한 인센티브가 생긴다. 이와 달리 사회적·경제적 계층의 꼭대기에 있는 부모는 자신이 무엇을 어떻게 하든 아이가 잘살 것이라고 확신할지 모른다. 이런 경우라면 불평등의 증가가 자녀의 장래와 관련해 양육의 중요성을 더 높이지 않는다. 마찬가지로, 사회 계층 사다리의 바닥에 있는 부모는 어차피 운동장이 기울어져 있어서 자신이 무엇을 하든 자녀의 성공에 도움이 되지 않을 것이라고 생각할지 모른다. 그렇다면 양육에 많은 노력을 기울일 유인이 없을 것이고, 불평등이 증가해도 집약형 양육으로 이동하기보다는 그냥 포기하게 될 것이다. 요컨대 경제적 변화가 양육에 미치는 영향은 스펙트럼의 중간 정도에서 가장 두드러질 가능성이 크다. 중간 정도 위치에 있는 부모는 자신의 행동에 따라 아이의 장래가 크게 좌우될 수 있다고 생각할 것이기 때문이다.

즉, 불평등이 증가하면 전반적으로 양육에 걸려 있는 것이 많아지지만 그 정도는 사회적·경제적 사다리의 어느 칸에 있는지에 따라 다를 것이다. 그리고 아마도 이 효과는 중간 정도의 집단에서 가장 크고 양쪽 끝에서는 작을 것이다. 양쪽 끝의 부모는 아이의 경로가 이미 정해져서 부모의 행동으로 바뀔 것이 별로 없다고 생각할 것이기 때문이다.

다음으로 부모의 제약 조건에 대해 생각해보자. 금전적인 제약 조건의 측면에서 보면, 불평등의 증가는 양육 격차를 명백하게 심화할 것이라고 말할 수 있다. 불평등이 심하고 교육에 대한 투자 수익이 높다는 것은 사회적·경제적 사다리 바닥의 사람들의 소득이 위쪽 사람들보다 상대적으로 더 많이 감소한다는 의미다. 이에 더해 부유층의 수요 증가 때문에 양질의 교육 서비스 가격이 올라가서 저소득층 가정 소득 중 더 많은 부분을 잡아먹게 된다. 소득과 부의 불평등 증가는 시간의 불평등 증가로도 이어진다. 저소득층 부모는 베이비시터, 어린이집 등의 서비스를 이용해 시간을 절약할 수 없기 때문에 일과 양육을 병행하면서 시간을 유연하게 조정할 수 있는 여지도, 아이에게 시간을 더 낼 수 있는 여지도 부족할 것이다. 불평등의 증가가 집약적 양육의 인센티브를 높인다 하더라도 저소득층 부모에게는 이 목적이 달성 가능한 범위 밖으로 점점 멀어지게 된다.

교육 수준이 높은 부모와 낮은 부모 사이의 차이는 부모가 아이의 학교생활에 관여하는 정도가 증가하면서 한층 더 증폭된다. 교육 수준이 높은 부모는 수학과 과학 숙제를 도울 수 있고 학교와 관련된 정보를 찾는 것도 도울 수 있다. 명문 학교에 들어가는 데 필요한 것들(에세이 쓰기 등)도 교육 수준이 높은 부모는 얼마든지 도울 수 있지만 교육 수준이 낮은 부모는 속수무책일 것이다.

또한 앞에서 보았듯이 부유한 사람과 가난한 사람 사이에 결혼 격차가 증가하고 있다. 부유하고 교육 수준이 높은 사람은 점점 더 비슷한 집단에서 배우자를 찾고 아이를 배우자와 함께 키우는 반면, 소득과 교육 수준이 낮은 사람들은 결혼을 하지 않을 가능성, 이혼할 가능성, 아이를 혼자 키울 가능성이 더 높다. 이 상황은 가까운 미래에 바뀔 것 같지 않다. 오늘날에도 경제적 안정성은 결혼에서 매우 큰 고려 사항이다. 교육 수준이 낮은 남녀는 낮은 소득과 높은 실업의 위험에 더 크게 직면하므로 배우자로서 매력도가 떨어진다. 여기에 더해, 불평등이 증가하면 낮은 사회적·경제적 계층이 갖는 불리함이 더 크게 인식되어서 결혼 시장에서 격차가 더 벌어진다. 경제 불평등이 증가하면서 자녀의 장래와 관련해 양육의 역할이 더 중요해진다면 좋은 부모가 될 배우자를 찾는 일 역시 더 중요해진다. 따라서 교육 수준이 높은 사람은 교육 수준이 높은 사람과 결혼하려 할 것이고, 이렇게 해서 동류 짝짓기가 증가한다.[43] 즉, 가난한 사람들은 결혼을 통해 계층 사다리를 오르기가 점점 더 어려워진다. 이는 다시 사회적·경제적으로 상이한 집단의 아이들에게 주어지는 기회의 격차가 벌어지는 결과로 이어진다.

마지막으로, 역시 앞에서 언급했듯이 도시에서 계층별 주거지 분리 현상이 심화되고 있다. 부유하고 교육 수준이 높은 부모를 둔 아이들이 점점 더 자신과 동일한 사회계층 집단의 아이들하고만 상호작용을 하게 된다는 의미다. 이 아이들 대부분은 야망 있는 권위형 부모를 두고 있을 것이다. 동료집단 효과는 개별 부모가 아이에게 미치는 직접적인 영향을 더 강화한다. 하지만 가난한 아이들은 이 선순환에서 점점 더 떨어져 나가게 된다. 또한 주거지 분리는 결혼을 통한 계층 이동성에도 부정적인 영향을 미친다. 계층 사다리의 낮은 칸에 있는 젊은 남성과 여성이 '공주님'이나 '왕자님'을 마주치게 될 가능성이 낮아지기 때문이다.

핵심은, 불평등이 증가하면 양육 격차가 악화될 가능성이 높다는 것이다. 양육 격차는 다시 불평등을 키우고, 이는 다음 세대에 기회의 격차가 점점 더 벌어지리라는 우려스러운 전망으로 이어진다. 이렇게 해서 양육 격차는 양육의 덫이 된다.

양육의 덫을 벗어날 수 있는 정책

앞에서 알아본 메커니즘들이 양육의 덫에 빠질 위험을 높이기는 하지만, 이것이 꼭 불가피한 일인 것은 아니다. 양육 격차와 그것이 양육의 덫으로 이어질 가능성은 정책적 개입으로 줄일 수 있다. 물론 늘 그렇듯이 세상에 공짜란 없으며 궁극적으로 이것은 불평등의 증가를 꺾고 사회의 응집성과 포용성을 보호하기 위해 얼마나 노력을 기울일 것인가에 대한 유권자와 정부의 의사 결정에 달려 있다. 사회과학 연구는 어떤 정책이 효과가 있을 것으로 보이는지 지침을 줄 수 있을 뿐이다.

　도움이 될 만한 정책으로 두 가지 유형이 있다. 하나는 양육 격차의 기저에 있는 불평등을 다루는 정책이다. 사회적·경제적 집단별 양육의 차이가 주로 부모가 직면하는 제약 조건의 차이에서 기인한다는 점을 생각할 때, 낮은 계층의 가정이 직면하는 제약을 완화하는 정책으로 양육 격차를 줄일 수 있다. 두 번째 유형은 구체적으로 불리한 배경의 아이들을 지원하는 데 초점을 두는 정책이다.

　첫 번째 유형의 개입으로는 누진세, (세후 소득 불평등을 줄이기 위한) 이전 지출 등 전통적인 조세 재정 정책과 사회 정책이 있다. 불평등이 증가하면서 양육 격차가 벌어진다면 재분배적인 거시경제정책은 이를 상쇄하는 역할을 할 수 있다. 3장에서 보았듯이 재분배적인 재정 정책은 양육에 영향을 미친다. 즉, 집약적 양육을 할 필요성을 줄여서 양육 격차를 줄이는 데 기여한다. 한편 양육의 사회적·경제적 차이를 줄인다는 구체적인 목적과 관련해서는 어린아이가 있는 가정에 초점을 두는 정책들을 고안할 수 있다. 사실 대부분의 선진 산업국가들이 이미 아이들이 직면하는 기회의 불평등을 줄이기 위한 정책들을 시행하고 있다. 어린 자녀가 있는 가구에 소득을 지원하거나 의료보험 등 구체적인 영역에 도움을 제공하는 것이 그런 사례다.

　또 다른 중요한 정책 영역은 어린이집에 대한 공적 보조를 늘리는 것이다. 어린이집 서비스와 돌봄 서비스를 사용할 수 있게 된다면 가난한 부모(특히 한부모 엄마)가 노동시장에 진입하려 할 인센티브가 커진다. 또 상이한 배경의 아이들이 함께 어울릴 수 있는 기회도 생긴다. 점점 더 계층적으로 분리되는 사회에서 아이들을 사회적으로 다양한 환경에 노출시키는 것은 양육 격차를 꺾는 강력한 도구가 될 수 있다. 세금으로 재원을 조달해 어린이집을 모두가 거의 무료로 다닐 수 있게 보조한다는 개념이 너무 지나치다고 생각할 사람들도 있겠지만, 이것은 북유럽 등 많은 유럽 국가가 오래전부터 도입해온 정책이다. 물론 여기에는 돈이 들지만 다양한 사회적 배경을 가진 아이들이 서로 만나고 상호작용하게 하는 것은 매우 가치가 크다. 파브리지오와 마리아는 노라가 스웨덴의 공립 어린이집에 다니면서 얻은 경험이 영국 명문 어린이집에 다녔더라면 얻을 수 있었을 경험보다 더 의미 있었다고 생각한다.

두 번째 유형의 정책은 사회적·경제적 배경이 낮은 집단 출신 아동의 발달 및 교육에 초점을 맞춘다. 노벨상 수상자인 제임스 헤크먼과 동료 연구자들은 영유아기에 습득하는 기술이 삶의 성공에 결정적으로 중요하다고 강조했다.[44] 저소득층 가구를 대상으로 하는 '영유아 대상 개입(Early Childhood Intervention, ECI)' 프로그램들의 효과성 연구가 이제는 많이 나와 있는데, 양질의 돌봄 센터를 운영하거나 가정을 방문해 부모를 지원하는 프로그램 등이 매우 효과가 있는 것으로 나타났다. 부모들에게 아동 발달에 대한 정보와 지식을 제공하는 것을 목표로 하는 정책도 중요하다.[45] ECI 프로그램이 아이에게 줄 수 있는 이득은 미래의 교육적 성취나 노동시장에서의 소득 증가만이 아니라 건강과 결혼에도 영향을 미친다. 또 이러한 정책들은 장래에 범죄를 저지를 가능성과 복지 정책에 의존하게 될 가능성도 줄이는 것으로 나타났다.

잘 알려진 ECI 프로그램 중 하나인 '페리 어린이집 프로젝트Perry Preschool Project'는 1962년에서 1967년 사이에 가난한 흑인 가정의 아동에게 양질의 취학 전 교육을 제공하는 실험을 했다. 이 프로그램에 든 비용은 아동 1인당 1년에 1만 1000달러였다(2007년 달러 기준). 페리 어린이집 프로젝트는 일종의 무작위 통제 실험이었다. 즉, 어린이집 교육을 받은 아이들은 무작위로 선정된 표본 집단의 아이들이었다. 이를 통해 연구자들은 어린이집 프로그램에 참여한 아이들이 장래의 삶에서 어떤 결과를 보이는지를, 이들과 가정 여건은 비슷하지만 이 프로그램에 참여하지 못한 아이들과 비교할 수 있었다. 경제학자 로드리고 핀토Rodrigo Pinto, 피터 사벨예프Peter Savelyev와 함께 진행한 연구에서, 헤크먼은 이 프로그램이 생애 전반에서 폭력 범죄 65%, 체포 40%, 실업 20%를 줄이는 효과를 냈다고 밝혔다.[46] 다른 ECI 프로그램들도 비슷한 결과들을 나타내고 있다. 예를 들면 경제학자 엘리아나 가르세스Eliana Garces, 던컨 토머스Duncan Thomas, 재닛 커리Janet Currie가 2002년에 발표한 논문에서 80만 명 이상의 아동이 혜택을 받고 있던 '헤드 스타트 프로그램(Head Start Program, 저소득층 아동 대상의 공립 취학 전 교육 프로그램)'의 효과성을 조사한 결과,[47] 참여한 아이들의 교육 성과가 높아지고 범죄 가능성이 줄어든 것으로 나타났다.[48]

이러한 프로그램들이 효과를 내는 메커니즘도 흥미롭다. 주된 기제는 '인지적 기술'의 향상을 통해서가 아닌 것으로 나타났다. 인지적 기술은 IQ 테스트 같은 것으로 측정되는 학업 능력을 말한다. ECI 프로그램으로 도움을 받은 아이들은 IQ 점수가 향상되긴 하지만 그 이득은 크지 않았고 시간이 지나면서 사라졌다. 그보다 이러한 프로그램이 효과를 내는 주된 메커니즘은 '비인지적 기술'의 향상을 통해서다. 비인지적 기술은 학교와 일터에서 다른 사람들과 상호작용을 잘하는 데 필요한 태도와 행동으로, 동기 부여, 인내심, 끈기, 자기 통제, 그리고 오늘의 행동을 미래의 결과에 비추어 가늠하는 장기적 고려 능력 등이 이에 해당한다. 몇몇 연구에 따르면, 삶에서 성공하는 데 더 필수적인 것은 인지적 기술보다 이러한 비인지적 기술이다.[49]

ECI 프로그램들은 두 가지 방식으로 비인지적 기술을 높이는 데 도움을 준다. 우선 사회적·경제적으로 낮은 계층에 있는 아이들이 이런 프로그램을 통해 양질의 교사, 더 나은 역할 모델, 그리고 더 작은 학급 규모에서 오는 이득을 얻을 수 있다. 다른 한편으로 이 프로그램들은 양육에 대한 부모의 투자와 양육 방식에 영향을 미친다. ECI가 부모의 투자에 미치는 영향은 각 프로그램의 구체적인 내용에 따라 다르다. 예를 들면 몇몇 ECI는 부모가 노동시장에 진입하도록 인센티브를 제공함으로써 복지 의존성을 줄이는 데 초점을 둔다. 부모가 일을 하면 더 많은 금전적 자원을 가질 수 있고, 따라서 아이들의 필요를 더 잘 충족시킬 수 있으리라고 보는 것이다. 잠재적인 단점은 부모가 일을 더 많이 하면 아이와 상호작용할 시간이 줄어들 수 있다는 점이다. 경제학자 프란체스코 아고스티넬리Francesco Agostinelli와 주세페 소렌티Giuseppe Sorrenti가 미국의 근로소득 세액공제 제도(부모가 고용 상태일 때 소득을 보조해준다)[50]의 효과를 연구한 결과, 실제로 저소득층 가정 중 소득이 너무 낮아[세후 시간당 13.50달러 이하] 양질의 어린이집 서비스를 이용할 수 없을 경우(즉, 그런 서비스가 없거나 너무 비쌀 경우), 아이가 부모와 상호작용을 덜 하게 되어서 아동 발달에 부정적인 효과를 내는 것으로 나타났다. 반대로 부모가 어느 정도 이상의 소득[세후 시간당 13.50달러 이상]을 올릴 경우에는 이 제도가 긍정적인 효과를 냈다. 늘어난 소득에서 오는 직접적인 효과 때문이기도 하고, 일을 해야 해서 부모 본인이 아이와 보내는 시간은 줄더라도 시장이 제공하는 돌봄 서비스로 대신할 수 있을 만한 금전적 여유가 있어서이기도 하다. 이러한 결과들은 ECI 프로그램들이 양육 격차를 줄이는 데 효과가 있을 수 있지만 신중하게 고안되어야 하고 아이에게 직접 미치는 효과와 부모의 행동을 통한 간접적 효과를 모두 고려해야 함을 보여준다.

양육 격차를 줄일 수 있는 또 다른 유형의 정책은 교육 시스템의 구성과 관련이 있다. 오늘날 아이들은 학교에서 많은 시간을 보내고 학교에서 일어나는 일은 사회적·경제적 차이에 따른 양육 격차에 매우 중요한 영향을 미친다. 교육 시스템에 대해서는 9장에서 다시 알아볼 것이다.

이러한 정책에는 돈이 얼마나 들까? 우리가 논의한 정책 중 많은 것들이 생각보다 돈이 많이 들지 않는다. 어린이집을 공적으로 지원하면 다른 복지 프로그램의 부담을 줄일 수 있고 노동 참여를 높여서 조세 수입을 늘릴 수 있다. 저소득층 가구를 위한 프로그램은 범죄를 낮추어서 경찰과 감옥에 들어가는 돈을 줄일 수 있다. 사회적 응집을 높이는 것의 장기적인 이득은 수량화하기가 더 어렵지만 아마도 상당할 것이다. 요컨대 기회의 평등이라는 이상에 더 잘 부합하는 사회를 만들 수 있다는 것 말고도 양육 격차를 줄이는 정책들은 생각보다 투자 수익이 크다.

2부

이상적인 양육의
과거와 현재

5장

채찍에서 당근으로
: 독재형 양육의 쇠퇴

"매를 아끼면 자식을 망친다." 이 속담은 양육에 대해 수세기 동안 당연시되던 사고방식을 잘 보여준다. 뺨 때리기, 허리띠로 때리기, 회초리로 때리기, 몽둥이로 때리기 등등 체벌은 다양한 형태로 존재했고, 가정에서도 학교에서도 일상적으로 일어났다. 대조적으로, 오늘날에는 거의 보편적으로 체벌이 비난받는다. 인기 육아서를 여러 권 쓴 소아과 의사 윌리엄 시어스William Sears는 자신의 웹페이지에서 아이를 때리면 안 되는 열 가지 이유를 제시했다. 여기에 체벌을 하지 않기로 결심한 어느 엄마의 사연이 나온다. 이 엄마는 미취학 연령대인 어린 딸을 체벌로 훈육하곤 했다. 그런데 어느 날 딸이 남동생을 때리고 있는 것을 발견했다. 왜 동생을 때리냐고 다그쳤더니 딸이

"나는 그냥 엄마 놀이를 하고 있는 건데?"라고 대답했다. 그 이후로 이 엄마는 다시는 딸을 때리지 않겠다고 결심했다고 한다.[1] 시어스는 체벌이 부모와 자녀 사이에 정서적 거리감을 유발하고 아동학대로 이어질 수 있으며, 다른 것 다 떠나서 아이의 행동을 바로잡는 훈육적 효과가 없다고 설명했다.

불과 한두 세대 사이에 체벌에 대한 태도는 급격하게 달라졌다. 우리의 경우, 아이를 절대로 때리지 않는 것을 원칙으로 삼고 있고 실제로 한 번도 때린 적이 없다. 하지만 우리가 어렸을 때는 어쩌다 매를 맞는 것이 일반적으로 용인되었다. 우리 부모 세대 때는 더했다. 마티아스의 부모는 1950년대에 학교에서 교사가 학생을 일상적으로 때렸다고 기억한다. 파브리지오의 아버지도 신체적인 훈육을 일상적으로 받았고 교사는 학생이 아주 작은 잘못만 저질러도 모욕적인 처벌을 가하기 일쑤였다. 오늘날에는 상상할 수 없는 일일 것이다(범죄로 간주될 수도 있는 일이다).

더 시간을 거슬러 올라가면, 부모들은 자식을 체벌하는 것이 전혀 문제라고 여기지 않았고 당대의 양육 전문가들이 권장한 매우 호되고 가혹한 접근 방법을 받아들였다. 계층을 막론하고 자녀가 부모의 권위를 공경하도록 가르치는 것이 부모의 핵심적인 '의무'라고 다들 생각했다. 우리 할아버지 할머니에게는 어른이 말하는 것이 옳다는 사실을 아이에게 '이해시키고 납득시켜야' 한다는 것이 몹시 이상한 개념이었을 것이다. 그들은 애들은 그저 애들이라고 생각했다. 즉, 지금은 너무 어려서 납득하지 못하는 것이 당연하지만 더 크면 부모가 왜 그

렇게 엄하게 키웠는지 이해하고 고마워하게 될 것이라고 생각
했다.

　이 장에서 우리는 양육 행위와 아동기에 대한 견해가 역사
를 거치면서 어떻게 달라져왔는지 살펴볼 것이다. 꽤 최근까지
도 일반적으로 매우 엄한 방식의 양육이 행해지고 복종이 강조
되었으므로 우리는 독재형 양육 방식의 기저에 있는 인센티브
에 초점을 맞출 것이다. 또한 우리는 역사적으로 종교가 양육
에 대한 견해를 형성하는 데 어떤 역할을 했는지, 그리고 오늘
날에는 종교 성향이 양육 방식에 어떻게 영향을 미치는지 살펴
볼 것이다.

부모와 자녀 관계의 역사적 변화

오랫동안 종교의 도덕적 가르침은 훈육을 위해 매를 드는 것을
지지했다. 성경에 따르면, 아이들은 본성상 스스로 판단을 내
리지 못한다. 가령 성경에는 다음과 같은 구절이 나온다. "아이
의 마음에는 미련한 것이 얽혔으나 징계하는 채찍이 이를 멀리
쫓아내리라."[2] 또한 매를 맞는 것에는 카타르시스적인 정화의
기능이 있다고 생각되었다. "상처가 나도록 때리고 엄하게 벌
하면 마음속 깊은 곳에 있는 악도 몰아내게 된다."[3] 이슬람 전
통도 체벌이 필요한 상황이 있다고 인정한다. 하디스에는 이
런 구절이 나온다. "아이가 일곱 살이 되면 기도를 하도록 시
키고 열 살이 되었을 때는 (기도를 게을리 하면) 매를 들어라."[4] 비
슷한 원칙이 아프리카 문화권에서도 발견된다. 가령 방구방구

Bangubangu 속담에는 이런 것이 있다. "부모가 아들의 잘못을 회초리로 고쳐주는 것은 죄가 아니다."[5]

종교에서만 엄격한 훈육을 주장한 것이 아니었다. 대부분의 지식인과 철학자도 동일한 견해를 지지했다. 그리스 전기 작가이자 철학자 플루타르코스는 드문 예외 중 하나다. 그는 《교육론De liberis educandis》에서 이렇게 언급했다. "아이들은 매질이나 가혹한 조치를 통해서가 아니라 격려와 논증을 통해 영예로운 행실을 익히도록 교육받아야 한다. 모두가 동의하는 바대로, 매질이나 가혹한 조치는 자유롭게 태어난 사람이 아니라 노예에게 더 적합한 것이기 때문이다. 따라서 이런 방식을 사용할 경우 아이들은 신체적인 고통 때문에, 그리고 자존심의 손상과 창피함 때문에, 자신의 임무에 대해 무심해지거나 두려움을 갖게 된다."[6] 하지만 플루타르코스의 입장은 매우 예외적인 것이었다. 영국 역사학자 존 플럼John Plumb은 자서전, 일기 등의 사료를 바탕으로 이렇게 기록했다. "1770년 이전에 바람직한 양육에 대해 언급한 적이 있는 200명의 지식인 중 플루타르코스, 팔미에리, 사돌레토 단 세 명만이 아버지가 아이를 때려야 한다고 조언하지 않았다."[7]

과거에 혹독한 양육법이 지배적이었던 근본 원인이 무엇인가를 둘러싸고 사회사학계에서는 아직도 논란이 분분하다. 한 가지 견해는, 과거에는 부모가 자녀에게 애정을 갖지 않았다는 것이다. 1960년에 출간된 선구적인 책《아동기의 장기 역사Centuries of Childhood》에서 필리프 아리에스Philippe Aries는 16세기 이전에는 부모 자식 사이에 정서적인 거리가 있었고, 아동 사망률이 매우 높은 것이 그러한 거리감의 한 원인이었다고 언급했다.[8] 이 견해를 뒷받침하기 위해 아리에스는 중세에는 사람들이 죽은 아이를 기억할 만한 유품을 전혀 간직하지 않았다는 점을 근거로 들었다. "아이가 살아남아 성인이 되든지 영유아 때 사망하든지 간에, 부모들은 아이를 그린 그림을 간직할 생각 같은 것은 전혀 하지 않았다. … 그렇게 금방 사라져버린 작은 존재는 기억할 가치가 크지 않다고 생각했다."[9] 아리에스는 철학자 몽테뉴의 다음과 같은 언급을 인용했다. "나는 두세 명의 아이를 매우 어렸을 때 잃었다. 안타까운 마음이 없었던 것은 아니지만 큰 슬픔은 없었다. 나는 갓 태어난 아이까지도 예뻐할 만큼의 열정을 유지할 여력이 없다. 신생아는 정신 활동도 없고 사랑스러운 존재가 될 수 있을 만큼 인지 가능한 신체를 가지고 있지도 않다".[10] 부모의 이러한 무심함이 아동에 대한 가혹한 처우가 널리 퍼지고 심지어는 아이를 유기하는 일까지 왕왕 벌어진 원인 중 하나가 되었으리라는 것이 아리에스의 설명이다.

　아리에스의 견해는 1960년대와 1970년대의 연구에 크게 영향을 주었다. 심리역사학자 로이드 드 모스Lloyd De Mause는 아동-성인 관계의 역사를 매우 최근에야 인류가 깨어나기 시작한 오랜 악몽의 역사라고까지 언급했다.[11] 한 논문집의 서문 "아동기의 역사The History of Childhood"에서 그는 부모-자녀 관계의 양상에 대해 다음과 같은 매우 설득력 있는 시대 구분을 제시했다. 아동 살해 양상(4세기까지), 유기 양상(4~13세기), 양면적 양상(14~17세기), 침투적 개입 양상(18세기), 지지 및 지원 양상

(20세기 중반 이후).[12]

하지만 최근에는 이 견해에 도전하는 연구들이 나오고 있다. 사회사학자 휴 커닝험Hugh Cunningham은 일기, 구상 미술, 장례 비석 등을 조사해 고대 사회의 부모도 오늘날의 부모 못지않게 자녀를 사랑했다고 주장했다.[13] 그에 따르면, 당대의 제도가 부모가 아이를 버리거나 팔아도 죄를 묻지 않기는 했지만 그래도 부모는 자녀에게 애정을 쏟았고 어린 자식이 죽으면 매우 슬퍼했다. 사망률이 높아 어린 자식이 죽는 일이 꽤 흔했는데도 말이다. 또한 커닝험은 여러 중세학자들의 연구를 인용해 중세 사회에 '아동기'라는 개념이 없었다는 주장을 반박했다. 전반적으로 오늘날 역사학자들이 동의하고 있는 바는, 과거에도 대부분의 부모는 자녀를 사랑했고 자녀에게 가장 득이 될 만한 방식으로 행동하려 했다는 우리의 견해와 비슷하다. 당시에 아이들이 너그러운 대우를 받았다는 말은 아니다. 저서《로마 제국의 성인과 아동Adults and Children in the Roman Empire》에서 역사학자 토마스 비에데만Thomas Wiedemann은 로마 사회에서 아이들이 중요하게 여겨지긴 했지만 교사와 양육자에게 매우 호된 훈육을 받았다고 언급했다.[14]

계몽주의 시대가 오고서 한참이 지난 뒤까지도 철학자들 사이에서는 엄격한 양육을 옹호하는 견해가 지배적이었다. 자유주의의 아버지이며 침례교도인 존 로크(John Locke, 1632~1704)는 부모가 아이를 '행복하게' 하는 것에 관심을 가져서는 안 된다고 말했다.[15] 부모는 훌륭한 성인이 갖추어야 할 인성을 벼려주기 위해 아이가 미성숙 상태에서 빠르게 벗어나도록 도와야 하고, 엄격한 양육이 여기에 가장 효과적이라고 생각했다. "아이가 당신 앞에 있을 때 두려워하게 만들려면 어렸을 때 그것을 각인시켜야 한다. … 자유와 방종은 아이에게 좋지 않기 때문이다. 아이들은 판단력이 부족하므로 제약과 훈육이 필요하다."[16] 그와 동시에, 로크는 아동기가 매우 중요한 형성기라고 인정했다. "우리의 연약한 영유아들이 받게 되는 작고 거의 알아차릴 수 없는 인상들은 매우 중요하며 이후에도 지속되는 결과를 남긴다. … 선하든 악하든, 유용하든 쓸모없든, 우리가 만나는 모든 사람이 9할은 그들이 받은 교육에 의해 형성된 것이다."[17] 또한 그는 아이가 커나가면서 부모가 엄격한 태도를 완화하고 점차 자녀를 이성을 가진 존재로 대해야 한다고 주장했다. "스스로에게 지침을 줄 수 있는 이성을 가진 존재를 대하는 데는 강압과 가혹함이 좋지 않은 방법이기 때문이다."[18]

로크가 아동기를 단지 성인기의 인성을 형성하는 도구적인 시기로만 본 반면, 역시 정치철학자이자 계몽주의 시대의 또 다른 거물 지식인인 장 자크 루소(Jean Jacque Rousseau, 1712~1778)는 유명한 저서 《에밀 *Emile, or on Education*》에서 매우 다른 입장을 취했다.[19] 루소에 따르면 어린 시절은 그 자체로 인간 존재에게 중요한 국면이다. 교육자는 괜히 끼어들어 아이의 자유와 행복을 방해하지 않도록 조심해야 한다. 즉, 교육자는 아이들 특유의 선호와 편향에 적응해야 하고 아이들이 각자 자신에게 맞는 속도와 형태로 경험을 통해 배우도록 두어야 한다.[20] 루소가 그린 이상적인 세계에서는 외부에서 부과되는 훈육이 아무런 역할도 하지 않는다. "아이들은 별도의 처벌이라는 것 자체를 받아서는 안 된다. 처벌은 오로지 자신이 저지른 실수에 자연스럽게 따라오는 결과를 경험하는 형태로서만 주어져야 한다".21 현대적인 어휘로 다시 설명하면, 루소는 아이가 성인의 지도나 훈육을 통해서가 아니라 스스로의 경험을 통해 배울 때 가장 잘 배울 수 있다며 허용형 양육을 옹호했다.

많은 이들이 루소가 자신의 자녀를 고아원에 방기했다는 점을 들어 루소를 '위선적인' 양육 권위자라고 말하기도 한다. 그럼에도 루소의 견해는 페스탈로치, 프뢰벨, 몬테소리, 듀이 등 수세대에 걸쳐 교육 개혁가들에게 영향을 미쳤다. 예를 들어 마리아 몬테소리(Maria Montessori, 1870~1952)는 아이들이 아주 어렸을 때부터 배움과 발달을 향한 자연발생적인 충동을 가지고 있다고 보았다.22 몬테소리의 교육 이론은 '적절한 지침하의 독립성'의 가치를 강조한다. "독립성을 획득하려는 노력은 삶의 가장 처음부터 시작된다. 처음부터 아이들은 스스로를 점점 더 나아지게 하고 삶에서 맞닥뜨리는 어려움들을 하나씩 극복해나간다."23 교육자의 주된 임무는 아이에게 독립적인 학습의 기회를 줄 수 있는 환경을 조성함으로써 아이가 스스로 자신의 길을 찾는 과정에 지침을 주는 것이다. 루소와 달리 몬테소리는 아이가 실수를 하면 교사가 교정해야 한다고 보았다. 하지만 교사의 개입은 건설적이고 친절한 방식으로 이루어져야 하며 징벌적이어서는 안 된다고 생각했다.

몬테소리 등 교육 개혁가들이 주창한 개념은 20세기를 거치면서 영향력이 더 커졌고 오늘날에는 몬테소리의 교육 철학을 바탕으로 한 학교가 많다. 하지만 이 전환이 진행된 속도는 느린 편이었다. 2차 대전 이후까지도 유럽 대부분의 학교에서는 엄격한 훈육과 체벌에 의존하는 교육법이 일반적이었다. 미국도 마찬가지였다. 1800년대에 호레이스 만Horace Mann은 국가가 지원하는 전 국민 보편 공립교육을 도입하기 위한 운동(부분적으로는 프러시아의 국립 교육 제도를 모델로 한 것이었다)을 펼치며 교육 개혁을 주도했고 이는 교육에 대한 새로운 접근 방식을 미국에 가져왔지만, 여전히 독재적인 교육 원칙이 많이 담겨 있었고 훈육과 복종의 중요성을 강조했다. 가정에서도 독재형 훈육 방식이 오래도록 지배적이었다. 앞 장에서 언급했듯이, 1970년까지도 90% 이상의 미국 성인이 아이를 때리는 것을 용인할 수 있다고 생각했다(그림 4.4).

독재형 양육 방식의 쇠퇴

지난 10~20년 사이에 체벌을 승인하는 성인의 비중은 급격히 떨어졌고 교육 수준이 높은 부모들 사이에서는 감소폭이 특히 더 두드러졌다. 미국에서도 그랬지만 유럽은 더 극명해서, 많은 유럽 국가에서 체벌이 불법화되었다. 이전 장에서 미국을 주로 살펴보았으니 여기에서는 유럽, 호주, 일본의 사례를 살펴보기로 하자.

3장에서 언급한 오스트리아, 프랑스, 독일, 스페인, 스웨덴의 비교 연구에 따르면, 오늘날 부모 중 자신이 어렸을 때 체벌을 받았다고 답한 사람의 비중보다 현재 자신이 아이에게 체벌을 한다고 답한 사람의 비중이 훨씬 작다.[24] 스웨덴에서 1962년

이전에 태어난 사람 중 자신이 부모에게 맞았다고 답한 사람
은 24%였는데(이때도 스웨덴은 당시의 미국보다 이 비중이 훨씬 작았다),
1968~1973년 출생자 사이에서는 이 수치가 16% 미만으로 떨
어졌고, 오늘날의 조사 결과들을 보면 스웨덴에서 아이를 가볍
게라도 때리는 것이 허용되어도 괜찮다고 보는 성인은 6%를
넘지 않는다. 오스트리아와 독일의 경우에도 1962년 이전에 태
어난 사람들 사이에서는 체벌을 받은 경험이 있는 사람의 비중
이 스웨덴보다 높았지만(50%가 넘었다), 그 이후로 사회적으로
체벌이 용인되는 정도와 실제로 체벌이 일어나는 정도 모두 급
격히 줄어들었다. 독일에서 1996년부터 2008년까지 부모를 대
상으로 장기 추적 조사를 수행한 결과, 어떤 형태의 체벌도 반
대한다는 응답이 크게 증가했다.

　앞에서 우리는 프랑스와 스페인 같은 가톨릭 국가들에서
는 독재형 양육이 여전히 많이 행해진다는 사실을 언급했다.
따라서 이 국가들이 체벌이 가장 끈질기게 남아 있는 국가들
이기도 하다는 사실(1960년대와 1970년대에 태어난 사람들 중 70%가 어
린 시절에 부모에게 맞은 적이 있다고 답했다)은 놀랄 일이 아닐 것이
다. 이곳에서는 오늘날에도 체벌이 널리 행해지고 있다.[25] 역시
가톨릭 국가인 이탈리아에서도 최근에 진행된 설문 조사를 보
면 부모의 절반이 예외적인 경우에 아이를 때려본 적이 있다고
답했고, 4분의 1이 한 달에 한두 번 아이를 때린다고 답했으며,
3% 이상이 거의 날마다 아이를 때린다고 답했다. 이렇듯 체벌
이 여전히 비교적 널리 퍼져 있긴 하지만, 이탈리아 부모 중 체
벌이 바람직한 훈육 방식이라고 생각하는 사람은 소수다. 응답

한 부모 중 절반 이상이 아이를 때리는 것이 교육적으로 좋은 일이 아니라고 생각했으며 체벌을 어느 정도 지지하는 사람의 비중은 4분의 1에 불과했다.[26] 그리고 이 비중은 계속 줄어드는 추세다. 2012년에 수행된 설문 조사와 2009년에 수행된 비슷한 조사를 비교해보면, 2, 3년 사이에도 자녀가 있는 사람 중 체벌을 옹호하는 사람의 비중이 크게 줄었음을 알 수 있다.

체벌을 지지하는 사람이 줄어든 것은 독재형 양육이 줄어든 일반적인 추세와 같은 맥락이다. 독재형 양육은 1970년대에 허용형 양육이 정점을 치고 쇠퇴하기 시작한 이후에도 계속해서 줄어들었다. 즉, 부모들이 더 집약적이 되긴 했지만 맹목적인 복종을 요구하는 전통적 방식이 다시 주류가 되지는 않았다. 독재형 양육이 계속해서 줄고 있다는 것은 세계가치관조사 자료에서도 드러난다(적어도 충분히 오랜 기간의 데이터가 쌓인 국가들에서 이를 확인할 수 있다). 앞에서 설명했듯이, 세계가치관조사 데이터에서 우리는 부모가 '복종'의 가치를 중시하느냐를 기준으로 독재형과 비독재형을 구분했다. 호주와 일본에서는 1981년과 2012년 사이에 독재형 부모의 비중이 절반으로 줄었다(호주는 59%에서 30%, 일본은 10%에서 5%로 낮아졌다). 같은 기간 권위형 부모는 호주의 경우 11%에서 40%로, 일본의 경우 22%에서 37%로 늘었다. 이러한 패턴은 태평양 국가에만 국한되지 않는다. 유럽 국가인 스페인과 스웨덴을 보면, 스페인은 유럽에서 독재형 부모가 가장 많고 스웨덴은 가장 적지만, 이러한 차이에도 불구하고 시간에 따른 변화 추이는 비슷한 양상을 보인다. 즉, 두 나라 모두 독재형 부모가 줄고 권위형 부모가 늘었다. 스웨덴에서는 독재형 부모의 비중이 1996년(이때부터 데이터가 존재한다)과 2011년 사이 19%에서 11%로 줄었고 그동안 권위형 부모는 2배가 되었다. 스페인에서는 독재형 부모의 비중이 1990년 46%이었는데 가장 최근에 이루어진 조사에서는 34%로 줄었으며, 권위형 부모가 그만큼 증가했다. 독재형 양육은 줄고 권위형 양육이 증가하는 추세는 OECD 국가 모두에서 공통적으로 발견된다.[27]

전통적인 사회와 독립성의 가치

독재형 양육 방식이 역사 내내 계속 유지된 것과 20세기 중반 이후 급격히 떨어진 것, 이 두 가지 모두를 설명할 수 있는 경제적 요인이 있을까? 우리의 이론은 경제적 인센티브의 중요성을 강조한다. 아이를 사랑하는 부모는 여러 양육 방식의 비용과 편익을 생각할 것이고, 경제 환경의 변화는 각 양육 방식의 상대적인 매력도에 영향을 미칠 것이다. 앞에서 보았듯이 과거 수세기 동안 지배적인 양육 방식은 달라지지 않았다. 그리고 경제학자들에 따르면 그 시기에 (적어도 최근 두 세기 동안 벌어진 엄청난 속도의 변화에 비하면) 세계도 크게 달라지지 않았다. 독재형 양육이 오랫동안 널리 행해진 것과 관련해 우리가 제기하는 가설은, 전 산업사회의 핵심 특징이 부모가 아이에게 독립성을 불어넣어주고자 할 인센티브를 제공하지 않았다는 점이다.

산업화 이전에는 대부분이 농촌 사회였고 오늘날보다 훨씬 경직된 위계가 존재했다. 생활수준 또한 로마 제국 쇠망 때부터 영국 산업혁명 때까지 내내 그리 달라지지 않았다. 고전 경제학자 토머스 맬서스Thomas Malthus가 강조했듯이, 기술 향상은 더 많은 사람이 생존할 수 있게 했지만 자원 증가 속도가 인구 증가 속도에 못 미쳤기 때문에 인구 증가 속도도 결국에는 제약을 받았다(이에 대해서는 7장에서 다시 다룰 것이다). 그 결과, 생활수준은 전 산업사회 내내 기본적인 생계 수준에 머물러 있었다. 도시화 정도도 낮았고, 도시의 생활수준은 농촌보다 약간 낫긴 했지만 질병 발병률과 사망률이 더 높았다.

전 산업사회의 공통된 특징 중 하나는 노동, 교육, 상호부조 등의 면에서 부모-자녀 관계가 오늘날보다 훨씬 밀접했다는 점이다. 성별과 연령에 따라 주어지는 임무가 다를 뿐, 모든 가족 구성원이 생산적인 구성원으로서 가정 경제에 기여했다. 지식과 기술의 전승도 대체로 가정 내에서 이루어졌다. 아이들은 배워야 할 거의 모든 것을 부모나 손위 형제자매들에게서 배웠다. 또한 가족 구성원들은 노인을 돌보는 것과 같은 매우 강한 암묵적 의무들로 엮여 있었다. 자녀가 자신의 성공을 위해 가족을 버리고 떠난다는 것은 가정에서도, 사회에서도 심각한 낙인이 찍힐 일이었다.

그렇다면 전 산업사회에서는 '독립성'을 길러서 얻게 될 이득이 크지 않았을 것이라 예상해볼 수 있다. 독립성은 자녀가 부모가 지침을 줄 수 있는 세상과는 다른 세상에서 성공해야 할 때 중요해진다. 생애 대부분의 기간 동안 자녀가 부모와 함께 살고 부모의 직업을 따라가는 사회에서라면 '강한 독립성'은 무가치하고 위험하기까지 하다. 이런 사회에서는 자녀가 알아야 할 것을 부모가 모두 알려줄 수 있고 부모는 아이가 (부모가 바람직하다고 생각하는) 의무를 회피하지 않게 줄곧 지켜볼 수 있다. 또한 부모는 자녀에게 사회적 규범을 따르도록 강하게 독려하고 자녀의 행동을 세세하게 감독함으로써 혼전 성관계나 싸움 같은 위험한 행동도 줄일 수 있다.

만약 독립성이 가족을 버리고 사회적 규범을 깨뜨리도록 젊은이들을 부추기는 방향으로 작용할 경우, 전통 사회에서는 특히나 위험한 특성이었을 것이다. 이탈리아 작가 조반니 베르가Giovanni Verga는 1881년에 출간한 소설《모과나무집 The House by the Medlar Tree》에서 이 주제를 다루었다.[28] 이 소설은 아씨 트레자라는 시실리의 한 가난한 어촌에 사는 한 가족의 이야기다. 소설이 시작될 때 다섯 자녀 중 첫째인 은토니는 군 복무를 위해 집을 떠난다. 이어 폭풍으로 주 소득원인 고깃배가 부서지면서 가정에 연달아 불행이 닥쳐온다. 전쟁에서 돌아온 은토니는 전통적인 생활양식으로 돌아가기를 거부하고 일련의 위험한 일들을 시도하지만 모조리 안 좋게 끝나고 만다. 처음에는 돈을 벌기 위해 고향 마을을 떠난다. 그다음에는 좌절해서 술, 나태, 범죄로 빠진다. 결국 감옥에 가고, 식구들은 궁핍한 상태로 내버려져서 배가 부서지기 전에 졌던 빚을 갚을 수 없게 된다. 출소한 은토니는 마을로 돌아가 옛날의 가족생활을 되살리기 위해 노력하지만, 너무 늦었다. 그는 자신의 가족에게 거부당한다. 전통적인 삶의 방식을 깨고 나가려 했던 은토니의 시도는 재앙으로 끝난다. 그 시도는 그 자신의 삶을 파괴하고 그가 전통적인 공동체에서 영원히 배척당하게 만들었다.

저자는 이 소설의 도덕적 교훈을 다음과 같이 요약한다. "다른 사람들보다 약하고, 조심스럽지 못하고, 자기중심적인 사람이 미지의 것을 탐험하려는 열망이나 더 나은 삶의 유혹 때문에 자신이 속한 집단에서 벗어나고 싶어 할 때 이 세계는, 이 탐욕스러운 물고기는 언제든 그를 집어삼킬 것이다."[29] 베르가에 따르면 독립적인 정신은 젊은이를 꾀어서 정해진 경로에서 이탈하게 만들며, 이것은 자기 파괴로 귀결된다. 그런 세계에서는 복종이 상상력이나 독립성보다 더 안전한 가치다.

현대 경제의 특성과
독립성에 대한 투자 수익의 증가

독재형 양육의 단점은 자녀의 선택지를 제약하게 되어 더 넓은 세상을 알아가고 내면의 재능과 특성을 발견해갈 수 있는 자녀의 능력을 훼손할지 모른다는 점이다. 루소가 지적했듯이, 아이들은 독립적인 선택을 내리고 자신이 선택한 행동이 가져오는 긍정적, 부정적인 결과들을 경험함으로써 성숙해지고 자신감을 가지며 스스로에게 맞는 삶의 길을 더 잘 찾아나갈 수 있다. 하지만 전통 사회에서는 이동성이 낮았기 때문에 개개인이 '자신의 삶의 길을 찾아나가는 것'의 중요성이 그리 크지 않았다. 농민의 아들은 농민이 되고 귀족의 아들은 부유한 지대 생활자가 되는 계급 사회에서는 아이가 독립적으로 자아를 발견한다 해도 나아갈 수 있는 여지가 거의 없다. 삶은 그저 '자연적인' 경로를 따라가고 모두 자신의 분수에 맞게 사는 법을 배워야 한다. 역사를 보면 예외적인 위대한 천재가 존재하긴 했지만 이들은 기존 질서의 제약을 깨기 위해 맹렬히 투쟁해야 했다. 예를 들면 게오르크 프리드리히 헨델Georg Friedrich Händel은 아들이 변호사가 되길 강하게 바랐던 아버지의 뜻을 꺾고서야 음악가가 될 수 있었다.[30] 헨델의 전기 작가에 따르면 헨델은 아버지의 눈에 띄지 않고 소리도 닿지 않는 다락에 숨어 클라비코드를 연습했으며, 사실 처음에는 아버지의 뜻에 따라 법대에 진학했고 나중에서야 법대를 그만두고 자신의 열정을 따라갔다.

'양육의 경제학' 관점에서 볼 때, 기술 진보가 제한적으로만 이루어지던 사회, 따라서 인적 자본이 대부분 가정 내에서 조달되고 직업적 기술을 부모가 대개 다 가르칠 수 있는 사회에서는 독재형 양육 방식에 장점이 있었으리라고 볼 수 있다. 이 가설은 전 산업사회의 상황에 잘 부합한다. 산업화 이전까지 서구에서 대부분의 인구는 농업에 종사했고 농업은 자녀가 부모와 함께 일할 수 있는 분야다. 도시 거주자 중 장인이나 세공인 등은 직업적 상향 이동이 상대적으로 더 많이 가능하긴 했지만, 이들의 경우에도 대부분의 기술은 가정 내에서 전수되었다. 또 대개의 경우 이미 부모가 그 직업에 종사하고 있었고 길드에 의해 공식적으로 보호되었다. 이런 환경에서 독재형 양육이 지배적인 양육 방식이 되었다.

자녀에게 독립적인 책임감을 고취하는 것은 젊은 사람이 중요한 의사 결정을 스스로 내려야 하는 역동적인 사회에서 장점이 더 크다. 산업화와 함께 분업이 증가하면서 직업의 수가 많아졌고 자녀가 부모의 직업을 따라가기보다 자신의 재능에 맞는 직업을 찾게 될 가능성이 높아졌다. 새로운 직업 기회는 종종 산업 분야 자체가 새로이 생기면서 나타났다. 오늘날 소프트웨어 업계 종사자 중에 부모가 동종 업계에서 일했던 사람은 거의 없다. 직업군이 같다고 해도 기술 변화가 빨라서 전통적인 지식은 낡은 것이 되었고, 따라서 자녀가 부모에게서 직업 기술을 배우는 것은 효과적이지 않게 되었다.[31] 농업 분야에서는 농업이 기계화되면서 전통적인 농사법을 배우는 것이 소용없어졌다. 회계 분야에서도 회계사인 부모는 회계사가 되고자 하는 자녀에게 필요한 컴퓨터 능력을 가지고 있지 못할 것이다. 파브리지오의 아버지는 이탈리아 국영 방송사에서 일하던 매우 뛰어난 기술자였지만 그의 전문 지식은 위성 방송의 발달과 디지털화로 구식이 되었다. 패션 디자이너였던 파브리지오의 어머니는 오늘날의 디자이너라면 필수적으로 알아야 하는 컴퓨터 기법을 잘 모른다. 요컨대 기술 진보는 양육의 게임 규칙을 바꿔서 독재형 양육 자체를 낡은 것으로 만든다.

이 견해에 부합하게, 사회사 연구 결과들은 산업화가 전통적인 경제 질서를 무너뜨리던 시기에 자녀와 양육에 대한 태도도 변화했음을 보여주고 있다. 역사학자 린다 폴록Linda Pollock에 따르면, 18세기 말에 주로 사회의 중간층과 상류층에서 이러한 변화가 나타나기 시작했다.[32] 역사학자 칼 캐슬Carl Kaestle과 마리스 비노브스키스Maris Vinovskis는 개혁의 첫 세대는 자녀에 대해 루소의 견해를 많이 받아들인 상류층 지식인이었다고 설명했다.[33] 이러한 영향은 초기에는 진보적인 사람들 사이에서만 발견되었지만 경제적 조건이 변화하면서 점점 널리 확산되었다.

양육 방식의 상대적 매력도가 달라지게 된 핵심 요인 중 하나는 20세기 들어 대학 교육이 확대된 것이다. 아이들이 주로 집에서 학습을 할 때는 부모가 체벌 등 가혹한 훈육을 통한 강압에 의지해 아이들을 통제할 수 있었다. 하지만 이제 자녀는 전보다 재미와 모험의 기회를 훨씬 더 많이 제공하는 대학에 진학하게 된 반면, 부모는 자녀를 일일이 지켜볼 수 없게 되었다. 이제 아이들은 스스로 성공할 수 있어야 했다. 조밀한 관계이던 가부장적 가족이 자녀가 가정 밖에서 공식 교육을 받는 모델로 대체되고 부모의 직업을 이어받는 자녀가 줄면서 독재형 양육은 점차 쇠퇴했다. 그러나 20세기 초반까지만 해도 변화의 속도는 여전히 느린 편이었다. 사회사학자 앙투안 프로스트Antoine Prost는 프랑스 잡지 《콩피당스Confidences》가 1938년에 수행한 설문 조사 결과를 소개했는데, 설문에 참여한 독자의 거의 3분의 1이 아이의 직업은 부모가 결정해야 하며 어렸을 때부터 부모가 자녀를 그 경로로 이끌어야 한다고 답했다.[34] 아이에게 가장 좋은 것이 무엇인지를 부모가 알고 있다는 개념, 그리고 자녀의 삶에서 중요한 선택들을 부모가 내려야 한다는 개념은 2차 대전 전까지만 해도 여전히 널리 퍼져 있었다.

독재형 양육이 무너진 것은 1960년대다. 그리고 2장에서 언급했듯이, 이 시기에는 인적 자본 투자에 대한 수익이 낮았기 때문에 허용형 양육이 확산되었다. 또한 자녀가 부모와 동일한 직업을 갖는 것의 이득이 줄어들었는데(이를 '점유자 프리미엄incumbency premium'이 낮아졌다고 말한다), 이 또한 이 시기에 독재형 부모가 줄어든 것에 영향을 미쳤다. 1970년대 이래로 점유자 프리미엄은 더 떨어졌다. 한 경제학자 연구 팀이 최근 10~20년간 직업 이동성을 조사한 결과, 미국에서 직업 이동성이 지속적으로 증가했음이 발견되었다.[35] 그러는 동안, 동일한 학력의 노동자들 사이에서 임금 불평등도 증가했다. 이것은 개인의 능력과 적성에 맞는 직업을 선택하는 것이 중요해졌음을 의미한다.[36] 이러한 세계에서 젊은이들에게는 부모의 직업을 잘 배우고 따라가는 것보다 자신의 적성과 비교 우위를 발견하는 것이 점점 더 중요해졌다.

요컨대 우리의 견해에 따르면, 독재형 양육의 쇠퇴는 독립성의 가치가 크지 않고 부모가 자녀의 선택에 대해 쉽게 권위와 통제를 행사할 수 있었던 전통 사회의 쇠퇴와 관련이 있다. 물론 경제적인 비용-편익 분석이 과거에 부모들이 독재형 양육을 택한 유일한 이유였다는 말은 아니다. 문화적 요인도 강하게 영향을 미쳤다. 전 산업사회의 문화적, 종교적 가치는 부모가 자식에게 행사하는 권위를 정당화하는 데 일조했다. 그런데 이러한 문화적 상부구조는 근대화의 타격에서 살아남을 수 없었다. 매우 이동성이 큰 현대 경제에서 독립성의 가치가 크게 높아졌기 때문에, 독재형 양육에 조응하는 문화는 지속 가능하지 않게 되었다.

복종과 경제 발전

그림 5.1은 현대 경제의 특성이 독재형 양육의 확산에 부합하지 않는다는 우리의 견해를 뒷받침해준다. 이 그림은 복종의 중요성을 강조하는(독재형 부모의 핵심 특징이다) 부모의 비중이 경제 발전 정도(1인당 GDP로 측정)가 높아질수록 감소함을 보여준다.[37] 복종은 사하라 이남 아프리카 국가들의 농촌 지역에서 가장 중요시된다(에티오피아는 주목할 만한 예외다). 복종의 가치는 중앙아시아와 남미에서는 중간 정도로 중요시되고 유럽, 북미, 부유한 동아시아 국가들에서는 가장 덜 중요시된다. 후자의 국가들은 직업 이동성이 매우 큰 곳들로, 농업 비중이 작고 젊은 이들 상당수가 대학 교육을 받는다. 그림 5.2는 독립성을 강조하는 부모의 비중을 나타내는데, 복종과 달리 1인당 GDP가 높아질수록 독립성을 강조하는 부모의 비중이 증가함을 보여준다.[38]

가난한 나라의 부모는 독재형이 많고, 부유한 나라의 부모는 권위형이나 허용형이 많다. 경제가 발달하면 직업 이동성이 커지고 지식과 생산 기술을 다음 세대에 전승하는 데 가정이 맡았던 역할이 줄어들게 되므로, 이 결과는 우리의 가설에 부합한다.

브라질은 우리의 이론을 특히 잘 보여주는 사례다. 브라질은 1인당 GDP가 OECD 평균보다 낮은 신흥 경제국이고 소득 불평등이 심각하기로 악명이 높다. 우리의 경제적 인센티브 이론에 따르면, 경제적 격차가 크므로 브라질 부모는 허용적이 되기보다는 대부분 집약적이 될 것이고, OECD 국가에 비

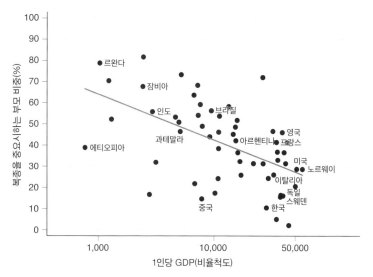

그림 5.1. 복종을 중요시하는 부모 비중과 1인당 GDP

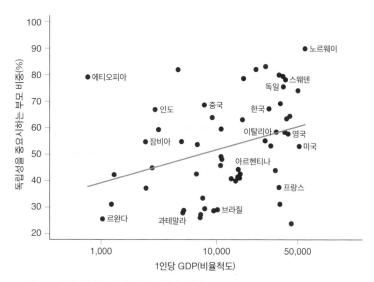

그림 5.2. 독립성을 중요시하는 부모 비중과 1인당 GDP

해 경제 발전 정도가 낮은 것을 감안하면 이 집약형 양육은 대부분 권위형보다는 독재형일 것이다. 실제 데이터는 이 예측과 일치한다. 가장 최근의 세계가치관조사(2014년)에 따르면, 브라질 부모의 55%가 독재형이고, 35%가 권위형, 그리고 10% 미만만이 허용형인 것으로 나타났다. 상상력이 자녀에게 중요한 가치라고 답한 부모는 겨우 24%였다. 허용형 부모의 비중은 유럽뿐 아니라 미국과 비교해도 크게 낮고, 독재형 부모의 비중은 유럽과 미국 둘 다에 비해 상당히 높았다.

종교가 양육 방식에 미치는 영향

브라질은 매우 종교적인 나라라는 점에서도 흥미로운 사례다. 갤럽 조사 결과, 브라질 응답자의 86.5%가 일상에서 종교가 중요하다고 답했다. 미국은 65%, 독일은 40%, 그리고 북유럽 국가들은 20% 미만인 것과 대조적이다. 이 절에서는 종교가 양육 방식에 미치는 영향을 살펴볼 것이다. 브라질처럼 종교적 성향이 강한 나라에서는 부모가 더 독재적이 되는 경향이 있다. 왜 그런가?

우리는 대체로 부모는 아이를 사랑하며 아이가 앞날에 대해 더 잘 준비되기를 바란다고 전제했다. 그리고 부모가 아이의 미래 전망을 어떻게 예상하는지는 사회적·경제적 변화 및 그 변화의 속도에 달려 있다고 주장했다. 그런데 변화의 실제 속도뿐 아니라 그 속도에 대한 부모의 '인식'도 중요하다. 사람마다 미래에 대해 상이한 믿음을 가진다. 어떤 이는 다음 세대가 현 세대와 매우 다른 사회에서 살게 될 것이라고 생각한다. 이런 사람들은 가령 앞으로는 많은 직업에서 인간의 일을 로봇이 대체하게 되리라고 생각할 것이다. 정보기술 혁명이 새로운 개척지를 열어줄 것이라 낙관적으로 생각할 수도 있을 것이다. 또한 규범과 도덕적 가치관도 크게 달라질 것이라고 예상할 것이다. 이런 부모라면 가정이 자녀의 학습이 이루어지는 주된 통로라고 생각하지 않을 것이고 새로운 세계가 펼쳐지는 상황에서 아이가 주도적으로 기회를 발견해가도록 두고자 할 것이다.

반대로 세상을 불변의 질서가 관장하며 교육자와 양육자의 역할은 변치 않는 진리와 가치를 전수하는 것이라고 믿는 부모도 있을 것이다. 바로 여기에서 종교와 종교성이 중요한 영향을 미친다. 가령 최근의 한 연구에 따르면 미국의 보수적 개신교도들은 "성경에 오류가 없다고 믿으며", "양육도 포함해 모든 인간사에 대해 성경이 충분하고 믿을 만한 통찰과 지침을 준다고 믿는다." 그리고 이들은 "모든 인간관계는 ⋯ 신성하게 명령된 권위 관계의 특정한 패턴으로 구성된다"고 믿는다.[39] 이들이 믿는 그러한 안정적인 세계에서는 아이의 독립성과 상상력을 고취하는 것이 불필요하거나 바람직하지 않은 일로 여겨질 것이다.[40]

이와 관련해, 많은 근본주의적 기독교인들이 인간은 죄를 가지고 태어나며 엄격한 종교적 양육만이 아이의 영혼을 정화할 수 있다고 믿는다는 점도 중요하다. 캐슬과 비노브스키스는 "초기의 청교도인들은 아이들이 내재적으로 사악하다는 점을 강조했다"고 지적했다. "부모가 이에 대해 할 수 있는 유일한 일은 아주 어렸을 때부터 아이를 면밀하게 지켜보면서 엄하게 훈육하는 것"이었다.[41] 또한 사회학자 존 바트코프스키John Bartkowski와 크리스토퍼 엘리슨Christopher Ellison에 따르면, 보수적인 개신교(복음주의적 개신교와 근본주의적 개신교)는 자신감, 창조성, 지적 호기심 등을 강조하는 것이 좋은 양육이라고 생각하지 않는다.[42] 이들은 "어른의 역할을 잘할 수 있게 되려면 아이들이 신성한 명령에 의해 정해진 권위와 위계의 원칙을 받아들이도록 훈련되어야 한다"고 생각한다.[43]

독재형 양육은 자연스럽게 이러한 전략과 연결된다. 예를 들어 심리학자 어윈 하이먼Irwin Hyman은 이렇게 언급했다. "진정으로 권위주의적인 사회는 지도자에게 따지지 않고 충성하는 것, 권위에 의식적으로 복종하는 것, 그리고 저항이 어리석은 일이라는 것을 강조한다. 아이들은 가정과 학교에서 권위자(부모도 포함된다)가 요구하는 것에 대해 질문하지 말아야 한다는 것을 배우며, 복종하지 않으면 반드시 처벌이 따르게 되리라는 것을 배운다."[44]

종교의 영향에 대한 실증 근거
: 미국의 경우

종교성과 독재형 양육 방식의 관계는 실증 근거로 뒷받침되는가? 이 질문에 답하기 위해 미국의 데이터를 다시 살펴보자. 우리는 소득변화패널연구PSID의 아동발달보충연구CDS 데이터를 사용했다. 이것은 같은 해에 태어난 아이들과 그 부모들을 장기 추적 조사한 것으로, 연구에 널리 사용되는 데이터다. 첫 조사는 1997년에 이루어졌고 부모를 대상으로 한 문항에 자녀를 때린 적이 있는지와 종교가 삶에서 매우 중요하다고 생각하는지가 포함되어 있다. 이 데이터에 따르면, 종교 성향이 강한 부모는 체벌에 대해 더 긍정적인 인식을 가지고 있는 것으로 나타났다. 종교 성향이 강한 부모 중 70%가 아이를 때린 적이 있다고 답한 반면, 종교 성향이 약한 부모는 58%만 그렇게 답했다.

여기에서도 이 효과가 종교성과 체벌 사이의 직접적인 상관관계가 아니라 소득이나 교육 수준 같은 제3의 사회적·경제적 요인이 둘 다에 영향을 미친 것 아니냐는 질문이 제기될 수 있을 것이다. 앞에서 보았듯이 우리는 로지스틱 회귀분석을 통해 소득, 교육, 연령, 아이의 성별, 인종 등 여타 요인을 통제한 상태에서 종교적 성향과 양육 방식의 관계를 알아볼 수 있다. 그 결과, 이 데이터에서 소득과 교육은 체벌 성향에 크게 영향을 미치지 않았다. 인종은 영향이 있었는데, 흑인 부모는 체벌을 하는 경향이 평균보다 높았고 히스패닉 부모는 체벌을 할 가능성이 평균보다 낮았다. 그리고 종교성은 매우 영향이 큰 것으로 나타났는데, 다른 모든 요인들보다 컸다. 체벌을 하느냐 하지 않느냐와 관련해 종교 유무는 [종교가 없는 경우 대비 종교가 있는 경우의] 상대적 승산비가 1.72나 되는 것으로 나타났다. 동일한 사회적·경제적 특성을 가진 부모들 사이에서 종교가 없는 부모가 아이를 때릴 가능성이 20%이면 종교가 있는 부모가 아이를 때릴 확률은 30%라는 의미다. 이것은 매우 큰 차이다.

종교가 있느냐 없느냐 외에, '어떤 종교'를 가지고 있는지도 양육 방식에 영향을 미칠까? 이를 알아보기 위해 우리는 세계가치관조사의 미국 데이터에서 응답자를 다음 네 범주로 구분했다. 종교 없음, 가톨릭, 개신교, 기타 종교(모든 소수 종교 포함). 어느 종교에도 표시하지 않은 경우, 그리고 종교가 일상에서 '꽤' 혹은 '매우' 중요하다고 답하지 않은 경우에 '종교 없음'으로 분류했다.[45]

분석 결과, 몇 가지 흥미로운 점이 드러났다.[46] 우선 종교가 없는 부모는 종교가 있는 부모보다 허용형이 될 가능성이 상당히 컸다. 다음으로 종교가 있는 부모끼리 비교해보면, 권위형이 될 것이냐 허용형이 될 것이냐는 종교의 종류가 무엇인지에 따라 큰 차이가 없었다.[47] 그런데 독재형 부모는 서로 다른 종교들 사이에 상당한 차이가 나타났다. 미국에서 개신교인 부모는 다른 종교를 가진 부모보다 상당히 더 독재형인 경향이 있었다.

종교의 종류에 따른 차이를 더 쉽게 설명하기 위해 종교가 없는 리베르타드, 가톨릭인 마리아 퓨리피카시옹, 개신교인 마가리타, 이렇게 세 명의 엄마가 있다고 생각해보자. 세 엄마의 연령, 학력 등 여타 사회적·경제적 특성은 모두 동일하다고 가정하자. 그리고 이 사회적·경제적 특성을 바탕으로 기준 집단에 해당하는 리베르타드(종교 없음)가 50%의 확률로 허용형이고, 25%의 확률로 권위형이며, 25%의 확률로 독재형이라고 해

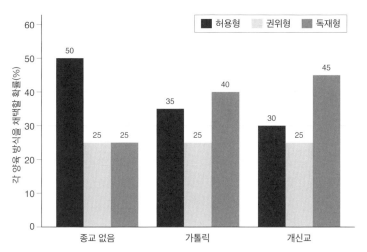

그림 5.3. 미국에서 엄마가 각각 '종교 없음'(리베르타드, 기준 집단), '가톨릭'(마리아
퓨리피카시옹), '개신교'(마가리타)일 때 자녀가 세 가지 양육 방식에 노출될 확률

보자. 이것을 가지고 계산해보면, 마리아 퓨리피카시옹은 각각
의 확률이 35%, 25%, 40%, 마가리타는 30%, 25%, 45%가 된
다(그림 5.3 참조). 흥미롭게도 세 엄마가 권위형이 될 가능성에는
종교가 거의 영향을 미치지 않았다. 하지만 독재형과 허용형을
보면 마리아나 마가리타와 같은 종교적인 엄마의 경우 독재형
이 될 가능성은 더 높고 허용형이 될 가능성은 더 낮다. 이 효과
는 개신교인 마가리타가 가톨릭인 마리아보다 크다. 종교 이외
의 다른 요인은 통제한 것임을 감안하면, 실제로 현실에서 드
러날 때는 이보다 차이가 더 클 수 있다.

각국의 종교와 양육

세계가치관조사 데이터를 통해 다른 나라들에 대해서도 종교의 영향을 알아볼 수 있다. 이 분석은 두 가지 이유에서 흥미롭다. 첫째, 불평등 등 국가 특정적인 요소를 통제한 상태에서 종교성이 양육 방식 선택과 어떻게 관련되는지 알아볼 수 있다(불평등은 3장에서 알아보았다). 둘째, 종교별로 몇몇 특성은 국가에 따라 차이가 난다. 가령 미국에서는 복음주의적 개신교도가 나머지 인구보다 더 보수적이지만 유럽은 가톨릭교도가 개신교도보다 보수적이다.

먼저 종교의 종류에 상관없이 종교가 있는 부모와 없는 부모를 비교해보자. 종교가 일상에서 '매우' 또는 '꽤' 중요하다고 답했으면 '종교적'인 부모로, 그렇지 않으면 '비종교적'인 부모로 분류했다. 선진국과 개도국을 모두 포함해 세계가치관조사 전체 표본은 총 27만 4504명인데, 그중 72%가 '종교적', 28%가 '비종교적'으로 분류되었다. 종교가 있는지 여부는 양육 방식에 영향을 미치는 것으로 나타났다. 허용형 부모 사이에서는 59%만 '종교적'이었는데 권위형 부모 사이에서는 70%, 독재형 부모 사이에서는 81%가 '종교적'이었다. 전체 표본 중 '종교적'인 사람의 비중이 72%이므로, 독재형 부모 사이에서는 '종교적'인 부모가 상대적으로 많고 허용형 부모 사이에서는 상대적으로 적은 것이다. 즉, 종교가 있는 사람이 종교가 없는 사람보다 양육에서 더 독재적이고 덜 허용적이다. 권위형 부모 중 '종교적'인 부모의 비중은 전체 평균과 큰 차이가 없었다.

다음으로 OECD 초기 회원국들(3장 참조)을 보자. 이들 국가들로만 한정하면 '종교적'인 사람들을 종교의 종류별로 다시 구분할 수 있다(전체 표본으로는 전 세계에 존재하는 종교가 너무 많아서 범주화가 어렵다). OECD 표본 응답자는 총 5만 3328명이고 이 중 51%가 종교가 있었다. 허용형 부모 사이에서는 37%, 권위형 부모 사이에서는 57%, 독재형 부모 사이에서는 62%가 '종교적'인 것으로 나타났다. OECD 표본 전체에서 종교가 있는 부모가 51%이므로 여기에서도 독재형 부모 중에는 종교적인 부모가 상대적으로 많고 허용형 부모 중에는 종교적인 부모가 상대적으로 적다. 개도국까지 포함해 전 세계 표본을 보았을 때와의 주된 차이는, 산업화된 OECD 국가로만 한정하면 전체적으로 종교가 있는 부모의 비중이 더 낮다는 것이다. 이것은 경제 발전과 함께 탈종교화가 이루어졌음을 의미한다.

OECD 국가 부모의 양육 방식에 종교가 미치는 영향은 앞에서 언급한 이유들 때문에 해석상의 문제가 있을 수 있다. 예를 들면 스웨덴이나 터키에서 각각 (여타 사회적·경제적 특성을 통제한 상태에서) 종교가 있는 사람과 없는 사람의 양육 방식 차이를 분석하는 것은 유의미할 수 있겠지만, 종교가 있는 터키 사람을 종교가 없는 스웨덴 사람과 비교할 수는 없다. 하지만 국가 내에서만 비교해보더라도 종교가 양육 방식에 영향을 미친다는 결론을 내릴 수 있다. 여타의 사회적·경제적 특성은 모두 동일한 두 엄마가 같은 나라에 산다고 하자. 그리고 종교가 없는 엄마가 허용형, 권위형, 독재형이 될 가능성이 각각 50%, 25%, 25%라고 하자(그림 5.3의 리베르타드가 여기에 해당한다). 이 정보를 가지고 종교가 있는 엄마의 확률을 계산해보면, 각각 42%,

24%, 34%가 된다.[48] 여기에서도 종교적인 부모가 비종교적인 부모에 비해 독재형이 되는 경향이 크고 허용형이 되는 경향은 작다.

세계가치관조사 데이터를 통해 종교의 종류별로도 양육 방식에 미치는 효과를 알아볼 수 있다. 미국 데이터만으로 분석했을 때에 비해 OECD 국가 데이터를 이용하면 종교의 종류를 다음 다섯 가지로 나눌 수 있다. 불교, 가톨릭, 무슬림, 개신교, 기타 종교(미국 표본에서는 무슬림과 불교가 별도의 범주가 되기에는 수가 너무 적었다. '기타 종교'는 네 가지 종교 어디에도 해당되지 않는 잔여 응답자를 말한다). 분석 결과를 설명하기 위해, 다른 특성은 모두 동일하고 종교만 다른 가상의 엄마 다섯 명을 생각해보자. 프랑스식 이름으로 그들을 각각 마리안느(종교 없음), 잔느(가톨릭), 마르게리테(개신교), 파라(무슬림), 차이홍(불교)이라고 부르도록 하자. 그리고 마리안느에게 기준 확률인 50%(허용형), 25%(권위형), 25%(독재형)를 부여해보자.

그림 5.4는 종교별로 각 양육 방식의 확률 추산치를 보여준다. 파라 같은 무슬림 엄마는 허용형이 될 확률이 현저하게 낮고 독재형이 될 확률이 높다. 다른 모든 종교보다 더 그렇다. 또한 권위형이 될 가능성도 높다.[49] 기독교 계열인 잔느와 마르게리테는 비슷한 패턴을 보이는데, 이들은 마리안느 같은 비종교적 부모보다 더 독재적이고 덜 허용적이다. 하지만 무슬림 부모만큼은 아니다. 차이홍 같은 불교 엄마는 종교를 가진 엄마 중 가장 덜 독재적이며(독재형이 될 가능성이 비종교적인 엄마와 비슷한 수준으로 낮다), 권위형이 될 확률은 높은 편이다. 미국 부모

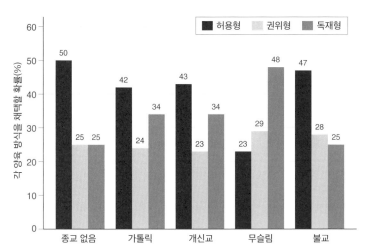

그림 5.4. OECD 국가에서 엄마의 종교별 양육 방식. 종교 없음(마리안느, 기준 집단), 가톨릭(잔느), 개신교(마르게리테), 무슬림(파라), 불교(차이홍).

들만을 대상으로 했을 때와 달리 가톨릭과 개신교 사이에는 유의한 차이가 발견되지 않는다. 이것은 놀랄 일이 아닌지도 모른다. 국제 표본에는 여러 유럽 국가가 포함되는데, 유럽의 개신교(대부분 루터파나 영국 국교회)는 유럽의 가톨릭이나 미국의 복음주의적 개신교보다 덜 보수적이기 때문이다.

정치적 성향, 경제적 보수주의, 사회적 보수주의

종교성은 보수주의의 한 가지 측면일 뿐이다. 가령 종교적으로는 자유주의적이지만 비종교적인 면에서는 보수적인 사람도 있다. 세계가치관조사 데이터는 정치적 성향에 대한 질문도 포함하고 있다. 정치적 성향이 양육 방식과 관련이 있을까? 또한 동일한 정치적 성향을 가진 사람들 사이에서 종교의 유무가 양육 방식에 차이를 가져올까?[50]

우리는 유권자들을 해당 국가 정치 스펙트럼에서의 상대적인 위치에 따라 좌, 우, 중도로 구분했다.[51] 기준 집단(좌파 성향)인 부모가 허용형, 권위형, 독재형일 확률이 각각 50%, 25%, 25%라고 하자. 다른 면에서는 동일하되 정치적 성향만 중도인 사람, 그리고 우파인 사람과 비교해보면 중도 성향인 부모는 허용형, 권위형, 독재형이 될 가능성이 각각 40%, 28%, 32%이고 우파 성향인 부모는 각각 33%, 29%, 38%다. 좌에서 우로 이동할수록 허용형에서 권위형으로 약간 이동하며 허용형에서 독재형으로 이동할 때는 차이가 더 두드러진다. 한편 정치적 성향별로 종교가 양육에 미치는 영향이 차이를 보이지는 않는 것으로 보인다. 예를 들어 중도 성향인 사람끼리만 비교했을 때 종교가 있는지 여부와 양육 방식의 관계는 전체 표본에서와 동일하며(즉, 종교가 있는 사람은 독재형이 될 확률이 허용형이 될 확률보다 크다), 좌파 성향인 부모들과 우파 성향인 부모들 사이에서도 마찬가지다. 즉, 종교성과 정치적 성향은 양육 방식에 거의 독립적으로 영향을 미친다고 볼 수 있다.

아울러, 평등에 대한 태도를 묻는 문항을 통해 경제적 보수주의와 양육과의 관계를 살펴볼 수 있다. 해당 문항은 응답자에게 소득 불평등에 대한 자신의 태도를 10점 척도로 답변하도록 요구했다. 1은 "소득이 더 평등해야 한다"이고 10은 "인센티브를 주기 위해 소득의 큰 격차가 필요하다"이다. 우리는 이 점수가 1~3점이면 '평등 지향적', 4~7점이면 '중도적', 8~10점이면 '불평등 지향적'으로 구분했다. 평등 지향적인 집단과 중도적 집단 사이에서는 양육 방식에서 통계적으로 유의한 차이가 발견되지 않았다. 불평등 지향적인 사람들과 전체 평균을 비교하면 불평등 지향적인 사람들이 오히려 더 허용적인 경향이 있었다(차이가 크지는 않았다). 이는 경제적 보수성이 종교적 보수성이나 사회적 보수성보다 양육 방식에 영향을 덜 미친다는 것을 보여준다.

소결

이 장에서는 과거 오랫동안 독재형 양육이 지속되어오다가 아주 최근에 급격히 쇠락한 현상을 살펴보았다. 경제적 요인과 문화적 요인 두 측면 모두를 분석하면서, 후자와 관련해 특히 종교성과 보수성이 독재형 양육의 확산 정도를 어떻게 설명해주는지 논의했다. 또한 독재형 양육의 비중이 사회적·경제적 집단들 사이에 어떻게 다른지도 살펴보았다.

첫째, 독재형 양육에 장점을 부여하는 기저의 경제적 요인들이 존재한다. 기술 변화가 느리고 직업 이동성이 낮은 사회에서는 대부분의 자녀가 부모의 직업을 따라간다. 이런 환경에서는 자녀가 알아야 할 것을 부모가 대개 다 가르칠 수 있고 자녀에게 직접적인 통제력을 행사할 수 있다. 자녀 입장에서도 부모의 통제를 깨고 나가서 얻을 수 있는 이득이 거의 없거나 오히려 손실이 매우 클 수 있다. 그런 사회에서는 독립성이나 상상력보다 복종이 더 높은 가치를 부여받는다. 기술 변화 속도와 직업 이동성이 낮은 것은 전 산업사회에서 세계 공통적인 특성이었다. 이와 달리 현대 경제에서는 직업의 사회적 이동성이 크기 때문에 자녀에게 독립성을 키워주는 것이 자녀의 장래에 더 이득이 될 수 있다. 근대화와 경제 발전이 이루어지면 독재형 양육은 유용성이 떨어지고, 따라서 경제 발전 정도가 높아질수록 독재형 양육은 쇠퇴한다.

둘째, 종교성도 양육에 중요한 영향을 미친다. 우리의 이론으로 설명하자면, 종교는 부모가 장래에 자녀가 살게 될 세상을 어떻게 예상하느냐에 영향을 미치기 때문에 양육 방식에 영향을 미친다. 가치관, 야망, 직업, 기술이 빠르게 변화할 것이라고 생각하는 부모는 자녀의 독립성을 중요하게 여길 것이다. 이런 부모들은 근면성의 가치도 높게 평가할 수 있겠지만, 연장자가 무조건 권위를 가져야 한다는 원칙이나 복종의 원칙을 자녀에게 강요하려 하지는 않을 것이다. 이와 달리 보수적인 종교적 관념은 세계의 질서가 근본적으로 변화하지 않는다고 보는 세계관과 관련이 깊다. 그런 세계관에서 부모의 의무는 자녀에게 불변의 진리를 가르치는 것이다. 우리의 가설에 부합하게, 종교적인 부모는 독재형이 되는 경향이 상대적으로 크고 허용형이 되는 경향은 작으며 체벌을 하는 경우도 더 많은 것으로 나타났다.[52]

전반적으로 이러한 결과들은 기술 변화와 함께 탈종교화, 세속화가 일어나면서 독재형 양육의 쇠퇴에 영향을 미쳤음을 시사한다. 이 경향이 미래에도 유지될 것인가는 매우 흥미로운 질문이다. 일반적으로 종교는 보수적 성향을 갖지만 종교 자체도 불변의 것은 아니며 사회에 따라 변한다. 예를 들면 진보적인 프란치스코 교황은 사람들의 세계관에 영향을 미칠 수 있을 만한 여러 가지 개혁을 하고 있다. 시간이 가면 적어도 일부 종교에서는 보수주의가 종교의 특성이 아니게 될지도 모른다. 퓨 리서치센터의 한 조사에 따르면, 동성혼은 여전히 가톨릭교회의 공식적인 가르침에는 저촉되지만 2017년에 미국에서 성인 가톨릭 신자 중 4분의 3이 동성혼에 찬성한 것으로 나타났다(2004년 36%에서 올라간 수치다).[53] 백인 복음주의 개신교도들 사이에서는 동성혼 지지가 여전히 낮은 편이지만(35%), 2004년 이래로 상당히 증가했다(2004년에는 11%였다). 궁극적으로 이러한 변화들은 종교가 있는 부모의 양육 행태에 영향을 미칠 것이다. 실제로, 해당 종교가 얼마나 보수적인 속성을 갖는지에 따라 종교가 양육 방식에 미치는 영향에 차이가 있음을 발견할 수 있었다.

또한 우리는 정치적, 경제적 보수주의의 영향도 살펴보았다. 정치적 보수주의가 미치는 영향은 종교의 영향과 비슷했다. 즉, 우파 성향인 부모가 더 독재형이 되는 경향이 있었다. 흥미롭게도 재분배에 대한 태도 등 경제적인 면에서 보수성을 측정했을 때는 보수성이 양육에 미치는 영향이 훨씬 작았다. 이는 정치적 보수주의와 경제적 보수주의가 근본적으로 상이한 개념임을 말해준다. 특히 경제적인 면에서의 우파 성향은 보수주의 세계관에서뿐 아니라 자유지상주의 세계관에서도 많이 생겨날 수 있다.

우리가 이 장에서 강조하지는 않았지만, 사회적 규범도 양육 방식에 중요하게 영향을 미칠 수 있다. 사회적 규범 또한 부모의 인센티브를 결정하는 환경을 구성하는 요인이다. 우리의 할아버지, 할머니 세대 때는 아이를 때리는 것이 자연스러운 일이었을 뿐 아니라 사회적으로도 받아들여지는 일이었다. 그들이 회초리를 드는 것을 이웃이 본다 해도 문제 삼을 리 없었고 이웃도 체벌을 지지하는 사람일 가능성이 컸다. 하지만 오늘날 회초리를 드는 부모는 전혀 다른 반응에 직면하게 될 것이다. 마리아와 파브리지오는 스톡홀름 길거리에서 딸이 짜증을 내고 소리를 질렀을 때 꾸짖어서 제지하려 한 적이 있었다. 그러자 지나가던 사람이 다가와서 그만하라고 강하게 말했다. "안 그러면 당시 아이가 자라서 당신을 싫어하게 될 거예요." 사회적 규범은 명백히 과거와 크게 달라졌고 이것은 부모의 행동에 영향을 미칠 수 있다.

또한 사회적 규범을 염두에 두면 최근 몇 십 년 동안 양육 방식의 변화가 벌어진 속도를 설명하는 데도 도움이 된다. 부모들이 독재형 양육 행태에서 멀어지면서 체벌에 사회적 낙인이 찍혔다. 이러한 사회적 규범의 변화는 다시 매우 빠르게 태도의 변화를 이끌어낼 수 있다. 사회적 규범이 달라지지 않았더라면 독재형이 되었을 부모도 사회적 조류를 타고 허용형이나 권위형 부모가 될 수 있는 것이다. 또한 사회적 규범은 왜 어떤 나라(스페인 등), 그리고 어떤 지역(미국 남부 등)에서는 독재형 양육이 더 끈질기게 존속하고 있는지를 설명하는 데도 도움이 된다. 체벌의 사용을 옹호하는 사람들과 주로 교류하는 부모에게는 독재형 양육 행태를 주저하게 만들 만한 사회적 압력이 약할 것이다. 반면 어떤 곳(미국의 대학 도시 등)에서는 체벌을 강하게 부정하기 때문에 누군가의 눈에 띄었을 때 받게 될 평판 훼손을 감수하면서까지 아이를 때릴 부모는 없을 것이다.

6장

아들 키우기와 딸 키우기
: 성역할의 변화

부모들 사이에서 오가는 열띤 화젯거리를 하나 꼽으라면 단연 아들 키우는 것과 딸 키우는 것의 차이점일 것이다. 물론 오늘날 서구 부모들은 젠더 고정관념이 옳지 않다고 보며, 많은 이들이 아이를 젠더 중립적으로 키우려고 애쓴다. 가령 딸에게 인형을, 아들에게 자동차를 사주기보다는 전통적인 젠더 역할을 연상시키지 않는 장난감을 찾으려고 한다. 하지만 현실에서 남아와 여아는 유아기에 성장 발달의 양상이 매우 다르고, 따라서 아들 둔 부모와 딸 둔 부모는 매우 상이한 어려움에 직면한다.[1]

딸 하나를 둔 파브리지오와 아들 셋을 둔 마티아스는 그 어려움을 한쪽씩 경험했다. 마리사와 마티아스는 세 아들이 서로 치고받을 때 너무나 자주 드러나는 공격성과 폭력(강도가 심하지는 않지만) 때문에 종종 고전한다. 집에서 형제들끼리 다툴 때만 그러는 게 아니다. 어린이집과 학교에서도 남아는 여아보다 공격성을 더 많이 드러내는 경향이 있다.[2] 마리사와 마티아스의 아이들도 예외가 아니다. 큰아들 오스카가 만 2세가 되어 LA에 있는 어린이집에 다니게 되었을 때 그는 학급에 두 명뿐인 남자아이 중 하나였고, 다른 아이들을 '밀치고' 모래를 던지는 등의 짓궂은 장난을 무척 재밌어 하는 듯 보이는 유일한 아이였다. 어린이집 교사들은 매우 우려했고, 마리사와 마티아스는 어떻게 하면 아들의 행동을 바꿀 수 있을지에 대해 논의하는 민망한 회의에 자주 불려가야 했다. 다음 해에 오스카가 시카고에서 독일국제학교를 다니기 시작했을 때도 역사는 반복되었다. 첫 번째 학부모 모임에 갔더니 다른 부모들이 어떤 아이 하나가 자주 싸움을 걸고 말썽을 피워서 자기 아이가 얼굴에 상처가 난 채로 집에 오곤 한다고 불만을 토로했다. 마리사와 마티아스는 그 아이가 오스카일까 봐 안절부절못했다. 알고 보니 다른 아이였고, 마리사와 마티아스는 이번만큼은 오스카가 적어도 제일 공격적인 아이는 아니라는 사실에 뿌듯해 할 수 있었다. 이런 일들은 루카스와 니코를 키울 때도 되풀이되었다.

대조적으로 파브리지오의 딸 노라는 누구도 밀친 적이 없다. 오히려 누가 밀쳐서 다치는 쪽이었다. 파브리지오와 마리아는 스톡홀름에서 노라의 한 친구가 플라스틱 장난감 칼을 들고 노라를 쫓아오는 것을 보고 기겁했던 날을 아직도 기억한다. 한두 해 뒤에는 유치원 의자에 앉아 있던 노라를 누가 세게 미는 바람에 노라가 벽에 머리를 부딪혀서 울면서 집에 왔다. 이번에도 밀친 아이는 남자아이였다. 스웨텐에서 스위스로 이사한 다음에도 상황은 달라지지 않았다. 노라와 또래의 여자아이들은 동네의 나쁜 10대 남자아이들이 짓궂게 괴롭히는 단골 대상이 되었다. 아마도 이 남자아이들은 부모의 영향으로 반이민자 정서를 갖게 된 모양이었다. 다행히 이런 일 중 어느 것도 노라에게 영구적인 악영향을 남기지는 않았다. 커가면서 마음이 상하는 일은 남자아이들의 괴롭힘보다는 여자아이들 사이의 언쟁에서 비롯하는 경우가 더 많았다. 여자아이들 사이의 싸움은 신체적인 폭력은 전혀 수반되지 않았지만 때때로 심리적으로는 매우 고통스러웠다.

우리의 개인적인 경험은 전반적인 추세와도 일치한다. 상대적으로 남아는 교육기관 환경에서 '문제를 일으키는' 경우가 여아보다 많다. 폭력이나 싸움뿐 아니라 낙제, 자퇴, 주의력결핍과잉행동장애 등도 그렇다. 신체 활동은 거의 허용하지 않는 채로 집중과 주의력을 요구하는 현대의 교육기관 환경이 남아보다 여아에게 더 적합한 것일지 모른다는 우려도 제기된다.[3]

남아와 여아의 차이를 다시 조명하게 된 이유 중 하나는 오늘날 교육기관이 남아와 여아를 대하는 데 전혀 차이를 두지 말아야 한다는 가정하에 운영되고 있기 때문이다. 10~20년 전과 비교해보면 이것은 매우 근본적인 변화다. 예전에는 남아가 배워야 할 것과 여아가 배워야 할 것이 달랐고, 남녀 공학이 아닌 여학교나 남학교가 일반적이었다.

교육 시스템의 변화는 이 장의 주제인 남아와 여아에 대한 양육 태도의 전환과 나란히 진행되었다. 오늘날 산업화된 국가들에서 부모가 아들과 딸을 다르게 키운다면 대개 이는 남아와 여아의 행동 양태와 욕구가 다르기 때문이며, 자녀에 대한 부모의 열망은 아들에게나 딸에게나 비슷하다. 대부분의 부모는 아들이든 딸이든 아이가 좋은 교육을 받고 배우자에게 의존해야 할 필요 없이 좋은 생활을 누릴 수 있기를 바란다. 10~20년 전만 해도 이렇지 않았다. 성역할이 더 분명하게 구분되어 있었으며, 부모들은 아들과 딸에 대해 완전히 상이한 삶의 경로를 예상했고 그에 맞게 아이들을 준비시키려 했다. 많은 개도국에서는 오늘날에도 아이와 어른 모두 성별에 따라 삶에서 매우 큰 차이에 직면한다.

성인이 되었을 때 성별에 따라 역할이 나뉜다는 것은 양육에 대한 의사 결정을 내릴 때 부모가 아들과 딸에 대해 상이한 인센티브를 갖게 된다는 것을 의미한다. 이 장에서 우리는 각국에서 아들과 딸에 대한 양육이 어떻게 다른지 짚어보고 이 차이가 경제 발전 단계별로 여성과 남성이 수행하는 경제적 역할의 차이와 어떻게 관련되는지 알아볼 것이다. 이 책의 전반적인 주제에 부합하게, 우리는 경제적 인센티브의 변화가 양육에 강력한 영향을 미치며 이것이 최근 몇 십 년 동안 성별과 관련해 양육 행태에서 나타난 변화를 잘 설명할 수 있음을 보여줄 것이다. 성별에 따른 양육의 차이는 현재보다 과거에 더 컸으므로, 역사적 관점에서 시작해 전근대 사회부터 현재까지 경제적 변화가 성역할을 어떻게 바꾸어왔으며 아들과 딸의 양육에 어떻게 영향을 미쳤는지 알아보기로 하자.

성역할의 경제적 뿌리

과거에는 여성과 남성의 역할이 뚜렷이 구분되어 있었다. 성별 역할 구분은 대부분의 사회가 남성이 권력을 가지고 있고 여성은 발언권이 없는 가부장적 사회였다는 점과 관련이 있다. 오늘날에도 몇몇 개도국에서는 치우친 성별 권력 관계에서 비롯한 영향들을 볼 수 있다. 가령 덴마크 경제학자 에스터 보서럽Ester Boserup의 독창적인 저서《경제 발전에서의 여성 역할 Woman's Role in Economic Development》에는 고된 밭일 대부분을 여성이 하고 남성은 한가하게 노는 사회에 대한 묘사가 많이 나온다.[4] 또한 여성들은 배우자나 애인에게 폭력을 당하는 것부터 법적, 정치적 권리에서 배제되는 것까지, 그 밖의 수많은 방식으로도 차별을 받았다.

하지만 남녀가 경험하는 차이에는 권력과 차별 이외에도 중요한 요인이 있다. 여성과 남성에게 서로 다른 역할이 부여된 데는 경제적인 뿌리가 있다. 가령 모유 수유는 엄마의 이동성을 제약한다. 따라서 아이를 많이 낳는 사회라면 사냥처럼 이동을 많이 하는 일에는 남성이 특화하고 여성은 어린 아기를 돌보는 일과 쉽게 결합할 수 있는 일을 맡는 것이 합리적이다. 마찬가지로 더 강한 신체적 힘을 필요로 하는 일이 있는 곳에서는 남성이 그런 일에 특화하는 경향을 보인다.

특정한 기술이 성역할에 어떻게 영향을 미치는지 보여주

는 좋은 사례 중 하나가 바로 쟁기다. 트랙터가 없던 시절, 쟁기를 다루는 데는 아주 많은 신체적 힘이 필요했고 따라서 남성에게 자연적인 이점이 있었다. 어느 지역에서 쟁기가 사용되는지 아닌지는 토양과 기후의 특성에 달려 있었다. 보서럽은 쟁기를 사용하지 않는 사회에서는 여성이 농사일을 더 많이 했고 쟁기를 사용하는 사회에서는 남성이 농사일을 더 많이 했음을 발견했다. 쟁기는 유럽 북부 지역과 북미에서 널리 사용되었는데, 그 결과 이런 지역에서는 여성은 집에서 아이를 돌보고 남성은 들에서 일을 하는 식의 '전통적인' 분업이 오래전부터 확립되었다.[5]

성별 분업은 남아와 여아에 대한 양육의 차이에도 반영되었다. 전 산업사회에서 아이를 학교에 보낸다는 것은 극소수의 상류 계층에만 해당하는 일이었고 대부분의 아이들은 어린 나이 때부터 일하는 것을 배웠다. 그리고 아이들이 하는 일은 그 사회의 성별 분업을 반영했다. 19세기 유럽의 부모-자녀 관계를 연구한 역사학자 로프터 구토름손Loftur Guttormsson에 따르면, 아이슬란드의 경우 일반적으로 남아는 이르면 7세부터 양 치는 일을 했고 여아는 '어린 동생들을 돌보는 일'을 했다.[6]

기술의 변화에 따른 성역할의 변화

성별 분업이 경제적 뿌리를 가진다는 사실은 경제 환경이 변하면 성역할도 변하리라는 점을 시사한다. 실제로 지난 100년 동안 기술 변화는 남녀 관계를 혁명적으로 바꾸었고 역사적으로 형성된 '여성의 일'과 '남성의 일' 사이의 구분을 흐뜨렸다. 그러한 기술 진보의 한 측면은 기계가 인간 노동을 대체해 신체적 힘의 필요성이 줄어든 것이다. 대신, 인지적·사회적 기술이 노동시장에서 점점 더 큰 보상을 받게 되면서 남성의 비교 우위가 잠식되었다.

하지만 더 긴 역사를 보면 기술 진보는 성별 불평등을 키우는 역할도 했다. 흔히 남성 역할과 여성 역할의 극명한 분담은 전 산업사회의 규범과 관련 있다고 여겨지지만, 사실 그보다는 가령 20세기 중반의 미국에서 오히려 성별 역할 분리가 더 심했다.

전 산업사회에서는 대부분의 가구가 농업에 종사했다. 여성은 작은 가축을 돌보고 식구들이 소비할 밭을 일구며, 남성은 큰 가축을 돌보고 시장에 팔기 위한 생산을 담당하는 식으로 여성의 일과 남성의 일이 다르긴 했지만, 여성, 남성 모두 일을 했고 양쪽 일 모두 가정을 중심으로 돌아갔다. 부모가 모두 가까이에 있었으므로 아이들은 엄마, 아빠 모두와 시간을 많이 보냈다. 어린아이의 1차적인 양육자는 일반적으로 여성이었지만 아이가 5~6세가 되면 부모와 함께 일을 하기 시작했고, 따라서 엄마와 아빠가 아이를 지켜보고 챙기는 일을 자연스럽게 분담했다.

성역할의 구분이 극명해진 것은 산업혁명 이후였다. 기술적 요인과 제도적 요인이 결합해 이 시기부터 여성과 남성의 사회적 구분이 더 견고해졌다. 경제사학자 조이스 버네트Joyce Burnette에 따르면 산업혁명 이전에는 물레 돌리는 일이 손놀림

이 더 정교한 여성의 일로 여겨졌다.[7] 그런데 공장과 기계가 도입되면서 상황이 달라졌다. 산업화 초기의 기술 진보로 인해 몇몇 영역에서는 신체적 힘에 비해 솜씨나 정교함의 중요성이 상대적으로 줄어들었다. 방적기를 돌리는 것이 그런 사례인데, 이것은 이제 남성의 일이 되었다. 이에 더해, 남성 지배적인 노조는 일자리를 놓고 여성과 경쟁하는 것에 점점 더 거세게 반대했다. 가령 1800년대 초에 발생한 노동 분규를 다룬 버네트의 연구에는 글래스고 여성 방적공과 고용주 들이 남성 방적공들에게 공격받은 사례가 나온다. 그리고 19세기를 거치면서 여성들은 노동시장의 여러 부분에서 점점 더 차별적인 장벽에 직면했다.[8]

새로운 산업 테크놀로지로 공장과 대규모 사무실에서 노동이 새로운 방식으로 조직되었고 대다수의 인구가 역사상 처음으로 가정과 일터의 분리를 경험했다. 남성은 집을 나서서 공장으로 출근했고, 철도와 교외 주거지가 발달하면서 집과 일터의 공간적인 분리가 더 심해졌다. 몇몇 여성(일반적으로 젊은 여성)은 공장에서 일을 했지만 어린아이를 돌보는 일은 여전히 여성의 몫이었으므로 아이가 있는 기혼 여성은 점점 더 가정 영역에 고립되었다.

가정과 일터의 분리라는 새로운 환경은 여성과 남성이 어떤 역할을 수행해야 하는가에 대한 사회적 기대를 재구성했다. 여성이 돈을 벌지 않아도 될 만큼 재정적으로 넉넉한 계층의 경우, 결혼한 여성은 이제 공식 노동시장에 들어가지 않았다. 그리고 달라진 성역할은 남아와 여아를 키우는 방식에도 영향을 미쳤다. 구토름손은 이렇게 언급했다. "기업과 전문직 분야에서 남성에게 점점 더 기회가 많아지는 동안, 여성의 영역은 가정을 꾸리는 일과 아이를 돌보는 일로 한정되었다. 여성들은 자신의 삶을 남편과 아이들의 필요를 채우는 데 바쳐야 했고 아내로서, 엄마로서, 딸로서, 누이로서 다른 이들을 지원하는 관계를 통해 여성성을 표현해야 했다. … 이에 따라 여아 교육의 초점은 좋은 아내와 엄마가 되는 것에 맞춰졌다."[9]

성인기에 남성과 여성의 영역이 분리되면서, 이는 여아와 남아의 교육에도 빠르게 영향을 미쳤다. 읽기, 쓰기, 산수 등에 대한 공식 교육이 노동시장에서 가치를 갖게 되었을 때, 남아와 여아의 교육 격차가 상당히 크게 나타나기 시작했다. 남아들만 공식적인 노동시장에 진입할 것으로 기대되었기 때문이다. 구토름손에 따르면, 이것은 "교육이 남아와 여아에게 상당히 차별적으로 제공되는 방식으로 간접적으로 표현되었다." "집과 학교 모두에서 여아가 남아에 비해 쓰기와 산수 교육을 덜 받게 되는" 형태로 말이다. 여아의 교육은 "가정주부라는 미래의 역할에 맞는 것으로만 한정되어야 했다. 여아가 책으로 무언가를 배운다면 더 유용한 일에 쏟아야 할 관심을 흩뜨릴 위험이 있기 때문에 그런 교육은 최소한으로만 제약되어야 했다."

20세기, 여성의 노동시장 참여율 증가

미국의 노동시장과 가정에서 젠더 구분이 가장 두드러졌던 시기는 양차 대전 사이였다. 이 시기에도 노동시장에 여성이 없지는 않았지만 예외적이었고, 대부분은 결혼을 하지 않은 젊은 여성이거나 나이가 있는 여성의 경우 사별 또는 이혼을 한 경우였다. 여성이 결혼을 하면 일을 그만두는 것이 관행이었고 많은 직업에서 결혼 퇴직(marriage bar, 혹은 기혼 여성 고용 금지)은 선택이 아니고 규칙이었다. 대부분의 주에서 여성 교사는 미혼이어야 했고 결혼하면 일자리를 잃었다. 결혼한 여성의 적절한 역할은 가정과 아이들을 돌보는 것이라고 여겨졌기 때문이다. 이러한 관행은 1900년대 초반까지 널리 받아들여지다가 1950년대에서야 사라졌다.[10]

노동시장에서 여성의 역할은 2차 대전을 거치면서 상당히 확대되기 시작했다. 남성들이 군에 들어가 유럽과 아시아에서 싸우는 동안 기혼 여성을 포함해 수백만 명의 여성이 전시 생산을 위해 노동시장에 진입했다. 전쟁 후에는 여성이 일을 하는 것이 점점 더 사회적으로 받아들여질 수 있는 일이 되었고 여성의 경제활동 참가율이 오르기 시작했다.

그림 6.1은 1890년부터 현재까지 미국 남성과 여성의 경제활동 참가율을 보여준다.[11] 대부분의 시기 동안 성인 남성은 80% 이상이 일을 했다(나머지는 대부분 학교에서 교육을 받고 있거나 이른 은퇴를 한 경우였다). 여성은 경제활동 참가율이 매우 느리게 증가해서, 1890년에 20%였고 1940년에도 여전히 28%였다. 그래도 2차 대전 이후(1960년대까지는 데이터가 10년 단위로 존재하기 때문에 전쟁 중 시기는 여기에 나타나지 않는다) 여성의 경제활동 참가율은 꾸준히 올라, 1990년대가 되면 남성보다 크게 낮지 않은

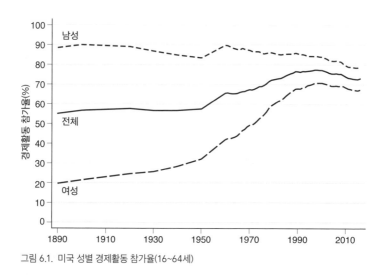

그림 6.1. 미국 성별 경제활동 참가율(16~64세)

70% 정도에 도달하게 된다.

　19세기에 있었던 전환들처럼 20세기의 여성 경제활동 참가율의 변화도 대부분 기술 발전에 의해 추동되었다. 이미 언급했듯이 이 변화의 한 측면은 노동시장에서 수요가 많은 역량의 종류가 달라진 것이었다. 무엇보다, 육체적 힘의 중요성이 점점 줄어들었다. 경제학자 클라우디아 골딘Claudia Goldin의 연구에 따르면, 1920년대와 1930년대에 육체적 힘의 차이는 노동시장에서 여성에게 제공되는 일자리 기회가 여전히 적고 그리 매력적이지 않은 중요한 이유였다.[12] 그러나 그 이후에 서비스 분야 등 물리적인 힘보다 인지적·사회적 기술을 더 많이 필요로 하는 영역에서 새로운 일자리가 대거 생겨났다. 경제학자 미셸 렌달Michelle Rendall은 이러한 구조적인 변화로 여성이 '비교 우위'를 가질 수 있게 되었고 이것이 여성 노동력 공급의 증

기울어진 교육

가를 설명하는 중요한 요인이라고 언급했다.[13]

또한 경제학자 제러미 그린우드Jeremy Greenwood, 아난스 세샤르디Ananth Seshardi, 메흐메트 요루코글루Mehmet Yorukoglu에 따르면, 기술 진보는 가내 노동과 가정생활의 조직에도 파급효과를 가져왔다.[14] 1900년에는 가사일을 맡아줄 하녀가 없을 경우 엄마들이 전일제로 일을 하기란 매우 어려웠다. 음식 준비, 빨래, 청소, 아이 돌보기 등에 들어가는 시간 때문에 많은 여성이 집 밖에서 고정적인 일을 하는 것이 불가능했다. 그러나 가정용 기술의 발달로 가내 노동에 들여야 하는 시간이 많이 줄어들면서 더 많은 여성이 공식 노동시장에 진입할 수 있게 되었다. 냉장고, 식기세척기, 세탁기, 청소기 등 노동을 절약해주는 도구의 확산이 이 전환에 큰 역할을 했다. 포장 식품이나 어린이집 등 시장 기반의 대안들이 생겨나 가내 생산과 서비스를 대체하게 된 것도 이 추세에 기여했다. 종합해봤을 때 이러한 혁신들은 여성이 자신의 시간 사용에 대해 선택을 내릴 수 있는 여지를 높여주었다.

여성이 노동시장에 진입할 기회가 늘어난 것은 성별 임금 격차의 추이에서도 드러난다. 여성과 남성의 임금이 차이나는 데는 여러 가지 이유가 있을 수 있다. 명시적인 차별도 물론 중요한 요인이지만 교육, 경력, 육체적 힘과 같은 요인들도 있다. 그림 6.2는 1890년부터 현재까지 미국의 성별 임금 격차(남성 임금 대비 여성 임금)를 보여준다.[15] 1890년에는 평균적으로 여성의 임금이 남성의 절반이었지만 그 이후 100년 동안 성별 임금 격차는 서서히 줄어들었다. 1950년대와 1960년대에 이 추세가

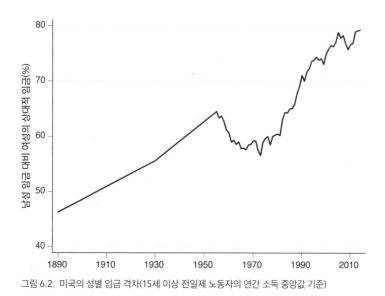

그림 6.2. 미국의 성별 임금 격차(15세 이상 전일제 노동자의 연간 소득 중앙값 기준)

일시적으로 역전되는데, 대학 교육에서 남녀 격차가 컸고(그림 6.5 참조) 상대적으로 나이가 더 많고 숙련 경험이 더 적은 기혼 여성이 노동시장에 진입한 것이 주요인이었다. 오늘날에는 평균적으로 여성이 남성보다 20% 정도 임금을 적게 받는다.

기술 요인을 넘어서
: 문화적 전승과 학습

노동시장에서 여성의 역할이 달라진 데는 기술 변화 이외의 요인도 있다. 일하는 여성에 대한 명백한 차별과 편견도 중요한 요인이었다. 마리 퀴리Marie S. Curie가 이를 단적으로 보여주는 사례다. 이렇게 위대한 과학자마저 여성이라서 차별을 겪어야 했던 것이다. 퀴리는 1903년 여성 최초로 노벨 물리학상을 탔으며 1911년에는 노벨 화학상을 타면서 두 종류의 노벨상을 탄 최초의 인물이 되었다. 하지만 첫 노벨상을 받은 뒤에 남편이자 공동 수상자인 피에르 퀴리Pierre Curie만 파리 대학에서 교수직을 얻었다. 퀴리 부인은 사고로 남편이 숨지고 나서야 파리 대학에서 최초의 여성 교수가 될 수 있었다. 그리고 두 번째 노벨상을 받기 불과 몇 개월 전에 프랑스 과학 아카데미 회원이 되려고 지원했지만 여성은 불가하다는 이유로 거부되었다.[16]

문화의 변화로 여성에 대한 차별이 완화되면서 여성의 노동시장 참여율이 높아진 것과 관련해 최근 많은 연구가 이루어졌다. 일례로, 경제학자 라켈 페르난데스Raqual Fernandez, 알레산드라 포글리Alessandra Fogli, 클라우디아 올리베티Claudia Olivetti는 특히 20세기 초에 아내가 일을 하는 것에 대해 '남편이 가진 편견'을 조사했는데, 직업 경력의 면에서 전망이 더 좋은 여성들은 결혼 시장에서 더 불리한 경향이 있었던 것으로 나타났다.[17] 1890년에 태어난 사람들 사이에서 여성이 대학 교육을 받고 미혼으로 남아 있을 가능성은 31%였는데, 그보다 교육 수준이 낮은 여성들 사이에서는 그 비중이 8%였다. 많은 남성이 전업주부가 될 아냇감을 찾고자 했고, 여성이 교육과 직업에 대해 야망이 있다는 것은 '기회'보다는 '문제'를 의미했다. 오늘날에는 이와 반대다. 앞에서 언급했듯이, 대학 교육을 받은 여성이 교육 수준이 더 낮은 여성보다 결혼할 가능성이 크다. 페르난데스, 포글리, 올리베티에 따르면 남성의 태도 변화가 여기에 상당한 영향을 미쳤다. 또한 남성의 전향적인 태도는 그가 어린 시절에 자랐던 가정환경과 관련이 있었다. 예를 들어 어린 시절에 어머니가 일을 했으면 그 남성은 성인이 되어서 일하는 여성과 결혼할 가능성이 컸다. 이는 성역할에 대한 태도에서도 부모가 아이에게 큰 영향을 미칠 수 있음을 보여준다.

일하는 여성에 대한 태도는 남성만 달라진 것이 아니다. 여성들 자신의 견해도 달라졌다. 당대의 지배적인 성역할을 고려했을 때, 20세기 초의 여성들은 노동시장에 참여하겠다는 자신의 결정이 가족, 특히 아이들에게 어떤 영향을 미칠지 크게 우려했을 것이다. 하지만 페르난데스의 또 다른 연구에 따르면, 여성들은 또 다른 방식의 삶이 가능할 뿐 아니라 더 매력적일 수 있음을 점차 알게 되었다.[18] 그리고 여성이 일을 하는 것이 바람직할 수 있다는 믿음은 다음 세대로도 전승되었고 궁극적으로 사회에 새로운 규범이 생겨났다. 이러한 학습 메커니즘은 젠더에 대한 태도의 변화와 여성 노동 공급의 증가가 서로를 강화한다는 것을 보여준다. 즉, 페르난데스의 연구는 가정에서 이루어지는 가치와 태도의 전승이 사회변화의 원인이자 결과임을 말해준다.

성별에 따른 시간 사용과 교육의 차이

전반적으로는 남녀 구분이 없어지는 방향으로 성역할이 바뀌어왔지만 여전히 남아 있는 차이도 있다. 앞에서 보았듯이 여성의 경제활동 참가율은 여전히 남성보다 낮고 성별 임금 격차도 여전히 존재한다. 그리고 가정에서는 남녀의 노동이 일터에서보다도 더 큰 차이를 보인다. 그림 6.3과 6.4는 남성과 여성의 시간 사용이 시장 노동(공식적인 고용 관계에서의 노동이나 이윤을 위한 자영업)과 비시장 노동(양육을 제외한 살림, 요리 등) 사이에서 어떻게 나뉘는지 나타낸 것이다.[19]

남성은 여전히 시장 노동에 대부분의 시간을 쓴다. 1965년부터 현재까지 시장 노동 시간은 약간만 줄었고 가정에서 하는 일의 증가폭은 그보다 더 작다. 여성들은 시장 노동이 증가했고 그에 따라 가정일에 쓰는 시간이 감소했지만, 오늘날에도 평균적으로 여성은 집에서 남성보다 훨씬 일을 많이 한다.

우리는 양육의 경제학 이론을 통해 여아와 남아에 대한 양육 선택이 해당 사회의 지배적인 성역할을 반영한다고 주장했다. 부모는 자녀가 커서 직면하게 될 경제 환경에 잘 준비되기를 바라기 때문이다. 여성의 노동시장 참여가 최근 몇 십 년 사이에 크게 증가했으므로, 여아를 가정주부보다는 성공적인 커리어우먼이 되기에 더 적합하게 키우는 방식으로 서서히 변화했으리라고 짐작해볼 수 있다. 이러한 양육 선택의 변화를 보여주는 한 사례를 교육에서 볼 수 있다. 가령 1940년 이전의 부모는 딸이 노동시장에서 보수를 많이 받는 종류의 일에 요구되는 교육을 받아야 할 필요성을 별로 느끼지 못했다. 그런데 1960년대 이후부터는 이런 류의 교육이 여아에게도 남아 못지않게 중요해졌고, 따라서 여아를 높은 수준까지 교육하려는 인센티브가 점차 커졌다. 실제로, 전에는 남아가 여아보다 교육을 더 많이 받았지만, 여성의 경제활동 참가율과 [남성 대비] 상대적 임금이 상승하면서 여성의 교육 수준이 남성을 따라잡았

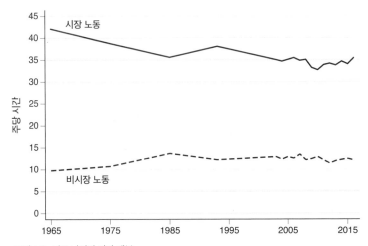

그림 6.3. 미국 남성의 시간 배분

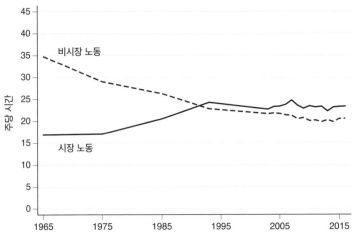

그림 6.4. 미국 여성의 시간 배분

그림 6.5. 미국 25~29세 남녀 인구의 4년제 대졸자 비중

고 이어서 능가했다.

그림 6.5는 미국의 젊은 성인 여성과 남성 중 대학(4년제 이상) 졸업자의 비중을 보여준다.[20] 1940년 이전에는 대학 교육이 드물었다. 소수의 상류 계층만 받을 수 있었고 남녀 모두 인구의 10%가 채 되지 않았다. 그러다가 2차 대전 직후 남성의 대학 교육은 급격히 증가하기 시작했지만 여성은 그렇지 못했다(부분적으로 이 격차는 제대군인원호법으로 2차 대전 참전 군인이 대학에 다닐 경우 학비와 생활비를 보조받았기 때문이다). 따라서 1950년대와 1960년대에 남녀 간 교육 수준에 큰 격차가 생겼다. 남성이 여성보다 대졸자 비중이 거의 두 배나 높았다. 그러다가 1960년대 중반 이후 여성의 교육이 급격히 확장되기 시작했는데, 이는 많은 여성이 일을 하기 시작한 시기와 일치한다. 이어 1990년대 초 무렵이면 젊은 여성의 교육 수준이 남성을 따라잡

왔고, 오늘날에는 여성이 남성보다 대졸자 비중이 더 높다.[21]

상당히 최근까지도 여성과 남성은 상이한 기술과 역량을 배웠다. 파브리지오가 중학생이던 1970년대 말에 이탈리아에서는 남녀 합반 수업이 이루어지긴 했지만(이것 자체도 그제야 막 벌어진 변화였다) 예외가 있었다. 수업 시간표에 '기술/가정'이라 적혀 있으면 남학생과 여학생이 따로 나뉘어 수업을 받았다. 파브리지오는 스팀 엔진의 원형 모델을 만드느라 진땀을 뺐고, 여학생들은 바느질, 요리, 손님맞이 등을 배웠다. 고등학교는 여전히 성별로 분리되어 있었고, 몇몇 직업 학교는 이름에 '여성다운'이라는 형용사가 붙어 있었다. 이런 학교에서는 적절한 테이블 매너와 가정 경제학 등 책임 있는 현대식 가정주부가 되는 데 필요한 교육을 시켰고, 또 다른 직업 여학교들에서는 속기, 타자 등을 가르쳤다. 남학생이 다니는 직업학교는 주로 공업 학교였는데, 이런 학교에 여학생은 매우 적었다.

성별에 따른 불균등은 역사 속의 기억만이 아니다. 취리히 연방공과대학에서 노라의 학년은 여학생 1명당 남학생이 3명이다. 과학 기술 분야에 성별 격차가 여전히 존재한다는 의미다. 파브리지오의 아내인 마리아가 취리히 대학 경제학과에서 교수직을 그만두었을 때, 이로써 그 학과에는 여성 정교수가 한 명도 없게 되었다. 노스웨스턴 대학과 예일 대학(우리가 현재 근무하는 학교)은 약간 낫긴 하지만 학계에서의 성별 불균등은 여전히 남아 있다.

딸 가진 부모와 아들 가진 부모는
상이한 양육 방식을 택하는가

우리의 이론에 따르면, 부모는 장래에 아이의 삶이 어떠할지를 예상해 그에 따라 의사 결정을 하며, 아이가 장래에 도움이 될 가치관, 기술, 태도를 장착할 수 있게 도우려 한다. 앞에서 보았 듯이, 산업화된(더 정확하게는 포스트 산업사회인) 나라들에서 여성 과 남성의 경제적 역할은 지난 몇 십 년 동안 상당히 수렴했고 부모가 아들과 딸을 대하는 태도의 차이 역시 줄어들었다.[22]

앞 장들에서 논의한 양육 방식 데이터도 이를 뒷받침한다. 소득변화패널연구PSID의 아동발달보충연구CDS에서 미국 데 이터를 살펴보자. 5장에서 사용한 데이터로, 이 설문에는 양육 방식에 대한 정보 외에 젠더에 대한 태도를 묻는 질문도 포함 되어 있다. 부모의 양육 방식은 앞에서 세계가치관조사 데이터 를 분석했을 때와 동일한 방식을 사용해 허용형, 권위형, 독재 형으로 구분했다.[23] 이 데이터를 이용하면 딸을 가진 부모와 아 들을 가진 부모로 나눠서 양육 방식을 살펴볼 수 있다(양육 방식 설문은 1997년 것이다). 분석 결과, 전반적으로 아들을 가진 부모 나 딸을 가진 부모나 양육 방식은 크게 차이가 나지 않았다. 딸 을 가진 부모가 상대적으로 권위형일 가능성이 크고 허용형 및 독재형일 가능성은 작았지만 차이가 크지는 않았다(1~2%p 정 도). 따라서 남아와 여아에 대해 부모들이 거의 동일한 양육 방 식을 보인다고 보아도 무방하다. 이것은 우리의 예측과 일치한 다. 즉, 부모들이 남아와 여아에 대해 비슷한 계획과 기대를 가 지고 있다면, 그리고 나중에 도움이 될 가치관과 기술이 무엇일지에 대해 비슷한 인식을 가지고 있다면, 남아와 여아를 비슷하게 대할 것이다.

이렇듯 전반적으로는 성역할이 수렴하고 있지만 오늘날에도 성별에 대한 관념은 사람들마다 차이가 크다. 어떤 이는 거의 완벽한 성평등을 지향하고 어떤 이는 더 전통적인 역할 구분을 지지한다. 우리의 이론에 따르면, 이러한 차이는 양육에도 반영된다. 딸은 가정생활과 모성에 초점을 맞추고 아들은 가정의 주 수입원이 되기를 원하는 부모는 양육 선택을 통해 이러한 견해를 드러내려 할 것이다.

PSID-CDS는 젠더에 대한 태도를 묻는 질문을 많이 포함하고 있기 때문에, 우리는 앞의 예측이 데이터로 뒷받침되는지 확인해볼 수 있다. 다음의 언명을 보자. "남성의 일과 여성의 일이 따로 있으며, 남녀는 각각 상대의 일을 하지 말아야 한다." 이 언명에 동의하는 부모라면 전통적인 성별 역할 모델을 선호할 것이다. 그렇다면 딸과 아들을 상이한 역할에 맞게 준비시키려 할 것이고, 따라서 딸과 아들을 다르게 대하게 될 것이다. 5장에서 설명했듯이, 독재형 부모는 독립성이 자녀에게 가져다줄 이득을 낮게 평가한다. 여성과 남성이 개인의 선호보다는 성역할을 따라야 한다고 믿는 부모는 자녀의 독립성에 가치를 덜 부여할 것이고, 따라서 독재형이 되는 경향이 상대적으로 더 클 것이다.

PSID-CDS 데이터는 이 예측을 뒷받침해준다. 오늘날 미국에서 엄격히 구분된 성역할을 지지하는 사람은 매우 소수다. 응답자의 80% 이상이 앞의 언명에 '강하게 반대'하거나 '반대'

했다. 하지만 동의하는 사람들 사이에서는 독재형 부모가 현저하게 많았고 허용형 부모는 현저하게 적었다. 가구 소득, 교육, 연령, 인종 등의 요인들을 통제한 뒤에도, 여성의 일과 남성의 일이 달라야 한다고 생각하는 사람들은 허용형이 될 가능성보다 독재형이 될 가능성이 거의 두 배나 높았다.[24]

이렇듯 전통적인 성역할을 선호하는 응답자들은 전반적으로 독재형이 많은데, 특히 딸을 둔 경우에 한층 더 그러한 경향이 있었다. 남성의 일과 여성의 일이 구분되어야 한다고 생각하는 부모 중 아들을 둔 부모는 독재형이 될 가능성이 기준 확률인 39%보다 5%p 더 높았는데 딸을 둔 부모는 8%p나 더 높았다(다른 요인들은 통제한 것이다). 이는 기준 확률보다 상당히 높은 것이다.

아들과 딸에 대한 부모의 태도는 경제 변수와 밀접하게 관련이 있다. 전통적인 성역할을 선호하는 사람들은 성평등을 지지하는 사람들보다 가구 소득이 낮고 교육 수준도 낮은 경향이 크다. 어쩌면 낮은 가구 소득은 전통적인 성역할을 지지하는 것의 직접적인 결과일 수 있다. 응답자가 엄격한 남성 영역과 여성 영역을 구분하는 사람일 경우, 그 가정에서는 여성이 직장을 갖고 있지 않을 가능성이 크므로 가정의 소득을 올릴 추가적인 기회를 갖지 못하게 된다.

전통적인 성역할과 가구 소득 및 부모의 교육 수준과의 관련성은, 엄마와 아빠가 둘 다 전일제로 일을 하려면 아이를 돌봐주는 서비스를 이용할 수 있어야 한다는 점에서도 드러난다. 유일하게 접근 가능한 아동 돌봄 서비스가 돈을 내고 아이를 돌봄 센터에 보내거나 아이를 돌봐줄 사람을 고용하는 것이라면, 이것은 경제적 자원이 많은 사람들만 취할 수 있는 선택지다.

흥미롭게도, 부모의 성별 자체는 성별에 대한 태도를 결정하는 데 그리 중요한 변수가 아닌 것으로 나타났다. 전통적인 성역할을 선호하는 사람의 비중은 여성이나 남성이나 별 차이가 없었다. 이것은 전통적인 역할 모델이 늘 가부장 사회의 잔재이지는 않다는 것을 말해준다. 즉, 남성이 여성의 희생에서 더 많은 이득을 취하기 때문에 전통적인 성역할을 여성보다 더 많이 지지한다고 볼 수는 없다. 그보다는 (인센티브에 대한 경제 이론에 부합하게) 전통적인 역할 모델이 가정생활과 일터 생활 사이의 상충적 교환관계를 반영하며 이는 남녀 모두에게 동일하게 영향을 미친다고 해석해볼 수 있을 것이다.

PSID-CDS 데이터는 딸과 아들을 키우는 것의 차이에 대한 직접적인 질문도 포함하고 있다. "부모가 딸에게도 아들에게와 마찬가지로 독립성을 고취해주어야 한다고 보십니까?"라는 항목에 대해 응답자 중 매우 일부만이 반대한다고 답했다(6%). 그런데 이 소수의 사람들은 더 전통적인 성역할 관념을 가지고 있는 경향이 컸다. 가령 이들은 아내가 남편을 내조하는 것이 자신의 경력을 위해 노력하는 것보다 중요하다고 답하는 경향이 두 배 이상 높았고, 절반 이상이 "남성이 돈을 벌고 여성이 집에서 가정을 돌보는 것이 모두에게 더 좋다"고 답했다.

놀라운 일도 아니지만, 딸의 독립성에 대해 어떤 생각을 갖고 있는지와 양육 방식의 관련성은 응답자가 아들을 두었는지 딸을 두었는지에 따라 달랐다. 아들을 둔 부모는 이 질문에 대한 답과 독재형이 될 가능성이 큰 연관을 보이지 않았다. 하지만 딸을 둔 부모의 경우, 딸의 독립성이 덜 중요하다고 본 부모들은 독재형이 될 가능성이 25%p 높았다. 이는 독재형이 될 평균적인 가능성보다 두 배 가까이 오른 것이다. 이러한 연관관계는 자녀의 미래에 대한 부모의 기대와 열망이 양육 방식의 핵심 결정 요인이라는 우리의 가설에 잘 부합한다.

국가별 남아와 여아에 대한 양육 차이

위에서 우리는 미국의 경우를 살펴보았다. 대부분의 미국 가정은 여아와 남아를 비슷한 방식으로 키우지만 전통적 역할 모델과 성별 분업을 믿는 부모는 남아와 여아를 다르게 키운다. 그렇다면 이 관계가 다른 나라에서도 발견될까? 우리의 인센티브 이론에 따라 예측해보면, 전통적인 성역할 모델이 여전히 지배적인 규범이어서 남성과 여성이 일상에서 상당히 다른 역할을 하는 나라에서는 여아와 남아에 대한 양육 방식이 상이할 것이다. 우리는 성역할이 강하게 분리되어 있는 나라들의 데이터를 통해 이 가설을 확인해볼 수 있다.

앞의 장들에서 사용했던 세계가치관조사 데이터를 사용해 전통적인 성역할 개념과 양육 방식 사이의 관계를 알아볼 수 있다. 이 조사에는 성역할에 대한 태도를 묻는 질문이 포함되어 있다. 우리는 산업화된 국가와 개도국 모두를 포함한 전체 국가 표본을 분석에 사용했다.

다음의 언명을 보자. "남성은 여성보다 일자리를 가질 권리를 더 많이 가져야 한다." 우리는 이에 대한 대답이 젠더 편향성을 보여주는 좋은 지표라고 생각한다. 전체 표본에서 응답자의 40% 정도가 이 언명에 동의한다고 답했고, 이들 '젠더 편향적'인 부모 중 독재형, 권위형, 허용형 부모는 각각 48%, 39%, 13%였다. 이 언명에 동의하지 않는, 젠더 편향적이지 않은 집단에서는 이 확률이 각각 40%, 37%, 23%였다. 즉, 젠더 편향적인 응답자들이 평균에 비해 독재형인 경향이 더 컸고 허용형인 경향은 더 작았다. 종교성도 젠더 편향과 강한 연관관계를 보였다. 종교가 있는 부모의 45%가 젠더 편향적인 반면, 비종교적인 부모 사이에서는 27%만이 젠더 편향적이었다.

표 6.1은 종교성과 젠더 편향성이 각각 양육 방식에 영향을 미치는 독립변수임을 보여준다. 우선 종교적인 부모들만으로 한정해보자. 이중 '젠더 편향적'인 부모들과 '젠더 중립적'인 부모들 사이에서 허용형 부모의 비중은 각각 13%와 18%였다. 그리고 독재형 부모의 비중은 각각 51%와 46%였다. 종교적이지 않은 부모들 사이에서는 이 패턴이 더 두드러진다. 종교적이지 않은 부모들로만 한정해보았을 때, 젠더 편향적인 부모들과 젠더 중립적인 부모들 사이에서 허용형 부모의 비중은 각각 18%와 32%, 독재형 부모의 비중은 각각 34%와 28%였다. 또한 종교적이지 않은 부모들 사이에서 젠더 편향적인 부모가 젠더 중립적인 부모보다 더 권위형이 되는 경향도 발견할 수 있었다.

	종교 있음		종교 없음	
	젠더 중립적	젠더 편향적	젠더 중립적	젠더 편향적
허용형	18%	13%	32%	18%
권위형	36%	36%	40%	48%
독재형	46%	51%	28%	34%
	100%	100%	100%	100%

표 6.1. 양육 방식, 종교성, 젠더 태도(세계가치관조사)

세계가치관조사 설문 항목 중 "아내가 남편보다 소득이 높으면 문제가 된다", "취학 전 연령대의 아동은 엄마가 일을 하면 피해를 본다", "대학 교육은 여아보다 남아에게 더 중요하다", "남성이 기업 경영자로서 여성보다 더 뛰어나다"를 이용해 젠더 편향성을 측정했을 때도 동일한 패턴이 나타났다. 모든 경우에서, 종교적이고 젠더 편향적인 부모들은 독재형이 되는 경향이 컸고, 비종교적이고 젠더 중립적인 부모들은 허용형이 되는 경향이 컸다. 이 패턴은 미국의 PSID-CDS 데이터로 분석했을 때도 일관되게 나타났다.

젠더에 대한 태도는 국가의 경제 발전 정도에 따라서도 차이를 보인다. 1인당 GDP가 높은 나라들은 남성이 여성보다 일자리를 가질 권리를 더 많이 가져야 한다고 답한 응답자 비중이 더 작다. 국가 안에서 비교를 해보면, 교육 수준이 젠더 편향을 가장 잘 예측하는 변수다. 대학 교육을 받은 응답자들은 해당 언명에 동의하는 경우가 더 적었고 고졸 이하인 응답자들 사이에서는 더 많았다. 젠더에 대한 태도는 정치 성향과도 관련이 있다. 사회적 계층, 교육, 나이, 성별 등의 요인을 통제한 뒤에도, 스스로를 좌파 성향이라고 생각하는 응답자에 비해 우파 성향이라고 생각하는 응답자가 해당 언명에 동의하는 경향이 컸다.

부유한 나라들에서는 사회가 여성에게 더 평등해지는 쪽으로 변화했는지 가늠하는 척도로 흔히 여성의 경제활동 참가율을 본다. 이를테면 미국과 영국에서 여성운동은 여성도 동등한 노동 기회를 가질 수 있게 하는 것을 중요한 목표로 삼는다. 하지만 저소득, 중위소득, 고소득 국가 모두를 포함해 전체적으로 보면, 여성의 권리 향상과 여성 노동 공급 증가의 연관성은 선진국만 보았을 때만큼 분명하지 않다. 여성이 노동을 많이 하는 것이 여성 권력이 약하기 때문인 나라도 있다.

그림 6.6은 각국의 1인당 GDP와 여성의 경제활동 참가율을 보여준다.[25] 산업화된 서구 국가들은 대체로 오른쪽 위에 위치해 있다. 이들 국가들은 1인당 소득이 높고(2016년 3만 달러 이상) 여성의 경제활동 참가율이 대략 40% 이상이다. 고소득 국가 사이에서 여성들의 노동 참여가 낮은 소수의 나라 중 하나가 사우디아라비아인데, 기본적으로 부가 석유 추출에서 나오므로 다른 고소득 국가들에 비해 교육과 인적 자본의 경제적 중요성이 작은 편이다. 따라서 통치 체제가 전통적인 성역할 모델을 계속 강조해도 비용을 덜 유발하리라고 해석해볼 수 있다. 그러나 사우디아라비아에서도 (조금이나마) 변화가 일어나고 있다. 여성의 경제활동 참가율이 증가하고 있으며 여성의 운전을 금지하던 오랜 법도 최근에 폐지되었다.

기울어진 교육

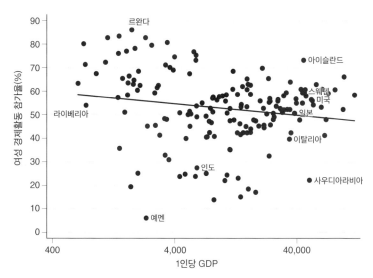

그림 6.6. 2016년 각국 1인당 GDP와 여성 경제활동 참가율

　　1인당 GDP가 4,000달러 이하인 가난한 나라들에서는 여성의 노동 참여 정도가 들쭉날쭉하다. 어느 나라에서는 여성이 거의 일을 하지 않고 어느 나라에서는 서구 국가에서보다 여성의 노동 참여도가 높다. 후자의 경우, 여성이 노동시장에 많이 참여하는 것이 사실 불평등한 성별 권력 관계를 반영하는 징후일 수 있다. 이는 앞에서 살펴본 쟁기 사용과 성별 분업 논의와도 관련이 있다. 보서럽에 따르면, 역사적으로 쟁기 사용이 일반화되지 않았던 지역에서는 여성이 노동을 거의 다 담당하는 가부장적인 문화가 발달했을 수 있다.[26] 실제로 여성의 노동 참여가 높은 나라들이 여성의 권리에 대한 다른 지표들, 가령 정치적 권리나 경제적 권리, 여성에 대한 폭력 등에서 점수가 낮은 경향을 보이는 경우가 많다.

이런 사실이 양육과 관련해 시사하는 바는, 남아와 여아가 키워지는 방식이 단지 국가의 경제 발달 정도하고만 관련 있는 것이 아니라 특정한 기술적, 제도적, 문화적 실행, 그리고 그것들이 담지하고 있는 젠더 역할에도 달려 있다는 것이다. 여기서 특히 관련성이 큰 제도는 결혼 제도다. 아직도 많은 나라(주로 아프리카와 중동)에서 일부다처가 일반적이다. 남성에게만 여러 배우자를 갖도록 허용하는 것은 성차별의 한 형태다. 그리고 일부다처가 일반적인 나라는 대체로 여러 가지 성평등 지표에서 점수가 낮다.

일부다처의 부수 효과 하나는 딸을 갖는 것의 경제적 가치를 올린다는 것이다. 일부다처제 아래에서는 부유한 남자들이 아내를 여럿 둘 수 있기 때문에 신부감에 대한 수요가 많아진다. 신부에 대한 높은 수요를 반영하는 제도 중 하나가 신랑 지참금 제도다. 신랑이 신부의 아버지에게 딸과 결혼할 수 있게 해주는 대가로 돈을 주는 것이다.[27] 따라서 부모 입장에서 보면 딸을 갖는 것은 경제적으로 가치가 있다. 딸에게도 약간의 이득이 있을 것이다. 부모가 딸을 잘 돌볼 경제적인 유인이 생기기 때문이다. 하지만 단점도 있다. 부모가 딸을 투자 대상으로 여기면 딸을 많이 갖기 위해 출산을 더 많이 하려 할 것이고, 따라서 사업 등 다른 형태의 투자에 쓸 돈이 별로 남지 않을 것이다. 경제학자 미셸 터틸트Michele Tertilt에 따르면, 일부다처가 일반적인 나라에서 이러한 효과는 빠른 인구 증가와 상당히 낮은 저축으로 이어지며, 이는 다시 낮은 경제 발전으로 이어진다.[28] 차드, 감비아, 기니, 시에라리온 등은 기혼 남성 20% 이상이 아내가 둘 이상인데, 이 나라들 모두 2016년 1인당 소득이 473달러(감비아)에서 664달러(차드) 사이로 세계에서 가장 가난한 나라에 속한다.[29]

인센티브 이론에 비추어볼 때, 남아 대비 여아의 경제적 가치는 부모가 자녀에게 들이는 투자 양태에 영향을 미치리라고 예상해볼 수 있다. 이는 여아가 경제적으로 가치 있는 나라(일부다처 비율이 높은 나라 등)와 여아가 금전적인 면에서 투자가 아니라 경제적 부담이 되는 문화를 가진 나라를 비교해보면 알 수 있다. 딸을 가진 부모가 예비 신랑에게서 지참금을 받는 게 아니라 딸을 결혼시키기 위해 오히려 돈을 들여야 하는 나라(즉, 신랑 집에 돈을 주어야 하는 나라) 등이 후자에 해당된다. 또한 신부 지참금이 가부장적 부계 사회(남아는 본가에 남아 부모의 농장이나 사업을 물려받고 딸들은 남편의 가정으로 가는 사회)와 결합되면, 딸을 갖는 것은 경제적 이득이 거의 없을 것이다.

딸과 아들의 상이한 경제적 가치는 부모가 내리는 의사 결정에 반영된다. 가장 극단적인 사례로, 최근 몇 십 년 동안 남아를 선호하는 나라에서 태아 성감별로 낙태를 하는 경우가 많았던 현상을 들 수 있다. 인도, 중국 등에서는 남아가 여아보다 많이 태어나며 최근에는 이 차이가 10% 이상에 달하기도 했다. 노벨상을 수상한 경제학자 아마르티아 센Amartya Sen은 이 현상을 '사라진 여성missing woman'이라고 부른다. 자연 성비(거의 1대 1)에 비해 여성이 훨씬 부족한 상황을 일컫는다.[30] 최근의 추산치에 따르면, 세계적으로 '사라진 여성'은 1억 명이 넘는다. 이것은 부모의 의사 결정에 인센티브가 크게 영향을 미친다는 것을 보여준다.[31] 주목할 만한 점은, 일부다처율이 높은 아프리카 나라들에서는 성비가 균형을 이루고 있거나 여아가 약간 많다는 것이다. 이 나라들은 신부 쪽보다 신랑 쪽이 지참금을 내는 게 더 일반적인 나라들이다.

남아와 여아의 불평등한 대우는 출생에서 그치지 않는다. 인도에서 '사라진 여성' 현상이 일어나는 것은 여아가 더 적게 태어나서만이 아니라 여아가 남아보다 영유아 사망률이 더 높아서이기도 하다. 액면 그대로 보면 이것은 매우 놀라운 현상이다. 동등하게 대우를 받았다면 대부분의 사회에서 여아가 남아보다 병에 걸릴 가능성이 다소 적고 생존율도 더 높은 경향이 있기 때문이다. 즉, 이 데이터는 출생 이후에도 성별 불평등이 존재한다는 것을 의미한다. 가령 영양 부족을 생각해보자. 많은 인도 아이들이 발육 부진(영양실조의 분명한 징후다)을 겪는데, 맏아들에게서는 발육 부진이 훨씬 적게 나타난다. 부계 사회에서는 맏아들이 부모를 노년에 부양할 것이기 때문에 부모에게 경제적으로 가장 가치가 높다는 점과 관련이 있을 것이다. 또 다른 요인은 모유 수유다. 모유 수유는 아이의 건강에 매우 득이 되며 양질의 물이 부족한 곳에서는 더욱 그렇다. 그런데 시마 자야찬드란Seema Jayachandran과 일리야나 쿠지엠코Ilyana Kuziemko는 인도에서 여아의 모유 수유 기간이 남아보다 짧다는 것을 발견했다.[32] 이것은 건강과 발육의 격차로 이어진다. 이러한 차이는 아들 선호와 관련 있을 가능성이 크다. 수유 기간 동안에는 출산이 억제되는데, 딸만 있는 여성은 아들을 갖기 위해 아이를 더 낳고자 할 것이고, 따라서 딸의 모유 수유 기간을 줄이게 될 것이다.

　이와 같은 사례들은 부모가 아들과 딸을 키우는 것이 성 역할이나 남아, 여아의 경제적 가치 등과 관련된 해당 지역의 관습에 밀접하게 영향을 받는다는 것을 보여준다. 일부다처제, 신랑 지참금, 신부 지참금, 부계 사회 등과 같은 사회제도 모두가 부모의 양육 의사 결정에 중요한 영향을 미친다. 양육과 사회제도 사이의 밀접한 관계는 부모의 의사 결정에 경제적 인센티브가 중요한 영향을 미친다는 점을 보여주는 또 하나의 사례다.

성 혁명 이전과 이후의 성교육

아들과 딸의 양육 방식 차이를 볼 수 있는 또 다른 중요한 측면은 섹스에 대한 태도다. 많은 부모가 자녀에게 '적합한 성적 활동'에 대해 교육하려 하지만, 어떤 부모는 자녀에게 혼전 성관계를 아예 갖지 않는 게 좋다는 생각을 주입하고자 한다. 혼전 동정을 유지해야 한다는 압력을 오랫동안 훨씬 강하게 받아온 것은 아들보다 딸이다. 오늘날에도 성적인 활동과 관련해 남아와 여아에 대해 극명하게 다른 기대를 가지고 있는 나라가 적지 않다.

　자녀의 성적 행동과 관련된 부모의 의사 결정도 상당 부분(의식적으로든 무의식적으로든) 인센티브에 대한 반응이라고 해석해볼 수 있다. 도덕에 대한 개인적인 견해를 차치하더라도, 부모는 혼전 성관계가 자녀의 삶에 매우 실질적인 영향을 미치게 되리라는 것을 알고 있다. 우선, 성병의 위험이 있다. 이것은 장기적으로 건강과 재생산 역량에 큰 영향을 미칠 수 있다. 둘째, 임신의 위험이 있다. 셋째, 앞의 두 가지 위험이 없다고 해도 성적인 행위가 사회적 판단의 대상이 되면 '사회적인 위험'에 처할 수 있다. 불명예와 낙인이 찍히고 마을 공동체에서 배제될 수 있는 것이다. 또한 결혼 가능성이 줄어들거나 아예 결혼이 불가능해질 수도 있다.

이런 위험은 어느 정도 남녀 모두에게 해당되지만 대부분의 시기에 여성이 훨씬 더 취약했다. 유럽과 미국에서도 과거 오랫동안 혼외 자녀를 갖는 것은 젊은 여성에게 매우 심각한 결과를 초래하는 일이었다. 미혼모는 사회에서, 심지어 자신의 가족에게도 배척당했다. 반면 미혼부는 그렇지 않았고 아이 아빠가 누구인지는 알려지지 않는 경우도 많았다.

미혼모가 되면 사회적 영향뿐 아니라 경제적 영향도 심각하게 겪었다. 산업화 이전에 대부분의 사람들은 꽤 가난했고 영양실조도 많았다. 그리고 감염성 질병도 많았는데 이는 영양 상태와 직접적으로 관련이 있었다. 즉, 영양을 잘 섭취한 아이와 성인이 감염을 더 잘 버틸 수 있었다. 그런데 미혼모가 된다는 것은 대체로 평생 가난하게 살아야 한다는 의미였다. 부양을 도와줄 남편이 없으므로 미혼모와 아이 모두 경제적으로 취약했고, 따라서 질병과 사망의 위험도 높았다. 오늘날에도 많은 개도국에서 상황이 크게 다르지 않다. 이렇게 심각한 결과를 생각할 때, 부모가 자식에게 순결을 엄격하게 강조하는 것은 이상한 일이 아니며 딸에게는 더욱 그렇다.

최근 경제학자 헤수스 페르난데스 빌라베르데Jesus Fernandez-Villaverde, 제러미 그린우드, 네지 구너Nezih Guner가 이 주제에 대한 연구를 진행했다.[33] 이들은 부모뿐 아니라 교회와 국가 같은 기관이 왜 섹스에 대해 낙인을 찍는 규범과 법을 만들고 시행했는지를 경제학적으로 설명할 수 있다고 보았다. 딸을 걱정하는 부모는 딸이 혼외 임신을 했을 때 겪어야 할 심리적, 경제적 해로움을 염려할 것이다. 또 정부와 교회는 미혼모에게 제공해야 할 복지와 자선 서비스를 염려할 것이다. 즉, 이러한 기관의 입장에서 엄격한 성 도덕을 유지하는 것은 자선 지출에 들여야 할 비용을 통제하는 수단이기도 했다. 이 연구에 따르면, 젊은 이들에게 성 도덕을 주입하는 것의 비용과 편익은 이른 나이에 성행위를 하는 것이 가져올 악영향을 낮춰주는 경제적 변화에 따라 달라졌다. 예를 들어 소득 수준이 전반적으로 높아지고 복지제도가 마련되면서 미혼모가 과거보다 훨씬 덜 혹독한 처지에 놓이게 되었고, 더 중요하게는 소득과 생존 사이에 더 이상 명확한 상관관계가 없어지면서 말 그대로 죽느냐 사느냐의 문제가 아니게 되었다.

이러한 변화를 가져온 핵심 요인 하나는 산아제한 기술의 발달이다. 콘돔은 성병의 위험을 크게 줄였고 피임약 덕분에 젊은이들은 임신의 위험이 매우 작은 상태로 성관계를 가질 수 있게 되었다. 이러한 환경에서 부모는 자녀의 성적인 모험에 대해 우려할 이유가 전보다 크게 줄어들었다. 우리 주변 부모들을 봐도 그렇다. 몇몇 부모들은 여전히 아이가 혼전에 성생활을 하지 않기를 바라겠지만 실제로 대부분의 서구 청소년은 결혼 전에 성관계를 가지며 이것은 그리 큰 문제로 여겨지지 않는다. 마약이나 학교 성적 같은 다른 문제와 비교하면 더욱 그렇다. 1963년에는 인구의 80% 이상이 혼전 성관계를 승인하지 않았지만 미국 종합사회조사General Social Survey 결과, 1972년에는 이 비중이 34%로 줄었고 2012년에는 21%로 줄었다. 유럽은 이보다도 더 자유분방하다. 스웨덴에서는 2013년에 신생아의 54.4%가 결혼 상태가 아닌 엄마에게서 태어났으며 혼전 성관계가 거의 보편적으로 용인된다.

이 조사 결과들은 산업화된 국가들에서 혼전 성관계의 빈도와 그것이 사회적으로 승인되는 정도 모두가 급격하게 변했음을 보여준다. 이러한 전환은 1960년대와 1970년대 '성 혁명' 시기에 특히 빠르게 이루어졌다.[34] 이 시기는 산아제한 기술의 발달과 법 제도의 변화로 결혼하지 않은 젊은 여성이 부모 동의가 없어도 피임약을 구할 수 있게 된 시기이기도 하다. 이는 자녀의 성적 행동과 이에 대한 부모의 태도 둘 다 이 시기에 두드러지게 변화한 이유를 설명해준다.[35]

아들 양육과 딸 양육이 정치에 미치는 영향

이제까지 우리는 경제와 사회 수준이 변하면서 부모가 여아와 남아를 각각 어떻게 키울 것인지에 대한 인센티브가 달라진다고 주장했다. 이 장을 마치면서 우리는 부모가 직면하는 인센티브가 가정 내에서의 의사 결정뿐 아니라 그들의 정치적 견해와 행동에도 영향을 미치며 이는 다시 사회변화로 이어진다는 점을 설명하고자 한다.

부모의 정치적 견해는 정부 제도가 아이와 양육에 영향을 미치는 모든 지점에서 중요하다. 민주 사회에서만이 아니다. 대중의 투표로 선출되지 않는 정부도 적어도 어느 정도는 대중의 필요에 복무하는 것이 자신의 이해관계에도 맞는 일이라고 생각한다. 예를 들면 19세기와 20세기에 공공 교육이 부상한 것도 부분적으로는 자녀가 성공적인 삶을 영위하는 데 필요한 역량을 획득하기를 원하는 부모가 늘어나 아동 교육 수요가 증가했기 때문이었다.

이 장에서 우리는 아들 둔 부모와 딸 둔 부모가 종종 상이한 인센티브에 직면한다는 것을 보여주었다. 이는 이들이 정부 정책과 관련해서도 서로 다른 요구를 하게 된다는 의미일까? 그럴 가능성을 강하게 시사하는 여러 실증 연구가 존재한다. 경제학자 에보냐 워싱턴Ebonya Washington은 미국 연방 의회에서 딸을 가진 의원들이 사회적인 사안에 더 진보적으로 투표한다는 사실을 발견했다. 특히 재생산 권리 등 여성과 직접적으로 관련 있는 사안에서 더욱 그런 경향을 보였다.[36] 흥미롭게도 딸이 있는 의원은 공화당보다 민주당 의원인 경우가 훨씬 많다. 딸의 눈으로 세상을 보면 정치인들이 광범위한 사안에 대해 보수적이 되기보다는 진보적이 된다는 점을 시사하는 듯하다.

최근의 역사를 보면, 딸에 대한 부모의 염려는 여성 권리와 관련한 더 큰 변화를 일으킨 정치적 요인 중 하나이기도 했다. 가령 미국과 영국을 보자. 두 나라 모두 전 산업사회 시기에는 법적으로나 정치적으로나 매우 가부장적인 국가였다. 여성들은 투표권, 공직에 진출할 수 있는 권리 등 정치적 권리가 없었고 그 외의 권리도 매우 적었다. 결혼을 하면 더욱 그랬다. 보통법에 따르면 결혼한 여성은 독립적인 법적 존재가 아니라 남편에 딸린 존재로 여겨졌다. 자신의 이름으로 자산을 소유할 수 없었고 남편의 허락 없이 일을 할 수도 없었으며 이혼을 관철할 수도 없었고 별거를 하는 경우 양육권을 가질 수도 없었고 '배우자 강간'은 법적으로 범죄로 인정되지 않았다.

이렇게 결혼한 여성들이 법적으로 존재를 인정받지 못하고 보호를 받지 못하던 상황은 19세기와 20세기를 거치면서 점차 변화되었다. 부부재산공유법, 이혼법, 양육법 등의 발달에 힘입어 결혼한 여성의 법적 권리가 크게 향상되었는데, 주목할 만하게도 이것은 여성이 투표권을 획득하기 한참 전에 벌어진 변화였다. 이는 매우 흥미로운 질문을 제기한다. 남성만 투표를 하고 공직에 앉을 수 있는 상황에서, 그들은 왜 여성에게 권리를 확대하는 것이 자신의 이해관계에도 부합한다고 생각하게 되었을까?

물론 부분적으로는 19세기 동안 여권 운동이 더 강력해졌고 관련 법제화를 달성하는 데 여성들의 로비 역량이 더 높아진 것 등이 한 이유일 것이다. 하지만 마티아스는 미셸 터틸트와 수행한 연구에서, 정치인들이 딸의 장래를 더욱 걱정하도록 만든 '경제적 요인'들 또한 핵심적인 역할을 했다고 주장했다.[37] 남성 정치인들이 남성의 특권을 포기하고 싶어 하지는 않았겠지만, 그와 동시에 그들은 자신의 딸이 폭력적이거나 무책임한 남편으로부터 보호받기를 원했다. 이러한 우려는 특히 19세기에 더 두드러졌는데, 이 시기에 남성들의 알코올중독 문제가 심해져 가정생활에 심각한 결과를 초래하곤 했기 때문이다.

　유권자와 정치인이 모두 남성인 상황에서, 이들 남성 유권자와 정치인에게 딸을 위한 권리와 보호를 확대하는 것은 남성으로서 자신의 특권을 유지하는 것과 상충한다. 마티아스와 미셸 터틸트는 19세기에 인적 자본의 중요성이 증가하면서 이 상충 관계에서 균형추가 기울어졌고, 이것이 여성 권리 확대에 영향을 미쳤다고 설명했다. 좋은 교육을 받는 것이 성공의 전제 조건이 되자 남성들은 딸의 후생뿐 아니라 손주의 교육까지 신경 써야 할 이유를 갖게 되었다. 당대의 성별 역할 분담에 따라 아이를 돌보고 적절한 교육을 받게 하는 책임은 주로 엄마에게 있었다. 엄마들이 이 역할을 성공적으로 할 수 있으려면 엄마들의 권리 보장과 보호가 필요했고, 이것은 자녀의 교육이 매우 중요한 고려 대상이 되고 나면 남성들도 기꺼이 동참할 수 있는 사안이었다.

　따라서 여권의 확장은 '남성의 특권'에서 '아동의 필요'로 강조점이 이동한 것과 연관지어 해석해볼 수 있다. 이 변화를 추동한 요인은 경제에서 인적 자본과 교육의 중요성이 매우 높아진 것이었다. 당대에 여권 확대를 둘러싸고 이루어진 공공 논쟁을 보면 아동의 필요에 대한 관심의 증가가 주되게 반영되어 있음을 볼 수 있다. 그리고 이 변화는 놀랄 만큼 **빠르게** 발생했다. 1868년만 해도 〈런던 타임스〉의 사설은 가부장적 제도의 유지를 옹호하면서, "제안된 변화[여권 확대를 위한 변화]는 현재의 남편과 아내 관계를 완전히 파괴할 것"이라고 주장했다. 이 사설은 "현재의 [남편과 아내 사이의] 관계는 한쪽에는 권위가, 다른 쪽에는 복종이 있어야 하는 것"인데, "만약 여성이 자신의 재산과 독립적인 소득을 갖게 되면 남편의 통제에서 실질적으로 해방"되기 때문에 여성이 "자신이 원하는 것을 하고 자신이 원하는 곳에 가는 것을 막을 수 없게 될 것"이라고 우려했다.[38] 그런데 불과 1년 뒤에 이 신문은 논조를 바꿔 여권을 지지하기 시작하는데, '아동의 필요'가 주된 논거였다. "이론적으로 [남편이] 아내와 아이들을 부양해야 할 책임이 있다. 하지만 이 책임은 실질적으로 제한적이다. … 아이들에 대해 말하자면, 범죄적인 학대가 아닌 한 아버지의 방임은 법의 처벌 대상이 아니다. … 따라서 보통법이 남편을 아내가 소유한 재산의 주인으로 간주하고 있긴 하지만 그에 상응해 용인 가능한 수준에서 아내와 아이들에게 안락함을 제공할 의무를 그에게 부과하고 있지는 않다는 점이 인정되어야 할 것이다."[39]

요컨대 아들과 딸을 어떻게 키울 것인가 하는 선택이 경제적 인센티브와 관련되듯이, 자녀의 입장과 필요를 고려해 세상을 보는 유권자와 정치인의 선택도 경제적 인센티브와 관련된다. 즉, 이들은 아이의 필요에 부합한다고 생각되는 결정을 내림으로써 그 인센티브에 반응한다.

소결

산업화와 함께 시작된 성역할의 변화 과정이 완결되려면 아직 갈 길이 멀다. 산업화된 국가에서 남성과 여성의 경제활동 참가율은 이제 거의 비슷하지만 영역에 따라서는 불균등이 아직도 크게 남아 있으며 성별 임금 격차도 크다. 이 과정이 우리를 어디로 이끌게 될지는 알 수 없다. 여성과 남성은 동일하지 않고 양육과 관련해서 말하자면 임신과 수유라는 기본적인 생물학이 계속해서 사람들의 선택에 중요한 영향을 미칠 것이다.

우리가 아는 것은, 여아와 남아가 키워지는 방식의 차이가 부모들이 직면하는 인센티브와 밀접하게 관련이 있다는 것이다. 오늘날 성별 불평등과 차별이 가장 극명하게 나타나는 곳은 개도국들이다. 이러한 국가들이 인적 자본이 생산의 핵심 요소가 되는 경제로 전환하는 데 성공한다면, 그리고 가정과 일터의 분리가 극복된다면, 향후 몇 십 년 사이에 여아와 남아를 더 평등하게 대우하는 쪽으로 큰 진전을 기대해볼 수 있을 것이다.

7장

출산의 경제학
: 가족 규모가 줄어든다

부모는 어느 양육 방식을 택할지 고민하기 한참 전에 가장 기본적인 질문에 먼저 맞닥뜨린다. 아기를 가질 것인가, 가진다면 몇이나 가질 것인가? 오늘날 선진 산업국가에서 부모들이 여기에 대해 내리는 답은 과거와도, 또 다른 나라들과도 많이 다르다.

대규모 가족에서 소규모 가족으로
: 출산은 주어지는 것이 아니라 선택하는 것

현대 사회에서는 작은 가족 규모가 이상적으로 여겨지는 편이다. 미국 성인 대다수는 이상적인 자녀 수가 2명이라고 생각하

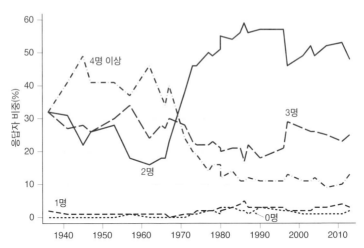

그림 7.1. 미국인이 원하는 가족 규모("한 가정의 이상적인 자녀 수는 몇 명이라고 생각하십니까?")

고, 4명 이상이라고 답하는 사람은 15% 미만이다. 하지만 불과 몇 십 년 전, 베이비붐 때만 해도 4명 이상의 자녀를 두는 것은 일반적인 수준이었다.

그림 7.1은 미국인이 생각하는 이상적인 가족 규모가 70년 간 어떻게 달라졌는지 보여준다.[1] 1960년대까지는 사람들이 가족 규모가 큰 것을 좋아했다. 가장 바라는 상태는 자녀를 4명 두는 것이었고, 3명이 그다음이었다. 2명이 가장 적절하다고 답한 응답자는 30%도 되지 않았다. 그러다가 1960년대 이후 부터 1980년대까지 더 작은 가족 규모를 선호하는 쪽으로 계속 이동해, 현재는 두 자녀 가정이 표준 가정이 되었다.

역사를 더 거슬러 올라가면 가족 규모는 그보다 더 컸다. 19세기에 대부분의 가정에는 아이가 5명 이상이었고 아이를

3~4명만 낳는 것은 극히 적게 낳는 것이라고들 생각했다.

가족 규모가 줄어드는 추세는 어떤 요인으로 설명할 수 있을까? 물론 산아제한을 할 수 있는 기법의 발명이 중요한 역할을 했을 것이다. 1960년대부터 산아제한을 할 수 있는 약 덕분에 부부가 정확히 원하는 수만큼만 자녀를 낳을 수 있게 되었다. 하지만 출산율을 연구하는 학자들 대부분은 산아제한 기술이 가장 중요한 요인은 아니었다고 말한다. 오랫동안 사람들은 자녀 수를 통제할 수 있는 방법들을 알고 있었다. 결혼 시점을 조절하는 것(여성이 늦은 나이에 결혼하면 생애에 걸쳐 출산 가능한 자녀 수가 줄어든다), 모유 수유(피임 방법으로서 오류가 없는 것은 아니지만 모유 수유를 하면 그 기간 동안 생리가 억제되어 산아제한의 효과를 낼 수 있다) 등의 방법도 있었고 질외사정 같은 기본적인 피임법도 있었다. 무엇보다, 아이를 적게 낳는 쪽으로의 변화는 현대적인 산아제한 기법(라텍스 콘돔, 피임약 등)이 널리 쓰이기 전에 이미 나타나고 있었다.[2]

경제학자 랜트 프리쳇Lant Pritchett의 연구는 출산율이 '선택'에 의해 결정된다는 우리의 견해를 뒷받침해준다. 프리쳇은 여러 국가의 실제 합계출산율과 사람들이 원하는 출산율의 추이를 함께 조사했는데, '실제 출산율'과 '원하는 출산율' 사이의 상관계수가 매우 높은 것으로 나타났다. 즉, 국가들 사이의 실제 출산율 차이는 해당 국가 사람들이 몇 명의 아이를 낳고 싶어 하는지와 관련이 있었다.[3]

출산이 본인의 선택이 아니라 하늘의 뜻이라고 보는 견해를 제외한다면, 경제학적 접근에서 볼 때 사람들이 자녀를 더 적게 낳기로 '선택'했다는 것은 큰 규모의 가족을 갖는 것과 작은 규모의 가족을 갖는 것 사이의 인센티브가 달라졌음을 시사한다. 자녀를 많이 갖는 것의 이득이 줄었거나 비용이 증가했다는 이야기가 되는 것이다. 비용 측면을 보면, 앞에서 살펴보았듯이 양육 방식이 더 집약적이 된 것이 비용을 증가시킨 큰 요인이었을 것이다. 자녀에게 투자를 많이 하고 아이 각각에게 시간을 많이 쏟고자 한다면, 아이를 하나 더 낳는 것이 시간이나 금전 면에서 비용이 더 많이 드는 일이다.

이 장에서 우리는 인센티브 이론을 적용해 국가별, 시대별로 부모들의 출산 선택을 알아볼 것이다. 아이를 키우는 데 들어가는 비용의 증가가 출산과 관련해 실제로 관찰되는 현상들을 설명하는 핵심 요인이라는 것이 우리의 주장이다. 그런데 양육의 집약도는 비용 측면에서 중요한 요인 중 하나이긴 하지만 유일한 요인이거나 가장 중요한 요인은 아니다. 아이와 관련해 또 다른 세 가지의 비용이 부모의 의사 결정에 핵심적으로 영향을 미친다. 아동노동의 경제적 수익, 인적 자본 투자에 대한 비용, 그리고 여성의 시간(엄마의 시간)이 갖는 가치다. 우리는 이러한 비용 요인의 변화로 출산 선택과 관련해 관찰되는 실증 데이터의 대부분을 설명할 수 있음을 보여줄 것이다.

국가별, 시대별 출산 선택

먼저 출산 선택과 관련한 기본적인 사실들을 살펴보자. 오늘날 부유한 국가들에서는 자녀를 1~2명 정도만 두는 것이 일반적이지만 대부분의 역사에서, 그리고 오늘날에도 많은 곳에서 사람들은 이보다 훨씬 많은 자녀를 가졌다. 국가별로 부모의 출산 선택이 어떠한지는 '합계출산율'이라고 부르는 지표로 가늠해볼 수 있다. 합계출산율은 연령 특정적 출산율을 전부 합한 것이다. 즉, 각 연령의 출산 수를 그 연령의 여성 수로 나눈 뒤 전체 연령을 더한 것이다. 연령별 출산율이 일정하게 유지된다고 가정했을 때, 합계출산율은 한 여성이 임신 가능한 기간 전체에 걸쳐 생존해 있을 수 있다면 평생 동안 낳게 될 자녀 수를 말한다. 따라서 합계출산율은 여성 1명당 갖게 될 평균 자녀 수라고 생각해도 무방하다. 이주 등 외부 요인이 없을 경우 합계출산율이 약 2.1이면 인구 규모가 안정적으로 유지되는데, 이를 '인구 대체 출산율'이라고 부른다. 오늘날 선진국의 합계출산율은 인구 대체 출산율을 밑돌고 개도국에서는 크게 웃돈다.

그림 7.2는 1800년부터 현재까지 미국과 영국(잉글랜드와 웨일스)의 출산율 추이를 보여준다.[4] 19세기 초에는 가족 규모가 큰 편이었다. 영국 여성은 자녀를 약 5명, 미국 여성은 약 7명 정도 가졌다. 그러나 19세기를 거치면서 출산율은 떨어지기 시작했고 영국에서는 특히 1880년 이후에 급격한 감소를 보였다. 20세기 초에는 이전 수준의 절반 이하로 떨어져서, 오늘날과 비슷한 수준인 자녀 2~3명 정도가 표준이 되었다.

20세기를 보면, 처음에는 출산율 하향세가 지속되었고 1930년대 중반에는 대공황까지 닥치면서 두 나라 모두에서 합계출산율이 여성 1명당 2명으로까지 떨어졌다. 출산율 하향 추세는 2차 대전 전후에 짧게 반전되었는데, 산업화된 국가들에

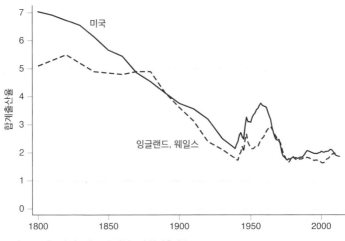

그림 7.2. 미국과 잉글랜드 및 웨일스의 합계출산율

서 베이비붐으로 출산율이 올라갔기 때문이다. 베이비붐은 미국에서 특히 두드러져서, 1950년대 말에 출산율이 4명 가까이로 올라갔다. 하지만 곧 하향 추세로 돌아가서 1970년대에는 1930년대 수준의 낮은 출산율로 되돌아갔고 이후 이 수준이 계속 이어지고 있다.

베이비붐 시기를 제외하면, 경제가 성장할 때 출산율이 줄어드는 것이 지난 200년 동안의 주된 패턴이었다. 즉, 소득이 높아지면 아이를 덜 낳았다. 소득과 출산율 사이의 역의 상관관계는 오늘날 국가들 사이의 비교에서도 나타난다. 그림 7.3은 2015년 각국의 1인당 GDP와 합계출산율을 비교한 것인데,[5] 1인당 GDP가 낮으면 평균 자녀 수가 많다. 가장 부유한 나라들에서는 합계출산율이 여성 1명당 1~2명 정도인 반면, 1인당 GDP가 1,500달러가 안 되는 나라들은 모두 4명 이상이다.

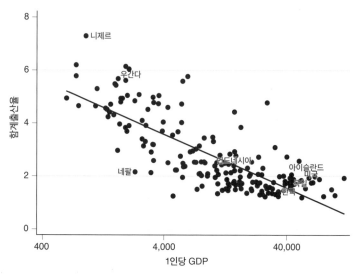

그림 7.3. 2015년 각국 합계출산율과 1인당 GDP

가장 가난한 나라들에서는 여성 1명이 5~7명의 아이를 낳는데, 이는 미국과 영국의 200년 전 수준과 비슷하다.

　즉, 부유한 사람들이 아이를 더 적게 낳는 패턴이 명확하게 나타난다. 국가 간 비교뿐 아니라 국가 내에서 보더라도 그렇다. 하지만 산업화 이전 패턴은 이와 매우 달랐다. 사실, 경제 여건이 좋아질수록 출산율이 떨어지는 오늘날의 현상은 인간 역사 대부분의 기간 동안 지배적으로 나타났던 패턴과 정반대다. 1800년 이전에는 생활수준과 출산율이 양의 상관관계를 보였다. 즉, 형편이 좋을 때 사람들은 아이를 더 많이 낳았다. 그와 동시에, 경제적 형편이 좋으면 (대체로는 식량 접근성의 향상으로 영양 상태가 나아져서) 사망률도 낮아졌다. 이 두 요인을 결합하면, 경제 여건이 좋은 시기에 인구가 빠르게 증가했으리라고 유추

기울어진 교육

할 수 있다.

바로 이러한 관계, 즉 소득수준과 인구 증가 사이의 양의 상관관계를 관찰하고서 경제학자이자 인구학자인 토머스 맬서스(그는 출산율 저하 추세가 시작되기 직전인 1834년에 사망했다)는 유명한 저서 《인구론An Essay on the Principle of Population》에서 인류의 운명에 대해 끔찍한 전망을 했다. 우선, 식량 공급의 증가는 인구 증가를 일으키고 이 추세는 늘어난 인구가 늘어난 식량을 다 소비할 때까지 계속된다. 그 시점이 되면 기근과 빈곤이 닥친다. 이렇게 해서 사이클이 다시 시작된다. 맬서스에 따르면, 인구 대비 식량 생산에 잉여가 발생하는 짧은 기간을 제외하면 생활수준의 향상이 장기적으로 지속되는 것은 불가능하며 따라서 인류는 가난한 상태에 지속적으로 묶여 있게 된다.[6]

오늘날 우리는 대부분의 지역이 맬서스가 예견한 사이클을 벗어났다는 것을 알고 있다. 그렇더라도 맬서스의 이론은 전 산업사회에서 소득과 인구 사이의 관계를 정확하게 묘사하고 있다. 산업화 이전 시기에도 생산성 수준과 기술 진보의 정도는 지역에 따라 매우 달랐다. 오늘날에는 생산성이 높고 기술적으로 발달한 나라에서는 사람들이 높은 생활수준을 누린다. 즉, 생산성 향상이 '생활수준의 향상'으로 드러난다. 대조적으로, 맬서스의 메커니즘이 작동한다면 생산성 향상(가령 작물 순환 기법이 개발되어 면적당 산출이 높아지는 등의 혁신)은 '높은 인구 증가'로 드러난다. 점차로 비옥한 땅은 이미 다 경작 중인 상태가 되고 농업에서 노동 투입에 대한 한계 생산이 줄면서(맬서스의 시대에는 농업 노동이 주된 생산 활동이었다) 식량 생산 증가가 인구 증가를 따라잡지 못하게 된다. 이 시점이 되면 생활수준(1인당 가용식량)은 이전 수준으로 돌아가고 생산성 증가가 남긴 영구적인 결과는 (생활수준 향상이 아니라) 더 높아진 인구 밀도뿐이다.

맬서스의 이론이 예측하는 바에 부합하게, 전 산업사회에서 지역별 생산성 차이는 인구 밀도 증가로 드러났지, 1인당 소득 증가로 드러나지는 않았다. 대부분의 국가에서 사람들의 생활수준은 늘 생계 수준이었고 생산성이 높은 지역도 인구수가 많았을 뿐 생활수준이 더 높지는 않았다. 예를 들면 중국은 수 세기 동안 기술적으로 세계에서 가장 발달한 나라였는데(노동 집약적인 쌀농사로 농업 영역에서 유럽보다 훨씬 높은 산출을 할 수 있었다), 중국의 평균적인 농민이 유럽의 평균적인 농민보다 생활 형편이 더 낫지는 않았다. 그보다 중국은 인구가 급격히 증가해 매우 높은 인구 밀도를 갖게 되었다. 그래서 중국은 세계에서 가장 인구 밀도가 높은 나라가 됐고 오늘날까지도 그렇다. 마찬가지로 서구 유럽도 산업화 이전 몇 백 년 동안 꽤 높은 생산성 증가를 보였지만 이 생산성 증가의 효과는 (생활수준을 아예 안 높이지는 않았겠지만) 주로 인구 밀도를 높이는 것으로(따라서 세계 인구 중 서유럽 인구 비중이 늘어나는 것으로) 나타났다.

맬서스가 자신의 이론을 발달시켜가고 있었을 산업화 시기의 첫 몇 십 년 동안에도 경제성장과 인구 증가 사이에는 여전히 양의 상관관계가 작동하고 있었다. 도시에 공장들이 확산되면서 영국의 인구는 빠르게 증가했다. 그래서 인구가 매우 밀집된 곳들이 생겨났지만 생활수준 면에서는 영국 소설가 찰스 디킨스Charles Dickens가 묘사한 것 같은 빈곤이 만연했다. 그런데 불과 10~20년 뒤, 소득과 인구 증가의 관계가 거꾸로 뒤집히면서 맬서스의 시대는 역사 속으로 사라지게 된다.

19세기 미국과 영국에서 나타난 출산 행태의 역전을 '인구 전환demographic transition'이라고 부른다. 인구 전환은 출산율 하락만이 아니라 사망률 하락과도 관련이 있다. 사람들이 자녀를 더 적게 낳는 것과 나란히 기대수명이 증가하고 영유아 사망률이 감소했다. 인구 전환은 경제 발전 단계에서 보편적으로 나타나는 특성이다. 전 산업사회의 정체 상태를 성공적으로 탈출한 모든 국가가 산업화를 거치면서 큰 폭의 출산율 하락과 사망률 하락을 경험했다. 일반적으로 후발 주자들이 인구 전환을 더 빠르게 겪었다. 영국과 미국에서는 출산율이 절반으로 떨어지는 데 몇 세대가 걸렸지만, '아시아의 네 마리 호랑이'로 불리는 홍콩, 싱가포르, 한국, 타이완에서는 20년도 채 걸리지 않았다.

아동의 '질'과 출산의 경제학

오랫동안 경제학자들은 출산 선택의 문제가 경제학의 영역이 아니라고 생각했고 출산율에 영향을 미치는 기저의 요인들에 대한 설명을 사회학이나 인구학 같은 다른 학문에 맡겨왔다. 하지만 오늘날에는 경제학자들이 인간이 내리는 다른 선택들과 마찬가지로 출산율 역시 경제학적 도구로 분석될 수 있다고 생각한다.

경제학적 접근법은 부모가 몇 명의 자녀를 가질 것인가를 그들이 직면하는 인센티브에 따라 결정한다고 본다. 그 인센티브는 아이와 관련해 부모의 목적이 무엇인지, 그리고 아이를 갖는 것에 따르는 비용이 무엇인지에 달려 있다. 우선 목적부터 시작해보자. 사람들은 왜 아이를 갖는가? 단순한 답은, 진화적으로 인간이 자손을 원하도록 되어 있다는 것이다. 아이가 없는 사람은 자신의 유전자를 전승하지 못할 것이고, 따라서 자연선택의 과정에서 아이 갖기를 원하는 사람이 더 선호되리라는 뜻이다. 하지만 '인간이란 아이를 갖고자 하는 보편적인 열망을 갖고 있다'는 사실만으로는 앞에서 묘사한 출산율의 변동을 설명하지 못한다. 진화론의 설명에 따르면, 부모는 비용의 제약하에서 가능한 한 많은 아이를 가지고 싶어 해야 한다. 겨우 생계를 잇는 수준으로 살아가는 가난한 가정은 아이를 많이 낳을 수 없을 것이고 백만장자는 아이를 아주 많이 낳아도 비용을 충분히 감당할 수 있을 것이다. 따라서 모든 사람이 자녀의 수에만 신경을 쓴다면, 부유한 사람들이 음식, 자동차 등을 더 많이 사듯이 아이도 더 많이 가질 것이라는 예상이 나온다. 하지만 앞에서 보았듯이 적어도 지난 200년 동안에는 이와 정반대의 현상이 관찰되었다. 즉, 부유한 사람은 아이를 더 적게 낳는 편을 택했다.

소득과 출산율이 역의 상관관계를 보인다는 수수께끼를 푸는 데 처음으로 도전한 경제학자는 노벨상을 수상한 게리 베커다. 그는 부모가 가정에서 내리는 의사 결정을 경제학적 사고를 적용해 이해하는 데 가장 크게 기여한 경제학자다.[7] 베커의 기본적인 통찰은, 물론 인간은 일반적으로 아이를 갖고 싶어 하지만 아이의 '질'에 대해서도 신경을 쓴다는 것이었다. 아이의 '질'이 무엇을 의미하는지는 여러 가지로 해석할 수 있는데, 부모가 자신의 아이가 성공하고 번영하기를 바란다는 의미로 봐도 무방하다. 즉, 부모는 이타적으로 아이의 후생에 신경을 쓴다. 물론 이것은 우리가 이 책에서 양육 방식을 분석할 때 전제로 하고 있는 가정과 동일하다.

부모가 아이의 '질'에 대해 고려한다는 것은, 아이에 대해 서로 관련은 있지만 구분되는 두 가지 의사 결정을 내린다는 것을 의미한다. 첫째, 몇 명의 자녀를 둘 것인가? 둘째, 각각에 대해 얼마나 투자할 것인가? 이렇게 보면 출산에 대한 선택은 소득(더 일반적으로 말하면, 부모가 가진 가용 자원)과 아이에게 드는 비용만이 아니라, 자녀의 '양'에 투자하는 것(많은 아이를 갖는 것)과 '질'에 투자하는 것 사이의 상대적인 매력도에도 달려 있음을 알게 된다. 즉, 소득이 증가할 때 출산율이 떨어지는 것은 아이에게 들어가는 비용이 증가했기 때문이거나 아이의 양과 질 사이의 상대적인 매력도가 달라졌기 때문일 것이다.

이런 관점에서, 경제성장에 따라 출산율이 하락하는 현상은 경제적 인센티브가 달라지면서 부모의 투자가 아이의 '양'에서 '질' 위주로 전환된 것을 반영하는 현상이라고 해석해볼 수 있다. 아이의 '질'에 대한 투자 중 가장 중요한 형태는 교육이다. 아동의 질에 투자한다는 말은 아이에게 노동을 시키기보다 아이를 학교에 보내기로 선택하는 것을 의미한다. 아이를 평범한 공립학교에 보내느냐, 돈이 많이 드는 사립학교에 보내느냐도 질적 투자에 대한 선택이다. 아이를 학교에 보내는 것은 꼭 교육 자체가 목적이어서만은 아니다. 아이의 교육에 투자할 때, 부모는 이 투자가 장래에 아이에게 더 나은 경제적 전망을 가져다주는 형태로 수익을 내리라고 기대한다.

경제 발전과 출산 선택의 상호작용을 연구하는 경제학자들은 인적 자본, 즉 교육에 대한 투자 수익의 증가가 인구 전환의 상당 부분을 설명하는 경제적 요인이라고 본다. 특히 경제학자 오디드 게일러Oded Galor와 데이비드 웨일David Weil의 독창적인 연구에 따르면, 교육에 대한 투자 수익이 높아지면서 부모가 자녀의 질에 투자할 인센티브를 갖게 되었고, 그러한 투자를 비용 면에서 감당할 수 있게 되었으며, 부모가 과거 세대보다 적은 수의 아이를 낳게 되었다.[8]

전 산업사회 경제에서는 대부분의 부모가 아이에게 읽기나 산수 같은 공식적인 교육을 시킬 아무런 경제적인 이유가 없었다. 인구 대다수가 비문해자였고 그래도 문제가 되지 않았다. 직업 대부분이 문해력을 요구하지 않았기 때문이다. 문해력은 점원이나 대학의 학자 등 몇몇 제한적인 직업에서만 필요했는데, 이런 직업은 인구 대다수에게는 열려 있지 않았기 때문에 부모로서는 아이가 그런 교육을 받기를 열망할 이유가 별로 없었다. 즉, 교육에 대한 투자 수익을 기대할 수 없었다는 사실은 당시 아동의 질에 대한 투자가 없었던 이유를 잘 설명해준다.

교육에 대한 투자 수익이 낮았다는 것은 부모에게 [아동교육보다] 아동노동이 더 나은 선택지였다는 것을 의미한다. 학교에 가지 않는 아이들은 일을 할 수 있고 어린 나이 때부터 가계를 도울 수 있다. 그러므로 교육에 대한 투자 수익이 낮았다는 것은 전 산업사회에서 아동노동이 일반적으로 이루어졌던 현상도 설명해준다. 사실, 아동노동이야말로 비용 측면에서 교육보다 더 중요한 고려 사항이었을지 모른다. 일을 하는 아이는 스스로를 부양할 수 있으므로 부모 입장에서 보면 비용이 '싸게' 든다. 아이가 노동을 할 것으로 기대되는 사회에서 아이를 더 많이 갖는 것이 부모에게 합리적인 선택이 될 수 있는 이유다.

아동노동

아동노동을 논하다니, '자녀의 후생에 신경을 쓰는 이타적인 부모'라는 개념을 너무 많이 확장하는 것이 아니냐는 생각이 들 수도 있을 것이다. 아동노동은 오늘날 선진 산업사회에서 가장 많은 우려를 불러일으키는 사회악 중 단연 우선순위가 아닌가? 대학에서는 '노동 착취 공장sweatshop'에 반대하는 항의 시위가 늘 열리고 아동노동을 착취해서 만들어졌다고 알려진 의복과 신발에 대한 불매운동도 많이 이루어지지 않는가? 아동노동을 '아이를 사랑하는 이타적인 부모가 신중하게 고려해서 의도적으로 내리는 선택'이라고 간주하는 것이 말이 되는가?

물론 부모의 선택이 아닌 아동노동도 있다. 유괴의 경우, 혹은 더 일반적으로는 고아의 경우, 부모의 선택이 아닌 이유로 아이들이 노동을 하게 될 수 있다. 하지만 과거에 대부분의 아동노동은 최종적으로는 부모의 선택이었고 오늘날에도 그렇다. 오늘날 부유한 국가의 많은 부모에게는 어린아이를 일

터로 내보낸다는 것이 상상할 수 없는 일이겠지만, 이런 나라
에서도 아동노동이 일반적이던 시절이 그리 먼 과거가 아니다.
사실 '직업'으로서는 아니라 해도 파트타임 개념으로 일을 돕는
아동노동은 현대에도 많이 발견되며, 여전히 아이들이 '가족의
일'을 도울 것으로 기대되는 농촌에서는 더욱 그렇다.

　마티아스의 경험만 봐도 그렇다. 마티아스의 아버지는 주
수입은 공무원 일을 해서 얻었지만 부업으로 작은 가족 농장을
운영했고, 필요할 때 아이들이 농장 일을 돕는 것이 문제라고
는 아무도 느끼지 않았다. 아이들은 가축에게 먹이를 주고 여
름에는 잡초를 뽑는 등의 일을 했다. 마티아스는 열심히 일하
는 편은 아니었고 가능하면 안 하려고 했지만, 아동인 자신이
일을 하는 것이 잘못되었다고는 한 번도 생각해본 적이 없었
다. 다른 사람들도 모두 그랬을 것이다.

　아동노동이 불법이 되었을 때도 가족 농장에서 일하는 것
은 일반적으로 예외였다. 가령 아동노동 금지법은 대상을 공장
이나 제조업 작업장으로 특정해서 제정되었다. 독일 청소년은
운전 면허는 18세에 딸 수 있지만 농장에서 거대한 트랙터를
모는 면허는 (심지어 주행 시험도 없이) 15세에 딸 수 있다.

　과거에는 아동노동이 예외가 아니라 정상이었다. 교육이
보편화되기 전이던 19세기에는 아주 부유한 집안 자제를 제외
하면 어느 정도 연령이 된 거의 모든 아이에게 노동이 요구되
었다. 아동노동은 일반적으로 행해졌을 뿐 아니라 이에 대해
아무런 사회적 낙인이 찍히지 않았다. 오히려 아동노동은 아이
에게 좋은 것으로 여겨졌고, 아동노동의 반대인 '게으름'이 해

로운 것으로 여겨졌다. 가령 일을 하지 않고 게으름을 피우는 아이는 성인으로서 삶을 살아갈 준비를 잘 갖출 수 없고 범죄에 빠질 우려도 커진다고 생각되었다. 글과 숫자를 가르치는 현대적 교육이 생기기 한참 전에, 소위 '노동 학교'라는 것이 있었다. 이런 곳이 없다면 달리 할 일이 없어서 게으름을 피웠을 아이들에게 생산적인 활동에 참여할 기회를 주기 위해 마련된 곳이었다. 현대의 노동 착취 공장과 달리 '노동 학교'는 아이들의 노동으로 이윤을 올리는 것이 주목적이었다기보다 아이들이 할 일 없이 배회하며 문제를 일으키지 않게 하려는 목적이 컸다.

오늘날에는 아동노동이 비도덕적인 착취와 학대의 원천으로 여겨지지만, 그렇더라도 여전히 많은 사람들이 어린 시절에 어느 정도의 노동 경험을 하는 것이 유용하다고 생각한다. 나이가 많은 아이들에게는 더욱 그렇다. 가령 큰 아이들은 여름방학에 노동을 경험하면서 '진짜 삶'을 맛볼 수 있을 것이라고 말이다. 그리고 농촌에서는 지금도 아이들이 가족의 일을 돕는 것이 일반적이고 합법이다.

물론 전 산업사회의 아동, 그리고 오늘날 개도국 아동의 노동 조건은 농장에서 어쩌다가 몇 시간 일을 돕는 정도와는 다르다. 하지만 부모가 아이를 일터에 보내기로 결정하는 것은 가정이 처한 전체적인 상황을 고려해서 해석해야 한다. 아동노동이 일반적인 곳은 매우 가난한 곳인 경우가 많다. 가족의 생계를 유지하는 것이 날마다의 커다란 도전이고 어쨌거나 학교가 현실적인 선택지가 아니라면, 큰 아이들이 가정의 소득에 기여하도록 하는 것은 자연스러운 선택이다.

흥미롭게도 (어쩌면 놀랍게도) 아동노동의 기회가 출산 선택에 중요한 영향을 미친다는 사실을 초기 산업화 시기에서 확인할 수 있다.[9] 산업화 시기 이전에는 인구 대다수에게 아동노동이 일반적이었고 아동은 주로 부모와 함께 일했다. 공장 노동이 확산된 뒤에도 공장이 가족 전체를 노동자로 고용하는 것이 일반적이었다(즉, 부모와 자녀가 같은 공장에서 일했다).[10] 하지만 산업화로 인해 아동의 작은 신체를 이용하는 새로운 형태의 노동도 생겨났다. 대표적인 사례가 탄광업이다. 산업혁명은 석탄을 기반으로 일어날 수 있었던 만큼, 탄광업은 산업화 초기에 매우 빠르게 성장하던 분야였다. 그런데 석탄 광산은 매우 위험한 곳이기도 했지만 작업 공간이 좁아서 아이들의 노동력이 매우 효율적으로 활용될 수 있는 곳이기도 했다. 탄광 일을 하는 아이들은 높은 임금을 받았고, 자녀가 많아서 일하러 내보낼 아이가 많으면 부모에게 금전적으로 도움이 될 수 있었다. 그렇다면 19세기 초반에 탄광 지역의 출산율이 매우 높았다는 것은 이상한 일이 아니다. 영국에서만이 아니라 유럽 전역에서 탄광 지역은 출산율이 가장 높은 지역이었고 그다음은 농촌이었다. 반면 도시의 출산율은 이보다 낮았고 다른 지역보다 먼저 감소하기 시작했다.[11] 이러한 현상은 아동노동이 가져다줄 수익이 제공하는 인센티브가 부모의 출산 결정에 상당한 영향을 미쳤으리라는 가설을 뒷받침한다.

교육, 아동노동, 출산율 저하

아동노동, 교육, 출산 선택의 관계를 산업혁명의 탄생지 영국의 사례를 통해 더 자세히 알아보자. 초창기 산업화는 직종별로 전문화, 특화되어 있었던 장인들의 노동을 기계를 통한 비숙련 노동자의 노동으로 대체하면서 숙련 노동자에 대한 수요를 줄였다. 또한 초창기 산업화는 아동노동에 대한 수요를 증가시켰다. 앞에서 언급한 탄광뿐 아니라 공장에서도 그랬다. 산업혁명 초기의 주요 산업은 직물이었는데, 탄광과 마찬가지로 이 분야도 아동 노동력에 대한 수요가 있었다. 가령 작은 손은 직조에 유리할 수 있었다.

하지만 시간이 가면서 산업화는 인적 자본에 대한 수요를 급격하게 증가시켰다. 규모가 큰 기업들이 생기면서 행정 업무가 증가해 글을 읽을 줄 알고 산수를 할 줄 아는 노동자가 필요해졌다. 또 생산성 향상으로 부가 증대되면서 정부의 규모가 커졌고, 복지국가 시스템이 도입되면서 공공 영역의 사무직 노동자에 대한 추가적인 수요가 대거 발생했다.

부모의 입장에서 볼 때, 교육에 대한 투자 수익이 증가하면서 아이를 일터가 아니라 학교에 보내는 것이 갑자기 매력적인 선택지가 되었다. 이는 의무교육이 도입되기 한참 전인 19세기 중반부터 이미 취학률이 급격히 뛰기 시작한 이유를 설명해준다. 학교 교육이 아이에게 경제적으로 더 나은 삶의 전망을 열어주기 시작했고, 아이를 사랑하는 부모는 아이를 일터가 아니라 학교에 보내는 것으로 이 인센티브에 반응했다.

그림 7.4를 보면 1850년만 해도 학교에 다니는 아동의 비

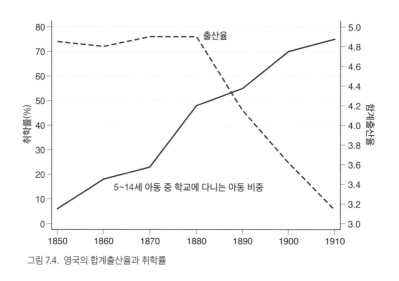

그림 7.4. 영국의 합계출산율과 취학률

중이 매우 작았지만[12] 그 이후 몇 십 년 동안 취학률이 급격히
증가해 1880년이면 아동의 절반이, 1910년이면 70%가 학교에
다니게 되었음을 알 수 있다. 출산율이 가파르게 떨어진 시기
는 더 많은 부모가 아이를 학교에 보내기로 한 시기와 일치한
다.[13]

　　취학률 증가는 아동노동률의 감소와 나란히 발생했다. 대
중 교육이 떠오르기 전에는 대부분의 아이가 농촌에서, 공방
에서, 집에서 부모의 일을 도우며 이런저런 형태로 노동을 했
다. 또 공장에 다니는 등 공식 고용 상태에 있는 아이들도 많았
다. 그림 7.5는 1850년에 10~14세 아동 중 4분의 1 이상이 공식
적인 고용 상태에 있었음을 보여준다. 그러나 이후 몇 십 년 동
안 학교에 가는 아이가 많아지면서 아동노동이 줄기 시작했고
20세기에는 영국에서 공식적인 고용 상태에 있는 아동이 점점

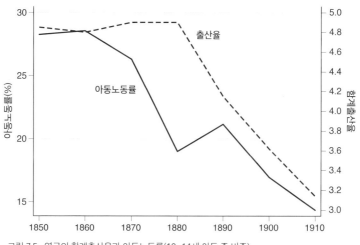

그림 7.5. 영국의 합계출산율과 아동노동률(10~14세 아동 중 비중)

드물어졌다.[14]

취학률 증가와 아동노동률 감소는 부모의 입장에서 아이를 갖는 것의 비용이 증가했음을 의미한다. 학비를 내야 하는데다, 더 중요하게는 아이가 노동을 통해 가계 소득에 기여하지 않게 되었기 때문이다. 이러한 요인은 가족 규모를 줄이게 하는 쪽으로(더 적은 수의 아이를 갖게 하는 쪽으로) 인센티브를 이동시켰다. 요컨대, 경제적 변화로 인적 자본에 대한 수요가 커지면서 현대의 교육 지향적인 중산층 가구가 생겼으며, 이는 산업화 시기의 몇 가지 핵심적인 사회적 경향을 설명해준다.

아동노동, 교육, 출산율 사이의 밀접한 관계는 영국뿐 아니라 다른 나라에서도 인구 전환 시기의 핵심적인 특징이다. 그림 7.6과 7.7은 최근 여러 나라에서 아동 교육과 아동노동이 출산율과 어떻게 관련되는지를 보여준다. 그림 7.6을 보면, 아

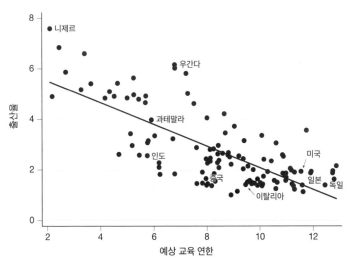

그림 7.6. 2010년 예상 교육 연한과 합계출산율

동의 예상 교육 연한이 4년 이하인 모든 나라에서 출산율이 높
다(여성 1명당 4명 이상).[15] 반면 아동의 예상 교육 연한이 10년 이
상인 곳들 사이에서는 출산율이 이렇게 높은 나라가 하나도
없다. 마찬가지로 그림 7.7에서 볼 수 있듯이 아동노동이 널리
퍼진(7~14세 아동 중 일하는 아동 비중으로 측정) 나라는 출산율이 높
다.[16]

    농업 분야를 제외하면, 이제 산업화된 선진국에서 아동노
동은 옛날의 기억이며 개도국의 노동 착취 공장에서 일하는 아
동들은 사회적으로 큰 우려의 대상이다. 그럼에도 기본적으로
아동의 노동과 교육 사이에 존재하는 상충적 교환관계는 오늘
날에도 여전히 존재하며 미래에도 출산 선택에 계속해서 영향
을 미칠 것이다. 일례로 독일에서는 대부분의 주에서 학교 시

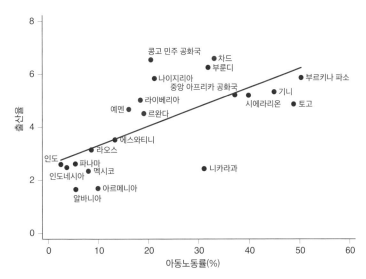

그림 7.7. 2010년 각국 합계출산율과 아동노동률(7~14세 아동 중)

스템이 인문계와 실업계로 나뉘어 있다. 실업계 아이들은 하우 프출러(기본학교)나 레알슐레(실업학교)에 가는데, 10학년 정도 (대개 15세나 16세)면 공식 교육이 끝난다. 그다음에는 많은 아이 들이 견습 과정을 시작하며 임금을 받는다. 가정에서 계속 부모와 함께 생활한다면(대부분 그렇다) 그들이 받는 임금 중 일부는 가계 소득에 보태질 것으로 종종 기대된다. 10~20년 전만 해도 노동자 계급 아이들은 학문에 재능이 있어도 견습 과정에 들어가 노동을 하고 돈을 벌 것으로 기대되었다. 마티아스의 엄마는 북부 독일의 시골 마을에서 자랐는데, 레알슐레까지(즉, 10학년까지) 마치는 것도 당시로서는 매우 교육을 많이 받은 축에 속했다.

오늘날 교육은 다시 한 번 팽창해 많은 부모가 아이가 적어도 고등학교까지는 졸업하기를 원한다. 하지만 노동과 교육의 상충적 교환관계는 대학 교육을 놓고 여전히 발생할 수 있다. 미국에서 대학에 다니는 데 드는 비용은 평균 소득에 비해 훨씬 가파르게 증가했다. 따라서 부모가 학비를 대줄 여력이 없는 가난한 가정 자녀들의 대학 교육 기회는 점점 더 제약을 받았다. 한편 아이에게 최고의 교육을 제공하려는 부모는 거기에 들어가는 엄청난 비용을 잘 알기 때문에 아이를 또 낳기를 꺼리게 되었을 것이다.

사망률이 출산 선택에 미친 영향

출산율에 큰 영향을 미치는 또 다른 요인은 인구 전환의 두 번째 측면인 사망률이다. 19세기 전까지 영유아 사망률은 전 세계적으로 매우 높았다. 영국에서는 19세기 초에 아이 3명 중 1명이 다섯 번째 생일을 맞지 못하고 사망했다. 가난한 가정에서는 영유아 사망률이 특히 더 높았다. 아이를 잘 먹이기 어렵고 주거 환경과 위생 상태도 매우 열악했기 때문이다. 깨끗한 물을 쉽게 접할 수 없다는 사실이 특히 치명적이었다. 하지만 아주 부유한 가정이라고 해서 아이를 일찍 잃는 불운을 피해갈 수 있는 것은 아니었다. 생명에 치명적일 수 있는 여러 질병에 대해 아직 백신이 나와 있지 않았고, 항생제가 발명되기 전에는 사소한 감염도 어린아이에게 심각한 결과를 초래할 수 있었다. 전 산업사회에 기록된 수기나 회고록에서 알 수 있듯이, 어린아이들에게는 늘 죽음의 위험이 드리워 있었다. 요한 제바스티안 바흐Johann Sebastian Bach는 아내 2명과의 사이에 20명의 아이를 두었는데 그중 절반만 성인기까지 살아남았다. 그의 자식 세대와 손주 세대라고 운이 더 좋은 것도 아니었다. 19세기 말이면 이 위대한 작곡가의 후손은 아무도 남지 않게 된다.

그림 7.8은 19세기 말까지 영아 사망률이 지속적으로 매우 높은 수준이었음을 보여준다.[17] 1900년에 영국 아동의 15%가 생후 1년을 못 넘기고 사망했다. 그러다가 위생과 영양 상태가 개선되고 백신이 도입되고 항생제가 나오면서 생존율은 점차 높아졌다.

전 산업사회의 부모들은 아이를 일찍 잃을 가능성이 매우 크다는 것을 잘 알고 있었을 것이므로, 이는 이 시기의 부모들이 내리는 의사 결정에 분명히 크게 영향을 미쳤을 것이다. 그에 비해 분명하지 않은 것은, 이러한 예상이 더 많은 자녀와 더 적은 자녀를 두는 것 사이에서 어느 쪽으로 부모의 인센티브를 이동시켰느냐다. 한편으로는, 아동 사망률이 높다는 점과 아이를 잃었을 때 부모가 느낄 슬픔을 생각하면 아이를 더 낳기로 결정하는 데 따르는 비용이 높아졌으리라 생각할 수 있다. 그렇다면, 아이를 더 가지려는 인센티브가 줄었을 것이다. 하지만 다른 한편으로는, 적어도 1~2명의 자녀가 꼭 생존해야 한다고 생각한다면 아동 사망률이 높은 상황에서 부모는 몇 명이라도 생존 가능성을 높이기 위해 아이를 많이 가지려고 할 것이다. 그렇다면 높은 아동 사망률은 아이를 많이 낳고자 하는 인센티브를 증가시킬 것이라고 예상할 수 있다. 하지만 전 산업 사회에서도 대부분의 아동 사망은 아주 어린 나이에 집중되었

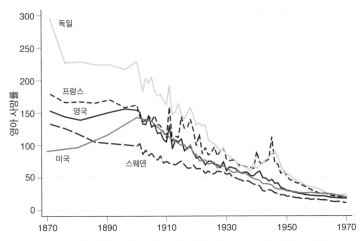

그림 7.8. 미국과 유럽의 영아 사망률(생존 출생아 1,000명당 1년 이내에 사망하는 아동 수)

으므로 후자의 고려 사항은 부모의 의사 결정에 제한적으로만 영향을 미쳤을 것이다. 영유아 사망의 대부분은 아동 생후 1년 이내에 발생했고, 일단 생후 1년까지 생존한 아이는 성인기까지 생존할 가능성이 컸다. 따라서 생존하는 자녀를 적어도 몇 명 두는 것이 목적이라면, 부모는 아이가 생후 1년 안에 사망했을 경우에만 아이를 더 낳기로 결정했을 것이다. 영아 사망에 대한 반응으로 이루어지는 이러한 출산 결정을 '대체 출산 replacement fertility'이라고 부른다. 많은 실증 연구들이 대체 출산 가설을 뒷받침하는 결과를 제시한 바 있다. 하지만 일반적으로 이 효과는 1대 1보다 작다. 즉, 자녀 수의 측면에서 보면 추가적인 출산은 잃은 아이의 수를 완전히 대체하지는 못한다.[18]

　　전반적으로 실증 근거들은 인구 전환기에 사망률의 감소가 출산율 감소의 한 요인이었음을 시사한다.[19] 하지만 사망률 변화만으로는 출산율 변화의 폭을 다 설명할 수 없다. 대체 출산 효과가 1대 1보다 작으므로 사망률 감소는 출산율을 1대 1보다 작게 줄일 것이다. 따라서 이것만이 요인이라면 생존한 자녀 수가 증가해야 하고 그 결과 인구도 증가해야 한다. 하지만 인구 전환기에 출산율이 사망률보다 훨씬 크게 감소했고 가구당 성인기까지 생존하는 자녀 수도 크게 줄었다. 이는 [사망률 감소 외에도] 출산율을 낮춘 또 다른 요인들이 있었음을 의미한다.[20]

사망률이 출산율 저하의 주된 요인은 아니었으리라는 또 다른 근거는 타이밍이다. 산업화된 국가들에서 출산율 급감은 영아 사망률이 급감하기 시작한 시기보다 수십 년이나 먼저 시작되었기 때문이다. 이는 아동 사망률보다는 취학률과 아동노동의 변화가 출산율 저하와 더 관련이 크다는 것을 말해준다(그림 7.4와 7.5 참조).

양육 전환의 정치적 결과

'산업혁명'이라는 용어는 18세기 말 영국에서, 나중에는 세계 전역에서 일어난 경제적, 사회적 변혁이 1차적으로는 '생산 방식'의 전환과 관련된 것이었음을 말해준다. 하지만 이 장에서 보았듯이 산업혁명은 농장과 공방을 공장으로 대체한 것 이상의 영향을 미쳤다. 산업혁명은 가정생활도 완전히 바꾸어놓았다. 가난하고 가족 규모가 크며 아이들도 노동을 하던 형태에서, 부모와 소수의 자녀로만 구성되고 아이들은 학교에 다니면서 미래를 준비하는 것이 이상적인 가족 형태로 자리 잡게 된 것이다. 이 변화의 가장 중요한 동인은 공장 시스템이 생겨난 것이라기보다 인적 자본의 중요성이 커진 것이다. 전에는 대부분의 사람들이 육체적인 힘에서 나오는 수익에 소득을 거의 전적으로 의존했다면, 1850년경이 지나면서 교육과 지식이라는 형태의 인적 자본이 주된 생산요소가 되었다. 이러한 변화에 대한 반응으로, 세대가 지나면서 부모는 점점 아이를 덜 낳게 되었고 아이가 되도록이면 더 좋은 교육을 받게 하는 데 시간과 자원을 더 많이 쏟게 되었다.

산업화와 함께 나타난 또 다른 변화는 정치적인 변화다. 현대식 가정을 가져온 바로 그 발달 국면에서 현대 국가, 즉 오늘날 산업화된 국가 모두에 잘 성립되어 있는 '큰 정부'가 생겨났다. 민주제를 채택하고 많은 세금을 거두며 교육과 노동시장 규제에 강력하게 나서고 폭넓은 사회적 보험을 제공하는 유형의 국가는 산업화 이전에는 존재하지 않았지만 20세기 초에 이르면 탄탄하게 형태가 잡히게 된다. 우리가 이 변화를 고찰하는 이유는 부모의 출산 결정에 영향을 미친 인센티브의 변화가 부모들이 유권자로서, 더 포괄적으로 말하자면 정치 행위자로서 내리는 의사 결정에 영향을 미친 인센티브의 변화와 관련이 있기 때문이다. 특히 현대 국가의 몇몇 핵심적인 측면이 현대 가족과 밀접하게 관련이 있으므로, 이것은 우리의 논의에 매우 중요하다.

앞 장에서 우리는 교육의 중요성이 커진 것이 19세기의 여권 신장에 크게 기여했음을 살펴보았다. 여권 향상을 위한 개혁의 핵심 동인은 결혼한 여성을 무책임한 남편의 불안정한 행위로부터 보호함으로써 여성이 자녀를 더 잘 보호하고 자녀에게 적절한 교육을 시킬 수 있게 하려는 것이었다. 또 다른 중요한 사례는, 노년 보험(사회보장, 공공 연금, 노년을 위한 의료보험 등)을 공적으로 제공하게 된 것이다. 이것은 가족 규모가 작아지고 이동성이 높아지면서 노년층이 함께 거주하는 자녀에게서 부양을 받기 어려워짐에 따라 중요한 사안이 되었다.

가정의 변화와 정치적 변화 사이에 더 직접적인 관련을 볼 수 있는 지점은 공교육이다. 미국과 영국에서 정부는 19세기 말까지 교육에 대해 그다지 두드러진 역할을 수행하지 않았다. 일반적으로 사람들이 접할 수 있는 공식 교육의 형태는 교회가 제공하는 일요학교 정도였고 그나마도 기본적인 문해 교육(그리고 성경 읽기) 이외에는 별로 하지 않았다. 그러나 인적 자본에 대한 수요가 커지면서 교육이 생산요소로서 갖는 중요성은 점점 커졌고, 자녀가 교육받기를 원하는 부모들이 자연스럽게 공교육을 지지하는 유권자층을 형성했다. 이 연합의 또 다른 주요 일원은 고용주였다. 현대적인 기업을 소유한 사람들은 숙련 노동자가 필요했고, 따라서 공공 교육에서 국가의 역할이 확대되는 것을 지지할 이유가 있었다.[21]

이러한 요인들로, 19세기 말 영국은 불과 10~20년 사이에 교육에 대한 방임적 접근에서 국가가 자금을 대는 보편 의무교육으로 전환했다. 미국에서도 비슷한 시기에 교육 개혁이 시작되었다. 교육이 주로 (연방 정부가 아니라) 주 정부의 책임인 미국은 의무교육의 확대와 공립학교의 도입이 영국보다는 느리게 이루어졌지만, 늦게 도입된 주에서도 1차 대전 이전까지는 완전한 교육 개혁이 도입되었다. 가장 많이 산업화되었던 주들이 교육의 확장에서 가장 선두에 선 주들이기도 했다는 점은 의미심장하다.

의미심장한 또 다른 사례는 아동노동 규제다. 우리는 이전의 연구에서 경제학적 관점으로 아동노동 규제에 대해 조사한 바 있다.[22] 첫 아동노동 관련 법들은 영국에서 1830년대에 나왔다. 이것은 노동하는 아동에 대한 인도주의적 우려에서 주로 시작되었고 특히 광산업 같은 분야에서 학대당하는 아동을 돕는 것을 목적으로 했다. 아동노동에 대한 더 폭넓은 규제(모든 제조업에서 일정 연령 이상이 되어야만 고용할 수 있게 한 것 등)는 수십 년이나 더 지난 뒤에 이루어졌는데, 이것은 대중 교육이 도입된 것과 같은 시기였다.

폭넓은 아동노동 규제를 진전시킨 정치적 힘은 노조 및 관련 정당들의 노동운동이었다. 노조는 물론 노동자들의 이해관계를 위해 투쟁했고, 여기에는 노동자들의 임금을 값싸게 치고 들어올 수 있는 잠재적인 경쟁자를 제한하려는 노력도 포함되었을 것이다. 이것은 오늘날에도 노조들이 종종 자유무역에 회의적이고 때로는 이민을 제한하고자 하는 입장을 취하는 이유를 설명해준다. 아동노동을 제한하려는 운동도 동일한 관점에서 살펴볼 수 있다. 노동시장에 아동노동력이 공급되는 것을 막으면, 성인 노동력에 대한 수요를 높게 유지할 수 있고 따라서 임금이 오를 수 있다.

하지만 아동노동에 대한 규제와 기타 형태의 노동력에 대한 규제 사이에는 중요한 차이가 있으며, 이는 대중 교육이 시작되고 난 이후에야 아동노동 규제가 노동운동의 주요 의제가 된 이유를 설명해준다. 이민자 노동력에 대해서는 기존 노동력과의 상충 관계가 명확하다. 일자리를 놓고 노조 노동자와 노조에 가입되지 않은 외국인 노동자 사이에 경쟁이 있는 것이다. 그런데 아동노동의 경우에는 잠재적인 경쟁자(일하는 아동)가 노조원과 동일한 가정의 구성원이다. 노조원인 노동자가 상당 정도의 가계 소득을 아동노동에 의존하고 있다면, 아동노동 규제를 지지할 유인이 크지 않을 것이다.

이는 아동노동이 일반적이던 산업화 초기에 아동노동 금지나 제한이 노조가 내거는 의제 중 우선순위가 아니었던 이유를 설명해준다. 그러다가 19세기 말에 인적 자본에 대한 수요가 높아져 노동자 계급의 많은 부모가 아이를 학교에 보내게 되면서 이것이 달라졌다. 노조원들은 이제 더 이상 가족의 생계를 자녀의 노동에 크게 의존하지 않았다. 그와 동시에 다른 집 부모들이 아이를 공장에 보내지 않게 만드는 것에서는 여전히 이득을 얻을 수 있었다. 따라서 대중 교육의 시대가 도래하고 나서야 노동운동은 아동노동 제한을 우선순위에 포함할 수 있게 되었다.

이런 점에서 보면, 아동노동력이 성인 노동력과 경쟁 구도를 형성했던 제조업에서 아동노동이 더 빠르게 규제되었다는 점도 이해할 수 있다. 이와 달리, 아이들에게 가벼운 일을 할당하는 것이 전체적인 농장 운영을 효율적으로 만들 수 있는 농촌에서는 아동노동이 계속해서 합법이었다. 요컨대, 아동노동

금지가 널리 법제화된 데는 아동 학대에 대한 인도주의적 우려도 영향을 미쳤겠지만 노조가 노동시장에서 경쟁을 제한하고자 했던 것이 더 주요한 동인이었다고 볼 수 있다.

오늘날에도 아동노동이 널리 행해지고 있는 개도국에서 이와 비슷한 정치적, 경제적 요인이 작동하고 있다. 서구의 많은 활동가들은 인도주의적인 우려에서 불매운동, 국제 노동 기준 부과, 노동 착취 공장 반대 캠페인 등을 펼쳐 개도국에서 아동노동을 몰아내려 한다. 하지만 이러한 조치가 일하는 아동들을 비공식 영역으로 가게 만들고 성인 노동력과 아동 노동력 사이에 직접적인 경쟁을 낮추게 된다면 역효과를 불러올 수 있다. 성인 노동자가 아동과의 경쟁을 덜 걱정하는 상황에서는 아동노동을 전면적으로 금지하려는 운동이 정치적인 지지를 얻지 못할 것이고, 자칫 원래의 의도와 달리 궁극적인 아동노동의 근절을 늦추게 될 수도 있다.[23]

베이비붐

산업화된 국가들에서 출산율이 낮아지는 추세는 한 세기 이상 상당히 지속적이었지만 한 번의 커다란 예외가 있었다. 바로 2차 대전 직후의 베이비붐이다. 미국에서만이 아니라 전쟁으로 폐허가 된 유럽과 일본에서도 1950년대와 1960년대에 출산율이 급증했다. 그림 7.9가 보여주듯이, 베이비붐은 특히 연합국 국가들에서 두드러졌다. 대부분 자국 영토에서 전쟁이 벌어진 것은 아니었지만 참전으로 전쟁 동원이 이루어졌던 나라들

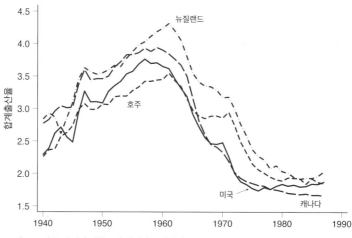

그림 7.9. 미국 및 기타 연합국의 베이비붐 기간의 합계출산율

이었다. 미국 외에도 캐나다, 호주, 뉴질랜드가 여기에 포함된
다.[24]

　　이제까지 우리는 몇 명의 자녀를 둘 것인가에 대한 부모의
선택을 자녀의 양과 질 사이의 상충적 교환관계에 초점을 맞춰
설명했다. 부모가 아이에게 노동을 시키는 것 대신 양질의 교
육을 받게 하는 쪽으로 전환하면 아이를 낳는 것의 비용이 올
라가고 따라서 부모가 더 적은 수의 자녀 갖기를 선택하게 된
다. 그런데 베이비붐 시기는 이 해석에 난점을 제기한다. 출산
율이 매우 가파르게 상승했는데 교육 수준도 계속해서 올라갔
고 아동노동이 다시 나타나지도 않은 것이다.

　　그렇지만 베이비붐도 경제적 요인으로 직접적인 설명이
가능하다. 고려해야 할 첫 번째 요인은, 출산 행태에 변화를 일
으키는 주요 동인이 바뀌었다는 것이다. 그 이전 10~20년 동

안 아이의 질에 대한 투자의 증가는 출산율을 꾸준히 낮추었다. 하지만 2차 대전 직후 시기에는 이것이 더 이상 중요한 요인이 아니었다. 이 무렵이면 산업화된 국가들에서 아동노동은 이미 대부분 사라진 뒤였다. 학교 교육도 이미 의무화되었고 선진국에서는 공교육으로 제공되었다. 따라서 교육은 자녀에게 들이는 비용에 중요한 영향을 미치는 요인이 아니었다. 교육 수준은 계속 높아졌지만 이 증가는 대부분 대학이나 대학원 수준으로 교육이 확장된 결과였다. 그리고 그때는 대학과 대학원 교육에 오늘날보다 비용이 훨씬 덜 들었고 대부분의 학생은 학자금 지원이 잘되는 공립 대학에 다녔다. 따라서 교육 비용도 부모의 출산 의사 결정에 간접적인 영향만 미쳤다.

대조적으로 베이비붐 기간 크게 달라진 양육 비용도 있다. 공교육과 저렴한 식품 가격의 시대에, 아이 키우는 데 들어가는 가장 큰 비용은 시간이다. 시간 비용에는 두 가지가 있다. 하나는 실제로 아이를 돌보는 데 들어가는 시간이고, 둘째는 그 시간의 경제적 가치다. 베이비붐에 대한 경제적인 설명은 이 두 가지의 시간 요인에 주목한다.

우선 직접적인 양육 시간을 살펴보자. 어떤 측면은 시간이 지나도 거의 (혹은 전혀) 바뀌지 않는다. 가령 임신에는 여전히 9개월이 걸린다. 하지만 더 일반적인 의미에서 가정을 꾸려가는 것과 관련된 양육 시간은 기술이 발달하면 어느 정도 단축할 수 있다.

여기에서 핵심적인 요인 중 하나는 노동 절약적인 가정용 장비들이 널리 보급된 것이다. 아이가 많은 부모라면 아이들이 거의 무한한 양의 빨랫감을 내놓는다는 것을 잘 알고 있을 것이다. 빨래는 오늘날에도 시간을 많이 잡아먹지만, 이전과 비교하면 세탁기와 건조기의 발달로 부담이 크게 줄었다. 시간을 잡아먹는 또 다른 활동은 요리인데, 여기에 들여야 하는 시간은 냉장고, 식기세척기, 전기스토브, 전자레인지 등으로 절약되었다. 1940년대 이전에는 이런 장비가 드물었지만 베이비붐이 피크이던 1950년대 말에는 미국 가정 대다수가 이런 장비를 갖추고 있었다.[25] 또 반조리 식품이나 완전조리 식품이 집 가까이에 있는 슈퍼마켓에서 판매되는 등의 보충적인 혁신도 있었다. 이러한 변화는 끼니마다 재료 손질부터 전 과정을 다 준비해야 할 필요를 줄여주었다. 경제학자 제러미 그린우드, 아난스 세샤드리, 기욤 반덴브루크Guillaume Vandenbroucke는 이러한 기술 발전이 1950년대에 출산율을 높이는 데 크게 영향을 미쳤다고 설명했다.[26]

　이에 못지않게 중요한 것은 시간의 '기회비용'이다. 베이비붐 시기에 아이를 키우는 것은 주로 여성의 일이었다. 엄마가 양육에 쓰는 시간의 기회비용이란 그 시간을 다른 데(대안적인 선택지 중 가장 좋은 곳에) 썼더라면 얻을 수 있었을 가치를 말한다. 예를 들어 아이를 하나 더 갖기 위해 보수가 좋고 보람 있는 일자리를 포기해야 하는 엄마는 기회비용이 높고, 이는 아이를 더 낳고자 할 인센티브를 줄이게 된다. 여성이 양육 이외에 자신의 시간을 쓸 대안적인 사용처가 있다면, 특히 공식 노동시장에서 시간을 쓸 수 있는 기회가 있다면, 이는 출산 선택에 영향을 미치게 될 것이다.

2차 대전 이전에는 결혼한 여성이 바깥일을 하는 경우가 매우 드물었다. 6장에서 언급했듯이, 소위 결혼 퇴사라는 것이 있어서 결혼한 여성은 일자리에서 배제되었고 많은 주에서 교사는 미혼이어야 했다(여성만 그랬고, 남성은 결혼 퇴사가 없었다). 하지만 오늘날에는 산업화된 많은 국가에서 결혼한 여성들이 아이를 낳아도 일을 한다. 따라서 아이를 더 낳는 것(양육에 더 많은 시간을 쓰는 것)과 직업 경력에 더 많은 시간을 쓰는 것 사이의 교환관계가 출산 결정을 좌우하는 핵심 요인이 되었다.

장기적으로 여성의 노동 참여율이 높아지는 추세였다는 것은 여성의 [양육] 시간에 대한 기회비용이 높아졌음을 의미한다. 이는 장기적으로 출산율을 낮추는 요인이 되었을 것이다. 그럼에도, 이스라엘 경제학자 모세 하잔Moshe Hazan, 이샤이 마오즈Yishay Maoz와 공저한 논문에서 마티아스가 보여주었듯이, 베이비붐, 즉 1950년대와 1960년대에 출산율이 잠깐 올랐다가 내려간 현상의 이유 또한 시간의 기회비용으로 설명할 수 있다.[27] 이들의 연구에 따르면, 출산율이 올라간 시기는 가임 적령기의 기혼 여성(기혼 여성 중 젊은 여성)의 노동시장 참여가 일시적으로 교란된 시기와 정확하게 일치한다.

그림 7.10은 미국에서 20~32세 여성(가임 적령기 여성)의 경제활동 참가율과 나이가 더 많은 37~60세 여성의 경제활동 참가율을 비교한 것이다.[28] 젊은 기혼 여성들의 노동 공급은 베이비붐 시기(1940년대 말부터 1960년경까지)에 그 이전과 이후 모두에 비해 현저하게 낮았다. 반면, 전쟁 전에는 대체로 노동시장에 진입하지 않았던, 상대적으로 나이가 더 많은 여성들의 노동

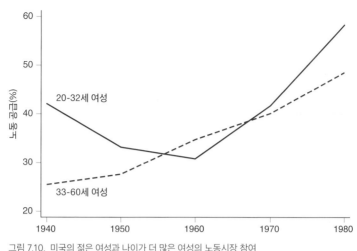

그림 7.10. 미국의 젊은 여성과 나이가 더 많은 여성의 노동시장 참여

공급은 이 시기에 크게 늘었다.

마티아스와 공저자들에 따르면, 두 여성 집단의 경제활동 참가율이 서로 반대 방향으로 움직이는 것의 연결고리를 2차 대전에서 찾을 수 있다. 여성들에게 전쟁은 노동시장을 통해 막대한 영향을 미쳤다. 남성들이 유럽과 아시아의 전장에서 싸우는 동안, 수백만 명의 여성이 긴급하게 노동력을 보충하는 역할을 맡아 공장과 사무실에서 일을 하기 시작했다. 이 여성들 대부분에게 이러한 노동 경험은 전쟁이 끝난 후에도 지속적으로 영향을 미쳤다. 즉, 이 여성들은 공식 노동시장에 참여한 경험을 좋아했고 전쟁 이후에도 계속 일을 했다.[29]

전쟁 시기에 여성 고용이 증가한 것이 1950년대의 출산율과는 어떤 관계가 있을까? 베이비붐 시기에 아이를 낳은 여성들 대부분은 전쟁 중에는 어린아이였거나 10대였기 때문에 노

동시장에 진입한 세대가 아니었다. 전쟁 중에 나이가 더 많은 여성들은 공장과 사무실로 갔지만 이들은 여전히 학생이었다. 그렇지만 전쟁 중에 [더 나이가 많은] 여성들의 노동시장 참여가 증가한 것은 1940년대 말과 1950년대의 고용 전망을 통해 이들[더 나이가 적은] 여성들의 삶에도 영향을 미쳤다.

전쟁 전에는 여성이 고등학교를 마치고 젊었을 때 몇 년 일하다가 결혼을 하면 그만두고 아이를 갖는 것이 노동시장의 일반적인 패턴이었다. 그런데 전쟁 직후에 성인이 된(즉, 일반적인 패턴대로라면 이때 노동시장에 진입해야 하는) 세대는 이 패턴과 관련해 문제에 봉착했다. 전쟁 세대 여성들이 여전히 노동시장에 있었기 때문이다. 여성이 가질 수 있는 일자리는 제한적이었기 때문에, 더 나이가 많은 전쟁 세대 여성들이 여전히 노동시장에 머물러 있다는 것은 젊은 세대 여성들이 진입할 일자리가 줄었다는 의미다. (전시 생산은 줄어들었고 남성들이 전쟁 전의 일자리로 돌아왔다. 따라서 전쟁 후에도 노동시장에는 여전히 젠더 간 구분이 존재했고 [여성들은 주로 유통업이나 단순 사무직 등에서 일했다] 여성들은 여성들끼리 경쟁했다.) 마티아스와 공저자들은 여성에게 가능했던 많은 일자리가 전쟁 시기에 노동시장에 진입했던 더 나이 많은 세대의 여성들에 의해 채워졌고 이들이 전쟁 이후에도 노동시장에 계속 머물렀다는 데 주목했다. 나이가 많은 세대 여성들과의 경쟁으로 노동시장에서 젊은 여성의 일자리 기회와 임금 조건이 악화되었다. 말하자면 노동시장에서 쓰는 시간의 가치가 낮아졌다. 이것은 대안적인 선택지, 즉 일찍 결혼해서 가정을 꾸리는 선택지의 매력도가 상대적으로 더 높아졌다는 말이다.

실제로 데이터를 보면 베이비붐 시기에 여성의 평균 결혼 연령이 갑작스럽게 낮아졌다가 베이비붐이 끝났을 때쯤 다시 급격하게 높아진 것을 확인할 수 있다. 결혼을 하면 곧 출산을 한다고 보았을 때, 결혼 연령이 일시적으로 낮아지면서 첫 출산 연령도 낮아졌다(그림 7.11).[30] 요컨대 베이비붐은 여성들이 더 젊은 나이에 아이를 갖기 시작한 것이 주요인이었고 30세 이상인 여성의 출산율에는 큰 차이가 없었다.

요약하자면 전후의 베이비붐은 가사노동을 절약해주는 기술 발달로 양육 비용이 줄어든 것과 2차 대전 이후 여성에 대한 노동시장의 변화가 결합한 결과라고 보는 것이 가장 설득력 있는 설명이다. 전쟁이 중요한 매개 역할을 했음을 말해주는 한 가지 근거는 국가별로 베이비붐에 차이가 있다는 데서 찾아볼 수 있다. 가사노동과 관련된 기술의 변화는 모든 나라에 비슷한 방식으로 영향을 미쳤겠지만, 전쟁에 참여한 나라들만이 전쟁 시기의 동원으로 인해 출산율에 추가적인 영향을 받았을 것이다. 그림 7.9는 실제로 '연합국'들에서 베이비붐이 모두 큰 폭으로, 그리고 비슷한 시기에 발생했음을 보여준다. 또 다른 근거는 [참전국이었던] 미국을 중립국이었던 나라들과 비교한 그림 7.12에서 볼 수 있다.[31] 중립국들은 미국보다 베이비붐의 규모가 훨씬 작다. 이 사실은 중립국에서는 전쟁 시기의 동원이 출산율 증가의 요인이 되지 못했으리라는 점으로 설명이 가능하다.

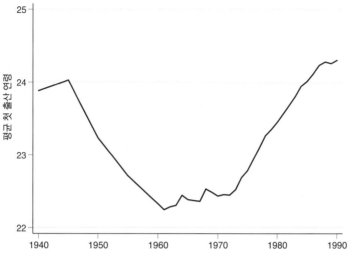

그림 7.11. 미국의 첫 출산 연령

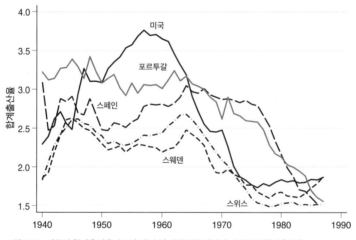

그림 7.12. 미국의 합계출산율과 2차 대전 당시 중립국이었던 나라들의 합계출산율

저출산 문제

오랫동안 인구와 관련한 정치적 우려는 인구가 너무 빠르게 증가하는 것이었다. 중국의 '한 자녀 정책'(최근 폐지됐다)은 인적 자본 축적과 소득 증가를 촉진하기 위해 소규모의 가족을 유도하려는 여러 정책 중 가장 두드러진 사례였을 뿐이다.

그런데 최근에 이 추세가 반전되었다. 대부분의 산업화된 국가들에서는 이제 출산율이 인구 규모가 유지되기에 필요한 출산율(인구 대체 출산율)보다 낮다. 그림 7.13은 1980년부터 현재까지 산업화된 국가들의 합계출산율을 보여준다.[32] 여성 1명당 출산율이 약 2명이면 장기적으로 인구가 안정적으로 유지된다(부모 1명당 자식 1명). 그런데 그림 7.13이 보여주듯이 오늘날 몇몇 산업화된 국가들(프랑스, 미국, 북유럽 국가들 등)은 출산율이 인구 대체 출산율보다 약간 낮고, 일본·독일·이탈리아·스페인 등 몇몇 나라는 현저하게 낮다(1.5명 이하). 이 수준이 지속되면 이 나라들에서는 앞으로 인구가 상당히 감소할 것이다. 또한 낮은 출산율은 노령화를 심화한다. 젊은 층 노동 인구가 은퇴자 인구에 비해 점점 더 적어진다는 의미인데, 이는 노년층을 보조하는 사회보험과 의료보험에 큰 문제를 일으킨다. 독일에서는 인구가 현재 8000만에서 2060년에는 6700만 명으로 줄어들 것으로 예상되고 구 동독의 상당한 지역에서는 이미 인구가 빠르게 감소하고 있다. 현재의 출산율이 지속되면 이런 시나리오는 점점 더 일반화될 것이다.

산업화된 국가들에서 나타나는 초저출산율은 어떻게 설명할 수 있을까? 앞에서 우리는 선진 경제권에서는 아이를 키

그림 7.13. 산업화된 국가들의 합계출산율

우는 데 들어가는 시간 비용이 출산 선택의 주된 요인이라고 설명했다. 2차 대전 이후 부유한 국가들에서 전반적으로 관찰되는, 인구 전환 후기 단계에서 출산율이 전반적으로 하락하는 현상은 여성 노동 참여의 증가로 어느 정도 설명할 수 있다. 하지만 왜 어떤 나라에서는 출산율이 더 떨어지고 어떤 나라에서는 덜 떨어지는지는 설명되지 않는다. 사실, 산업화된 국가들의 현재 출산율 통계가 보여주는 흥미로운 점은 출산율이 높은 나라들이 여성 노동 참여율도 더 높은 나라들이라는 사실이다. 그림 7.14는 선진 산업국가들의 합계출산율과 여성의 경제활동 참가율의 관계를 보여주는데, 이 둘이 양의 관계가 있음을 알 수 있다. 즉, 여성이 더 일을 많이 하는 나라에서 여성이 아이도 더 많이 낳는다.[33] 출산율이 1.8명 이상인 모든 나라가 여성 경제활동 참가율이 50% 이상이고 출산율이 낮은 나라는 여성 경

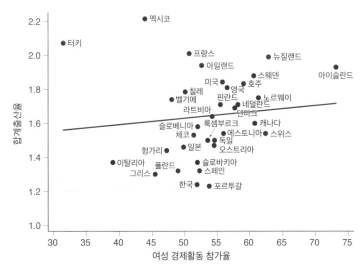

그림 7.14. 2015년, OECD 국가 여성 경제활동 참가율과 합계출산율

제활동 참가율이 비교적 낮다.

이에 대해 경제학자 제임스 페이러James Feyrer, 브루스 세서도트Bruce Sacerdote, 아리엘 스턴Ariel Stern은, 베이비붐 때와 대조적으로 오늘날에는 여성들이 직업과 가정을 상호 배타적인 선택지로 생각하지 않기 때문이라고 설명했다. 이들 대부분은 직업과 아이 둘 다를 원한다.[34] 국가별 차이는 이 둘을 결합하는 것이 얼마나 쉬운지 어려운지에 달려 있다. 출산율과 여성의 경제활동 참가율이 모두 높은 나라는 경력 단절 없이 아이를 낳기가 더 쉬운 나라들이다. 예를 들면 프랑스와 북유럽 국가들은 아주 어린 나이부터 아이를 보낼 수 있는 어린이집이 있다. 반면 출산율이 낮은 나라들은 아이를 돌봐주는 인프라가 부족한 경우가 많고, 특히 아이가 엄마를 가장 많이 찾을 시기

인 영유아기에 그렇다. 또 다른 요인으로, 젊은 엄마가 있어야 할 '적합한 장소'는 아이의 곁이라고 보는 등의 사회적 인식도 출산율이 낮은 나라들에서 더 강하다.

마티아스는 독일에서 어린 시절을 보냈을 때와 미국에서 성인으로 살 때의 경험을 비교하다 보면 정부 정책과 사회적 규범이 여성이 아이와 직업 둘 다를 추구할 수 있는 여지에 얼마나 크게 영향을 미치는지 실감하게 된다고 종종 말한다. 1970년대 독일에서는 가정과 직장을 결합하는 것이 매우 어려운 일이었다. 공공 어린이집은 4세가 되어서야 보낼 수 있었고 더 어린 아이들은 엄마가 온전히 돌보는 것이 일반적이었다. 아이가 학교 갈 나이가 되어도 엄마가 일자리를 갖기는 어려웠다. 학교 수업이 오전에만 있었기 때문에 아이들은 점심 무렵이면 집에 돌아왔다. 심지어 아이들이 학교에 있는 시간에도 학교는 그리 안정적으로 아이들을 돌보는 곳이 아니었다. 교사가 아파서 수업이 취소되면 아이들은 그냥 집에 돌아왔다. 이런 상황에서, 엄마들이 도전적인 직장과 양육을 병행하기란 사실상 불가능했다. 바깥일을 하던 소수의 엄마들은 남편이 실직을 했거나 감옥에 있는 등의 이유로 어쩔 수 없어서 그런 경우가 많았고, 따라서 '일하는 엄마'에게는 사회적으로 부정적인 낙인이 찍혔다.

몇 십 년 뒤 미국에서 부모로 살고 있는 마티아스의 경험은 그의 부모와 매우 다르다. 마티아스의 아내 마리사는 캐스팅 감독이고 종종 여러 개의 TV 프로그램이나 영화에서 동시다발로 일한다. 세 아들을 낳았을 때 매번 마리사는 거의 출산

일 직전까지 일했고 병원에서도 전화로 몇 가지 조정 사항들을 처리하면서 일을 했다. 출산 후에는 불과 몇 주 쉬고서 다시 일 터에 복귀했다. 시간 사용이 비교적 유연한 학자와 결혼을 했기 때문에 마리사의 직장 생활이 조금 더 쉬웠던 면도 있겠지만 어린이집, 입주 도우미, 베이비시터 등의 추가적인 도움을 얻을 수 있었던 것이 매우 중요했다. 마리사와 마티아스의 많은 친구들도 미국에서 이와 비슷한 방식으로 아이를 갖는다. 어린이집이나 도우미의 도움 덕분에 출산으로 인한 교란 시간이 상대적으로 적고 곧바로 전일제 일터로 복귀할 수 있다. 물론 이런 식의 양육에도 어려움과 스트레스가 있다. 하지만 이러한 환경에서는 대규모 가정(아이를 많이 낳을 것이냐)과 전망 있는 직업 사이에서 양자택일을 하지 않아도 된다. 그리고 사회적 낙인도 없다. 가정마다 엄마의 경력과 양육의 병행 문제를 서로 다른 방식으로 해결하지만, 1970년대의 독일에서와 달리 오늘날 미국에서는 어느 하나의 방식이 내재적으로 우월하다는 인식은 없다.

최근에 파비안 킨더만Fabian Kindermann과 공동으로 진행한 연구에서 마티아스는 산업화된 국가들에서 어떤 정책이 출산율 제고에 가장 효과가 있을지 알아보았다.[35] 이들은 정부 정책과 사회 규범이 엄마와 아빠 모두 가정과 직장을 양립하게 할수 있는 방향으로 바뀌어야 초저출산의 문제가 가장 잘 극복될수 있다고 제안했다. 단순히 아동에 대해 보조를 하는 것은 그리 효과가 없을 수 있다. 사실 매우 낮은 출산율을 보이는 몇몇 나라는 이미 상당히 높은 수준의 아동 지원 정책을 가지고 있다. 독일에서는 아이를 가지면 정부가 세액 공제를 해주고 아이에게 직접적인 지원도 해준다. 이런 보조금은 미국보다 훨씬 너그러운데도 독일의 출산율이 훨씬 낮다. 단지 돈을 주는 것보다, 일하는 엄마를 지원해주는 것(가령 아주 어린 연령대 아이들을 위한 어린이집을 더 널리 활용할 수 있도록 하는 것)이 더 전망 있는 정책이다. 여성이 일과 양육을 병행하면서 겪는 어려움은 가정의 성별 분업과도 관련이 있다. 저출산 문제를 겪고 있는 나라들은 남성이 가정에서 일을 가장 적게 하는 나라들인 경우가 많다. 남성이 양육을 더 많이 분담할 수 있게 한다면(가령 스웨덴처럼 남편의 육아 휴직을 보장하는 등으로) 여성이 아이를 더 갖기로 결정하기가 더 쉬워질 것이다.

저출산이 선택이 아닐 때
: 중국의 경우

오늘날 산업화된 국가들은 출산율을 높이기 위해 고전하고 있지만 많은 개도국의 가족계획 정책은 이와 반대되는 목적을 가지고 있다. 인구 증가세를 꺾고자 하는 것이다. 가장 과격하고 적어도 지표상으로 가장 성공적인 사례는 중국의 '한 자녀 정책'이다.

1960년대까지 중국 공산당은 인구가 증가해야 중국이 더 강력한 나라가 될 것이라는 믿음에서 대규모 가족을 장려했고, 중국의 인구는 20세기 후반 사이에 두 배가 되었다. 1970년대에 공산당의 정강이 바뀌어 출산을 제한하는 가족계획 정책을 도입하기 시작했다. 결혼 시기를 늦추기 위한 "더 늦게, 더 길게, 더 적게"라는 캠페인이 그런 사례다. 이어 1979년에 자녀 수를 엄격하게 제한하는 '한 자녀 정책'이 도입되었다. 도시 가정은 자녀를 1명만 낳을 수 있었고 농촌에서는 2명까지 허용되었다(이 제한은 소수 민족에게는 적용되지 않았다). 이 정책은 2016년에서야 폐지됐다.

한 자녀 정책이 미친 사회적, 경제적 영향은 복잡하다. 중국 경제는 30년간 매우 빠르게 성장했다. 대부분의 인구가 경제활동 인구였고 부양을 받아야 할 아동이나 노인층은 상대적으로 적었다. 그러나 이 시기는 끝나가고 있다. 오늘날 중국은 빠른 고령화에 직면해 있고(현재 합계출산율은 1.6명이다) 이는 점점 늘어나는 은퇴자의 의료보험과 연금 기금의 재원 마련과 관련해 큰 문제를 낳고 있다.[36]

한 자녀 정책은 가정생활에도 큰 영향을 미쳤다. 우선 이 정책은 전통적인 남아 선호 사상을 깨뜨렸다. 유교적 관점에서 아들을 낳지 못하는 것은 가족의 의무를 방기하는 것으로 여겨지지만 현실적으로 많은 가정이 한 자녀 정책 때문에 아들을 가질 수 없었다. 그렇더라도 남아 선호의 뿌리는 매우 깊어서, 이는 선택적 낙태로 이어졌다. 중국의 신생아 남녀 평균 성비는 무려 118명 대 100명이다. 여아의 부족은 결혼 시장에서 큰 불균형을 일으켰다.[37]

게다가 아이 수의 감소는 노인의 부양을 가족이 책임지던 전통적인 시스템을 무너뜨렸다.[38] 중국에서 아들은 부모를 부양하고 딸은 남편의 부모를 부양하는 데 기여할 것으로 기대되었다. 그런데 한 자녀 정책으로 많은 가정에서 노년층이 도움을 받을 수 없게 되었다. 농촌에서는 지금도 가정의 노년층 부양 체계가 깨진 것이 매우 절박한 문제다. 반면 도시의 문화는 새로운 현실에 점차 적응을 하고 있는 것으로 보인다. 오늘날 베이징과 상하이의 부모들은 대개 아들이나 딸에 대해 특별한 선호를 가지고 있지 않으며 한 자녀 정책이 허용하는 것보다 더 많은 아이를 낳고 싶은 생각도 없다고 말한다. 베이징과 상하이의 부모들이 아이를 더 많이 갖고 싶어 하지 않는다는 것은 타이완, 홍콩, 싱가포르 등 정책적으로 가족 수가 제한되지 않는 곳들에서 드러나는 현상과도 일맥상통한다. 이런 곳들은 한 자녀 정책이 없어도 합계출산율이 최저 수준이다(약 1.2명). 이는 경제적 요인이 부모의 출산 의사 결정에서 핵심 요인임을 말해준다. 이 지역들 모두에서 (또한 상하이와 베이징에서도) 부모들에게는 높은 주거 비용과 양육 비용이 문화적 전통보다 더 중요한 고려 사항인 것으로 보인다.

한 자녀 정책이 낳은 또 다른 결과는 '소황제 효과'다. 가정에 하나뿐인 아이는 양친과 친가, 외가 조부모 모두의 관심과 사랑을 전적으로 받는다. 이것은 부분적으로는 의도된 결과이고, 출산에 대한 경제학 이론이 예측하는 바이기도 하다. 게리 베커의 양-질 이론에 따르면, 출산 수를 제한하는 법이 도입되면서 부모는 시간, 돈, 노력을 한 자녀에게 집중하게 되었다. 최근의 조사 결과를 보면, 부모의 절반 이상이 하나뿐인 아이의 학교 성적이 좋을 때가 가족이 가장 행복한 순간이라고 대답했다. 동시에 이들은 아이가 시험에서 떨어지거나 시험을 잘 치르지 못하면 벌을 주는 데도 거리낌이 없다. 또한 이 조사에 따르면, 아이가 여럿 있는 경우보다 한 자녀를 둔 부모가 공부나 기타 활동을 아이와 함께하는 데 시간을 훨씬 더 많이 들이는 것으로 나타났다.[39]

앞에서 우리는 중국 부모들 사이에서 집약적 양육이 일반화된 것이 높은 수준의 불평등, 그리고 교육이 경제적 성공에 갖는 막대한 중요성 때문이라고 언급했다. 이어서 이 장에서 보았듯이, 특정한 정책(한 자녀 정책) 또한 부모의 양육 선택에 영향을 미쳤다. 즉, 소황제 효과는 중국의 집약적 양육 현상을 설명하는 또 하나의 측면이다.

경제학자 타하 추크메인Taha Choukhmane, 니콜라스 쿠르다시어Nicholas Coeurdacier, 케유 진Keyu Jin은 한 자녀 정책이 자녀에 대한 투자에 미치는 영향을 수량화해 알아보았다. 이를 위해, 아이가 하나인 부모의 행동을 쌍둥이를 낳은 부모의 행동과 비교했는데, 외동인 경우 쌍둥이인 경우보다 현저하게 많은 관심과 자원을 받는 것으로 나타났다. 그 결과 쌍둥이는 인적 자원을 덜 축적하는 경향이 있었다. 이를테면 쌍둥이는 외동인 아이보다 대학에 진학할 가능성이 40%나 낮았고, 인문계 고등학교에 진학할 가능성도 상당히 더 낮았다. 이러한 큰 차이는 한 자녀 정책이 사회적, 심리적 비용을 막대하게 유발했더라도 지난 몇 십 년간 중국 경제가 급격한 성장을 달성하는 데 기여했으리라는 점을 시사한다.[40] 또한 이 결과는 양육에서 인센티브가 중요하다는 우리의 전체적인 주장도 뒷받침한다. 쌍둥이를 둔 부모도 외동아이를 둔 부모만큼 아이를 사랑하겠지만, 아이가 여럿이면 제약 조건의 압박도 더 강해서 인적 자본 투자의 양상이 외동아이를 둔 경우와 크게 달라지는 것이다.

소결

아이를 낳을 것인가, 낳는다면 몇 명을 낳을 것인가는 사람들이 일생에서 직면하는 의사 결정 중 가장 막중한 결정일 것이다. 다시 말해, 이 결정에는 걸려 있는 것이 많다. 이런 면에서, 인간 행동에 대한 경제학적 접근, 즉 인센티브가 의사 결정에 영향을 미치는 주요 요인이라는 접근은 출산 의사 결정을 설명하는 데 매우 강력한 접근 방식일 수 있다.

이 장에서 우리는 인적 자본에 대한 투자 수익의 증가로 부모가 자녀의 교육에 더 많이 투자하고 자녀의 노동에 가계 소득을 덜 의존하게 되면 출산율이 급격하게 떨어질 수 있다는 것을 경제학적 접근으로 설명할 수 있었다. 또한 오늘날 여성들의 경력 선택과 출산 선택이 밀접하게 관련되어 있다는 것도 경제학적 접근으로 설명할 수 있었다.

출산과 관련한 의사 결정은 개인에게도 막중한 결과를 수반하지만 국가적으로도 그렇다. 일부 가난한 개도국에서는 인구 증가세를 꺾는 것이 여전히 주요한 국가 목표다. 반면 몇몇 선진국은 그 반대의 문제, 즉 노령화와 초저출산의 문제를 겪고 있다. 출산 선택에 대한 경제학적 접근은 두 종류의 어려움 모두에 대해 유용한 정책들을 고안하는 데 도움을 줄 수 있을 것이다.

8장

귀족의 가치와 중산층의 가치

현대의 부모들은 대부분 공부를 잘하는 것과 성공적인 직업을 갖는 것이 자녀에게 좋은 일이라는 데 동의할 것이다. 이런 부모에게 양육 방식의 선택이란 이 목적을 어떻게 하면 가장 잘 달성할 것인가, 그리고 여유롭고 행복한 가정생활 같은 여타의 가치와 견주어 그 목적에 얼마나 가중치를 부여할 것인가의 문제가 된다. 교육과 직업적 성공을 강조하는 것은 '중산층의 가치'이며, 인적 자본을 바탕으로 굴러가는 오늘날의 경제에서 중산층의 가치는 사회 전체적으로도 지배적인 문화적 가치가 되었다.

하지만 시야를 더 넓혀보면 부모들은 양육 방식뿐 아니라 아이에게 어떤 태도와 가치관을 가르치려 하는가에서도 차이를 보인다. 과거 오랫동안 계급 간의 분리는 오늘날보다 훨씬 강했고 계급별로 사람들이 매우 상이한 환경에 처했기 때문에 부모가 자녀에 대해 갖는 기대와 열망도 매우 달랐다. 교육, 근면, 검약을 강조하는 중산층의 가치는 상류층과 하류층 모두에서 그리 인정받지 못했다. 계급의 명칭이 암시하듯이 '노동자 계급'은 열심히 일하는 아동을 높이 평가했지만 오늘날의 부모와 달리 교육이 아이에게 거의 도움이 되지 않는다고 생각했다. 상류층을 보면, 유럽의 귀족층은 (제인 오스틴Jane Austen 소설이나 〈다운튼 애비Downton Abbey〉 같은 드라마를 보면 알 수 있듯이) 자녀가 근면의 가치를 배워야 한다는 개념 자체가 혐오스럽다고 생각했다. 실제로 그들은 그 반대의 가치를 가르쳤다. 즉, 여가의 가치를 가르쳤고, '더 우아하고 고상한 것들'을 하도록 가르쳤으며, 노동을 멸시하도록 가르쳤다.

계급별로 양육 선택의 기저를 이루는 근본적인 가치관이 차이를 보이는 것 역시 앞의 장들에서 국가별, 집단별 양육 방식의 차이를 분석했을 때와 동일한 접근 방법을 사용해 분석할 수 있다.[1] 먼저, 우리는 계급을 막론하고 모든 부모는 아이를 사랑하며 장래에 살게 될 것으로 예상되는 세상에 아이를 잘 준비시키고자 노력한다고 전제할 것이다. 이를 전제로, 우리는 계급 간에 극명히 차이 나는 경제적 인센티브로 인해 계급별로 부모가 자신들이 중시하는 가치관을 얼마나 '강도 높게' 아이에게 주입하려 하는지 뿐 아니라 그 '가치관 자체'도 설명할 수 있음을 보이고자 한다.

이 장에서는 이 접근 방법을 통해 산업혁명 시기와 그 이

전에 부모가 강조하는 가치관이 계급별로 어떻게, 왜 달랐는지 알아볼 것이다. 산업혁명의 요람인 영국의 사례를 살펴볼 것이지만, 이는 당대의 여타 유럽 국가들에도 마찬가지로 적용할 수 있다.

계급 사회에서 아이를 키운다는 것

역사학자들은 산업혁명 이전의 영국 사회가 크게 세 개의 계급으로 나뉘어 있었다고 본다.[2] 맨 위는 귀족층으로, 문학 작품·영화·텔레비전에 많이 등장하는 계급이다. 귀족의 지위와 특권 외에, 경제적인 면에서 이들의 주된 특징은 소득의 원천이 땅(지대 및 영지에서 나오는 기타 소득)이라는 것이었다. 이 시기 상류층은 땅을 소유한 계급이어서 종종 '토지 소유 신사 계급'이라고 불렸다.

사회의 맨 아래층은 노동자 계급이었고 이들이 인구의 대다수를 차지했다. 경제적인 면에서 이들을 규정하는 핵심 특징은 땅이 아니라 노동에 소득을 의존했다는 것, 그리고 그 노동이 비숙련 노동이라는 점이었다. 일반적으로 노동자 계급은 학교 교육을 거의 혹은 전혀 받지 못했고 대부분 비문해자였으며 실용적인 직업 교육도 거의 받지 못했다. 노동자 계급은 농촌의 날품팔이 노동부터 산업 도시의 공장 노동까지 여러 경제 영역에 존재했지만 비숙련 노동에 의존해 생계를 유지한다는 점은 공통적이었다.

이 두 계급 사이에 장인, 상인 등으로 구성된 세 번째 집단,

중류층이 있었다. 대부분의 경제 영역에서 이들을 찾아볼 수 있지만 일반적으로 농촌보다는 도시나 큰 마을에 사는 경우가 많았다. 이들도 노동에 소득을 의존했지만, 노동자 계급과 달리 이들에게는 교육과 숙련이 중요했다. 이들이 노동에서 사용하는 기술은 어느 정도 문해력이나 수학 등 '현대적인' 기술과 관련이 있었다. 이러한 기술은 가령 상인이 계약, 재무, 서신 등을 다루는 데 매우 중요했다. 하지만 가장 문해력이 낮은 장인이라 해도 일반적으로 많은 교육, 훈련이 필요했다. 더 실용적인 종류의 교육이기는 했겠지만 말이다. 도시의 중간 계급들은 긴 견습 시절을 거쳐야만(영국에서는 대략 7년) 해당 업종에서 암묵적인 지식을 습득할 수 있었고, 그다음에도 대개는 오랜 직인journeyman 시절을 거쳐야 했다. 많은 업종이 길드에 의해 규제를 받았고 젊은 장인들은 해당 업종의 길드에서 정해진 경로를 밟아야 '마스터'로 인정받을 수 있었다. 마스터가 되고 나면 비교적 안락하고 권위 있는 생활을 할 수 있었지만 30대나 40대가 되어서야 가능했다.

경제적 역할에 따른 계급 구분 외에, 계급 간 이동성에도 공식적, 비공식적으로 큰 장벽이 존재했다. 계급 사다리를 오르내리는 것은 사실상 불가능했고 이는 세대 간에도 마찬가지였다. 공식적인 장벽은 위쪽에서 가장 강했다. 귀족 계층에 진입하는 것은 세습, 결혼, 국왕의 특전 등으로만 제한되었다. 노동자 계급과 중간 계급 사이의 장벽은 이보다는 덜했지만 계층이 고정되어 있다는 개념을 강화하기에는 충분할 정도로 견고했다. 그리고 여기에도 공식적인 장벽이 있었다. 가령 길드는 해당 업종에 독점적 권한을 가지고 있었고 신규 업자의 진입을 통제했다. 더 개방적인 직군이라 해도 도제로 들어가려면 마스터에게 선금을 내야 했기 때문에 부모가 상당한 경제적 자원을 가지고 있지 않는 한 노동자 계급 자녀의 진입은 차단되어 있는 것이나 마찬가지였다.[3]

양육 이슈로 돌아와서, 현대의 부모처럼 전 산업사회의 부모도 아이에게 어떤 가치관과 태도를 독려할 것인지를 선택해야 했다. 인간 행동에 대한 경제학적 접근은 시대와 사회적 배경이 다른 사람들도 기저의 동기는 근본적으로 비슷하다고 가정한다. 즉, 우리는 모든 부모가 성인기에 유용할 만한 가치들을 아이에게 장착해주는 것을 양육의 목적으로 삼는다고 가정한다. 시대와 사회적 배경이 다른 부모들 사이의 차이는, 아이의 성공이 구체적으로 어떤 능력과 태도에 달려 있다고 예상하느냐에 있다. 전 산업사회에서는 경제생활이 계급에 따라 명확하게 구분되어 있었으므로 아이가 성공하는 데 필요한 태도와 가치관도 계급별로 달랐을 것이다. 따라서 계급 구분이 명확한 사회에서는 부모의 인센티브도 계급별로 명확하게 차이가 났을 것이다.

노동자 계급의 자녀 양육

노동자 계급이 처한 경제적, 사회적 조건은 부모가 아이에게 강한 노동 윤리를 강조하고 여가를 독려하지 않아야 할 인센티브를 제공했다. '노동자 계급'이라는 말이 암시하듯이, 노동은 이 계급의 존재 조건이었다. 물론 오늘날에도 대부분의 사람은 생계를 위해 노동에 의지하고, 따라서 많은 부모가 아이에게 노동 윤리를 고취하려 한다. 하지만 그 인센티브가 '얼마나 강한가'는 노동 윤리 고취에 걸려 있는 것이 얼마나 큰가에 달려 있다. 따라서 노동 윤리를 강조하는 것은 현대의 부모보다 전 산업사회 노동자 계급 부모에게 분명히 훨씬 중요했을 것이다.

부모가 노동 윤리를 고취하는 데 실패해 아이가 게으르고 일을 싫어하는 성인이 되면 어떤 일이 벌어질지 생각해보자. 오늘날 이런 아이는 성인이 되었을 때 내로라하는 성공적인 경력을 밟지는 못할 것이고 아마도 소득 분포의 낮은 쪽에 있게 될 것이다. 그렇더라도 오늘날에는 시간과 노력을 덜 들여도 되는 일자리가 존재하고, 설령 이 아이가 커서 일을 전혀 안 하게 된다고 해도 현대 국가에는 복지제도가 있기 때문에 생존이 위기에 처하지는 않을 것이다.

이와 달리 전 산업사회의 노동자 계급이 처한 여건에서는 노동을 회피한다면 생존 자체가 불가능할 수 있었다. 인구 전체적으로도 소득수준이 낮고 특히 가난한 사람들의 소득은 겨우 생계를 유지할 수준이었음을 생각하면, 당시 사람들에게 게으름을 부릴 수 있는 여지는 없었다고 보아야 한다. 오늘날의 몇몇 개도국에서도 그렇듯이, 성인과 아이 모두가 소득에 기여해야만 가족의 생계가 겨우 유지될 수 있었고, 게으름을 피우면서 다른 식구의 노력에 빌붙는 것은 용인되지 않았을 것이다. 게다가 성인이 되어 스스로 생계를 꾸려야 하게 되었을 때 노동에 동기부여가 되지 않는 사람(요즘 말로 '농땡이'를 치려는 사람)

은 식량을 충분히 확보하지 못했을 것이고, 당시에 영양실조는 치료가 불가능한 감염병에 걸릴 위험을 높일 수 있었다.

소득이 없는 이들에게는 결혼을 하는 것, 따라서 적법한 자녀를 갖는 것도 언감생심이었다. 직설적으로 말해서, 노동자 계급 부모는 아이에게 노동 윤리를 제대로 갖춰주지 못할 경우 아이의 생존을, 그리고 장기적으로는 집안의 생존을 우려해야 했다.

역사 사료들에 나타나듯이, 견고한 노동 윤리는 노동자 계급의 핵심적인 문화적 가치였다. 노동자 계급 사람들은 열심히 노동했고, 여가를 즐기는 것은 눈총을 받거나 강하게 억제되었다. 게다가 노동 윤리를 잘 장착하는 데 걸려 있는 것이 막중했으므로 부모는 자신이 생각하는 적합한 태도를 자녀에게 강하게 주입해야 할 인센티브도 컸다. 이 시기 부모는 아이가 '적합하게' 행동하게 하기 위해 일상적으로 체벌을 했다.

전 산업사회 노동자 계급의 부모와 오늘날의 많은 부모가 공히 노동 윤리를 강조하지만, 교육의 가치를 어떻게 생각하는지에 대해서는 차이가 있다. 오늘날에는 사회적 배경을 막론하고 대부분의 부모가 아이가 학업에서 좋은 성과를 내기를 원한다. 대조적으로, 과거 노동자 계급 부모는 공부를 잘하라고 아이를 몰아붙이지 않았다. 정부가 공교육을 지원해 금전적인 면에서는 자녀에게 교육을 시키는 것이 훨씬 더 수월해진 뒤에도 많은 노동자 계급 부모가 아이가 아주 기본적인 수준을 넘어서까지 교육받는 것을 적극적으로 막으려 했다. 당시의 경제적 환경이 부모에게 제공한 인센티브를 감안하면 이러한 행동 역시 설명이 된다.

오늘날과 달리 당시 대부분의 노동자에게는 공식 교육(그때는 주로 읽기와 기본적인 산수를 의미했다)이 요구되지 않았고 노동자 계급이 하는 종류의 일에는 더욱 그랬다. 도시의 상인, 장인, 세공인 등에게는 그런 지식이 필요했지만, 인구 대부분이 살던 농촌에서 '읽기'는 성직자 계급에게만 중요한 기술이었다. 이전 장에서 언급했듯이 19세기가 되기 전에 대부분의 학교는 교회가 운영하는 일요학교였고 대개 성경을 읽을 수 있게 하기 위한 교육만 했다. 그러므로 학교라는 것 자체가 종교와 관련이 있었거나 상류층의 한가한 여흥, 아니면 사회적인 교양과 세련됨을 높이기 위해 추구되었을 뿐, 대부분의 인구에게 생산적인 가치를 갖지는 않았다. 문해력을 갖춘다고 해서 성직자 계급에 들어갈 기회가 생기는 것도 아니었다. 성직자는 사회적 배경이 좋은 집안 자녀가 진입하는 직종이었기 때문이다. 그러므로 아이에게 공식적인 교육을 잘 받도록 독려하는 것은 아이의 성공적인 장래를 보장하는 데 아무 도움이 되지 않았다.

오히려 아이가 교육을 너무 많이 받을 경우에 생길 악영향을 걱정해야 했다. 종교적인 면에서 아이가 각성이 되어서 더 깊이 있는 명상과 성찰을 원하게 되면 신체적인 노동에 노력을 쏟는 것을 저해할 수 있었다. 또 글을 읽을 줄 아는 아이들은 소설 같은 것이 읽고 싶어질지도 몰랐다. 이것은 생산적인 활동이 아니었다. 오늘날의 부모가 아이가 종일 TV를 보거나 게임을 하는 것을 우려하듯이, 전 산업사회의 노동자 계급 부모는 아이가 책을 너무 많이 읽는 것이 문제라고 생각할 이유가 충분했다. 당대의 경제적 인센티브를 생각할 때, 과거 노동자 계급 부모의 가치 체계가 현대 부모의 일반적인 가치 체계와 근본적으로 달랐다는 것은 이상한 일이 아니다.

노동자 계급 부모가 강조한 가치는 근면만이 아니었다. 혼전 성관계를 강하게 금지하는 등 도덕적 가치도 오늘날의 기준으로 보면 가혹하다 싶을 만큼 강하게 강요되었다. 지금은 이 시기의 성 관념과 도덕관념이 그저 낡은 것, 또는 후진적인 것으로 여겨질지 모른다. 하지만 앞 장에서 언급했듯이, 언뜻 보기에는 경제와 상관없는 가치관으로 보이는 것도 부모가 처한 경제적 인센티브로 설명할 수 있다. 자녀의 성 도덕과 관련해 부모의 관심사는 혼전 성관계를 막지 않았을 때 아이에게 어떤 결과가 초래될 것인가다. 분명히 오늘날에도 어떤 부모는 청소년인 자녀가 성관계를 하지 않은 상태이기를 원할 테지만, 아이가 성 규범에서 벗어났을 경우 직면하게 될 결과는 과거와 막대하게 다르다.

오늘날의 청소년은 임신과 성병의 위험을 크게 줄여주는 다양한 피임 도구를 접할 수 있다. 따라서 혼전 성관계가 삶에서 매우 심각한 결과를 초래할 가능성도 줄어들었다. 과거에는 이 위험이 비교할 수 없이 컸다. 사회적 성 규범에서 어긋나는 행동은 임신과 질병으로 이어질 가능성이 컸을 뿐 아니라 훨씬 심각한 결과도 초래할 수 있었다. 가령 오늘날에는 성병을 항생제로 쉽게 치료할 수 있지만 당시에는 심각한 장애나 사망으로까지 이어질 수 있었다.

오늘날에도 많은 부모가 혼외 임신이나 청소년기의 임신

이 문제 있는 행동이며 장래의 교육이나 경력 기회에 해가 된다고 여길 것이다. 하지만 설령 '사고'가 생긴다 해도 많은 나라에서 낙태가 합법적으로 허용되며 혼외 자녀를 두는 것이 존재 자체를 걸어야 하는 위험은 아니다. 과거에 미혼모와 혼외 출생 자녀는 사회적 낙인을 차치하더라도 현실적으로 끔찍한 전망에 처했다. 인구 대부분의 소득이 거의 생계를 유지하는 수준이고 영아 사망률이 30~40%에 달하던 시기에, 부양을 도와주는 남편 없이 아이를 갖는다는 것은 말 그대로 죽느냐 사느냐의 문제였을 것이다. 이러한 전망을 생각하면, 자녀의 미래를 염려하는 부모가 모든 수단을 동원해서 자녀에게 엄격한 도덕적 규율을 강요할 이유가 충분했다는 것은 우연이 아니다.

귀족 계급의 자녀 양육

이제 계층 사다리의 반대쪽 끝인 귀족층을 보자. 이들의 경제적 환경은 노동자 계급이 처했던 것과 정확히 반대였다. 경제적인 면에서, 귀족은 토지 소유자였다. 귀족 작위는 영지 소유와 연결되어 있었고 귀족 가문은 영지에서 나오는 농업 소출과 지대로 소득을 올렸다. 따라서 자신이 직접 고된 노동을 하는 것이 장래의 경제적 전망과 별로 관련이 없었고 영지도 고용인을 시켜 관리했다.

근면한 노동이 장래의 삶에 별 이득을 가져다주지 않았으므로, 귀족층의 부모는 자녀에게 노동 윤리를 주입할 인센티브가 별로 없었을 것이다. 오히려 그 반대로 하는 것이 더 이득이었다. 즉, 남아는 사냥, 여아는 음악 등 고상하고 세련된 여가 활동을 배우는 것이 더 유리했다. 이러한 여가의 기술은 장래에 출세를 하고 좋은 혼처를 찾는 데 매우 도움이 될 수 있었다. 상류층이 '유한계급'이라고 불린 것은 우연이 아니다. 생계를 위해 일을 할 필요가 없다는 것이 이 계급의 핵심 특징이자 계급적 지위를 부각하는 징표였던 것이다. 명저 《유한계급론The Theory of Leisure Class》에서 소스타인 베블런Thorstein Veblen은 '과시적 소비'와 '과시적 여가'가 계급 구분을 강조하는 데 사용되었음을 다음과 같이 짚어냈다. "노동으로부터의 면제는 부의 증거이자 사회적 지위의 상징이었다. 그리고 이런 식으로 부유함의 가치를 드러내는 것은 여가에 더 맹렬하게 노력을 기울이는 것으로 이어졌다."[4]

　그러므로 여가는 여가 자체가 목적이 아니었다. 여가 활동의 구체적인 기술과 능력은 출세의 수단이었다. 딸에게 성공은 주로 좋은 결혼을 의미했는데, 이를 달성하는 데 음악이나 댄스 등이 매우 중요했으므로 이런 활동이 높은 가치를 인정받았다. 아들에게도 사회적 성공을 위해서는 노동보다 사회적 기술이 더 중요했다. 영국에서 귀족 작위는 장남에게 주어졌으므로 장남이 아닌 아들은 다른 방식으로 생계를 유지해야 했다. 하지만 기업 활동 등을 하기보다는 딱 맞는 사회적 연줄이 있어야만 얻을 수 있는 좋은 직위를 잡으려는 것이 더 일반적이었다.

　표 8.1은 1752~1899년 케임브리지 대학 졸업생이 어떤 직종에 진출했는지를 보여준다.[5] 18세기와 19세기의 케임브리지 대학은 오늘날의 대학과 비슷했다기보다 상류층 자제들이 가

	1752~1799년	1800~1849년	1850~1899년
교회	60%	62%	38%
토지 소유	14%	14%	7%
교수	9%	9%	12%
법	6%	9%	14%
행정	3%	1%	6%
의학	1%	2%	7%
은행	0%	0%	2%
기업	0%	0%	5%
기타	7%	3%	9%

표 8.1. 케임브리지 대학 졸업생들의 직업 선택

장 마지막의 교육을 받는 곳이었다. 실용적인 과목은 거의 가르치지 않았고, 귀족층의 응집과 사회적 출세의 장으로서 더 중요한 역할을 했다. 따라서 케임브리지 졸업생의 직업 경로는 귀족 가문 남성들이 어떤 직종으로 진출했는지를 잘 보여준다 (19세기까지 케임브리지 대학에는 남성만 입학할 수 있었고 여성이 정식으로 들어오게 된 것은 1948년이었다).[6] 장남은 토지를 소유한 영주가 되었다. 이것이 이 시기 졸업생의 직업 경로 중 14%를 차지했다. 장남이 아닌 아들은 대다수가 영국 국교회에 자리를 잡았다. 성직은 안전하고 안정적인 소득이 있는 상류층 직업이었다. 소수의 사람들은 법학이나 의학으로 진출했다. 주목할 만한 점으로, 1849년 이전에는 케임브리지 졸업생 중 기업이나 은행업, 즉 이윤을 추구하는 직군 쪽으로 진출하는 사람이 한 명도 없었다. 상류층 젊은이는 그렇게 우아하지 못한 방식으로 돈을 벌어야 할 이유가 없었다. 사회적 인맥을 통해 덜 힘들고 더 수익성 있는 기회들을 잡을 수 있었기 때문이다.

또 다른 흥미로운 사실은, 귀족층은 양육을 자신이 직접 하는 일이 거의 없었다는 점이다. 아기는 유모에게 맡겨 젖을 먹였고 유아는 보모가 돌보았다. 남아는 10~11세가 되면 기숙학교에 보냈다.[7] 유모가 아이를 잘 입히고 준비를 잘 시켜놓은 상태에서 부모가 하루에 한 시간 정도 아이와 시간을 보내는 것이 표준이었다. 귀족의 막대한 부를 생각하면 이상한 일이 아니다. 귀족들은 다른 이를 고용해 아이를 보게 할 금전적인 여유가 있었다. 양육의 모든 측면이 다 유쾌하고 즐거운 일은 아니므로, 고된 부분은 다른 이들에게 '아웃소싱'하고 아이와 즐겁게 보낼 수 있는 시간만 누리기로 하는 것은 매우 합리적인 선택이었다.

오늘날에도 아주 부유한 사람들은 유모의 서비스에 의존하며, 기숙학교 역시 여전히 부유한 사람들의 영역이다. 하지만 현대 경제가 인적 자본에 의해 돌아간다는 점은 양육을 다른 사람에게 맡기는 것을 제약하는 요인으로 작용한다. 고용된 외부인이 자녀의 성공에 필요한 기술과 역량을 부모 본인만큼 잘 장착해주지 못할지 모른다고 부모들이 우려할 수 있기 때문이다. 전 산업사회의 귀족층에게는 이러한 우려가 존재하지 않았다. 그들의 부는 토지에 달려 있었고 성공에 필요한 기술은 다른 이들이 쉽게 가르칠 수 있는 것들이었기 때문이다.

그렇다면, 상류층과 하류층 모두 부모가 갖는 기저의 동기는 동일했지만(아이가 미래의 성공에 가장 잘 준비되게 하는 것), 사회적

·경제적 환경이 달랐기 때문에 아이에게 무엇을 가르칠 것인 가와 관련해서는 서로 반대되는 전략을 취하게 되었다고 볼 수 있다. 노동자 계급은 고된 노동과 절제를, 귀족층은 세련되고 우아한 유한계급의 취향을 가르치는 식으로 말이다.

중산층 가치의 전 산업사회적 뿌리

전 산업사회의 세 계급 중 나머지 하나는 장인, 상인, 세공인 등으로 구성된 중류 계급이다. 노동자 계급처럼 이들도 노동에 소득을 의존했고 강한 노동 윤리를 높이 샀지만, 이들의 노동에는 교육과 전문적인 기술의 습득이 중요했다는 점이 노동자 계급과 달랐다. 물론 이들이 받은 교육은 오늘날의 교육과는 형태가 달랐다. 이들에게 공식 학교 교육은 본질적으로 존재하지 않았고, 일부는 읽고 쓰는 법을 배웠지만 대체로 중류 계급의 직업적 성공이 읽고 쓰는 능력에 달려 있지는 않았다. 그보다 중류 계급이 성공하는 데 핵심적인 기술은 해당 직종의 실용적인 기술이었다. 기본적으로 이러한 기술은 '마스터'라고 불리는, 해당 직종에서 오랜 경험을 쌓은 연장자와 일을 하면서 배웠다. 많은 업종에서 이러한 학습은 공식적인 도제 시스템을 통해 이루어졌다. 장인과 세공인은 그러한 도제 시스템을 밟는 것이 일반적인 경로였고, 상인 등 여타 직종은 이보다는 규제가 덜했지만 숙련된 전문가 밑에서 일하면서 배우는 것이 성공적인 경력을 밟아가는 데 핵심적이라는 점은 마찬가지였다.

인적 자본의 내용 자체는 오늘날의 고학력 계층이 축적하려 하는 것과 달랐지만 성공에 필요한 가치관은 비슷했다. 무엇보다, 최고 수준의 인적 자본을 얻는 데는 시간이 오래 걸리기 때문에 장기적인 전망과 인내가 필요했다. 오늘날 가장 교육 집약적인 직업들은 30년 정도의 교육을 통해 인적 자본을 축적해야 진입할 수 있다. 미국에서 의사는 일반적으로 초·중·고 12년에 대학 4년, 다시 의학 대학원 4년을 다녀야 하고 레지던트와 펠로우를 하면 추가로 5년에서 8년 이상이 더 걸린다. 즉각적인 충족을 추구하거나 되도록 빠르게 돈을 벌고 싶은 사람은 이 길을 선택하지 않을 것이고, 선택한다 해도 성공하기 어려울 것이다. 그러므로 자녀가 의학 분야에서 성공하기를 바라는 부모는 어려서부터 끈기, 인내, 장기적인 사고 등의 중요성을 강조하고자 할 것이다.[8,9]

그렇다면 전 산업사회에서 장래에 마스터가 되기를 꿈꾸는 남자아이는 어떤 길을 밟았을까? 유년기에는 가족과 함께 살았을 것이다. 아버지도 장인이나 세공인이라면 아버지의 일을 많이 도왔을 것이고 그 과정에서 어느 정도의 기술을 익혔을 것이다. 공식적인 교육의 첫 단계는 도제다. 영국에서 도제 기간은 일반적으로 7년 정도였고 대개 13세 정도에 시작했다. 도제의 삶은 쉽지 않았다. 임금은 없었고 오히려 마스터에게 교육비를 내야 했다. 도제들은 매우 장시간 일했고 부엌 걸상에서 잠을 잤다. 이런 환경에서 도제 기간을 마치려면 상당한 의지와 헌신이 필요했고, 많은 도제가 끝까지 마치지 못했다.

도제 기간을 무사히 마친 젊은 장인은 다른 마스터에게 고용되어 일할 수 있었지만 독립적인 마스터가 되려면 아직 갈 길이 멀었다. 추가적인 훈련과 경험이 필요했고, 많은 분야에서 '직인' 시기를 거쳐야 했다. 마을과 마을을 돌아다니면서 여러 마스터 밑에서 다양한 기법을 배우는 시기를 일컫는다. 마스터가 되려면 기술뿐 아니라 상당한 저축도 필요했다. 갓 마스터가 된 장인은 필요한 도구와 장비 일습을 장만할 돈이 필요했을 것이고, 길드가 영향력이 있었던 시기에는 길드에 의무적으로 납부해야 할 것들도 있었다. 가령 원로 마스터의 연회 비용을 내야 했다. 따라서 직업적인 야심이 있는 장인은 최고 마스터의 반열에 오르기 위해 얼마 안 되는 소득을 모두 저축해야 했을 것이다.

도제를 시작한 사람 중 마스터까지 갈 수 있는 사람은 소수였다. 성공할 경우, 30대 정도에 마스터가 될 수 있었다(오늘날 의사나 과학자가 노동시장에 진입하는 것과 비슷한 나이다). 마스터가 되면 당대의 기준으로는 높은 생활수준을 누릴 수 있었다. 젊은 마스터는 아마 결혼을 하고 가정을 꾸리기 시작할 수 있었을 것이다. 그리고 재산을 축적하기 시작하고 도시 정부나 지역 길드의 경영도 맡을 수 있었을 것이다.

분명히 인내와 끈기는 마스터를 꿈꾸는 사람에게 요구되는 특성 중에서도 특히 중요한 덕목이었을 것이다. 당대의 중류층 부모가 직면했을 경제적 인센티브를 생각하면 중류 계급은 인내의 계급이었다고 말해도 무방하다. 자녀에게 충분히 장기적인 전망을 주입할 수 있는 부모만이 아이의 성공을 기대할 수 있었을 것이기 때문이다. 이런 면에서, 전 산업사회의 중류 계급은 현대의 중상류 계급과 비슷하다. 오늘날 석·박사 학위가 필요한 법조, 경영, 의료, 학계 등에서 성공하려면 교육이 무엇보다 중요하고 장기적인 전망이 필수적이다.

노동자 계급이나 상류 계급에게는 그러한 장기적인 인내가 요구되지 않았다. 노동 소득을 대부분 육체노동에 의존하고 있었던 노동자 계급에게는 기술이나 지식을 많이 축적하는 것이 성공에 그리 영향을 미치지 않았다. 육체노동에 의존한다는 것은 소득이 신체적 능력과 관련되며, 따라서 상대적으로 젊은 나이에 생산성이 정점에 오른다는 것을 의미한다. 그림 8.1은 19세기 초 영국 농업 노동자의 평균임금을 나타낸 것이다.[10] 10대 시기에는 육체적 힘이 강해지고 기본적인 경험이 쌓이면서 임금이 매년 크게 오른다. 하지만 임금은 20대 초면 이미 정점에 도달하며, 그 이후로는 계속 비슷한 수준이다가 60세가 지나면 급격히 떨어진다.

이 그림은 육체노동자들이 20대 초반이 지나면 더 높은 소득을 올릴 전망이 별로 없었음을 말해준다. 전문적인 기술 습득 등 미래 지향적인 투자는 이들의 경제생활에서 그리 중요한 역할을 하지 못했다. 따라서 장기적인 전망은 그리 중요한 고려 대상이 아니었다.

상류 계급의 경우, 적어도 어느 정도의 인내와 앞날을 내다보는 신중함은 분명히 바람직한 것이었겠지만 성공적인 삶에 필수적인 것은 아니었다. 토지에서 나오는 소득이 있었고, 대부분의 귀족은 직접 일을 하지 않았으므로 생산적인 기술 습득이 경제적으로 중요한 역할을 하지 않았다. 그보다 귀족층의

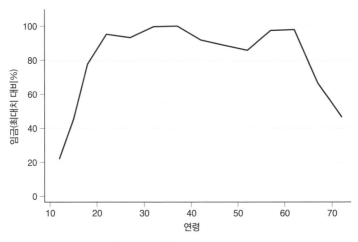

그림 8.1. 19세기 초 영국 농업 노동자의 생애 소득

가치 체계는 '보존하는 것'의 가치를 강조했다. 이들에게 '잘사는 삶'의 징표는 물려받은 영지를 (약간의 개선은 하되) 훼손되지 않은 형태로 아들에게 물려주는 것이었다. '인테일entail'이라는 법적 개념('상속인을 지정하다'라는 의미다)은 자산을 매각할 수 있는 권한을 제약하고 영지 전체를 1명의 상속인에게 그대로 물려줌으로써 '보존'을 촉진하기 위한 것이었다. 물론 '보존'이라는 개념이 어느 정도의 인내심을 요구하긴 하지만, 장래에 아이가 안전한 지위에서 가족의 전통을 유지하기를 원하는 귀족의 가치관과 아이가 부모보다 잘살기를 원하는 중산층의 가치관은 매우 다른 것이다.

요컨대, 경제적 인센티브에 주목하는 우리의 이론에 따르면 노동자 계급은 자녀에게 강한 노동 윤리를, 상류 계급은 여가의 가치를 강조했을 것이다. 두 계급 모두 자녀에게 인내와

기울어진 교육

미래지향적인 생각을 고취해주고자 할 인센티브는 없었을 것이다. 이와 달리 숙련 기술을 가진 중류 계급의 장인과 상인은 자녀가 강한 노동 윤리와 강한 인내심을 갖게 하고 즉각적인 만족을 추구하지 않고 보상을 미래로 미루는 것의 장점을 알게 하려는 인센티브가 강했을 것이다.

이러한 예측은 당대의 사회계층에 대한 여러 묘사와도 일치한다. 문학 작품뿐 아니라 사회학자 막스 베버Max Weber의 명저《프로테스탄트 윤리와 자본주의 정신The Protestant Ethic and the Spirit of Capitalism》같은 학술 서적에 묘사된 바도 그렇다.[11] 이 책에서 베버는 종교가 계급별로 가치관의 차이를 만드는 역할을 했음을 보여주었다. 종교적 가치관이 [자본주의의 발달을 가져온] 독립변수[인과관계 중 원인 변수]라는 견해는 이후의 연구에서 일부 반박되었지만, 우리는 종교적 가치관이 계급 특정적인 가치와 태도를 규율하는 메커니즘 역할을 어느 정도 한다고 본다. 그 메커니즘이 무엇이건 간에, 베버가 묘사한 중류 계급의 가치관은 경제적 인센티브를 기초로 한 우리의 분석에 잘 부합한다.

양육 가치관이 계급 사회에 미친 영향

경제적 인센티브의 차이가 가져온 계급 특정적인 양육 가치관은 산업화가 시작된 이후 각 계급이 처하게 된 운명에도 주요한 영향을 미쳤다. 산업화로 인해 토지보다 물리적 자본의 축적이 부의 핵심 원천이 되었다. 그런데 자본을 '축적'하려면 욕구를 즉각적으로 충족하지 않고 지연할 필요가 있으며, 이는 충분히 인내심 있는 가족과 개인에게만 가능한 일이다. 앞에서 설명한 계급의 특성을 고려할 때, 강한 인내심을 가진 중류 계급이 산업화로 펼쳐진 새로운 기회에서 압도적으로 큰 이득을 얻게 되었으며 기존의 상류 계급을 능가하는 위치로 부상할 수 있게 되었으리라고 유추해볼 수 있다.

물론 실제로 벌어진 일도 그랬다. 산업혁명 시기의 기업가 대다수가 중류 계층 출신이었다. 경제사학자 프랑수아 크루제 Francois Crouzet는 산업혁명 첫 세기인 1750~1850년의 주요 기업 창립자를 조사했는데, 상류 계급도 노동자 계급도 아닌 사람들이 대다수를 차지하고 있었다. 85%가 '점원, 장인이나 직공 등 자영업자, 여러 종류의 경작자'와 같은 중하류 계층을 포함한 중간 계층 출신이었다.[12] 귀족 작위가 있거나 신사 계층인 상류층은 이 중 2.3%밖에 되지 않았다. 물론 상류층은 전체 인구 중 비중도 작았지만, 그것을 감안하더라도 중류층이 압도적으로 많았다.[13]

창업자의 전형적인 출신 배경을 보여주는 사례가 바로 증기기관을 발명해 산업혁명에 동력을 제공한 제임스 와트James Watt다. 그의 아버지는 "장인이자 거래인이었고 조선공, 목수, 건축공, 선구상을 거쳐 상인이 되었다".[14] 와트는 학교를 마치고 아버지의 공방에서 일을 시작했고, 이어 런던에서 도구 제작공이 되는 훈련을 받았다. 그동안 상당히 가난하게 살다가 마침내 도구 제작공이 되어 글래스고에서 일을 하게 되었고 증기기관에 관심을 갖게 된 것은 그 이후다.[15]

시작부터 부유하면 장래에 성공하는 데 방해가 된다는 지론으로 가장 유명한 인물은 19세기 미국의 철강 거물 앤드루 카네기Andrew Carnegie일 것이다. 카네기 집안은 스코틀랜드의 가난한 직공 가문이었다. 스코틀랜드에 경제 불황이 닥치자 카네기 가족은 미국으로 이주했다. 앤드루는 13세에 면화 공장에서 일을 시작했고 직업 사다리를 차근차근 올라 결국에는 당대 최고의 부자가 되었다.[16] 카네기는 자신의 성공이 어려서부터 일을 해야 했던 덕분이라고 말했다. "맏아들이었고 부모도 가난했기 때문에, 운 좋게도 나는 정직하게 생계를 유지할 돈을 벌기 위해 아주 어려서부터 이 세상에서 유용한 몇몇 일들을 시작해야 했다. 어려서부터 나는 내 임무가 부모를 돕고, 부모가 그랬듯이 되도록 빨리 집에 돈을 벌어 오는 사람이 되는 것임을 알 수 있었다."[17] 나중에 카네기는 모든 부모가 자신처럼 자식에게 재산을 물려주지 말고 기부해야 한다고 공공연히 주장했다. 물려받은 재산은 자녀에게 도움이 안 된다는 논리에서였다. 저서《부의 복음Gospel of Wealth》에서 카네기는 이렇게 말했다. "아들에게 막대한 재산을 물려주는 부모는 일반적으로 아들의 에너지와 재능을 죽이고 아들이 덜 유용하고 덜 가치 있는 삶을 살도록 유혹하게 된다. 이것은 반박하지 못할 증거로 입증이 가능할 것이라고 생각한다."[18] 카네기의 견해는 상류층이 산업혁명에서 별다른 역할을 못했다는 사실에 잘 부합한다.

　　노동을 혐오하도록 가르치는 양육 방식의 경제적, 사회적 결과는 매우 큰 영향을 초래했다. 상류층이 뛰어들지 않은 산업 분야는 적극적인 기업 활동만이 아니었다. 금융 투자처럼 더 수동적인 방식으로 경제에 참여하는 것도 마찬가지였다. 여가에 많은 가치를 두고 돈을 벌기 위한 일을 경시했으므로 영주, 귀족, 백작 들이 산업화 초창기에 기업을 직접 운영하는 더러운 일에 손을 담그려 하지 않았다는 점은 그리 놀랄 일이 아닐 것이다. 하지만 적어도 금융인은 될 수 있었을 것 아닌가? 막대한 부가 그들에게 집중되어 있었으니 투자를 하기에 가장 좋은 위치였을 텐데 말이다. 하지만 상류층은 금융에도 손을 대지 않았다. 초창기 산업가들은 대체로 스스로 자금을 융통했고 나중에 자산 투자 시장이 활성화되었을 때도 도시 중류층인 상인들이 상류층보다 더 적극적으로 금융시장에 참여했다.

상류층이 금융 투자에 관심이 없었던 것은 여가의 가치를 강조한 것뿐 아니라 인내와 검약에 가치를 부여하지 않은 것과도 관련이 있다. 인내가 부족했기 때문에, 금융시장이 발달해 영지를 담보로 돈을 빌릴 수 있게 되자 재정은 더 악화되었다. 가족들에게 생활비를 지급하고 아름다운 영지를 관리하는 데 필요한 지출을 충당하는 데는 사치를 줄이는 것보다 영지를 담보로 빚을 내는 편이 더 편리했다. 그래서 19세기 내내 옛 귀족들은 산업 투자로 부를 늘리기보다 점점 더 빚을 많이 지게 되었다. 인내가 부족한 계급에게 예상할 수 있는 결과였다.

영지에서 충분한 소득이 나오는 동안은 부채 부담을 감당할 수 있다. 하지만 빚이 빠르게 늘면서 상류층은 경제적 충격에 점점 크게 직면하게 되었다. 부채의 누적과 주 소득원인 농업 생산물 가격의 하락이 결합하면서, 결국 옛 귀족 계급은 방대한 영지가 해체되고 경제적으로 쇠락하는 길을 가게 된다.

인내와 근면이 귀족 계층의 양육 가치에서 강조되지 않았던 반면, 결혼을 잘하는 것은 매우 중요한 고려 사항이었다. 영국 텔레비전 시리즈 〈다운튼 애비〉에서 그랜섬 경은 코라와 결혼함으로써 크롤리 가문의 몰락을 막는다. 막대한 부를 상속받은 미국 여성 코라의 돈 덕분에 크롤리 가문의 영지를 지킬 수 있게 된 것이다. 이 이야기 자체는 허구이지만 부유한 사람과의 결혼은 실제로 상류층이 부채로 인한 몰락을 피하기 위해 상당히 일반적으로 택한 선택지였다. 1870년대와 1920년대 사이에 수백 명의 부유한 미국 여성, 소위 '달러 공주'가 영국 귀족 가문 자제와 결혼했다.[19] 실제 사례를 하나만 들자면, 윈스턴 처칠Winston Churchill의 어머니 제니Jennie가 뉴욕 금융인의 딸이었다.[20] 하지만 미국 부자의 돈으로 숨통을 틔우는 것은 대개 일시적인 해결책밖에 될 수 없었다. 귀족층은 이전에 가졌던 사회적 중요성을 다시는 회복하지 못했다. 우리의 이론에 비추어 설명하자면, 경제적 인센티브에 뿌리를 둔 계급 특정적 선호 체계가 귀족층의 몰락에 핵심적인 역할을 했다고 볼 수 있다.

귀족 가문은 점차 부를 잃었지만 왕조는 기업 설립자들에 의해 다시 시작되었다. 이들은 종종 무일푼으로 시작했지만 19세기를 거치면서 거부가 되었고, 20세기로 접어들 무렵이면 소박한 배경 출신으로 시작한 산업계 왕조들이 새로이 영국의 부유한 지배층을 구성하게 된다.

부유한 개인들의 유산 기록(사망 시 재산 기록)을 보면 영국의 경제적 지배층의 구성을 꽤 상세히 알 수 있다. 19세기 초반에는 여전히 거부들이 다 귀족층이었다. 경제사학자 윌리엄 루빈스타인William Rubinstein이 사망 시에 100만 파운드(오늘날 미국 달러로 1억 달러에 해당하는 어마어마한 부다) 이상을 소유했던 사망자를 조사한 결과, 1809~1858년에는 부유한 토지 소유자들이 95%를 차지했다.[21] 하지만 19세기가 지나면서 산업가들이 처음으로 여기에 진입하기 시작했고 곧이어 이들이 귀족들 대부분을 능가했다. 1900~1939년에는 토지 소유 지배 계급이 고작 7%에 불과하게 되었다. 이제 유산이 가장 많은 거부의 대부분은 기업을 소유한 사람들이었고 여기에 더해 소수의 상인 및 금융인이 있었다.

우리는 새로운 계급 사회로 가고 있는가?

계급 개념의 의미와 중요성은 산업화와 경제성장으로 촉발된 사회적 변혁의 기간을 거치면서 상당히 달라졌다. 전 산업사회에서는 사회 계급이 개인을 규정하는 핵심 요인이었고 직업이나 국적보다 더 중요했다. 계급의 중요성은 부분적으로 계급 간 이동을 가로막는 장벽이 존재한다는 데서 비롯한다. 또 다른 요인으로, (계급 기반 사회의 양육 양식에 대한 경제적 분석이 보여주었듯이) 계급 간 이동을 가로막는 장벽이 있는 사회에서는 태도와 가치관도 계급별로 나뉜다. 즉, 계급은 사회적 지위에 그냥 붙은 이름이 아니라 사람들이 가지는 가치 체계의 실질적인 차이들과 연결된다.

　오늘날에도 사회 계급의 구분은 가능하지만 전근대 사회

에 비하면 훨씬 덜 극명하다. 중산층의 가치인 인내와 교육의 중요성, 그리고 사회적 출세를 향한 열망은 상류층도 포함해 인구 대다수가 받아들인 가치이며, 명확히 구분되는 '유한계급'은 오늘날 거의 사라졌다.

하지만 계급 간 구분의 중요성이 앞으로도 지속적으로 줄어들 것인지는 분명하지 않다. 양육에 대한 경제적 분석에 따르면, 계급 간 '이동성'은 계급 구분이 영속화될 것인가를 좌우하는 핵심 요인이다. 계급 간 이동성이 높으면 상이한 배경의 부모도 자녀에 대해 비슷한 기대와 열망을 갖게 될 것이고 비슷한 양육 방식을 선택할 것이다. 반대로 계급 간 이동성이 낮아서 계급 사다리의 아래층 아이들이 위로 올라갈 희망을 거의 가질 수 없다면, 부모는 자녀에게 야망과 능력을 가르치는 것이 유의미하지 않다고 생각하게 될 것이다. 그러한 열망과 능력은 실제로 도달할 가능성이 거의 없는 곳에서만 필요할 것이기 때문이다.

4장에서 우리는 오늘날 사회적 계층에 따라 가족의 삶이 달라지고 있음을 살펴보았다. 저소득층에서는 결혼이 줄고 한 부모가 많아지고 있는 반면, 집약적 양육은 부유하고 교육 수준이 높은 계층에 집중되고 있다. 이러한 경향이 지속되어 전근대 사회에서처럼 계급 간 구별과 분리가 심화된다면, 우리는 새로운 계급 사회로 가게 될지 모른다. 계급 간 구분은 양육의 집약도에서만이 아니라 전체적인 가치 체계에서도 드러나게 될 것이다.

가치관과 태도가 계층에 따라 다시 분화되고 있는 것은 걱정스러운 추세이며 민주 사회에 새로운 문제를 제기한다. 민주 사회는 평등한 기회라는 이상, 그리고 사회적 이동성과 더 폭넓은 정치적 참여에 기초하기 때문이다. 이렇듯 우려스러운 경향들이 보이지만, 그래도 민주 국가들은 이러한 도전에 무력하지 않다. 이 장에서 우리가 주장했듯이 계급 구분은 경제적 환경에 반응한다. 하지만 경제적 요인이 사회를 구성하는 유일한 결정 요인은 아니다. 우리가 정치적인 의지를 가지고 내리는 선택도 중요한 역할을 한다.

전 산업사회에서는 정치적 의사 결정이 주로 귀족 계급에 의해 지배되었고, 정책(조세, 공직에 대한 접근, 교육, 정치적 대표 등)은 많은 부분 기존의 사회적 질서를 보존하는 것을 목적으로 수립되었다. 우리 시대에도 교육, 조세와 이전 지출, 사회적 보험, 직업 경력 등에 대한 정책적 선택은 계층 이동성과 상이한 계층의 부모가 직면하는 인센티브에 영향을 미친다. 경제적 요인이 불평등 심화와 계층 이동성 저하를 가속화하는 시대에, 민주 사회는 더 평등한 기회를 촉진하는 정책적 선택들을 내림으로써 이런 경향에 대응할 수 있다.

3부

기울어진   운동장 위에서

Love, Money & Parenting

9장

학교 시스템이 미치는 영향

이 책 전반에 걸쳐 우리는 부모의 의사 결정이 불평등 정도나 기술 수준 같은 경제적 요인만이 아니라 그들이 살고 있는 사회의 제도와 공공 정책에서도 영향을 받는다고 주장했다. 양육과 관련해서 부모에게 영향을 미치는 사회정책적 환경의 핵심은 학교 시스템이다. 이 장에서는 국가별로 학교 시스템이 어떻게 다르며 이것이 양육 방식에 대한 의사 결정에 어떻게 영향을 미치는지 알아보기로 하자.

학교는 다양한 방향으로 아이들에게 영향을 미친다. 우선 교육자들은 아이들에게 전달하는 지식과 가치를 통해 직접적으로 영향을 미친다. 역사적으로 봐도, 국가가 아이들에게 특정한 가치와 신념을 심어주고자 한 것이 공교육을 촉진한 주요

동력이었다. 공립학교는 유용한 지식을 전달하는 역할만이 아니라 사회적 응집을 촉진하고 국가의 안정성을 강화하며 (이에 못지않게 중요한 것으로) 군 징집을 더 잘 받아들이게 하는 역할도 했다. 둘째, 아이들은 학교에서 친구들과 어울리면서 사회생활을 배운다. 또래와의 상호작용도 아이의 선호와 가치관을 형성하는 데 큰 영향을 미친다. 또래집단의 효과는 교사와 부모의 노력을 때로는 강화하고 보충하며, 때로는 그것과 충돌한다. 셋째, 학교 시스템은 부모의 행동에 영향을 미친다. 부모는 학교 시스템이 제공하는 인센티브에 따라 양육 방식을(어쩌면 출산도) 조정한다.

학교와 가정은 어느 정도 영향을 주고받으며 서로에게 맞춰간다. 파브리지오는 스웨덴에서 노라가 학교에 갈 나이가 되기 전에 읽고 쓰기를 가르치려 했다. 이탈리아였다면 교사들은 부모가 그렇게 하는 것이 좋은 일이고 책임감 있는 부모가 할 만한 일이라고 생각했을 것이다. 그런데 스웨덴에서는 반응이 달랐다. 어린 딸에게 글을 가르치려는 파브리지오의 시도에 대해 매우 뛰어난 어린이집 교사들이 칭찬을 하기는커녕 눈살을 찌푸려서 파브리지오는 깜짝 놀랐다. 어린아이는 노는 것을 통해 배워야 하며 공식적인 교육 방법이 역효과를 낼 수 있다는 것이 그들의 견해였다. 이러한 문화 충돌 때문에 어린 노라는 집과 학교에서 상반되는 말을 들어서 혼란에 빠지기도 했다.[1]

학교 시스템은 교과 외 활동에 대한 인센티브에도 영향을 미친다. 우리가 어렸을 때는 축구 정도가 예외였을 뿐 학교에서 마련되는 활동 외에 조직적으로 프로그램이 짜여 있는 활동에 참여하는 일이 거의 없었다. 하지만 오늘날의 아이들은 초등학교 때부터 각종 교과 외 활동에 참여하느라 방과 후 스케줄이 꽉꽉 차는 것이 일반적이다. 그렇긴 해도 부모가 아이에게 교과 외 활동을 시키게 만드는 인센티브는 나라마다 다르다. 대륙 쪽 유럽 국가의 부모들은 아이가 재미있는 활동을 할 수 있고 아이의 성장 발달에도 도움이 될 것이라고 생각해서 교과 외 활동을 시킨다. 대조적으로, 미국과 영국에서는 많은 부모가 아이의 '이력'에 필요하고 명문 대학을 가는 데 유리할 것이라고 생각해 교과 외 활동을 시킨다.

상이한 학교 시스템이 상이한 인센티브를 생성한다는 점을 고려하면 이와 같은 목적의 차이가 설명된다. 북유럽은 학교들 사이에 질적인 차이가 거의 없고 진로 계열이 거의 나뉘지 않으며 대부분의 학생이 양질의 대학 교육 기회를 갖는다. 또 대부분이 자기 동네의 공립학교를 다니고 고등학교를 졸업하면 공립 대학에 경쟁 없이 들어갈 수 있다. 따라서 만약 부모가 자녀에게 교과 외 활동을 시킨다면 그것은 단지 아이에게 즐거운 경험을 주기 위해서일 것이고, 더 적극적인 부모라 해도 아이의 성숙이나 독립성에 도움이 된다고 생각하기 때문일 것이다. 교과 외 활동이 명문 학교에 진학하는 길을 열어준다는 것은 이들에게 매우 생소한 개념이다.

북유럽처럼 독일에서도 대부분의 아이가 공립학교에 다닌다. 하지만 몇몇 주에서는 4학년이나 6학년을 마쳤을 때 대학을 갈 수 있는 인문계 고등학교 김나지움과 직업 훈련을 받는 레알슐레 및 하우프출러로 계열이 나뉜다. '야망 있는' 부모의 입장에서는 아이를 김나지움에 보내는 것이 중요한 목적이다. 그렇다 해도 교과 외 활동은 김나지움에 들어가는 데 아무런 역할도 하지 못한다. 그리고 김나지움 등 대학 진학이 가능한 고등학교를 졸업하기만 하면 별다른 선발 절차 없이 공립 대학에 들어갈 수 있다. 대학들의 질 또한 대체로 비슷하다.

미국 부모가 처한 환경은 이와 완전히 다르다. 미국에서는 대학이 매우 계층화되어 있고 소수만이 명문 대학에 갈 수 있다. 명문대 입학 경쟁은 점점 더 치열해져왔다. 2021년 졸업 예정 학년의 경우, 하버드나 예일 같은 아이비리그 대학(그리고 과학-기술-수학-공학 지향적인 MIT나 스탠포드)의 입학률은 7% 이하였다. 그나마 7%라는 수치도 실제 경쟁 정도를 나타내기에는 부족하다. 이러한 대학에는 애초에 매우 뛰어난 아이들만이 지원을 했을 것이기 때문이다. 명문 대학에 들어가려면 고등학교 내신은 거의 완벽해야 하고, SAT 같은 대입 표준 시험에서도 거의 최상위 점수를 받아야 하며, 방과 후 활동과 관련해서도 월등한 '이력'을 가지고 있어야 한다.

이러한 특징만 보더라도 미국 부모들이 청소년인 자녀를 성취 지향적이 되도록 밀어붙일 인센티브를 훨씬 많이 갖게 되리라는 것을 알 수 있다.[2] 사실 경쟁 압력은 더 일찍부터 시작된다. 고등학교들 사이에 질적 차이가 커서, 명문 고등학교에 가야 명문 대학에 가기가 더 수월하기 때문이다. 따라서 아이가 아주 어렸을 때부터 명문 대학에 보내기 위한 '경쟁적 양육'이 시작된다. 뉴욕이나 LA에서는 많은 부모가 거의 출산 직후부터 자녀의 성과에 온 신경을 곤두세운다. 명문 유치원(경쟁이 매우 치열하며 부모와 아이 모두 면접을 치러야 한다)에 가야 명문 초등학교에 가는 것이 더 용이하기 때문이다. 그리고 명문 초등학교는 다시 명문 고등학교와 명문 대학에 가는 문을 더 쉽게 열어준다.

어떤 나라에서는 한 방에 모든 것이 걸려 있는 대입 시험 때문에 집약적 양육의 인센티브가 한층 더 강해진다. 중국, 프랑스, 한국, 터키 등이 그런 사례인데, 고등학교 졸업 직전에 보는 대입 시험은 명문대 입학에 결정적으로 중요하다. 명문대에 입학하면 기업, 정부, 학계 등에서 성공할 수 있는 티켓을 딴 것이나 마찬가지일 수 있다. 그렇다 보니 많은 부모가 공부를 하라고 날마다 아이를 다그치고 사교육의 도움도 많이 받는다. '걸려 있는 것이 많은' 시험의 존재는 불평등 수준이 낮은 편인 프랑스나 한국에서도 집약적 양육이 많은 이유를 설명해준다.

마지막으로, 이탈리아 같은 나라에서는 가장 좋은 학교가 공립학교들이고 고등학교 진학에 장벽이 없다. 하지만 고등학교들은 계층화, 특화되어 있다. '리체이Licei'라고 불리는 곳은 인문계이고 '인스티튜티 테크니치Istituti Tecnici'라고 불리는 곳은 직업학교다. 어느 쪽을 졸업해도 대학에 갈 수는 있지만 리체이가 대학에 갈 준비를 하기에 더 좋다. 그리고 어느 계열이나 입학에 제약이 없지만(학비도 없다) 낙제 가능성이 커서 학생들이 고전하고, 학업 성취 부담이 더 적은 계열로 옮기기 위해 처음에 갔던 고등학교를 중도에 포기하는 경우도 많다. 따라서 공식적인 장벽은 없지만 학업 성취는 어느 정도 학생 자신의 노력과 자기 규율에 달려 있다. 전반적으로 이탈리아 시스템은 성공하기 위해 열심히 공부하고자 할(부모 입장에서는 공부를 시키고자 할) 인센티브를 제공하지만, 최고 학점을 받거나 최고 명문 학교에 가기 위한 경쟁으로 그것이 더 강화되지는 않는다.[3]

학교 교육의 변천

학교의 교수법에도 시대별로 유행이 있다. 과거에는 가정뿐 아니라 학교에서도 독재적 방식이 지배적이었다. 학교에서 체벌이 일상적으로 행해졌고 부모들도 학교 체벌을 대체로 용인했다. 흥미롭게도, 학교 체벌에 대한 반대가 가정 체벌의 쇠퇴보다 먼저 발생했다. 아마도 아이와의 정서적 유대감이 상대적으로 덜해서 임의적으로, 또는 학대에 가까운 체벌을 행사할 가능성이 더 큰 교사에게는 체벌을 금지하고, 아이를 때릴 수 있는 권한은 부모만이 가져야 한다는 논리였을 것이다.

학교 체벌의 역사는 국가마다 다르다. 폴란드는 1783년에 학교 체벌을 금지했지만 오래가지 못했다. 1795년에 폴란드라는 나라 자체가 지도에서 사라졌기 때문이다. 유럽 대륙 국가 대부분은 20세기 초에 학교 체벌을 금지했지만 독일은 1983년에서야 국가 차원에서 학교 체벌이 금지되었다.

영어권 국가들에서는 학교 체벌이 더 오래 유지되었다. 보통법의 '인 로코 파렌티스in loco parentis' 원칙은 교육기관이 부모와 같은 위치를 가진다고 간주한다. 영국 의회는 1987년에야 학교 체벌을 금지했는데, 아일랜드보다 5년 늦은 것이다. 당시 영국의 체벌 금지는 공립학교에만 적용되었고 사립학교에서도 금지된 것은 1998년이 되어서였다. 미국은 1977년에 대법원이 학교 체벌이 위헌이 아니라고 판시했고, 오늘날에도 19개 주에서 여전히 학교 체벌이 합법이다. 2003년에 청소년의학회 Society for Adolescent Medicine가 출판한 한 연구에 따르면, 미국 학교에서 날마다 200~300만 건의 체벌이 벌어지며 그중 1~2만 건은 이후에 학생이 의료적 치료를 요구할 정도로 심각한 체벌인 것으로 나타났다.[4]

　호주, 이집트, 인도(일부 주), 말레이시아, 멕시코, 나이지리아, 싱가포르에서는 학교 체벌이 합법이다.[5] 중국에서는 1986년에 공식적으로 금지되었지만 실제로는 많은 학교(특히 농촌 지역)에서 여전히 행해진다.[6] 공식적으로 체벌이 없더라도 중국 아이들은 집과 학교 모두에서 '때리고 모욕을 주는 것을 통한 교육(dama jiaoyu, 打骂教育)'에 여전히 노출되어 있다. 일본과 한국도 비슷하다. 공식적으로는 체벌이 불법이지만 실제로는 용인된다.[7] 한국에서 [부산에 있는] 동의대학이 2012년에 부산 지역 학생 481명을 대상으로 한 설문 조사 결과, 응답자의 95%가 학교에서 뺨을 맞는 등의 체벌을 경험했다고 답했다.[8] 대조적으로, 유럽의 많은 국가에서는 어떤 형태로든 교사가 신체적 훈육을 통해 학생을 교정하는 것이 허용되지 않는다. 그런 행위는 해고나 형사 기소로까지 이어질 수 있는 심각한 문제로 여겨진다.

　학교 체벌의 존재 여부는 다시 부모의 행동에 영향을 미친다. 아이가 학교에서 권위자에게 저항할 때 체벌이나 모욕을 받을 수 있다고 예상한다면, 부모는 아이가 권위자에게 되도록 저항하지 않도록 가르치고 싶을 것이다. 반대로 학교 체벌이 사회적으로 승인을 받지 못한다면 부모가 집에서 아이를 때리는 경향도 줄어들 것이다. 파브리지오는 어린 시절에 한 친구의 엄마가 자신의 아들이 잘못된 행동을 하면 때려달라고 교사에게 요구했던 것을 기억한다. 학교는 그 요구를 일축했을 뿐 아니라 그 엄마에게 집에서도 아이에게 가혹한 훈육을 하지 말도록 강하게 권고했다. 당시 이탈리아에서 자신의 아이를 때리는 것은 불법이 아니었는데도 말이다. 한편 파브리지오의 아버지는 어린 시절에 학교에서 사투리를 쓰면 체벌을 가하는 선생님 때문에 늘 두려웠던 기억을 가지고 있다. 그가 살던 농촌 마을에서는 그 지역 사투리가 아이들이 아는 유일한 언어였는데도 말이다. 당시의 아이들은 학교에서 맞아도 부모의 위로를 구하려 하지 않았다. 오히려 학교에서 맞은 것을 집에서 이야기했다가는 부모에게 더 혼날 수 있었다.

체벌의 역사는 학교에서 독재형 교육의 쇠퇴를 보여주는 한 징후다. 이것 외에도 학교의 교육 방법에는 큰 변화가 있었고 특히 20세기 후반에 많은 변화가 벌어졌다. 1950년대까지만 해도 산업화된 국가 거의 모두에서 '수직적인' 독재형 교수법이 쓰였다. 초등학교에서도 수업은 아이들이 조용히 앉아 있는 가운데 이루어졌다. 아이들은 교사의 말을 경청해야 했고 교육이 성공적으로 이루어졌느냐 아니냐는 학생이 교사의 말을 잘 암기해 그대로 되풀이할 수 있느냐로 평가되었다. 그런데 1960년대에 대대적인 교수법의 혁신이 밀려왔다. 새로운 교수법은 팀워크, 열린 토론, 학생의 후생 등을 강조했고 점차 이

것이 교육자의 핵심적인 사명이 되었다. 1972년에 영국에서 수행된 한 연구는 초등학교 교사들에게 학생들이 학교를 마칠 때 교육이 성공적으로 이루어졌는지를 어떤 기준으로 판단하느냐고 질문했는데,[9] 가장 많이 나온 세 가지 답변은 아이들이 행복하고 쾌활하고 균형이 잘 잡혀 있는지, 아이들이 학교 다니는 것을 즐겼고 성취에 만족했는지, 그리고 아이들이 자신의 길을 발달시켜가도록 독려를 받았는지였다.

자유주의적인(허용적인) 교육 모델이 부상한 주요인으로 두 가지를 꼽을 수 있다. 하나는 억압repression에 대한 프로이트의 개념이 학계에 큰 영향을 미친 것이다. "엄격한 훈육이나 과도한 제약은 어린아이들의 건강한 정서 발달에 장애가 되며 바람직하지 않은 반작용들을 일으킬 수 있다"는 것이었다.[10] 이 책의 목적에 비추어 볼 때 더 중요한 또 하나의 요인은 경제적 여건이 변한 것이다. 이 시기에는 실업률과 불평등이 역사적으로 가장 낮아서 부모가 아이가 학교를 졸업한 뒤에 그리 어려움 없이 괜찮은 일자리를 가질 수 있으리라고 기대할 수 있었다.

학교에서의 교수법과 집에서의 양육 방식은 서로를 보완한다. 독재적이지 않은 학교 환경을 경험한 아이는 집에서 독재형 양육 방식에 저항할 가능성이 크다. 또한 학교에서의 성공이 논증 능력과 독립적인 사고 능력에 달려 있으면 부모는 집에서도 아이에게 독립적인 사고를 고양해주려 할 것이다. 역으로, 가정도 학교에 영향을 미친다. 허용적인 부모는 학교에서 독재적인 방식을 사용하는 것을 용인하지 않을 것이고 학교가 방식을 바꾸도록 압력을 넣고자 할 것이다.

최근 학교의 교수법에서 벌어진 변화는 양육 방식의 변화와 맥을 같이한다. 영국에서는 허용적이던 1960년대와 1970년대가 가고 대처 시대가 오면서 '허용적'이라는 단어가 종종 아이의 학업 성취가 낮다는 부정적인 함의를 가지게 되었다. 느긋한 교육 태도를 채택하는 학교는 변화하는 노동시장에 아이들을 제대로 준비시키지 못한다는 비난에 점점 크게 직면했다. 교육 정책에서 수정주의적 파도가 일면서 교과목을 세분화하고 강한 학업 성과를 독려하는 방향으로 강조점이 옮겨갔다.[11] 시험 점수의 중요성이 커지고 학교 간 학업 성과 경쟁이 치열해지면서 평가 문화가 널리 퍼졌다.

전반적인 추세는 대부분의 선진국에서 공통적으로 발견되지만 교육 시스템은 나라마다 차이도 크다. 구체적으로 각 나라의 교육 시스템이 어떻게 구성되어 있으며 그것이 부모의 행동에 어떻게 영향을 미치는지 알아보기 위해 몇몇 국가를 더 상세히 살펴보기로 하자. 우리는 교육 시스템에서 두드러진 대조를 보이는 나라들을 선택했다. 제도와 시스템은, 적어도 원칙적으로는, 사회에서 필요로 하는 변화에 맞추어 개혁이 가능하다. 따라서 제도와 시스템을 잘 파악하는 것은 매우 중요하다. 앞에서 우리는 집약적 양육의 부상이 글로벌 경제 상황에서 불평등이 증가한 것과 관련이 있다고 주장했다. 다음의 사례들은 제도와 시스템이 이 경향을 어떻게 강화하거나 상쇄하는지 보여준다.

중국
: 치열한 경쟁과 결정적인 시험

미래가 막중하게 걸려 있는 시험과 평가를 중심으로 학교 시스템이 돌아가는 나라를 하나만 꼽으라면 단연 중국이다. 중국에서 경쟁적인 시험의 전통은 수나라 시대의 과거시험까지 거슬러 올라간다. 명나라대에 이 시험은 표준적인 관료 선발 시험이 되었다.[12] 이 시험은 매우 어렵고 걸려 있는 것이 아주 많았다. 고위 관료직은 높은 소득 및 높은 사회적 지위와 직결되어 있었기 때문이다. 유교 문화에서 공직은 가장 명예로운 직업이었다. 과거시험은 청나라 말기인 1905년에 폐지된다. 하지만 공산주의 정부는 1952년에 경쟁적인 입학시험을 다시 만들었다. 이 시험은 1966년 문화혁명 때 학교 성적과 직업 경력의 관계를 끊고 서로 다른 배경의 학생들 사이에 격차를 없애기 위해 폐지되었지만[13] 마오쩌둥 사후 1년 뒤인 1977년에 전국 시험이 다시 도입되었다. 마지막으로 시험을 본 지 시간이 너무 많이 지났기 때문에 13에서 37세까지의 수험생에게 응시 자격이 허용되었다.[14]

　　오늘날 중국에서는 교육 시스템 전체가 시험 위주로 돌아간다. 학생들은 실전을 준비하기 위해 모의고사를 치른다. 시험을 잘 보기 위한 경쟁은 아주 어렸을 때부터 시작된다. 어린이집에서부터 아이들은 영어를 배우고 구구단을 외운다. 부유한 부모들은 아이를 명문 유치원에 보낸다. 홍콩은 중국 본토와 교육 제도가 다르지만 비슷하게 경쟁적인 원칙을 가지고 있다. 파브리지오는 홍콩의 한 친구 집에서 두 살배기 딸을 명문 어린이집에 입학시키기 위한 면접을 준비하느라 가족 전체가 매우 스트레스를 받는 것을 보았다. 다행히 딸이 합격해서 가족 모두 한숨을 돌렸다. 9년간의 의무교육 기간이 끝나는 15세에 교육을 더 받고 싶은 중국 학생은 중카오中考라고 불리는 고교 입시 시험을 치르고 이 점수에 따라 일반 고등학교나 직업 학교에 간다. 고등학교를 졸업하려면 일정한 학점을 이수해야 하고 졸업 자격시험인 훼이카오会考나 학업수평고사学业水平考试를 봐야 한다.

훼이카오 자체는 요식 행위나 다름없고, 모든 것이 걸려 있는 진짜 시험인 '가오카오高考'의 서막이라고 볼 수 있다.[15] 2017년에 940만 명이 가오카오를 치렀다. 대부분의 성에서 가오카오는 6월에 이틀 동안 치러지며, 그 기간에는 중국 전체가 숨을 죽인다. 첫째 날에는 대부분의 신문이 가오카오 기사를 1면에 싣는다. 시험장 근처에서는 소음을 내지 않기 위해 건설 공사가 중단되고 학생을 방해하지 않기 위해 교통도 우회한다. 지하철 승객들은 가오카오 보러 가는 학생에게 줄을 양보하도록 요구받는다. 신경쇠약을 일으키는 학생이나 부모가 생길 것에 대비해 앰뷸런스가 대기한다. 부정행위를 막는 조치도 가혹하다. 적발된 학생은 최고 7년형까지 받을 수 있다.[16] 시험 감독도 매우 강도가 높다. 불법 장비를 포착하기 위해 감시 드론과 금속 탐지기가 동원되고 학생은 대리 시험을 치르지 못하도록 지문을 찍는다.

이 시험에 걸려 있는 것은 실로 막중하다. 가오카오는 대학에 갈 수 있느냐뿐 아니라 어느 대학에 갈 수 있느냐도 결정한다. 고득점자는 원하는 학교를 골라 갈 수 있다. 중국은 대학들 사이에 질적 차이가 매우 커서 명문대를 나오면 엄청난 이득이 따른다. 고득점을 올리면 베이징 대학이나 칭화 대학, 상하이 자오퉁 대학이나 푸단 대학, 항저우의 저장 대학과 같은 명문 대학에 갈 수 있는 길이 열린다. 가오카오 점수는 홍콩에서도 좋은 대학에 가는 데 중요하다. 이들 명문 대학은 국제 대학 순위에서도 상위에 올라 있으며 외국인 방문 연구자도 많아서 코스모폴리탄적인 분위기를 제공한다(파브리지오도 칭화 대학에 정기적으로 방문 연구를 하러 간다). 명문대 학생들은 최고위 관료, 주요 기업 및 은행의 최고경영자 등 미래의 지배 계급이 된다. 반면, 별로 좋지 않은 대학은 그에 비견될 만한 기회를 거의 가져다주지 못한다. 그리고 가오카오 시험을 치르는 학생 약 4분의 1 정도가 대학을 아예 가지 못한다. 이 시험에서의 성공은 삶의 축복이고 실패는 지울 수 없는 저주다. 그러니 아이를 사랑하는 부모가 아이가 시험을 잘 치르도록 집착적으로 밀어붙이는 것은 이상한 일이 아니다. 가오카오 점수를 잘 받을 수 있다면 다른 것들, 가령 상상력이나 독립성처럼 원칙적으로는 소중한 것들도 희생할 가치가 있다.

학생들이 어떤 과목을 공부하는지도 의미심장하다. 가오카오 시험에는 몇 가지 핵심 과목만 들어가고, 포함되는 과목은 점점 줄어드는 추세를 보여왔다. 중국어, 수학, 외국어(보통 영어)는 공통이고 이에 더해 계열별로 사회과학이나 자연과학 과목이 추가된다.[17] 미술, 음악, 체육은 들어가지 않아서 상대적으로 중요하게 여겨지지 않는다. 따라서 부모가 아이에게 예술적 정신이나 창조성을 고취해줄 인센티브가 작다. 가령 '죽은 시인의 사회' 동아리에 들어가는 것은 매우 큰 시간 비용을 유발하는 일이 될 것이다.

　중국의 교육 시스템은 부모, 교사, 학생에게 막대한 심리적 부담을 야기하며 효과에 대해서도 많은 논란이 있다. 많은 중국 부모들이 이렇게 막대한 스트레스가 생산적인 것인지 의구심을 제기한다. 다른 한편으로, 성공에 대한 강력한 인센티브가 중국 학생들이 뛰어난 성적을 거두게 하는 요인이기도 하다. 중국 학생의 수학 점수는 실로 매우 뛰어나서, 2015년에 PISA에 참여한 중국 학생 4분의 1 이상이 매우 높은 점수를 받았다(2015년부터 베이징, 상하이, 장수, 광둥 지역이 PISA에 참여한다). PISA 전문가들에 따르면, 이 학생들은 복잡한 상황을 상징기호를 사용해 수학적으로 푸는 능력이 뛰어났다. 서구 국가 중에는 중국과 비견될 만한 나라가 없다. PISA 성적이 우수한 다른 곳들(홍콩, 마카오, 싱가포르, 타이완)도 모두 인종적으로 중국계가 다수고 중국 본토에서 유래한 학교 시스템을 가진 곳들이다.[18]

　현 시스템을 옹호하는 사람들은 가오카오가 근면성과 탁월함을 촉진할 뿐 아니라 기회의 평등을 위한 수단이 된다고 주장한다. 원칙적으로 가오카오는 어느 계층 학생이건, 어느 고등학교에 다녔건, 농촌에 살건 도시에 살건, 부모가 가난하건 부유하건 상관없이 명문 대학에 갈 수 있게 해준다. 하지만 가오카오가 기회의 면에서 '기울어진 운동장'을 평평하게 한다는 개념은 과장이다. 가령 도시와 농촌을 비교해보면, 평균적으로는 전체 중국 학생 중 절반 정도가 인문계 고등학교로 진학하지만 상하이 같은 부유한 대도시에서는 이 비중이 많게는 97%까지 달한다. 수업의 질도 도시 학교들이 더 좋다. 평균 학급 학생 수도 농촌이 2배나 많다. 이미 전국 학급당 평균 학생 수가 50명이나 되는 나라에서 말이다. 가족도 중요한 영향을 미친다. 도시 중산층은 아이를 비싼 학원에 보낸다. 또한 교육 수준이 높은 부모는 아이가 공부하는 것을 더 잘 지켜보고 도울 수 있다. 그 결과, 가오카오 시험 결과에 상당한 사회적·경제적 격차가 나타난다. 예를 들면 베이징 대학 신입생 중 농촌 출신은 10% 정도에 불과하다. 그리고 이 격차는 벌어지고 있는 추세다. 1990년대만 해도 베이징 대학 신입생 중 농촌 출신은 30%였다.[19]

아이에게 더 좋은 교육을 시키기 위해 농촌에서 도시로 이주하는 것이 어렵다는 점도 도농 격차를 심화한다. 중국에서 이주는 1958년까지 거슬러 올라가는 역사를 지닌, 호구戶口제도라고 불리는 거주 이전 제한 시스템으로 규제된다. 당시 공산당 정부는 엄격한 거주 허가 제도를 두고 일종의 국내 여권을 발급해 농촌과 도시 사이의 이주를 제한했다. 오늘날에도 농촌에서 도시로 갈 수는 있지만 도시 호구를 얻기는 어렵고, 따라서 공식적으로 비非거주 상태인 이주자들은 거주자에게 제공되는 의료보험과 공립학교 등의 사회 서비스를 이용할 수 없다. 가난한 이주 노동자들이 아이를 명문 사립학교에 보낼 수는 없기 때문에 이들은 아이를 더 값이 싼 비거주자용 학교에 보낸다. 이런 학교들에서 제공되는 수업의 수준은 일반 공립학교에 비해 낮고, 따라서 이주자 아이들은 가오카오를 준비하기가 더 어렵다.

지역마다 대입 정원 할당에 차이가 있는 것도 불평등을 악화시킨다. 가오카오 결과와 별도로, 학생들은 자신이 거주하는 지역의 대학에 지원할 때 우대를 받는다. 그런데 좋은 대학은 상하이, 베이징 등 주요 대도시에 몰려 있으므로 이 도시에 사는 학생이 유리하다. 2016년에 허난성 거주자들이 중국국가위원회에 공개서한을 보내 이에 항의했다. 이들의 서한에 따르면, 2013년에 베이징 출신 학생은 7만 3000명이 베이징 대학의 226개 자리를 놓고 경쟁했는데 허난성 학생은 75만 8000명이 베이징 대학의 85개 자리를 놓고 경쟁해야 했다.[20]

이러한 불균형에도, 가오카오를 통한 상향 이동 가능성은 부모의 인센티브를 구성하는 핵심 요소다. 어쨌거나 가오카오에서 성공하는 것은 열심히 공부하는 데 달려 있다. 따라서 가난하지만 뛰어난 학생에게 문이 열려 있고, 부모가 부유하거나 교육 수준이 높다고 해서 그 자녀에게 명문 대학 입학이 보장되지는 않는다.[21]

하지만 심각한 부작용도 있다. 비판하는 사람들은 이 시스템이 학생들의 창의성을 죽인다고 지적한다. 가오카오 준비가 과도하게 암기식 학습에 치중하게 만들어서, 정해진 공식을 암기하고 반복으로 훈련하는 데만 집중하다 보면 독립적이고 비판적인 사고를 발달시키지 못할 수 있다는 것이다. 비참한 학습 방식 때문에 아이들이 불행한 어린 시절을 보내게 되고 이것이 오래도록 트라우마로 남을 수 있다는 우려도 제기된다. 중국의 많은 성인들이 반복적으로 가오카오와 관련된 악몽

기울어진 교육

에 시달린다고 한다. 또 2015년 PISA에 참가한 중국 학생들을 대상으로 조사한 결과, 주관적인 삶의 만족도가 최저 수준이었다. 스트레스와 불만족이 비극으로 이어지기도 한다. 2014년 〈중국 교육 연간 보고서Annual Report on China's Education〉에 따르면, 10대 학생의 자살 이유 중 상당수가 시험 부담인 것으로 나타났다.[22] 이 보고서에 따르면, 내몽고의 한 중학생은 시험 점수가 낮아서 건물에서 뛰어내렸고 난징의 한 13세 소년은 과제를 다 못해서 자살했으며 쓰촨의 한 여학생은 가오카오를 잘 보지 못해서 자살했다.[23] 2013년에 벌어진 10대의 자살을 분석한 바에 따르면, 93%가 시험 부담과 스트레스와 관련되었던 것으로 나타났다. 또한 자살의 63%는 주요 시험을 치르는 시기에 발생했다.

2012년에 후베이 성의 중학생들이 가오카오를 준비하면서 학교에서 정맥 주사를 맞은 것이 온라인으로 알려져 대대적으로 화제가 되었다. 학교 측은 학생들이 에너지를 보충하기 위해 아미노산을 맞았을 뿐이며 병원과 학교를 오가는 시간을 절약해주기 위해 학교가 주선을 했다고 설명했다.[24] 중국의 학교들에서 일반적으로 일어나는 일이라고는 볼 수 없겠지만, 여기에 쏟아진 미디어의 관심을 볼 때 사람들이 이 문제에 얼마나 강한 관심을 가지고 있는지는 명백하다.

가오카오의 폐해에 대해 논란이 일면서 개혁을 주장하는 목소리도 생겨났다. 개혁론자들은 과도한 경쟁을 줄이고 더 학생 중심적으로 접근해야 한다고 주장한다. 중국 경제가 기존 기술을 모방해 생산하는 경제에서 혁신 위주의 경제로 이동하려면, 현 시스템하에서는 가치를 크게 인정받지 못하는 독립성과 창조성이 중요해지리라는 점도 개혁을 주장하는 목소리에 힘을 실어주는 요인이다.[25]

지역 수준에서 이미 시작된 개혁 조치들도 있다. 2001년부터 상하이는 전국 시험 대신 자체적인 대입 시험을 치르고 있다. 표준 시험에 비해 상하이의 시험은 암기한 지식을 테스트하는 것보다 다양한 과목에 서술형 문제들을 포함하는 등 본래적인 지적 잠재력을 측정하는 데 더 초점을 둔다. 또 상하이는 숙제의 양을 제한하고 하루에 적어도 1시간 이상 신체 활동을 하도록 하고 있다.[26] 하지만 이러한 규칙이 늘 지켜지는 것은 아니다. 15세의 상하이 아이들은 평균적으로 주당 13.8시간을 숙제에 쓰고 방과 후에도 밤늦게까지 학원에 다닌다.[27] 반면 북유럽 아이들은 주당 숙제에 쓰는 시간이 3시간이며 숙제를 아예 없애는 것을 선호한다. 영국과 미국 고등학생들은 주당 각각 5시간과 6시간을 숙제에 쓴다.

중국의 학교 시스템은 막대한 중요성을 갖는 시험이 주는 강력한 인센티브가 어떤 영향을 미치는지 보여주는 극단적인 사례다. 미래의 성공이 한 번의 시험을 우수한 성적으로 통과하는 데 달려 있고, 그것을 준비하는 데는 막대한 노력과 암기식 교육이 필요하며, 몇몇 핵심 과목에만 집중해야 한다. 3장에서 보았듯이, 중국 부모 90%가 근면을 양육에서 중요시하는 핵심 가치로 꼽았고 상상력을 꼽은 부모는 23%뿐이었다. 3장에서 우리는 높은 불평등이 중국 부모들의 이러한 태도를 설명해준다고 주장했다. 이에 더해, 이 장에서 살펴보았듯이 교육 시스템의 특성이 교육에 걸려 있는 것을 한층 더 강화하고 이는 부모들이 집약적 양육을 선택할 인센티브 또한 한층 더 강화한다고 말할 수 있다.

일본
: 중요한 시험과 독립성

여기에서도 일본은 중국과 흥미로운 대조를 보인다. 중국과 달리 일본은 소득 불평등이 작다. 하지만 중국처럼 학교 시스템은 매우 중요한 시험과 그것으로 인한 강한 압박이 특징이다. 일본 부모는 아이가 학업에서 좋은 성과를 내도록 다그치지만 중국 부모만큼 심하게 다그치지는 않는다.

성공을 향한 경주는 일찍부터 시작된다. 〈재팬 타임스〉의 한 기사는 "대학에 가기 위한 준비는 요람부터 시작된다"라는 제목의 기사에서 '에스컬레이터 학교'에 대해 설명했다.[28] 일단 들어가면 유치원부터 대학까지 단계별 시험을 통과하지 않고 죽 올라갈 수 있는 '일관제 학교'를 일컫는다. 이 엘리트 경로를 밟은 학생 상당수가 도쿄대나 교토대 같은 명문대에 들어간다.

에스컬레이터 학교에 들어가기 위한 경쟁은 일본 가정에 커다란 스트레스 요인이다. 〈재팬 타임스〉는 5세 아동이 원하는 학교에 가기 위해 '주켄受驗'을 치르는 모습을 묘사했다. "이 아이는 과일 사진을 보고 과일 이름 말하기 테스트를 했고, 곧 판다 이야기를 듣고서 그림을 그리고 이야기의 결말을 제시할 것이다. 이런 것들을 어떻게 하느냐가 어느 대학에 가느냐에 중요한 영향을 미친다. 옆방에서 면접을 보고 있는 부모보다 이 순간 더 초조한 사람은 없을 것이다." 아이들은 세 살만 되면 에스컬레이터 학교 입시를 준비한다. 경쟁은 매우 치열하다. 도쿄의 5세 아동 중 8%가량이 에스컬레이터 학교에 입학하는데 물론 입학 희망자는 이보다 훨씬 더 많다. 이런 학교들은 학생을 선발할 때 부모와 아이 모두를 면접한다. 아이들은 지적 능력과 반응도, 그리고 정확한 지침을 빠르게 따르는 능력을 평가받는다. 또한 범절, 규율, 가족 분위기도 테스트한다.

이후에도 일본 교육 시스템에는 몇 가지의 관문이 있다. 우선, 고등학교 입학시험이 있는데 고등학교마다 수업의 질과 교사들의 야망이 크게 차이가 나기 때문에 이 시험은 매우 중요하다. 고등학교를 마치면 대입을 치러야 한다. 일본의 국공립 대학들(가장 좋은 명문 대학들)에 가려면 두 단계의 시험을 봐야 한다. 우선 전국 시험인 '대학입시센터시험'이 있는데, 여기에는 과학, 자유 교양 등 모든 과목이 포함된다. 그다음에 대학별 고사를 치른다.[29] 명문대 입시는 경쟁이 매우 치열하기 때문에 이 두 번째 단계가 가장 중요한 관문이고, 몇 차례나 재수를 하는 학생(일본에서는 재수생을 '로닌[浪人, 낭인]'이라고 부른다)도 있다.

대입 시험이 매우 중요하므로 중국처럼 일본에서도 많은 학생이 학원에 다닌다. 이 때문에 안 그래도 과중한 학업 부담이 한층 더 가중된다. 일본 학교는 수업 일수가 1년에 240일로 미국보다 60일이 많은데 여기에 더해 학원도 가야 하는 것이다. 학원과 학교에서 보내는 시간이 매우 길다는 것은 일본 학생들이 숙제에 쓰는 시간이 왜 주당 3.8시간밖에 안 되는지 잘 설명해준다. 일본에서는 해가 더 먼저 뜨지만 결국 하루는 누구에게나 24시간인 것이다.

학원은 매우 큰 사회적 장벽이다. 학원비가 비싸기 때문이다. 부유한 집안 아이들 중 좋은 대학에 못 간 아이들은 1년간 재수 학원에 다니면서 다시 준비한다. 하지만 부유하지 않은 가정에서는 그러기가 어렵다.

중국과 마찬가지로, 장래의 삶을 크게 좌우하는 시험의 존재는 부모가 규율과 근면을 중요하게 여기게 만든다. 일본의 부모, 특히 엄마는 아이가 성공의 길로 가도록 다그치고 아이에게 바람직한 가치관을 심어주는 데 중요한 역할을 한다.[30] 그런데 양육에서 중시되는 가치는 중국과 크게 다르다. 세계가치관조사에서 일본 부모의 34%만이 근면을 강조했다. 중국의 90%보다 크게 낮은 수치다. 우리는 일본이 중국보다 불평등이 낮은 것이 주원인이라고 생각한다. 중대한 시험의 존재는 부모가 아이를 다그치게 만들지만, 상대적으로 학업 성취에 대한 투자 수익이 적어서 아이를 다그치려는 인센티브의 강도가 상쇄된다. 이 현상은 경제적 요인이 중요하다는 우리의 핵심 주장에 부합한다.

또 다른 흥미로운 현상은 일본 부모가 독립성을 매우 높이 친다는 것이다(중국도 그렇다). 한 가지 이유는 동아시아 문화에서는 '독립성'이 서구에서와 다른 의미를 갖기 때문일 것이다. 일본 부모가 아이에게 독립성을 길러주는 방식은 아이가 자신이 좋아하는 것을 선택하게 두는 것이라기보다 아이가 성인처럼 알아서 자기 일을 잘 할 수 있다고 믿어주는 것이다. 예를 들어 일본 아이들은 스스로 교실을 청소하고 등하교를 혼자 하며 외발 자전거(일본 아이들에게 매우 인기 있는 여가 활동이다)를 스스로 챙길 수 있으리라고 기대된다. 점심시간은 교육적으로도 중요한 시간이다. 아이들은 주방에서 교실까지 식사를 스스로 가져오고 직접 상을 차려 교사와 함께 먹는다. 다 먹고 나면 정리와 청소도 직접 한다. 자신이 먹을 음식을 직접 기르고 수확해보기도 한다. 일본에서 독립성은 아이가 어려서부터 자립적이고 책임감 있게 생활하는 법을 배우는 것을 의미한다. 양육 방식과 관련해서 보자면, 이는 일본에서는 독립성이 허용형보다는 권위형 양육과 더 관련 있으리라는 것을 시사한다.

핀란드
: 압력은 낮지만 성과는 높다

중국의 학교 시스템이 경쟁과 막중한 시험으로 요약된다면 북유럽 나라(덴마크, 핀란드, 노르웨이, 스웨덴)의 학교 시스템은 팀워크와 느긋한 교육 접근법으로 요약된다. 경쟁적인 평가는 중요한 역할을 하지 않는다. 북유럽 국가들 사이에서도 특히 핀란드는 매우 설득력 있는 성공 스토리로 여겨지고 각지의 개혁가들이 이곳 교육 시스템을 모델로 삼는다. 주된 이유는 장래가 막중하게 걸려 있는 시험이 제공하는 동기 부여 없이도 학생들이 PISA에서 안정적으로 높은 점수를 내기 때문이다.

핀란드 시스템의 특징은 경쟁과 압력이 낮다는 것이다. 아이들은 만 7세라는 늦은 나이에 초등학교에 입학한다. 취학 전에는 모든 아이가 어린이집과 유치원에 다닐 수 있다. 실제로 취학 전 교육의 등록률이 거의 100%다. 취학 전 교육기관은 공립이건 사립이건 수업료가 아예 없거나 거의 없다. 공식적인 교육을 통해서가 아니라 놀이를 통해 배우게 한다는 것이 이들 기관의 신조다. 어린이집도 유치원도 아이에게 읽기, 쓰기, 산수를 가르치지 않는다. '명문 어린이집'이 면접을 봐서 아이를 '선발'한다는 것은 핀란드 부모에게 몹시 이상한 개념이다.

핀란드 아이 대다수는 공립학교에 다닌다. 사립학교는 몇 안 되는데 이곳들도 국가 보조금을 받기 때문에 학생들은 수업료를 내지 않는다. 학교는 학생을 '선발'하지 않고 대부분의 부모는 아이를 집에서 가까운 학교에 보낸다. 수업료뿐 아니라 교재, 교구, 식사, 의료 검진, 치과 치료, 통학 수단도 공짜다. 교실 분위기는 비공식적인 편이다. 아이들은 교복을 입지 않고 교사를 이름으로 부른다.

학교들 사이에 공식적인 순위는 없다. 모든 학교가 동일한 교육 목적을 공유하고 대학 교육을 받은 동일한 교사 풀에서 교사를 뽑는다(지역과 학교별로 어느 정도 자체 교과 과정을 포함할 수 있는 자율성이 있기는 하다). 그래서 핀란드에서는 농촌 아이들도 대도시나 대학 도시의 아이들과 내용이나 질 모두에서 거의 비슷한 교육을 받는다. 학교 평판은 조금씩 차이가 있지만 대부분은 교장의 경영 역량에 대한 것이며 그나마도 차이가 크지 않다. 대학도 마찬가지다.

핀란드 아이들은 인생이 걸려 있는 시험에 직면하지 않는다. 교사가 때때로 학생들을 평가하긴 하지만 학생들에 대한 정보를 얻어서 교수법을 향상시키기 위한 것이지 학생들을 줄세우거나 공부를 더 열심히 하라고 몰아붙이기 위한 것이 아니다. 핀란드 교육위원회는 평가가 학생들의 학습을 지원하고 학생들이 자신의 학업 정도에 대해 현실적인 이해를 할 수 있게 돕는 것이어야 한다고 지침을 주고 있다. 이러한 지침에 부합하게, 초등학교 교사들은 평가를 학생의 학습 능력에 대한 테스트라고 이야기하지 않는다. 피드백은 '매우 좋음', '연습이 필요함'과 같은 범주로 제시되고 수치로 된 성적 등급은 전혀 사용되지 않는다. 대체로 학생과 부모는 시험 결과를 알지 못하고, 시험 결과는 교사가 수업 계획을 세우는 용도로만 사용된다.

핀란드는 학교를 그만두는 학생 비중이 매우 낮다.[31] 학교가 어떤 학생도 뒤에 남겨놓고 가지 않는다는 면에서, 이는 교육 시스템의 성공을 보여주는 것이기도 하고, 뛰어난 학생이 더 잘하도록 인센티브를 주는 것보다 취약한 학생을 지원하는 것에 더 방점을 두는 교육 문화를 반영하는 것이기도 하다. 독일과 남유럽에서는 교사들이 낙제 점수를 주는 것이 여전히 흔한 일이지만 핀란드에서는 낙제가 구닥다리 제도로 여겨지며 실제로 매우 드물다.

핀란드 교육과정에는 두 번의 중요한 시험이 있다. 하나는 기본 교육과정을 마치는 16세에 보는 시험인데, 이 결과에 따라 학생들은 더 평판이 좋은 학교에 진학할 수 있지만 어쨌든 학교들 사이에 질적인 차이가 크지 않다. 두 번째 시험은 고등학교 졸업할 때 치르는 대학수학능력시험Matriculation Examination

인데, 통과하면 대학에 갈 수 있는 자격이 주어진다. 이 시험은 대학 교육으로 넘어갈 준비가 되어 있는지를 포함해 학생의 일반적인 성숙도를 본다. 학생들은 표준적인 시험 문제에 답하는 것에 더해, 실제 세계의 사안들을 다루는 능력도 보여줘야 한다. 가령 실직, 다이어트, 정치, 스포츠 윤리, 섹스, 마약, 대중음악 등에 대해 견해를 개진할 수 있어야 한다. 이는 핵심 교과목만 시험을 치르는 중국 시스템과 매우 다르다.

핀란드 교육자들은 핀란드 시스템을 매우 자랑스러워한다. 교사 출신으로 정부 자문이자 핀란드 교육 시스템에 대한 유명한 책의 저자인 파시 살버그Pasi Sahlberg는 표준화된 시험이 없는 것이 핀란드의 강점이라고 생각한다.[32] 그는 학생들을 전국 일제고사에 대비시키는 것은 학생의 학습과 이해를 높이는 데 들여야 할 교사의 시간을 갉아먹는 것일 뿐이라고 말한다. 또한 그는 시험 점수를 공개하고 학교 순위를 매기는 것이 협업과 협동을 가로막는 '유독한 경쟁'의 원천이라고 본다.[33] 이 견해에 비추어 보자면 다소 역설적으로, 핀란드 학생들은 표준화된 국제 테스트 PISA 점수가 아주 높고, 이것은 핀란드 교육 시스템에 찬사가 쏟아지는 큰 이유다.

핀란드의 성공은 어떻게 설명할 수 있을까? 살버그가 주장하듯이 경쟁적인 시험이 없는 것에 장점이 있을 수 있다. 그러나 또 하나의 두드러진 특징은 교사의 질이 매우 강조된다는 것이다. 핀란드 교육위원회는 각급 학교 교사 모두에게 매우 높은 자질을 요구한다. 모두 석사 학위가 있어야 하고 교육학을 전공한 초등학교 교사들도 다른 학과의 수업을 추가적으로 들어서 적어도 2개의 전문 분야를 가져야 한다. 이렇게 요구 사항이 엄격한데도 교사의 임금은 국제 평균과 비슷한 정도다. 그래도 교직은 핀란드 학생들이 가장 많이 지원하는 과정이고, 따라서 대학들은 교직 과정에 가장 우수한 학생들을 뽑을 수 있다.

높은 임금을 주지 않고도 양질의 교사 풀을 어떻게 유지하는 것일까? 이를 이해하는 데는 경제학자 셔윈 로젠Sherwin Rosen이 제시한 '보상적 임금격차compensating wage differentials' 개념이 유용하다.[34] 로젠의 이론에 따르면 노동시장에서의 경쟁은 동일한 능력을 요구하는 직업들 사이의 '순보상'을 균등하게 만든다. 학계의 교수직이 그런 사례다. 일반적으로, 같은 경제학 박사라 해도 대학의 경제학과 교수는 민간 영역에서 일하는 경제학 박사보다 보수가 낮다. 이것은 경제학 교수들이 돈 보기를 돌같이 해서가 아니다. 그보다는 상사가 없는 환경에서 일하는 것, 연구직에 종사하는 것 등의 측면에서 학계의 일이 더 재미있다고 생각하기 때문이다. 그러므로 민간 기업은 경제학 박사를 채용하려면 추가적인 임금을 주어야 한다. '보상적 임금격차' 이론은 근무 장소에 따른 임금 프리미엄도 설명할 수 있다. 예를 들어 노르웨이 엔지니어가 해외 유정에서 일을 하면 오슬로에서 일할 때보다 훨씬 많은 임금을 받는다. 이 임금 프리미엄은 노르웨이의 수도에서 가족과 함께 저녁을 먹거나 친구들과 주말을 보내지 못하고 먼 곳의 유정과 험한 바다에서 오랜 시간을 보내야 하는 고충을 상쇄하기 위한 것이다.

역량이 뛰어나고 고학력을 가진 핀란드 사람들이 임금이

그리 높지 않은데도 교사가 되려 하는 이유는 교사의 사회적 지위가 높기 때문일 것이다. 매우 어려운 교육 과정을 거쳐야 한다는 것은 매우 뛰어난 사람만이 교사가 될 수 있다는 의미이므로 교사직은 사회적으로 굉장히 존중받는 직업이다. 교사 중 일을 그만두는 사람이 10~15%에 불과하다는 사실은 교사직의 인기를 보여주는 지표다.[35] 핀란드에서 교사들이 일에 대한 내재적인 만족도가 높다는 것은 납세자들에게도 좋은 일이다. 세금에 대해 훌륭한 보상을 받는다고 볼 수 있기 때문이다. 교사직의 사회적 지위가 낮은 나라에서 핀란드에서만큼 높은 수준의 교육을 받은 뛰어난 교육자를 채용하려면 정부는 매우 높은 보수를 주어야 할 것이다. 교사들에게 매력적인 노동 여건을 창출해서 높은 업무 만족도를 느낄 수 있게 했다는 점은 핀란드 교육 시스템의 성공 스토리를 상당히 많이 설명해준다.

스웨덴
: 핀란드와 비슷한 듯 다른

핀란드는 경쟁적인 학교 시스템과 한 번에 장래가 좌우되는 시험 제도를 반대하는 사람들이 즐겨 드는 사례다. 되도록 압박을 가하지 않는 접근 방식은 협동과 아이들의 내재적인 동기를 강조한다. 이들의 주장에 따르면, 이것이 핀란드의 성공을 가져온 진정한 이유다. 하지만 스웨덴은 이러한 해석에 의구심을 제기한다. 스웨덴은 학습이 잘 이루어지려면 아이들에게 어느 정도의 압력과 적절한 인센티브를 부여하는 것이 필수적이라는 주장을 뒷받침하는 사례로 보이기 때문이다.

크게 보면 스웨덴의 학교 시스템은 핀란드와 비슷하다. 경쟁을 덜 강조하고, 아이들에게 부과되는 스트레스가 적으며, 팀워크와 협력을 중요시한다. 교과 과정도 대체로 핀란드와 비슷하다. 모든 아이가 취학 전에 어린이집과 유치원에 다닐 수 있고, 취학 전 교육기관 대부분이 공립이며, 놀면서 학습하는 것을 강조한다. 초등학교가 만 7세에 시작되는 것도 핀란드와 같다. 또한 사립학교도 학생에게 수업료를 받을 수 없다.

스웨덴의 교육 시스템은 불평등을 없애는 역할을 하도록 고안되었다. 자퇴율도 낮다. 학생을 계열로 분리하는 시스템도 없다. 최근에는 우수한 학생을 위해 우등반을 두는 경향이 퍼지긴 했지만, 스웨덴 교육 당국은 이러한 구분은 일시적이어야 하고 특정한 교육적 목적이 있어야 한다고 규정하고 있다. 아이들은 6학년이 될 때까지는 성적표를 받지 않는다. 그다음에는 각 과목에 대해 학기별 성적을 받고 9학년 말에 최종 성적을 받는다. 이 최종 성적이 고등학교에 지원하는 데 토대가 된다.

핀란드처럼 스웨덴에도 한 방에 인생이 좌우되는 시험이 없다. 9학년을 마치면 학생들은 영어, 스웨덴어, 수학 등 주요 과목에 대해 표준 시험을 치르는데, 이것은 전국적으로 비교 가능한 학습 기준을 마련하기 위한 것이다. 모든 학생이 고등학교(3년 과정)에 진학하고, 대학에 입학하는 것은 고등학교 성적으로 결정된다.

숙제 부담도 매우 적다. 2015년 PISA에 따르면 스웨덴 학생들은 숙제에 주당 3.8시간밖에 쓰지 않는다. 그런데도 부모는 종종 숙제가 많다고 불평한다. 2014년에 힐스타함마르시 의회에서 좌파당Left Party은 숙제를 아예 금지하자는 법안을 제출하기도 했다.[36] 이 법안은 통과되지 못했지만 많은 부모의 견해를 상징적으로 보여준다.

이렇듯 전반적으로 핀란드와 스웨덴의 학교 시스템은 비슷한 점이 많다. 둘 다 학생이 경쟁적 압력에 처하지 않을 수 있는 '학생 지원적'인 환경에서 기회의 평등을 제공하는 것을 강조한다. 그런데 국제 표준 시험 점수가 신뢰할 만하다는 전제에서, 두 나라 사이에는 커다란 차이가 있다. 2000년에서 2012년 사이에 데이터가 존재하는 32개국 사이에서 스웨덴의 점수가 가장 크게 곤두박질친 것이다. 2015년에는 상당히 회복되었지만 일시적으로 스웨덴은 OECD 국가들 중 하위권을 차지했다. 스웨덴 사람들의 인식도 데이터와 일치한다. 우리가 아는 핀란드 지인들은 일반적으로 핀란드 교육 시스템을 자랑스러워하는데, 스웨덴 지인들은 스웨덴 교육 시스템에 대해 불평하고 비판적인 경우가 많다.

이유는 사실 핀란드와 스웨덴의 학교 시스템이 겉으로 보이는 것보다 차이가 크다는 데서 찾을 수 있을 것이다.[37] 먼저 스웨덴에서는 교사직이 핀란드에서만큼 가치를 높게 인정받지 못한다. 스웨덴 교사들의 업무 만족도는 낮은 편이다. 스웨덴 교사 노조가 진행한 한 설문 조사 결과, 스웨덴 초등학교 교사 열에 아홉은 업무량이 과도하고 행정 업무가 많아 가르치는 데 써야 할 귀한 시간을 잡아먹는다고 답했다.[38] 또 스웨덴 교사 셋 중 하나는 '분명히' 혹은 '아마도' 은퇴 연령까지 교사 일을 계속하지 않을 것 같다고 답했다. 교사의 사회적 지위와 만족도가 낮다는 것은 우수한 인력을 교사로 고용하는 데 어려움이 있으리라는 것을 의미한다.[39]

또 다른 차이는 1990년대에 스웨덴이 도입한 교육 개혁이 매우 안 좋은 결과를 초래한 것이다. 이 개혁으로 부모들은 선택에 따라 공립학교나 사립학교에서 사용할 수 있는 바우처[보조금]를 제공받게 되었다. 개혁 이후에도 사립학교가 계속해서 정부 규제의 적용을 받긴 했다. 공립학교처럼 사립학교도 학생을 '선발'할 수 없고 바우처 금액 이상의 수업료를 물릴 수 없다. 지원자가 넘칠 경우에 학생 선발은 스웨덴 학교감사청Swedish Schools Inspectorate이 승인한 무차별 기준에 따라 이루어져야 한다(실제로는 예외가 흔하긴 하다).

이러한 제한이 여전히 있음에도, 이 교육 개혁은 중대한 변화였다. 이 개혁을 도입했을 당시에는 스웨덴에 사립학교가 거의 없었는데 오늘날에는 스웨덴 전역에 800개의 '독립' 학교가 있고 많은 곳이 이윤을 추구하는 영리 회사에 의해 운영된다. 의무교육 연령 학생 중 12%, 고등학교 졸업반 학생 중 24%가 독립 학교에 다닌다. 독립 학교 개념은 자신의 자녀를 공립학교에 다니는 '평범한' 아이들과 구별 짓고자 하는 중상류층 부모들에게 특히 인기가 있었다. 어떤 부모는 이것이 공립학교의 사회민주주의적인 가치관(이라고 그들이 주장하는 것)에서 해방되는 도구라고 생각했다.

경제학자로서 우리는 사립학교의 존재로 경쟁이 유발되어 공립학교가 더 나은 교육을 제공하려는 인센티브를 갖게 된다는 개념에 동의하는 편이다. 하지만 스웨덴에서는 그렇게 되지 않았다. 많은 연구에서 꽤 분명하게 드러난 바에 따르면, 오히려 바우처 시스템은 학생들의 학업 성취에 부정적인 영향을 미친 것으로 나타났다.[40]

무엇이 잘못되었는가? 지배적인 양육 방식과 1990년대에 도입된 교육 개혁의 원칙이 충돌하지 않았을까 하는 것이 우리의 추측이다. 스웨덴의 부모는 허용적인 원칙을 강하게 가지고 있고, 이는 경제적 불평등이 낮아서 개인적 성공을 위해 노력할 경제적 인센티브가 매우 약하다는 것과 관련이 크다. 이러한 상황에서, 1990년대 도입된 개혁의 기본 원칙인 시장 메커니즘은 독립 학교들이 학생들의 우수한 학업 성취를 위해 경쟁하기보다는 학생들이 원하는 재미와 놀이의 수요에 부응하려는 쪽으로 영향을 미쳤다. 경쟁이 이러한 방향으로 작동했음을 보여주는 한 가지 징후는, 공립학교와 독립 학교 모두에서 경쟁이 학생들의 학점 인플레로 귀결된 것이다.

몇몇 독립 학교는 실로 허용적인 접근을 취한다. 예를 들면 스톡홀름 외곽의 키스타에 있는 한 독립 학교는 학생들에게 '개인화된' 학습 가능성을 제공한다. 이 학교 학생들은 매주 시간표를 원하는 대로 짜고 원하는 만큼 수업을 듣는다(혹은 안 듣는다). 또 자신의 학업 목표를 스스로 정하며 수정도 할 수 있다.[41]

분명히 말하지만, 우리는 이러한 접근 방식에 대해 가치 판단을 하거나 그 결과가 좋거나 나쁘다는 평가를 내리려 하는 것이 아니다. 우리가 이 사례를 든 것은 스웨덴의 특수한 상황에서 사립학교와 공립학교 사이의 경쟁이 학업의 밀도에 강조를 덜 두는 방향으로 귀결되었다는 것을 보여주기 위해서다. 물론 이것은 개혁이 목표로 했던 바가 전혀 아니다.

핀란드와 스웨덴은 성공적인 학교 모델을 다른 나라로 수출하는 것이 생각보다 복잡한 문제라는 것을 보여준다. 현지 환경의 작은 차이가 결과에서 큰 차이로 이어질 수 있다. 두 나라가 많은 특성을 공유하고 있고 넓게 보아 비슷한 교육 시스템을 가지고 있을 때조차도 그렇다. 핀란드의 모델을 중국이나 미국에 수출하는 것은 스웨덴에서 부모와 아이가 더 성취 지향적인 가치관을 갖게 하는 것보다 훨씬 어려울 것이다.

또 다른 교훈은 양육 가치관과 학교 시스템이 상호 보완적이라는 것이다. 북유럽 부모들은 근면이나 복종보다 상상력과 독립성을 더 높이 평가한다. 이와 동일한 가치관이 학교 시스템에도 반영되어 있다. 부모들은 낮은 경쟁 압력과 낮은 스트레스, 학생 사이의 협업을 지원하는 학교 제도를 지지한다. 그러나 인과관계는 양방향이다. 학교 시스템의 구성이 낮은 불평등과 맞물려 부모의 허용주의적 성향을 강화한다. 스웨덴이나 핀란드의 아이들이 비생산적인 성인으로 성장하리라는 이야기가 아니다. 북유럽 노동자가 미국이나 중국 노동자보다 더 적은 시간 일을 하긴 하지만 핀란드와 스웨덴은 혁신성에 대한 국가 간 비교에서 상위를 차지하고 있다. 느긋한 학교 시스템이 가져다주는 의외의 경제적 수익이라고 할 만하다.

프랑스
: 수직적 교수법

앞에서 보았듯이 인생이 좌우되는 중요한 시험의 존재는 부모가 택하는 양육 방식과 상호작용한다. 그런데 양육 방식과 상호작용하는 학교 시스템은 이것만이 아니다. 최근의 한 연구에서 경제학자 얀 앨간Yann Algan, 피에르 카훅Pierre Cahuc, 안드레이 슐레이퍼Andrei Shleifer는 학교가 채택하는 교수법 또한 국가별로 크게 차이가 난다는 것을 보여주었다.[42] 어떤 나라에서는 '수직적' 교수법이 지배적이다. 즉, 위계적인 교사-학생 관계가 교실에서 벌어지는 상호작용의 핵심 요소다. 교사가 강의를 하면 학생은 필기를 하고 교과서를 읽는다. 평가는 교사가 언급한 내용을 학생이 얼마나 잘 재생해낼 수 있는지를 기준으로 이루어진다. 반면 어떤 나라에서는 학교가 '수평적'인 교수법을 촉진한다. 교사-학생 관계는 덜 위계적이고 학생들끼리의 상호작용이 교사-학생 간의 상호작용을 보충한다. 학생들은 수평적인 환경에서 팀 프로젝트를 하고, 교사에게 질문하거나 심지어는 도전하는 것도 장려된다. 다양한 지표들을 검토한 결과, 북유럽, 네덜란드, 스위스, 영국, 미국에서는 수평적인 교수법이 일반적이고 프랑스, 일본, 벨기에, 터키, 러시아, 동유럽에서는 수직적인 교수법이 일반적인 것으로 나타났다. 이탈리아, 독일, 스페인, 호주, 그리고 (우리에게는 다소 놀랍게도) 핀란드는 중간 정도였다.

앨간, 카훅, 슐레이퍼는 학교에서 어떤 교수법에 노출되었는지가 성인기에 타인을 신뢰하고 타인과 협동하고자 하는 정도에 영향을 미친다고 주장했다. 어렸을 때 수직적 교수법에 노출되면 타인을 덜 신뢰하고 덜 협업적이 되는 경향이 크고, 학교에서 팀 프로젝트와 열린 토론을 했던 사람들은 성인이 되어서 더 협업적이 되는 경향이 있었다.

교수법의 차이는 우리가 측정한 양육 방식과도 관련이 있다. 그림 9.3은 국가별로 수직적 교수법이 사용되는 정도(가로축)와 부모가 각 양육 방식을 채택하는 정도(세로축)와의 관계를 보여준다.[43] 수직적인 교수법이 일반적인 나라에서는 허용형 부모가 적고 권위형이 많다. 다소 놀랍게도, 독재형 양육과는 별 상관관계가 발견되지 않는다. 이것은 독일과 일본 두 나라 때문인데, 이 나라들은 학교의 교수법은 '상당히'(독일), 혹은 '매우'(일본) 수직적인데도 복종을 중요한 양육 가치로 언급한 부모가 많지 않다. 이 두 나라를 제외하고 보면, 수직적 교수법과 독재형 양육의 비중도 통계적으로 유의하게 높은 상관관계를 보인다.

프랑스는 특히 흥미로운 사례다. 3장에서 보았듯이, 불평등 수준이 낮은 데 반해 근면을 강조하는 부모가 놀라울 정도로 많고 상상력과 독립성을 강조하는 부모의 비중은 상대적으로 작다. 또한 유럽 대륙의 어느 국가에 비해서도 복종을 꼽은 부모의 비중이 크다. 그리고 그림 9.3에서 볼 수 있듯이 표본에 포함된 어느 나라보다도 수직적 교수법이 널리 사용된다. 프랑스의 학교 시스템이 프랑스 부모의 양육 가치에 영향을 미친다는 것을 시사하는 결과다.

프랑스 학교들의 교수법이 매우 수직적이라는 것은 프랑

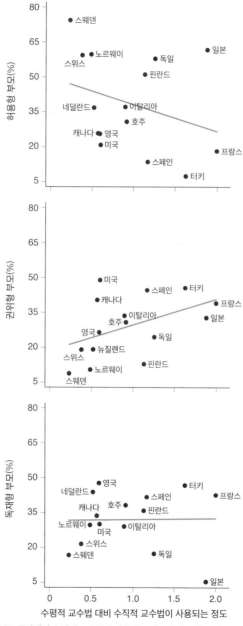

그림 9.3. OECD 국가에서 수직적 교수법이 사용되는 정도와 허용형(맨 위), 권위형(중간),
독재형(맨 아래) 양육 방식을 채택하는 부모 비중

스 사람들이 자국의 교육 시스템에 대해 일반적으로 갖고 있는 인식과도 일치한다. 캐나다 저널리스트 잔 비노아 나도Jean Benoit Nadeau와 줄리 발로우Julie Barlow는 프랑스 문화에 대해 쓴 책에서 프랑스 학교를 가차 없고 독재적이라고 묘사했다. "프랑스 교육의 두드러진 특징은 교사의 권위다. 프랑스에서는 아동기를 순수의 시절이 아니라 무지의 시절이라고 본다. 프랑스의 교육 시스템에서 아이들은 교정되고 바로잡아져야 할 대상으로 여겨진다."[44] 이 묘사는 과장일지 모르지만 프랑스 학교들이 '긍정적 강화(교사가 아이를 지지하면서 아이가 내재적으로 가지고 있는 배움의 본능을 독려하는 접근 방식)'보다 교사에게서 학생에게로 공식적인 지식을 이전하는 것을 더 강조한다는 인식은 널리 퍼져 있다.

평가 시스템도 엄격하며 가혹하다고까지 말하는 사람도 있다. 북유럽 학교들과 달리 학업을 따라가는 데 어려움을 겪는 학생이 낙제를 하는 것은 흔한 일이다. 프랑스 학생 4분의 1 이상이 적어도 1년을 낙제하는데, OECD 국가 평균의 2배가 넘는 비율이다. 학교가 취약한 학생을 지원하기보다 두고 가는 쪽을 택한다면, 부모는 아이의 낙제를 피하기 위해 추가적인 조치를 취할 인센티브를 갖게 되고 따라서 복종과 근면을 강조하게 된다.

프랑스 학교 시스템의 또 다른 측면들도 엄격한 양육 양식을 촉진한다. 우선 많게는 20%의 프랑스 아이들이 사립학교에 다닌다. 영국이나 미국보다 훨씬 높은 비중이다. 프랑스 사립학교는 대부분 가톨릭 학교이고 교과 과정에 종교 교육도 포함되어 있다. 가톨릭계 사립학교들은 학비가 비싸지 않고 다양한 사회적·경제적 계급의 아이들이 다닌다. 엄격한 규율은 종교 학교의 일반적인 특징이므로, 학교생활을 잘하는 것이 독립성이나 상상력보다는 규율과 근면에 더 많이 달려 있으리라고 예상해볼 수 있다.

프랑스 부모가 유독 복종과 근면을 강조하는 이유를 더 잘 설명해주는 요인은 학교들 사이에, 또 대학들 사이에 격차가 존재한다는 것이다. 대륙 유럽 국가 기준으로 보면 고등학교들 사이에 이미 격차가 상당히 크다. 이론적으로는 모든 공립 고등학교(lycées, 리세)가 동일한 교과과정을 제공하지만 어떤 학교들은 다른 학교들보다 훨씬 우수하다는 것이 사람들의 일반적인 인식이다. 소수의 명문 리세는 매우 높은 권위를 가지고 있다. 파리에 있는 '리세 루이 르 그랑'이나 '리세 앙리 꺄트르', 툴루즈에 있는 '리세 페르마' 등이 그러한 명문 학교다. 아주 최근까지만 해도 가장 좋은 고등학교들은 공립학교들이었는데, 최근에는 사립 리세들이 학교 순위의 사다리를 점점 더 많이 올라오고 있다. 파리에 있는 가톨릭 계열의 사립 리세 '콜레쥬 스타니슬라스'가 대표적이다.

대학의 경우에는 꼭대기에 매우 두드러진 불평등이 존재한다. 대학 입학은 매우 중요한 시험에 달려 있다. 이미 고등학교 졸업 때 치르는 바칼로레아Baccalauréat가 대학 입학을 결정짓는 중요한 요소인데, 이보다 더 중요한 것은 프랑스 대학이 이중 시스템으로 되어 있다는 것이다. 일반 대학과 별도로 엘리트 대학인 그랑제콜Grandes Écoles이 있다. 그랑제콜은 정부와 민간 영역의 고위직에 야심 있는 인재를 공급할 목적으로 교육을 하는 대학들이다. 전체 학생의 5% 미만이 그랑제콜에 들어간 다. 그랑제콜에 들어가려면 학생들은 고등학교를 졸업하고 그 랑제콜 준비 학교인 '프레파'에 먼저 들어가야 한다. 이곳에서 는 매우 고강도의 학습이 이루어진다. 매주 40시간 수업이 있 고 수시로 시험을 보며 숙제도 아주 많다. 2~3년 뒤에 학생들 은 그랑제콜 중 하나에 들어가기 위해 매우 경쟁이 치열한 시 험을 본다.

그랑제콜 입학시험은 지적 잠재력만을 테스트하는 것이 아니다. 이 시험의 결과는 지원자의 노력과 끈기에도 매우 많 이 좌우된다. 어떤 사람들은 입학 자체가 중요한 관문이며, 일 단 성공적으로 입학을 하고 나면 학생들이 한숨 돌리면서 느긋 하게 지낼 수 있다고 말하기도 한다. 그랑제콜에 들어가면 성 공은 따놓은 당상으로 여겨진다. 이런 엘리트 과정에 자녀를 입학시킬 것을 고려하는 부모는 소수이지만(그랑제콜 입학생의 부 모도 그랑제콜을 나온 경우가 많다) 매우 경쟁적인 선발 과정은 부모 가 양육에서 인내, 끈기, 회복력을 강조할 강한 인센티브를 부 여한다. 이것은 왜 프랑스 부모가 훨씬 더 불평등한 미국만큼 근면을 중요한 양육 가치로 여기는지 설명해준다.

소결

이 장에서 우리는 학교 시스템이 국가 간 양육 방식의 차이를 결정짓는 중요한 요인임을 살펴보았다. 어떤 경우에는 경제적 여건이 미치는 효과를 교육제도가 한층 강화했다. 예를 들면 중국과 미국은 경제 불평등이 크고 교육에 대한 투자 수익이 높으며 사회 안전망은 약하다. 우리는 이러한 특징이 부모들을 집약적 양육 방식으로 기울게 만드는 압력이 된다고 주장했다. 집약형 중에서도 미국은 권위형으로, 중국은 독재형으로 치우치는 경향이 크다는 차이는 있지만, 두 나라 모두에서 학교 시스템은 집약적 양육을 택할 인센티브를 한층 더 강화하는 방향으로 작용한다. 미국에서는 소수의 명문 고등학교와 명문 대학 입학을 놓고 벌이는 경쟁이 주요 매개인데, 여기에는 시험 점수뿐 아니라 교과 외 활동도 중요하다. 중국에서는 집약적 양육을 강화하는 기제가 인생을 크게 좌우하는 막중한 시험, 특히 가오카오를 매개로 작동한다. 한편 다른 나라들, 가령 핀란드나 스웨덴은 경제적으로 매우 평등하고 학교가 학생들에게 많은 압력을 가하지 않으며 팀워크와 수평적인 교수법이 강조된다. 이런 곳에서는 경제적 여건과 학교 시스템의 특성이 결합해 부모들에게 허용적 양육 방식을 택할 강력한 인센티브를 제공한다.

더 흥미로운 경우는 경제적 여건과 학교 시스템이 반대 방향으로 인센티브를 주는 경우다. 우리는 그런 국가 두 곳을 알아보았다. 바로 프랑스와 일본이다. 프랑스에서는 많은 것이 걸려 있는 막중한 시험과 수직적인 교수법과 같은 학교 시스템의 특성이 부모들을 더 집약적인 양육 쪽으로 이끈다. 이는 프랑스가 불평등 수준이 중간 정도인 것에 비해 권위형과 독재형 부모가 많은 이유를 설명해준다. 일본도 불평등 정도가 낮지만 인생에 막대한 영향을 미치는 시험 제도가 있다. 일본 부모는 아이의 독립성을 중요시하지만 중국 부모에 비해서는 덜 다그치는 편이고 근면과 복종을 덜 중시한다. 그러나 '교육 엄마'나 '몬스터 부모' 등이 일본 매체에서 종종 언급되는 것에서 알 수 있듯이, 일본의 양육 문화는 불평등이 낮은 나라치고는 집약적 양육의 요소를 꽤 많이 가지고 있다. 이 또한 경제 불평등이 학교 시스템과 상호작용하며 양육 방식에 영향을 미친다는 것을 보여준다.

10장

양육의 덫과 양육의 미래

이 책에서 우리는 현대 세계에서 양육의 양태를 구성하는 요인을 경제학의 도구를 이용해 살펴보았다. 불과 한 세대 전만 해도 느긋한 태도로 아이를 키우는 게 일반적이었는데 왜 오늘날에는 부모가 빽빽한 스케줄로 아이를 맹렬히 몰아붙이는 방식의 양육을 하게 되었는가? 왜 양육 방식은 나라마다, 또 사회적·경제적 집단마다 다른가? 왜 과거에는 거의 보편적으로 행해지던 체벌이 최근 몇 십 년 동안 사라졌는가? 우리는 부모가 직면하는 경제적 인센티브를 알면 이 문제들에 대한 답을 상당히 많이 찾을 수 있다고 주장했다.

　우선 우리는 어느 시대, 어느 장소에서나 모든 부모가 동일한 목적을 가지고 있다고 가정했다. 부모의 목적은 아이가 행복하고 성공적인 삶을 살아가는 것이다. 물론 예외인 부모도 있을 것이다. 어떤 부모는 아이를 방치하고 심지어 학대한다. 이것은 중요한 사회적 문제이지만, 다행히 이런 사람은 소수다. 대부분의 엄마와 아빠는 아이를 사랑하고 아이에게 가장 좋은 것을 해주고 싶어 한다. 이러한 부모, 주어진 경제적 조건하에서 아이가 성공하는 데 최대한 도움이 되는 일을 하려고 하는 부모가 이 책의 대상이다.

어떤 경제적 요인이 가장 중요한가?

소득 불평등의 정도, 그리고 교육이 장래의 삶을 좌우하는 정도가 핵심이다. 학업 성과와 교과 외 활동 모두에서 남보다 월등해야만 성공할 수 있다면, 부모는 아이를 그 경로로 몰아붙이는 양육을 하게 될 것이다. 대조적으로 경제적 불평등이 낮으면, 혹은 안락한 중산층의 삶을 누리면서 '괜찮게' 살아갈 수 있는 기회가 많으면, 부모가 무엇을 하는가에 아이의 장래가 크게 좌우되지 않으므로 부모들이 더 느긋할 태도를 취할 수 있을 것이다. 이 책에서 우리는 각지의 교육 시스템이 경제적 여건과 맞물려 부모의 선택에 어떻게 영향을 미치는지 살펴보면서, 국가와 시대에 따라 상이한 양육 방식들의 기원과 영향을 파악하고 역사적으로 양육 방식의 변천을 추동한 요인을 밝혀보고자 했다.

지난 200년 동안 산업화, 기술 발달, 도시화로 경제적인 삶이 급진적으로 바뀌었고 생산이 농업 위주에서 산업 위주로,

다시 서비스 위주로 바뀌었다. 경제적인 변혁은 가정에서의 의사 결정에도 그에 못지않은 변혁을 가져왔다. 인적 자본에 대한 수요의 증가와 공공 교육 시스템의 성립은 부모에게 아이를 일터보다는 학교에 보낼 인센티브를 제공했다. 또한 이 변화는 아이를 갖는 것의 비용을 증가시켰고, 그에 따라 현대 경제의 발달 과정에서 출산율이 꾸준히 줄어들었다.

2차 대전 이후로 서구 사회에서 경제 불평등은 꾸준하게 줄었고, 특히 1960년대와 1970년대에는 불평등이 매우 낮았다. 이러한 변화는 독재형 양육과 그에 따르는 요소(가령 체벌)의 쇠퇴를 가속화했고 독립성과 상상력을 촉진하기 위해 자유주의적인 양육 방식과 교육 방식이 고안되고 도입되는 길을 열었다. 그러나 조류의 방향이 다시 바뀌었다. 1980년대 이후 경제 불평등이 증가하고 교육에 대한 투자 수익이 커지면서, 근면과 학업적 성취가 삶의 성공에서 갖는 중요성이 커졌다. 부모는 이러한 변화에 반응해 아이를 몰아붙이기 시작했고 현대적인 현상인 헬리콥터 부모가 생겨났다. 허용적인 양육 문화가 널리 퍼지고 교육에 대한 투자 수익이 낮았던 20년간의 시기가 지나고 1980년대에 교육에 대한 투자 수익이 높아지기 시작하면서 부모가 기어를 더 높은 쪽으로 변경했음을 여러 데이터를 통해 확인할 수 있었다.

또한 우리는 선진국들 사이에서도 양육 방식이 크게 차이가 난다는 것을 알 수 있었다. 불평등이 빠르게 증가한 미국 같은 나라에서는 타이거 맘과 헬리콥터 부모식 양육이 부상했다. 반면, 경제 불평등이 작은 나라에서는 이러한 양육의 매력이 여전히 크지 않다. 북유럽 나라들이 대표적이고, 이보다 정도는 덜하지만 독일, 스위스, 네덜란드도 그렇다.

원칙적으로는 경제적으로 걸려 있는 것이 많으면 독재형 양육과 권위형 양육이 둘 다 증가할 것이라 예상될 수 있겠지만, 주된 변화는 후자 쪽으로 이루어졌다. 독재형 양육은 계속해서 쇠퇴하고 있다. 현대 사회에서는 궁극적으로 성패를 좌우하는 의사 결정의 주체가 부모가 아니라 자녀라는 점이 주요한 이유일 수 있다. 점점 더 지식에 의해 추동되는 경제에서, 그리고 대부분의 인적 자본 축적이 성인이 된 이후까지 공식적인 교육을 통해 이루어지는 사회에서, 부모가 자녀를 일일이 살피면서 무엇을 하라고 지시하는 것은 불가능하므로 독재형 양육은 실패할 수밖에 없다. 부모가 택할 수 있는 유일한 선택지는 아이들에게 동기를 부여하고 올바른 태도를 심어주는 것이며, 이것은 권위형 양육의 특징이다.

우리는 왜 양육 지침서를 쓰지 않았는가?

우리는 좋은 부모가 무엇을 해야 하는가를 제안하지 않으려 노력했다. 우리는 어떤 양육 방식이 다른 양육 방식보다 내재적으로 더 우월하다고 보지 않는다. 경제학자로서 우리는 모든 양육 방식이 상충적 교환관계를 갖는다고 본다. 독재형 양육은 계층 이동성이 낮은 사회, 즉 전통적 역할에 엄격하게 순응해야 성공할 수 있고, 순응하지 않는 태도는 문제를 일으킬지도 모르는 사회에서 효과적일 수 있다. 물론 최근 이루어진 발달심리학 연구들에 따르면, 매우 엄격한 양육은 아동에게 정서적, 행동적으로 부정적인 영향을 끼친다. 우리는 이를 반박하려는 게 아니다. 다만, 부분적으로 이러한 부정적인 효과는 독재형인 부모가 매우 드문 현대 사회 특유의 현상일 수 있다. 우리는 우리 부모가 자신이 어렸을 때 부모가 너무 엄격했다고 비난하는 것을 보지 못했다. 그들이 어렸을 때는 그게 일반적이었다. 때때로 매를 맞는 것 정도는 모멸적이거나 학대라고 여겨지지 않았다. 오늘날과 마찬가지로 전통 사회에서도 대부분의 부모는 아이를 사랑했고 대부분의 아이도 부모를 사랑했다.

자녀의 삶에 깊숙이 침투하는 권위형 양육은 성공을 향한 열망과 노력을 강화할 수 있지만 주도적으로 삶을 꾸려가는 독립성과 상상력을 질식시킬 수도 있다. 또 권위형 부모가 자녀의 학교 성적을 올릴 수는 있을지 모르지만 이것이 사회적으로도 늘 득이 되는 것은 아니다. 대부분의 부모가 허용형인 북유럽 국가들에서는 아이들이 덜 경쟁적이고 그리 맹렬하게 노력을 쏟으려는 태도는 보이지 않을지 모르지만 매우 뛰어난 협업 능력을 보인다.

권위형 부모의 과보호적인 형태가 헬리콥터 부모다. 이렇게 과보호적이고 침투적인 방식의 양육은 아이의 선호와 태도를 부모의 의도에 맞게 형성하고 아이가 문제를 일으키지 않게 하는 데는 유용할 수 있을 것이다. 하지만 아이가 자연스럽게 성인으로 이행하는 것을 지연한다는 비용이 따른다. 30대가 되어서도 부모에게 얹혀사는 '마마보이'가 많아지는 것이 단적인 사례다.

마찬가지로, 우리는 자유주의적인 양육이 만병통치의 해법이라고 생각하지도 않는다. 허용적인 양육은 상상력과 독립성을 키우기에 좋지만 어떤 환경에서는 아이가 알아서 하게 놔두면 술, 마약 등 위험한 행동으로 빠지게 될 수도 있다. 또 부모의 지침이 없으면 아이가 미래의 결과를 충분히 고려하지 않은 채로 의사 결정을 내리게 될 수도 있다. 가령 어떤 아이들은 충분한 학업 역량을 쌓는 데 필요한 노력을 덜 기울일지 모른다. 경쟁적인 사회, 가령 좋은 대학에 가는 것이 좋은 성적에 좌우되는 사회에서는 이것이 심각한 결과를 초래할 수 있다.

우리는 경제적 인센티브에 초점을 맞추었지만 양육 방식은 더 폭넓은 문화적 요인에도 영향을 받는다. 문화적 요인과 경제적 요인은 완전히 독립적으로 작용한다기보다 서로의 효과를 때로는 강화하고 때로는 상쇄하면서 상호작용을 한다. 앞에서 종교성에 대해 논의하면서, 우리는 엄격하게 종교적인 부모가 전통의 고수와 복종을 중요시하는 경향이 있음을 보았다. 따라서 종교는 더 독재적인 양육과 관련이 있다. 엄격하게 종교적인 부모는 아이에게 절대적인 가치를 전승하고자 할 것이고 아이가 스스로 세계를 탐험하는 것에는 가치를 덜 부여할 것이다. 하지만 흥미롭게도, 사회의 이동성과 역동성이 커지면서 몇몇 종교는 경전을 더 유연하게 해석하는 쪽으로 변화를 보이고 있다. 전통적인 종교 모델의 쇠퇴는 독재형 양육의 쇠퇴를 가져온 경제적, 사회적 변화와 함께 진행되고 있다.

딸 키우기와 아들 키우기

양육과 관련해서 얼핏 생각하기에 강한 문화적 영향으로 보이는 또 하나의 측면은 아들 키우는 것과 딸 키우는 것의 차이다. 오랫동안 페미니즘 운동은 양육이 사회에서의 차별을 영속화하는 전통적인 역할 모델의 원천이라고 주장해왔다. 이러한 견해를 반영해서, 오늘날에는 딸과 아들을 동등하게 대해야 하고 젠더 고정관념을 피해야 한다는 생각이 널리 퍼져 있다. 성역할의 원천에 대한 이러한 견해에 따르면, 양육 방식은 문화적인 요인들에 의해 결정되고, 부모가 강조하는 역할 모델은 다시 딸과 아들이 장래에 무엇을 하게 될지에 영향을 미친다. 하지만 우리의 접근 방식은 반대 방향의 경로에 주목한다. 경제적 조건이 어떻게 아들과 딸에 대한 양육의 차이에 영향을 미치는지를 보는 것이다.

출산율이 높고, 현대적인 가정용 장비가 부족해서 가사일에 시간을 많이 들여야 하는 사회를 생각해보자. 그렇다면, 남성과 여성이 동일하게 노동시장에서 경쟁할 수 있고 양육 서비스 시장이 형성되어 있는 발달된 경제에서보다 여성과 남성이 각각 특화된 활동을 하게 될 가능성이 크다. 그리고 여성과 남성의 경제적, 사회적 여건이 매우 다른 사회에서는 부모가 딸과 아들을 다르게 키우게 될 것이다. 이렇게 보면, 많은 사회에서 딸과 아들을 평등하게 대우하는 쪽으로 이동한 것은 독립적으로 작용하는 문화적 요인의 영향이라기보다 경제적 상황의 변화가 반영된 것이라고 해석할 수 있다.

경제적인 변화와 문화적인 동학은 영향을 주고받으며 서

로를 강화할 수 있다. 기존의 문화적 가치관이 지속된다면 처음에는 새로운 역할 모델이 퍼지는 것을 저해하게 될 것이다. 하지만 일단 문화적 견해가 조정되고 나면 매우 빠르게 경제적 변화를 추동할 수 있다. 가령 부모가 여아와 남아가 노동시장에서 동일한 기회를 갖게 되리라는 예상에 따라 아이를 키운다면, 그들은 노동시장에서 젠더 차별을 없앨 수 있는 규제를 지지할 것이다. 이는 다시 그들의 예상이 실현될 가능성을 높이고, 차별 없는 노동시장으로 가는 경향을 한층 강화하게 될 것이다.

역으로 사회적·경제적 차별은 젠더 편향적인 양육을 촉진한다. 여성이 노동시장에서 차별받는 사회에서는 부모가 딸의 인적 자본에 투자할 인센티브가 적을 것이다. 투자 수익이 낮을 것이기 때문이다. 이러한 악순환은 여성의 노동 참여가 낮은 몇몇 개도국에서 실제로 벌어지고 있다. 개인적인 일화를 하나 더 소개하면, 파브리지오의 한 친구는 서부 사하라 지역의 한 여자아이가 스페인에 어떤 치료를 받으러 온 동안 일시적으로 보호자 역할을 한 적이 있다고 한다. 알고 보니 매우 똑똑한 아이여서, 파브리지오의 친구는 그 여자아이가 스페인에서 교육을 받을 수 있도록 학비를 지원하겠다고 제안했다. 그 아이의 가족은 고마워했지만 이 제안을 사양했다. 남자아이였다면 제안을 받아들였을 수도 있겠지만 여자아이에게는 공부를 시켜도 소용이 없을 것이기 때문이라는 설명이었다.

이 책에서 우리는 양육 의사 결정의 많은 부분이 경제적 요인에 의해 이루어진다고 주장했다. 양육 방식에 대한 경제학적 접근은 시기에 따라 차이 나는 양육 문화의 유행과 주요 경향을 설명할 수 있고, 국가 간에 서로 다른 양육 방식이 널리 적용되는 이유도 설명할 수 있으며, 경제적·문화적 요인들이 양육 의사 결정을 구성하는 데 어떻게 상호작용을 하는지도 설명할 수 있다.

경제학적 접근 방식은 미래에 대해 무엇을 말해줄 수 있는가?

우리는 앞으로도 양육이 경제적 변화에 영향을 받을 것이라고 생각한다. 미래는 불확실하지만 지난 200년간의 경제성장과 변혁의 경험은 미래의 양육에 대해 '정보를 기반으로 한 예측'을 할 수 있게 해준다. 우리는 산업화가 시작되면서 교육에 대한 투자 수익과 독립성에 대한 수익이 증가한 것이 양육 행태의 변화를 추동한 두 가지 핵심 요인이라고 설명했다. 더 작은 가족 규모로의 변화와 자녀의 교육에 대한 투자 증가, 독재형 양육의 쇠퇴 및 권위형 양육의 부상 모두 이러한 장기적인 변화로 설명이 가능하다.

산업화된 사회의 양육 방식에 이러한 변화를 불러온 경향들이 앞으로 개도국에서도 일어날 것이라고 예상해볼 수 있다 (그렇게 예상하지 말아야 할 설득력 있는 근거는 찾기 어렵다). 기술 변화는 저숙련 노동을 대체하고 고숙련 노동을 보완하는 경향을 갖는다. 또한 현재 독립성에 대한 수익이 낮은 것은 부분적으로 이동의 장벽과 재정적인 제약 때문인데, 이러한 제약 요인은 글로벌화된 현대 경제에서 점점 덜 중요해질 것이다.

그렇다면 소수의 자녀로 구성된 전형적인 중산층 가족 구조와 교육에 대한 강한 강조는 곧 개발도상국과 저개발국에도 확산되리라 예상할 수 있다. 특히 출산율이 아직은 높은 수준이지만 급격히 떨어지고 있는 나라들에서 양육의 변화가 두드러지게 나타날 것이다. 인구 전환은 경제 발전에 보편적으로 따라오는 현상이다. 지식 기반의 성공적인 경제로 전환한 모든 국가가 낮은 출산율로의 전환을 함께 겪었다. 대부분의 개도국에서는 인구 전환이 여전히 진행 중이며, 이들 나라에서 출산율이 낮아지는 경향이 지속되리라고 볼 이유가 충분하다.

양육의 경제학에 따르면, 자녀 수 감소는 양육 행태에 근본적인 영향을 미친다. 아이가 적으면 인적 자본에 더 많이 투자하게 될 것이고 시간 집약적인 양육이 더 널리 퍼질 것이다. 이것은 산업화된 국가들에서 실제로 관찰된 바와 같다. 중국을 생각해보자. 1979년에 한 자녀 정책이 도입되어서 대부분의 가정이 아이를 하나만 가질 수 있게 되었다. 이 변화는 중국 부모의 양육 방식에 큰 변화를 가져왔다. 외동아이의 인적 자본을 높이는 데 전례 없이 많은 노력을 기울이게 된 것이다(그래서 '소황제 효과'가 생겨났다). 중국의 변화는 엄격한 출산 제한 정책에 기인한 것이지만, 그런 제도가 없는 다른 개도국들에서도 비슷한 변화가 벌어질 가능성이 크다. 또한 낮은 출산율은 여성의 노동시장 참여를 늘리게 될 것이고, 궁극적으로 부모는 젠더와 관련해 자녀에게 이전과는 다른 역할 모델이 될 것이다. 점차로, 헬리콥터 부모 같은 현상은 선진국만의 일이 아니라 전 세계적인 현상이 될 것이다.

중산층 붕괴의 징후인가?

산업화된 국가에서 양육은 앞으로도 경제적 불평등에 영향을 받을 것이다. 20세기 중반까지 산업화된 사회들에서 발견된 장기적인 추세는 불평등의 감소였다. 1960년대와 1970년대에 선진국의 소득 분포는 그 이전 200년 동안의 어느 때보다도 평등했다. 하지만 최근 30~40년 동안 이 경향이 역전되었다. 토마 피케티와 같은 몇몇 경제학자들은 앞으로도 이 역전된 추세가 계속 이어져서 영국의 빅토리아 시대나 미국의 도금 시대에서 볼 수 있었던 극명한 빈부 격차가 나타나게 될 것이라고 예측한다.[1] 그렇게 된다면, 자녀의 미래에 대해 전전긍긍하는 상류층과 중상류층이 양육에 쏟는 노력을 배가하게 되어 양육에서도 빈부에 따라 극명한 차이가 나타나게 될 것이다.

양육 선택은 불평등에만 영향을 받는 것이 아니라 계층 이동성에도 영향을 받는다.[2] 전 산업사회 시기 유럽의 계급 기반 사회들이 그랬듯이 계급이 이미 정해져 있고 아무리 학교 공부에 노력을 쏟아도 계급 이동이 어렵다면 집약적 양육을 할 인센티브가 별로 없을 것이다. 경제학자 마일스 코락Miles Corak은 불리한 계층 아이들의 인적 자본을 축적하기 위해 정책적으로 지원하지 않는다면 세대 간 계층 이동성이 줄어들 것이라고 내다봤다.[3] 그렇다 해도 미국의 미래 사회가 전 산업사회처럼 경직적인 계급 구분이 존재하는 사회가 되지는 않을 것이다. 그보다 우리의 연구가(그리고 다른 많은 연구도) 시사하는 바는, 4장에서 설명한 이유들 때문에 인구 중 일부가 아메리칸 드림에서 계속 배제될 위험이 있다는 것이다. 부유한 가정의 아이는, 부분적으로는 부모가 그들을 성공의 경로로 밀어붙이기 때문에 성공할 가능성이 더 크다. 반면 부유하지 않은 부모는 어차피 그들에게 불리하게 기울어져 있어서 승산이 없는 경쟁의 판에 들어갈 유인을 점점 더 잃게 될 것이다. 그렇게 되면 결국 계층 이동성이 줄어들고 특히 꼭대기와 바닥에서 경직성이 심화되겠지만, 그렇다 해도 중상류층 가정들 사이에서는 여전히 성공을 위한 경쟁이 계속될 것이다.

최근 '중산층의 공동화' 현상에 대한 논의가 일고 있다.[4] 새로운 기술과 기계가 은행 출납원, 화이트칼라 직원, 공공부문 노동자와 같은 중간 정도의 숙련이 요구되는 일자리를 없애고 있다는 것이다. 기업 조직 구조가 변화하면서 하위 관리 직급이 대거 잘려 나가는 한편, 최고위 경영자들은 더 많은 자율성과 권력(그리고 더 많은 보수)을 갖게 되었다.[5] OECD 국가 모두에서 중간 정도의 숙련이 필요한 일자리가 고숙련 일자리나 저숙련 일자리보다 빠르게 줄고 있다. 이러한 양극화는 매우 우려할 만한 일이다. 많은 경제학자와 정치학자 들에 따르면, 중산층의 합의가 민주 국가를 하나로 묶어주는 접착제 역할을 하기 때문이다. 중산층이 무너지면 한편으로는 낮은 사회계층에서 분노가 증가하고 다른 한편으로는 상류층이 대중을 위한 공공재에 투자를 꺼리게 되어서 사회적 응집이 깨질 수 있다. 이러한 기술적 변화가 양육과 관련해서 의미하는 바는, 계층의 상향 이동을 가능하게 해주는 교육 기회를 놓고 경쟁이 가속화되리라는 점이다.

그렇다면 이것은 동일한 현상이 단지 강도가 높아진다는 의미일까? 즉, 점점 더 많은 집약적 양육이 이루어지게 될까? 꼭 그렇지는 않다. 선진국에서 미래의 부모 세대는 새로운 이슈들에 직면하게 될 것이다. 중간 정도의 숙련이 필요한 일자리만이 아니라 상위 직업군에 속하는 직종들도 곧 '로봇화'에 영향을 받을 것이다. 알렉스 윌리엄스Alex Williams는 〈뉴욕 타임스〉에 게재한 칼럼에서 부모가 자녀를 "로봇에 대해 취약해지지 않도록robot-proof" 준비시켜야 한다고 주장했다.[6] 고숙련직인 의료 분야에서도 방사선학, 외과 수술 등 이미 많은 업무가 기계로 대체되고 있는 영역에서는 노동 수요가 떨어질 것으로 예측된다. 변호사, 비행기 조종사, 금융 분야의 일자리도 마찬가지일 것이다.

하지만 이러한 변혁이 대규모 실업과 대규모 빈곤을 가져오리라는 두려움에 딱히 근거가 있는 것은 아니다. 시장에서 어떤 역량이 수요가 있고, 어떤 역량이 수요가 없을지 여부는 대대적으로 재조정될 것이고, 여러 직종에서 임금이 크게 달라지기도 할 것이다. 가령 의사들은 기계에 대해 점점 더 정교한 지식이 필요해질 것이다. 프로그래머, 응용 수학자, 엔지니어, 물리학자에 대한 수요는 계속 증가할 것이다. 최고의 변호사들은 계속해서 번성할 것이지만 그럴 수 있는 변호사는 소수일 것이고, 단순 업무를 기계가 맡게 되면서 로펌이 고객에게 비용을 청구할 수 있는 총 시간은 줄어들 것이다. 최고 명문 대학들, 특히 자유교양 대학들은 제공하는 교육의 내용을 조정해야 할 것이다.

이 시나리오대로 된다면 권위형 부모 중 일부는 맹렬한 노력을 들였던 지난 몇 년이 보상받지 못한다는 것, 또 명문 대학을 나와도 자녀의 미래가 기대보다 못하리라는 것을 깨닫고서 절망하게 될 것이다. 딱 맞는 전공을 택하는 것이 명문 대학에 들어가는 것보다 점점 더 중요해질 것이다.

양육 격차와 주거지 분리

로버트 퍼트넘이 강조했듯이 미국에서 집약적 양육의 증가는 상이한 사회적·경제적 배경의 아이들 사이에 환경의 격차가 벌어지는 현상과 나란히 발생했다.[7] 앞에서 우리는 양육 격차가 양육의 덫으로 바뀔 수 있음을 살펴보았다. 가난한 가정은, 특히 농촌의 가난한 가정은 자녀에게 좋은 교육 기회를 제공할 수단을 갖기 어려울 것이다. 공립학교의 재원이 지역적으로 조달되는 경우, 가난한 지역에서는 학교가 충분한 자금을 확보할 수가 없다. 그러면 중산층 가정이 점점 더 가난한 동네를 떠나게 되어 계층별 주거지 분리를 한층 더 심화하게 된다. 주거지 분리가 심화된다는 말은 가난한 아이들이 사회 계층 사다리를 올라갈 희망이 더 줄어든다는 의미다. 설상가상으로, 가족 간의 유대도 빈곤층이 더 약한 경향을 보인다. 한 가지 요인은 결혼이 줄어드는 것인데, 이는 점점 더 많은 사람들이 안정적인 가정을 꾸리지 못하게 된다는 의미다.

남유럽은 미국에 비해 가족 제도가 더 끈끈하고 회복력이 큰 편이지만, 다른 문제가 있다. 2008~2009년의 대침체 이후 '니트(NEET, not in employment, education or training)'가 급증한 것이다. 니트는 고용 상태도 아니고 학생 상태도 아닌 젊은이들을 일컫는다. 이탈리아에서는 2016년 기준 15~29세 남성 인구의 25%가 여기에 해당하고,[8] 그리스, 불가리아, 루마니아, 스페인에서도 니트 비중은 20%가 넘는다. 니트는 소득과 교육 수준이 낮은 가정에서 많이 발견된다. 이러한 가정은 안 그래도 제한적인 자원을, 성인이 된 뒤에도 자신의 삶에서 성공하려는 희망을 포기하고 집에 눌러앉아 있는 자녀를 부양하는 데 계속해서 사용해야 한다.

　　다른 많은 나라와 마찬가지로 이탈리아에서도 결혼한 성인의 비중이 줄어들고 있다. 이탈리아의 특이한 점은, 주된 이유가 이혼이 아니라는 점이다. 주된 이유는 성인이 된 자녀(특히 젊은 남성)가 계속 부모와 함께 사는 것이다. 이들 중 일부는 일도 공부도 하지 않고 얹혀사는 '마마보이'가 된다(이탈리아는 유럽에서 대학 진학자의 비중이 가장 작은 나라이기도 하다). 취약한 노동시장, 불안정한 일자리, 낮은 교육의 질, 비싼 주거비 때문에 부모 집에 얹혀사는 것이 많은 젊은이들에게 점점 나은 선택지가 된 것이다. 하지만 니트의 급증은 많은 가정이 우리 시대의 도전에 대해 무력감을 느끼고 있음을 보여주는 징후이기도 하다. 그래서 다 큰 자녀에게 계속해서 금전적인 지원을 제공하고 따뜻한 밥을 지어 먹인다. 이러한 부모도 자녀를 사랑한다. 다만, 적대적인 환경과 싸우는 것이 의미 없다고 생각할 뿐이다.

악순환은 세대를 거쳐 계속된다. 낙담하고 의지를 잃은 가난한 가정은 자녀 교육에 힘을 덜 쏟게 되고, 그렇게 해서 가난해진 자녀는 다시 자신의 자녀에게 좋은 기회들을 제공하지 못한다. 대조적으로, 잘사는 부모는 더 많은 시간과 자원을 아이에게 쏟는다. 그리고 중산층의 공동화는 양극단의 대조를 더 극명하게 드러낸다.

케인스의 예언이 실현될 수 있을까?

돈은 부모가 자녀를 위해 융통할 수 있는 자원 중 일부일 뿐이다. 또 다른 중요한 투입 요소는 시간이다. 실제로, 많은 가정에서 양육의 시간 비용(그 시간에 다른 일을 해서 얻을 수 있는 소득을 포기하는 '기회비용' 포함)이 금전적인 지출과 관련된 비용보다 더 큰 제약 요인이다. 따라서 양육의 미래는 시간의 배분이 어떻게 달라질 것인가의 문제를 포함하여 고찰되어야 한다. 특히 미래의 부모가 고용 시장에서의 노동에 얼마나 많은 시간을 써야 할 것인가가 여기에서 매우 중요하다.

장기적으로 보면 경제 발전 과정에서 나타난 전반적인 경향은 노동 시간의 감소였다. 예전 세대들은 하루에 8시간만 일하고 주말에 쉬고 휴가를 가고 은퇴 후에 노년을 즐기는 것 등 오늘날 우리가 당연하게 여기는 것들을 꿈도 꾸지 못했을 것이다. 이 추세가 지속된다면 노동 시간은 계속 줄어서 부모가 노동 이외에 다른 곳, 가령 양육에 쓸 시간이 더 많아질 수 있다.

일찍이 1930년대에 존 메이너드 케인스John Maynard Keynes

가 바로 이러한 예측을 했다.[9] 그는 한 세기 안에 경제성장과 기술 진보로 인간의 '경제적인' 문제는 해소되리라고 보았다. 그렇게 되고 나면 노동 시간은 크게 줄어 일주일에 15시간 정도가 될 것이라고 예측했다. 또한 그 새로운 시대에는 "도덕률에도 큰 변화"가 생길 것이라고 내다보았다. "일상의 시간을 고귀하게 잘 사용할 수 있는 법을 가르쳐주는 사람들이 영예를 얻고, 실질적인 것들을 누리는 데서 직접적으로 즐거움을 얻을 수 있는 유쾌한 사람들이 높이 평가받을 것이다."[10]

   이 예측은 어느 정도나 정확한 것이었을까? 실제로 오늘날 사람들은 전보다 노동에 더 적은 시간을 쓴다. 하지만 노동에 대한 태도와 생활수준은 국가마다, 또 개인마다 차이가 크다.[11] 그리고 노동 습관에서의 주된 변화는 아직 오지 않았다고도 볼 수 있다. 기계는 이미 우리의 가정생활을 크게 바꾸었다. 가사일을 기계가 대체했던 기술 혁신의 초창기 시기에는 기계가 여성의 노동 참여를 증가시킴으로써 공식적인 노동에 쓰는 시간을 줄이기보다는 늘리는 방향으로 영향을 미쳤다. 이와 달리 오늘날에는 로봇 등 기계가 공식 노동시장에서 인간의 노동을 대체하고 있다. 단순 업무가 기계에 의해 더 생산적으로 수행된다면 우리는 물질적 필요를 충족시켜주는 재화를 더 싸게 구입할 수 있을 것이다. 다른 한편으로 이러한 자동화 과정은 노동시장에서 인간의 기술과 숙련에 대한 요구 수준을 계속해서 높이게 될 것이다.

   자동화가 심화되면 사람들이 두 가지 측면에서 시간 사용을 조정하게 되리라 예상해볼 수 있다. 시간을 인적 자본 투자에 더 쓰거나(아이의 인적 자본 축적을 위한 양육 시간 포함) 여가와 재미를 위한 활동에 더 쓰는 것이다. 둘 다 케인스의 예언에 부합한다고 말할 수 있다. 하지만 이제까지는 이 둘 사이에서 양육 시간의 증가 추세가 여가 시간의 증가 추세보다 훨씬 두드러졌다.

어쩌면 케인스는 과도하게 낙관적이었는지도 모른다. 기술 진보가 인간의 노동을 불필요하게 만들리라고 전망했다는 점에서 그렇다기보다는, 사회가 기술 진보의 이득을 구성원들 사이에 고르게 분배할 역량이 있으리라고 본 점에서 그렇다. 사회가 그런 역량을 갖고 있지 않다면, 사람들은 초경쟁적인 세계에서 사회적 사다리를 오르는 데 아주 많은 시간과 노력을 들여야 하는 상황에 갇히게 될 것이다. 그 노력에 장래가 너무 많이 걸려 있게 되면, 기술 진보가 가져다준 이득은 서로가 서로를 밟고 올라가려는 노력에 다 낭비되어버릴지 모른다. 경제학자들은 이러한 메커니즘을 '비교 잣대 경쟁yardstick competition'이라고 부른다.[12] 다음의 이야기가 그런 경우를 보여준다. 두 사람이 캠핑을 하다가 맹렬히 돌진해오는 곰과 맞닥뜨리게 되었다. 그러자 한 사람이 서둘러 신발끈을 단단히 묶었다. 이를 본 다른 사람이 말했다. "뭐 하는 거야? 곰보다 빨리 뛸 수는 없어." 그러자 신발끈을 묶은 사람이 대답했다. "곰보다 빨리 뛸 필요는 없어. 너보다만 빨리 뛰면 돼." 집약적 양육은 이렇게 사회적으로 비효율적인 체계의 일부가 될지도 모른다.

불평등과 양육 격차를 줄이기 위한 정책

요약하면 우리는 가까운 미래에 경제의 전반적인 경향이 사회적·경제적 계층 간 양육 격차를 심화해 불평등이 더욱 심해지고 계층 이동성도 한층 제약하게 될 가능성을 우려해야 할 이유가 아주 많다. 하지만 이것이 불가피한 경로인 것은 아니다. 이 책 전반에 걸쳐 강조했듯이, 경제적 여건이 부모의 행동을 결정하는 중요한 요인이긴 하지만, 정책도 그에 못지않게 중요한 요인이다. 실제로 우리는 미국, 독일, 스웨덴 등 경제나 기술 변화의 면에서는 비슷한 요인들을 가지고 있는 선진국들 사이에서도 사회적, 교육적 정책과 제도에 따라 양육 방식이 다른 것을 볼 수 있었다.

이런 관점에서, 불평등 심화와 계층 이동성 감소는 변화하는 경제 여건을 염두에 두면서 정책과 제도를 개혁하고 재정비해서 우리가 맞대응할 수 있는 정책 과제라고 보아야 한다. 분명히 해두자면, 경제학자로서 우리는 불평등과 싸우는 것이 그 자체로 목적이라고는 생각하지 않는다. 어떤 불평등은 기업과 혁신가들에게 인센티브를 주기 때문에 사회적으로 유용할 수 있다. 그리고 개인의 자유에 가치를 부여하는 사회라면 개인들 사이에 결과의 차이가 존재하는 것이 용인되어야 한다. 그렇더라도, 양육의 불평등에 대해 말하자면 자유방임은 최선이 아니며 정책적 개입이 필요하다고 말할 만한 근거가 충분하다.

정책적 개입을 지지하는 첫 번째 이유는 철학적인 측면이다. 현대 자유민주주의 사회의 초석이 '개인의 자유'라면, '기회의 평등'도 그에 못지않게 중요하다. 아이는 어느 계층의 어느 가정에 태어날지를 골라서 세상에 나오지 않는다. 서로 다른 계층 출신의 아이들 사이에 기회의 격차가 점점 벌어지고 있다면 운동장을 평평하게 하기 위한 개입이 요구된다. 실제로 공립학교 교육부터 아동 의료보험까지 이미 많은 정책과 프로그램들이 이러한 근거로 정당성을 인정받고 있다.

정책적 개입이 필요한 두 번째 이유는 '외부성'을 해소해야 하기 때문이다. 이것은 양육뿐 아니라 다른 영역에서도 경제학적으로 정부 개입의 필요성을 주장할 때 적용되는 논리다. 가령 기업 활동에 대해 흔히 이야기되는 외부성의 사례는 오염이다. 공장이 일으키는 오염이 이웃의 건강과 후생에 악영향을 미친다면, 자유방임은 최선의 해법이 아니다. 정부의 직접적인 규제, 아니면 오염 배출권 거래제 같은 시장 기반의 제도 등을 도입해 공장이 자신의 활동에서 유발되는 전체 비용을 다 고려하게 하는 것('내생화')이 더 좋은 해법이다. 외부성은 '공유재'와 관련해서도 발생할 수 있다. 동일한 해역에서 수많은 어선이 조업을 하는 경우, 각각의 어선이 최대량의 고기를 잡으면 전체적으로 어획고를 고갈시켜 다른 이들에게 부정적인 효과를 일으킬 수 있다.

마찬가지로, 인위적인 병목이 존재해서 기회가 소수의 아이들에게만 제한된다면 양육에서도 부정적인 외부성이 나타날 수 있다. 앞에서 말한 '비교 잣대 경쟁'이 이런 경우다. 보수와 영향력이 가장 큰 지위를 획득하려면 소수의 명문 대학을 나와야만 하고, 명문 대학 입학이 매우 선별적인 시험에 달려 있다면 부모는 다른 아이들을 제치고 자신의 아이가 명문 대학에 들어가게 하기 위해 시험공부에 매진하도록 아이를 몰아붙이고자 할 인센티브를 갖게 될 것이다. 하지만 아무리 부모가 열심히 밀어붙이고 아이가 열심히 공부를 해도 들어갈 수 있는 자리의 수가 증가하는 것은 아니다. 따라서 각자의 입장에서는 그렇게 하는 것이 전적으로 합리적인 선택이지만 사회 전체적으로는 불합리하게 노력이 낭비되는 결과를 낳는다. 이런 상황이라면, 양질의 교육을 제공하는 교육기관의 수를 늘리고 접근성을 높이는 방향으로 정책 개입을 하는 것이 얼마든지 정당화될 수 있다.

우리는 이런 식의 맹렬한 경쟁이 부모와 아이 모두를 지쳐 떨어지게 하고 식구들이 함께하는 시간을 즐기지 못하게 하면서 중산층 가족들을 거의 집어삼키고 있는 몇몇 나라들을 살펴보았다. 가령 미국에서 자녀에 대해 기대가 큰 부모들은 학교 성적과 시험은 물론, 명문 대학에 가는 데 유리한 교과 외 활동(자원봉사, 혁신 활동, 음악, 운동 등) 이력을 화려하게 채우는 것까지 신경 써야 한다.

가정들 사이의 이러한 경쟁이 일으키는 외부성은 궁극적으로 학교 시스템의 양상이나 입시 정책과 같은 제도적 측면에서 기인하는 것이고, 따라서 정책 결정자들이 다룰 수 있는 문제다. 또한 공공 정책, 가령 누진적인 조세 정책이나 소득 이전 제도, 노년을 위한 연금 제도와 같은 재분배 정책은 불평등 문제도 다룰 수 있다.

이 책 전반에 걸쳐 주장했듯이 양육 선택은 우리가 살면서 내리는 가장 중요한 의사 결정이고 사회에서 불평등의 양상이 어떻게 변천해갈지를 좌우할 주요 요소다. 그러므로 조세, 재분배, 교육 등과 관련된 정책 논쟁은 그런 정책이 양육에 미치게 될 영향을 비중 있게 고려해야 한다. 불평등 및 계층 이동성과 관련해 우려할 만한 경향이 많이 존재하지만, 신중하게 고안된 정책들로 이런 경향을 상쇄하거나 역전시킬 수 있다.

핵심적인 정책 영역은 교육이다. 교육 시스템이 매우 계층화되어 있고 이른 시기에 아이의 장래가 정해지게끔 되어 있으면, 아이가 최선의 성공 기회를 갖게 하기 위해 부모들 사이에 '양육 전쟁'이 벌어지게 된다. 대조적으로, 교육 시스템이 교육 기회의 평등을 강조하고 성년 초기가 될 때까지 경쟁을 되도록 제한하게끔 되어 있으면 부모와 아이 모두 더 여유를 가질 수 있을 것이다. 이 책에서 살펴보았듯이, 동일하게 부유한 국가라도 교육 시스템에 차이가 있으면 양육 방식과 불평등의 양상에서 차이를 보인다. 경제의 제반 요인이 불평등을 강화하는 방향으로 작동한다면, 정책 결정자들은 제한된 성공의 기회를 놓고 경쟁하는 데 방점을 덜 두게 만드는 방식으로 교육 시스템을 개혁해 그러한 경향에 대응할 수 있다.

가정에 대한 그 밖의 정책들도 중요하다. 돈과 시간이 부족한 가정(가령 빈곤층의 한부모 엄마 가정)은 부유한 가정의 부모만큼 자녀에게 기회를 열어줄 수 없다. 노벨상 수상 경제학자인 제임스 헤크먼이 최근에 수행한 개척적인 경제학 연구들은 0세부터 4세까지의 아동발달 초창기에 투자하는 것이 특히 중요하다는 점을 보여주었다. 양질의 어린이집, 육아휴직, 영유아 대상 개입 프로그램과 같은 정책은 큰 변화를 가져올 수 있고 가구들 사이의 소득 불평등이 아이의 장래에 미칠 영향을 줄일 수 있다. 헤크먼 등의 연구에 따르면, 사회적·경제적으로 낮은 계층 아이들의 성장 발달 초기에 개입을 하면 장래에 아이들의 성취 격차를 줄이고 건강을 향상시키고 범죄 가능성을 줄이고 소득을 증대하는 데 비용 효율적으로 긍정적인 효과를 얻을 수 있다.[13]

소결

불평등이 심화되는 우려스러운 추세를 막을 수 있는 정책의 여지는 아주 많으며, 그 덕분에 우리는 낙관적으로 이 책을 끝맺을 수 있을 것 같다. 커다란 어려움이 있으리라는 것은 틀림없지만, 어려움에 잘 대처해나갈 수 있으리라고 기대할 만한 이유도 충분히 많다. 우리가 이렇게 확신하는 하나의 근거는, 이제까지 전반적으로 양육의 변화가 더 나은 쪽으로 이루어져왔다는 데 있다. 모든 시대와 모든 장소에서 그렇지는 않았을 수도 있고, 오늘날 미국 같은 나라에서 많은 부모가 10~20년 전보다 양육이 훨씬 집약적이고 스트레스가 많다고 느끼고 있는 것도 사실이다. 하지만 우리가 살아온 시기만 보더라도 긍정적인 추세들을 발견할 수 있다. 독재형 양육과 체벌이 줄었고 자율성과 독립성을 고취하는 쪽으로 양육의 접근 방식이 달라졌다. 아이들에게 이것은 분명히 반길 만한 일일 것이다. 부모에게도 아이의 삶에 더 긴밀히 관여하게 된 것은 (때로는 스트레스의 원천이기도 하지만) 분명히 기쁘고 보람 있는 일이다.

우리 같은 오늘날의 아빠들은 양육의 부담이 남녀 간에 더 평등하게 분담되어온 추세 덕분에 그 이전 아버지나 할아버지 세대보다 아이와 더 가까운 관계를 맺을 수 있었다. 부모가 된 것은 우리의 인생에서 가장 큰 기쁨이었다. 선택을 할 수 있다면 우리는 이전 세대와 같은 양육보다는 더 '집약적인' 오늘날의 경험을 선택할 것이다. 우리 사회가 (이 책에서 설명한 것과 같은) 양육에 영향을 미치는 경제적 토대를 염두에 두면서 경제 여건의 변화에 유의미하게 대응할 수 있는 정책적 선택들을 내린다면, 미래의 부모들도 우리만큼 운이 좋다고 느낄 수 있게 될 것이다.

미주

서문과 감사의 글

1. Matthias Doepke and Fabrizio Zilibotti, "Parenting with Style: Altruism and Paternalism in Intergenerational Preference Transmission", *Econometrica* 85, no. 5 (2017): 1331~71.

들어가는 글

1. Robert D. Putnam, *Making Democracy Work: Civic Traditions in Modern Italy*(Princeton, NJ: Princeton University Press, 1993).

2. Kendall King and Alison Mackey, *The Bilingual Edge* (New York: HarperCollins, 2007), 233.

3. 독일어에서 경어 형태인 sie는 낯선 사람이나 그냥 아는 정도인 지인을 언급할 때 쓰이고 비공식적인 형태인 du는 친한 사이에서만 쓰인다. 성인은 아동을 지칭할 때 du를 쓰지만 아동은 성인을 지칭할 때 공경의 의미로 sie를 쓴다. 비슷한 구분이 프랑스어, 이탈리아어, 스페인어 등 다른 유럽어에도 존재한다. 반면, 스웨덴어에서는 (영어에서도 그렇듯이) 2인칭 단수 대명사 du가 상대방이 누구인지에 상관없이 모든 경우에 사용된다. 흥미롭게도, 원래부터 이랬던 게 아니라 반세기 전에 여러 형태의 경어 표현을 명시적으로 폐지한 결과다. 사람들 사이에 사회적 위계나 나이에 따른 장벽과 구분을 없애서 더 평등한 사회로 나아가는 데 기여한다는 취지를 내걸고 이루어진 개혁이었다.

4. 물론 우리는 부모가 모든 문제에 대해 적합한 해법을 꼭 알아낼 수 있는 것은 아니라는 인지적 한계를 배제하지 않는다. 또한 어떤 부모는 정말로 자녀에 대한 애정과 공감을 결여하고 있어서 아이에게 가장 좋은 것이 무엇인지 고려하지 않을 수도 있다. 다행히 자신의 아이를 학대하거나 아이에게 의도적으로 해

를 끼치는 부모는 일반적이라기보다는 예외적이며, 이 책의 논의 범위를 벗어
난다.

1장

1. 경제학적 방법론을 다른 영역으로까지 확장하는 것은 때로 '경제학 제국주
   의economic imperialism'라고 불리기도 한다. 이것은 랠프 윌리엄 수터Ralph
   William Souter가 만든 말인데, 비판적인 의미에서라기보다 "계몽되고 민주
   적인 '경제학 제국주의'"를 이야기하기 위해 쓴 말이었다. 수터에 따르면 이
   러한 종류의 경제학 제국주의는 이웃의 영역을 침범하지만 이웃을 집어삼키
   거나 노예로 만들지는 않으며, 자기 자신을 돕고 풍성하게 하는 과정에서 이
   웃의 자율적인 발전을 촉진하면서 이웃 또한 돕고 풍성하게 한다. 다음을 참
   고하라. Ralph William Souter, *Prolegomena to Relativity Economics: An
   Elementary Study in the Mechanics and Organics of an Expanding Economic
   Universe* (New York: Columbia University Press, 1933), 94. 가족에 대한 게
   리 베커의 연구는 그가 쓴 다음 책에서 대략적인 요약을 볼 수 있다. *A Treatise
   on the Family: Enlarged Edition* (Cambridge, MA: Harvard University
   Press, 1993) 가정 경제학의 연구 결과들에 대한 더 최근의 요약은 다음을 참
   고하라. Shelly Lundberg and Robert A. Pollak, "The American Family
   and Family Economics", *Journal of Economic Perspectives* 21, no. 2 (2007):
   3~26. 가정 경제학의 현재 연구에 대한 전반적인 개괄로는 다음을 참고하라.
   Martin Browning, Pierre-André Chiappori, and Yoram Weiss, *Economics
   of the Family* (Cambridge: Cambridge University Press, 2014).

2. 아이에게 노동을 시키는 부모라고 해서 아이를 사랑하지 않고 순전히 자신
   의 개인적인 이익만 생각한다는 말은 아니다. 그렇더라도, 아이를 (부분적
   으로는 애정의 대상이더라도) 부분적으로는 가정의 경제적 자원으로 간주
   한다는 해석은 많은 경우 부모의 행동을 이해하는 데 유용하다. 다음을 참고
   하라. Matthias Doepke and Fabrizio Zilibotti, "The Macroeconomics of
   Child Labor Regulation", *American Economic Review* 95, no. 5 (2005):
   1492~1524.

3. James Duesenberry, "Comment on 'An Economic Analysis of Fertility'
   by Gary Becker", in *Demographic and Economic Change in Developed
   Countries*, ed. NBER(Princeton, NJ: Princeton University Press, 1960),
   231~34.

4. Diana Baumrind, "Effects of Authoritative Parental Control on Child Behavior", *Child Development 37*, no. 4 (1966): 887~907; Baumrind, "Child Care Practices Anteceding Three Patterns of Preschool", *Genetic Psychology Monographs* 75, no.1 (1967): 43~88.

5. Baumrind, "Effects of Authoritative Parental Control on Child Behavior", 890.

6. Fanny and Alexander, directed by Ingmar Bergman (1982; Sweden: Sandrew Film & Teater, 1983), DVD.

7. Andre Agassi, *Open: An Autobiography* (London: HarperCollins, 2010), 57.

8. Baumrind, "Effects of Authoritative Parental Control on Child Behavior", 889.

9. 일반적으로 '허용적인permissive'이라는 형용사는 행위의 '과도한' 자유나 방종을 연상시켜 도덕규범적으로 부정적인 뉘앙스를 가지는 경향이 있다. 하지만 이 책에서 '허용적인'이라는 용어는 발달심리학의 학술 연구에서 통용되는 의미로 사용했으며, 도덕규범적으로 중립적인 의미를 갖는다.

10. E. E. Maccoby and J. A. Martin, "Socialization in the Context of the Family: Parent-Child Interaction", in *Handbook of Child Psychology:* Vol 4. *Socialization, Personality, and Social Development,* ed. P. H. Mussen and E. M. Hetherington (New York: Wiley, 1983), 1~101.

11. Bruce Zeines, "The Opposite of Tiger Mom", in *The Free School Apparent,* January 29, 2011, https://bzeines.wordpress.com/2011/01/29/opposite-of-tiger-mom/.

12. Baumrind, "Effects of Authoritative Parental Control on Child Behavior", 891.

13. Sanford M. Dornbusch, Philip L. Ritter, P. Herbert Leiderman, Donald F. Roberts, and Michael J. Fraleigh, "The Relation of Parenting Style to Adolescent School Performance", *Child Development* 58, no. 5 (1987): 1244~57. 이 연구에서 양육 방식은 학생들이 가족 내에서의 여러 행동과 관련된 설문에 어떻게 응답했는지를 토대로 분류되었다. 가령, 해당 학생이 어느 정도나 권위형 양육에 노출되었는지는 다음의 9개 문항에 대해 '그렇다'고 대답한 비율을 토대로 측정되었다. 1)가족 간 소통에서 부모는 아이에게 사안의 양면을 보라고 말한다, 2)부모는 때로는 아이가 더 잘 알고 있다는 것을 인정한다, 3)부모는 가정 내에서 정치에 대해 이야기한다, 4)부모는 가정에서

모두가 의사 결정에 기여해야 한다고 말한다, 5)부모는 아이의 성적이 높게 나왔을 때 아이를 칭찬한다, 6)부모는 아이의 성적이 높게 나왔을 때 아이에게 의사 결정의 자유를 더 많이 준다, 7)부모는 아이의 성적이 낮게 나왔을 때 아이의 자유를 제한한다, 8)부모는 아이의 성적이 낮게 나왔을 때 아이가 더 열심히 하도록 독려한다, 9) 부모는 아이의 성적이 낮게 나왔을 때 도움을 주겠다고 한다.

14. Susie D. Lamborn, Nina S. Mounts, Laurence Steinberg, and Sanford M. Dornbusch, "Patterns of Competence and Adjustment among Adolescents from Authoritative, Authoritarian, Indulgent, and Neglectful Families", *Child Development* 62, no. 5 (1991): 1049~65; Laurence Steinberg, Nina S. Mounts, Susie D. Lamborn, and Sanford M. Dornbusch, "Authoritative Parenting and Adolescent Adjustment across Varied Ecological Niches", *Journal of Research on Adolescence* 1, no. 1 (1991): 19~36.

15. Tak Wing Chan and Anita Koo, "Parenting Style and Youth Outcomes in the UK", *European Sociological Review* 27, no. 3 (2010): 385~99.

16. Kaisa Aunola, Hakan Stattin, and Jari-Erik Nurmi, "Parenting Styles and Adolescents' Achievement Strategies", *Journal of Adolescence* 23, no. 2 (2000): 205~22.

17. Laurence Steinberg, Susie D. Lamborn, Sanford M. Dornbusch, and Nancy Darling, "Impact of Parenting Practices on Adolescent Achievement: Authoritative Parenting, School Involvement, and Encouragement to Succeed", *Child Development* 63, no. 5 (1992): 1266~81.

18. Ruth K. Chao, "Beyond Parental Control and Authoritarian Parenting Style: Understanding Chinese Parenting through the Cultural Notion of Training", *Child Development* 65, no. 4 (1994): 1111~19.

19. Steinberg et al. "Impact of Parenting Practices on Adolescent Achievement." 이 논문도 비슷한 결과를 보여주었지만, 이들의 해석은 달랐다. 이들은 아시아계 미국인 학생들이 우수한 학업 성취를 보이는 것은 또래 집단에서 얻는 지원이 독재형 양육의 부정적인 효과를 상쇄하기 때문이라고 보았다.

20. 우리의 접근 방법은 경제학자 플래비오 쿤하Flavio Cunha가 '주관적 합리성'

이라고 부른 것에 부합한다. "자녀에 대한 투자와 양육 방식의 선택은 '제약 조건하에서의 최적화 모델'로 설명 가능하다"는 것이다. 다음을 참고하라. Flavio Cunha "Subjective Rationality, Parenting Styles, and Investments in Children", in *Families in an Era of Increasing Inequality: Diverging Destinies,* ed. Paul R. Amato, Alan Booth, Susan M. McHale, and Jennifer Van Hook (New York: Springer, 2015), 83~94.

21. 다음을 참고하라. Doepke and Zilibotti, "Parenting with Style: Altruism and Paternalism in Intergenerational Preference Transmission", Econometrica 85, no. 5 (2017): 1331~71. 이 논문에서 우리는 부모의 선호를 수학적으로 공식화하고 이타주의와 온정적 개입주의에 대한 공식적인 정의를 제시했다.

22. Becker, *The Economic Approach to Human Behavior* (Chicago: University of Chicago Press, 1976) 경제학에서 '할인된 효용'이란 미래의 사건에 대해 그 사건의 발생 시점[미래]이 아니라 현재 체감하는 후생의 정도를 말한다.

23. 이 주장을 수학적으로 풀어낸 설명은 다음을 참고하라. Doepke and Zilibotti, "Parenting with Style." 이 논문에서 우리는 부모와 자녀가 '효용 함수'를 최대화하기 위해 선택을 내린다고 가정했다. 이것은 경제학의 기본적인 분석 도구다. 부모가 전적으로 이타적이라면 (그리고 온정적 개입이 전혀 없다면) 자녀의 선택이 부모와 자녀 모두의 효용 함수를 최대화한다. 따라서 부모는 자녀의 선택에 간섭하지 않기로 합리적으로 선택한다. 즉, 더 관대하고 허용적인 양육 방식을 취한다.

24. 여기에서 짚어둘 것이 있다. 만약 아이가 의도적으로 부모의 이타주의를 악용하고자 한다면 이타적인 부모도 사실 아이의 행동에 영향을 미치길 원할지도 모른다. 아이의 이러한 전략적인 행동은 경제학에서 '착한 사마리아인의 딜레마'라고 불린다. 예를 들면, 부유한 부모를 둔 아이가 나중에 인생이 잘 안 풀릴 때 이타적인 부모가 (부모 본인이나 형제자매의 이익을 희생해서라도) 문제를 해결해줄 것이라고 믿고서 의도적으로 학교에서 공부를 게을리 하기로 결정하는 경우가 있을 수 있다. 하지만 이 책에서 우리는 이러한 전략적 행동 유형은 다루지 않을 것이다. 양육과 관련한 '착한 사마리아인의 딜레마'에 대해서는 다음을 참고하라. Neil Bruce and Michael Waldman, "The Rotten-Kid Theorem Meets the Samaritan's Dilemma", *Quarterly Journal of Economics* 105, no. 1 (1990): 155~65.

25. 여기에서 온정적 개입주의의 개념은 '불완전 공감imperfect empathy'에 대한

최근의 경제학 연구들과 관련이 있다. 예를 들어 다음을 참고하라. Alberto Bisin and Thierry Verdier, "The Economics of Cultural Transmission and the Dynamics of Preferences", *Journal of Economic Theory* 97, no. 2 (2001): 298~319; Esther Hauk and María Sáez Martí, "On the Cultural Transmission of Corruption", *Journal of Economic Theory* 107, no. 2 (2002): 311~35. 문화 전승에 대한 경제학적 관점과 이것이 다른 사회과학 연구와 어떻게 관련되는지에 대해서는 다음을 참고하라. María Sáez Martí and Fabrizio Zilibotti, "Preferences as Human Capital: Rational Choice Theories of Endogenous Preferences and Socioeconomic Changes", *Finnish Economic Papers* 21, no. 2 (2008): 81~94; Bisin and Verdier, "The Economics of Cultural Transmission and Socialization", in *Handbook of Social Economics,* vol. 1A, ed. Jess Benhabib, Alberto Bisin, and Matthew O. Jackson (Amsterdam: North Holland, 2011), 339~416.

26. 거주 지역이 양육 방식에 미치는 영향에 대해 발달심리학에서 많은 연구가 이루어져왔다. 개괄을 보려면 다음을 참고하라. Jessica Cuellar, Deborah J. Jones, and Emma Sterrett, "Examining Parenting in the Neighborhood Context: A Review", *Journal of Child and Family Studies* 24, no. 1 (2015): 195~219.

27. Doepke and Zilibotti, "Parenting with Style." 이 주장을 수학적 공식으로 풀어낸 논문이다. 부모가 전적으로 이타적이지는 않을 경우 (따라서 어느 정도 온정적 개입을 할 경우) 자녀가 자신의 의지대로 내리는 선택은 부모의 효용 함수를 최대화하지 않는다. 따라서 부모는 합리적으로 특정한 행동을 금지하려 하거나(독재형 양육) 아이의 선호 체계를 바꾸고 아이가 자연적으로 끌리는 것보다는 부모의 뜻에 더 맞게 행동하도록 설득하려 하는 식으로(권위형 양육) 개입하고자 하게 된다. 부모가 더 온정적 개입주의에 가까울수록 자녀의 선택에 더 많이 개입하려 할 것이고, 따라서 덜 허용적인 양육 방식을 채택하게 될 것이다.

28. 상이한 양육 방식 선택에 대한 또 다른 (그리고 보완적인) 견해는 부모가 이타주의적이지만(즉, 온정적 개입을 하지 않지만) 아이의 특정한 행동이 가져올 결과에 대해 더 우월한 정보를 가지고 있다고 보는 것이다. 그러면 부모는 정보를 제대로 알지 못한 상태에서 아이가 내릴 선택이 유발할 피해로부터 아이를 보호할 수 있다. 이 경우, 부모는 아이를 그 행동의 결과로부터 보호하고자 하는지, 아니면 그보다는 아이가 그 행동의 결과를 통해 무언가를

습득할 수 있는 배움의 기회를 최대화하고자 하는지에 따라 상이한 양육 방식을 선택할 것이다. 다음을 참고하라. Alessandro Lizzeri and Marciano Siniscalchi, "Parental Guidance and Supervised Learning", *Quarterly Journal of Economics* 123, no. 3 (2008): 1161~95.

29.   마리아와 파브리지오의 딸 노라는 두 양육 방식 사이의 상충을 경험했다. 자신에게 무언가를 요구하거나 규칙을 부과할 때면 언제나 부모가 세심하게 동기부여를 하고 자신의 견해가 완전하게 고려되는 양육 방식에 익숙해 있던 노라는, 무언가에 대해 자신이 반대를 해도 사랑하는 할머니가 미소를 짓기만 할 뿐 거의 관심을 기울이지 않아서 매번 좌절했다.

30.   Joseph Nye, *Soft Power: The Means to Success in World Politics* (New York: Public Affairs, 2004).

31.   양육 방식과 직업 선택이 어떻게 관련되는지는 마리아의 형제자매와 조카들을 보면 상당히 분명하게 드러난다. 마리아의 자매 두 명은 허용형 양육 방식으로 아이들을 키웠다. 이 두 명의 자녀 총 네 명 중 세 명이 예술계로 진출했다. (나머지 한 명은 물리학 박사 과정을 밟고 있다.) 다른 자매 한 명은 더 보수적인 성향을 가지고 있어서 양육 방식도 독재형과 권위형 요소를 모두 가지고 있는 집약적 방식이었다. 이 자매의 아이 두 명은 공학을 전공하기 위해 스페인을 떠나 독일의 대학에 진학했다. 비슷한 양육 방식을 가지고 있었던 남자 형제의 아이는 경제학과를 졸업했다.

32.   Steven Pinker, The Blank Slate: *The Modern Denial of Human Nature* (New York: Viking, 2002); Judith Rich Harris, *The Nurture Assumption: Why Children Turn Out the Way They Do* (New York: The Free Press, 1998). 경제학에서 부모가 자녀의 선호를 형성할 수 있으며 따라서 양육이 중요하다는 개념을 개진한 대표적인 학자가 게리 베커다. 다음을 참고하라. Gary Becker, Kevin M. Murphy, and Joerg L. Spenkuch, "The Manipulation of Children's Preferences, Old Age Support, and Investment in Children's Human Capital", *Journal of Labor Economics* 34, no. S2 (2016): S3~S30. Gary Becker and Casey Mulligan, "The Endogenous Determination of Time Preference", *Quarterly Journal of Economics* 112, no. 3 (1997): 729~58. 또한 이 논문은 사람들이 자기 자신의 선호에까지 영향을 미칠 수 있을 가능성에 대해서도 논의한다.

33.   Luigi Luca Cavalli-Sforza and Marcus W. Feldman, *Cultural Transmission and Evolution: A Quantitative Approach* (Princeton, NJ:

Princeton University Press, 1981); Samuel Bowles and Herbert Gintis, "The Inheritance of Inequality", *Journal of Economic Perspectives* 16, no. 3 (2002): 3~30; Peter J. Richerson and Robert Boyd, *Not by Genes Alone* (Chicago: University of Chicago Press, 2004).

34. Anders Björklund, Mikael Lindahl, and Erik Plug, "The Origins of Intergenerational Associations: Lessons from Swedish Adoption Data", *Quarterly Journal of Economics* 121, no. 3 (2006): 999~1028.

35. 인지적 기술에는 수학이나 논리적 논증을 수행하는 능력, 복잡한 정보를 처리하는 능력 등이 포함되며 비인지적 기술에는 더 사회적이고 연성적인 기술들이 포함된다.

36. James J. Heckman, "Policies to Foster Human Capital", *Research in Economics* 54, no. 1 (2000): 3~56; Pedro Carneiro and James J. Heckman, "Human Capital Policy", in *Inequality in America: What Role for Human Capital Policies?* ed. James J. Heckman, Alan B. Krueger, and Benjamin M. Friedman (Cambridge, MA: MIT Press, 2003), 77~240. 발달심리학 연구들에서도 이와 비슷한 결론이 도출되었다. 다음을 참고하라. Jack P. Shonkoff and Deborah A. Phillips, eds., *From Neurons to Neighborhoods* (Washington, DC: National Academy Press, 2000); Jeanette Taylor, William G. Iacono, and Matt McGue, "Evidence for a Genetic Etiology of Early-Onset Delinquency", *Journal of Abnormal Psychology* 109, no. 4 (2000): 634~43.

37. James J. Heckman, Jora Stixrud, and Sergio Urzua, "The Effects of Cognitive and Noncognitive Abilities on Labor Market Outcomes and Social Behavior", *Journal of Labor Economics* 24, no. 3 (2006): 411~82.

38. Thomas Dohmen, Armin Falk, David Huffman, and Uwe Sunde, "The Intergenerational Transmission of Risk and Trust Attitudes", *Review of Economic Studies* 79, no. 2 (2012): 645~77.

39. Orazio P. Attanasio, "The Determinants of Human Capital Formation during the Early Years of Life: Theory, Measurement, and Polices", *Journal of the European Economic Association* 13, no. 6 (2015): 949~97. 다음도 참고하라. Orazio Attanasio, Sarah Cattan, Emla Fitzsimons, Costas Meghir, and Marta Rubio-Codina, "Estimating the Production Function for Human Capital: Results from a Randomized Control Trial

in Colombia", (NBER Working Paper 20965, 2015).

40. Bruce A. Weinberg, "An Incentive Model of the Effect of Parental Income on Children", *Journal of Political Economy* 109, no. 2 (2001): 266~80.

2장

1. Haim G. Ginott, *Between Parent and Teenager* (New York: Macmillan, 1969).

2. Wendy Wisner, "15 Ways You Know You Were the Child of Hippie Parents", Scary Mommy, http://www.scarymommy.com/15-ways-you-know-you-were-the-child-of-hippie-parents/.

3. "Tom Brokaw: 1960s Radicals Have Become the 'Helicopter Parents,' Shopping at Whole Foods······", https://www.yelp.com/topic/san-francisco-tom-brokaw-1960s-radicals-have-become-the-helicopter-parents-shopping-at-whole-foods.

4. Amy Chua, *Battle Hymn of the Tiger Mother* (London: Bloomsbury Publishing, 2011), 62.

5. Chua, "Why Chinese Mothers are Superior", *Wall Street Journal*, January 8, 2011.

6. Ibid.

7. "왜 중국 엄마들이 우월한가Why Chinese Mothers are Superior"라는 논문에서 에이미 추아는 '중국 엄마'라는 말은 꼭 중국계만을 의미하는 것이 아니라 더 포괄적인 의미로 쓰였으며, 여기에 제시된 전형적인 유형은 미국에서 살고 있는 비중국계 이민자 가정에서도 많이 드러난다고 밝혔다. 또 자신이 주장하는 '타이거 맘' 양육 방식이 서구 부모 사이에서도 많이 쓰이고 있다고 인정했다.

8. Hara Estroff Marano, *A Nation of Wimps: The High Cost of Invasive Parenting* (New York: Broadway Books, 2008).

9. Marano, "Helicopter Parenting—It's Worse Than You Think", *Psychology Today*, January 21, 2014, https://www.psychologytoday.com/blog/nation-wimps/201401/helicopter-parenting-its-worse-you-think.

10. Tanith Carey, *Taming the Tiger Parent: How to Put Your Child's Well-Being First in a Competitive World* (London: Hachette, 2014).

11. Julie Lythcott-Haims, *How to Raise an Adult: Break Free of the Overparenting Trap and Prepare Your Kid for Success* (New York: Henry

Holt & Company, 2015).

12. 과잉양육이 미치는 영향에 대한 분석으로는 다음도 참고하라. Chris
Segrin, Michelle Givertz, Paulina Swiatkowski, and Neil Montgomery,
"Overparenting Is Associated with Child Problems and a Critical Family
Environment", *Journal of Child and Family Studies* 24, no. 2 (2015):
470~79.

13. 부모의 시간 사용에 대한 우리의 분석은 캘리포니아 대학 샌디에이고 캠퍼
스의 경제학자 게리 레이미와 발레리 레이미의 중요한 연구를 토대로 한 것
이다. 다음을 참고하라. Garey Ramey and Valerie A. Ramey, "The Rug Rat
Race", *Brookings Papers on Economic Activity* (Spring 2010): 129~76. 그들
의 분석은 캐나다와 미국에 초점을 맞추고 있다.

14. 미국인 시간사용조사에 대한 상세한 설명은 다음에서 볼 수 있다. Daniel S.
Hamermesh, Harley Frazis, and Jay Stewart, "Data Watch: The American
Time Use Survey", *Journal of Economic Perspectives* 19, no. 1 (2005):
221~32.

15. 예를 들어, 여러 나라의 시간 사용 데이터를 모은 연구인 다음을 참고하라.
Multinational Time Use Study (MTUS, http://www.timeuse.org/mtus)

16. Judith Burns, "Parents' Mobile Use Harms Family Life, Say Secondary
Pupils", BBC News, April 23, 2017, http://www.bbc.com/news/
education-39666863.

17. 우리는 다국적 시간연구(MTUS)의 버전 9를 사용했다. 여기에 이탈리아
2009년 자료는 포함되어 있지 않아서 1989년 데이터에서 사용했던 코드에
따라 이탈리아 데이터를 추가했다.

18. 다음을 참고하라. US Department of Education, "Statistics about
Nonpublic Education in the United States", https://www2.ed.gov/about/
offices/list/oii/nonpublic/statistics.html.

19. Nancy Gibbs, "The Growing Backlash against Overparenting", *Time*,
November 30, 2009.

20. 예를 들어, 전문직 노동자와 블루칼라 노동자의 월급이 1970년에 각각 20만
리라와 10만 리라이고, 인플레이션이 연 20%, 에스컬레이터 제도에 의한 추
가 지급액이 두 급여 평균의 20%라고 가정해보자. 그러면 5년 뒤인 1975년
에 두 노동자의 임금은 각각 42만 3000리라와 32만 3000리라가 된다. 즉,
1970년에는 전문직 종사자의 임금이 블루칼라 노동자의 2배였지만, 1975년

에는 겨우 31%로 그 격차가 줄어든다.

21. Thomas Piketty and Emmanuel Saez, "Income Inequality in the United States, 1913~1998", *Quarterly Journal of Economics* 118, no. 1 (2003): 1~39; Thomas Piketty, *Capital in the Twenty-First Century* (Cambridge, MA: Harvard University Press, 2014). 1980년대 이후로 학력 수준에 따른 소득 불평등의 증가, 또 동일한 학력 수준 내에서도 발견되는 소득 불평등의 증가에 대한 연구가 많이 나왔다. 예를 들어 다음을 참고하라. Peter Gottschalk, "Inequality, Income Growth, and Mobility: The Basic Facts", *Journal of Economic Perspectives* 11, no. 2 (1997): 21~40.

22. Margaret Thatcher, "No Such Thing as Society", interview by Douglas Keay, *Woman's Own,* September 23, 1987, https://www.margaretthatcher.org/document/106689.

23. OECD Income Distribution and Poverty database.

24. Daron Acemoglu and David Autor, "Skills, Tasks and Technologies: Implications for Employment and Earnings", in *Handbook of Labor Economics* 4, ed. Orley Ashenfelter and David E. Card (Amsterdam: North Holland, 2011), 1043~171.

25. Joanne Lindley and Stephen Machin, "Rising Wage Inequality and Postgraduate Education" (Centre for Economic Performance Discussion Paper, no. 1075, 2011).

26. Andrew Rendall and Michelle Rendall, "Math Matters: Education Choices and Wage Inequality" (mimeo, Monash University, 2016).

27. 다음을 참고하라. Lawrence F. Katz and Kevin M. Murphy, "Changes in Relative Wages, 1963~1987: Supply and Demand Factors", *Quarterly Journal of Economics* 107, no. 1 (1992): 35~78; Daron Acemoglu, "Why Do New Technologies Complement Skills? Directed Technical Change and Wage Inequality", *Quarterly Journal of Economics* 113, no. 4 (1998): 1055~89.

28. Daron Acemoglu, Philippe Aghion, and Gianluca Violante, "Deunionization, Technical Change and Inequality", *Carnegie-Rochester Conference Series on Public Policy* 55, no. 1 (2001): 229~64.

29. John Hassler, Kjetil Storesletten, Jose-Vicente Rodriguez Mora, and Fabrizio Zilibotti, "The Survival of the Welfare State", *American*

Economic Review 93, no.1 (2003): 87~112.

30. Joseph Berger, "Born to Be Wild. Scratch That. Born to Be Mild", *New York Times,* December 4, 1994; Eric Pace, "Jerry Rubin, 56, Flashy 60's Radical, Dies: 'Yippies' Founder and Chicago 7 Defendant", *New York Times,* November 30, 1994.

31. Claudia Goldin and Lawrence F. Katz, "The Race between Education and Technology: The Evolution of U.S. Educational Wage Differential, 1890 to 2005"(NBER Working Paper no. 12984, 2007). 특히 표 A8. 1을 참고하라.

32. 우리는 집약적 양육의 정도를 부모가 직접적으로 자녀의 학교 활동을 얼마나 지원하는지로 측정하지 않고 부모-자녀 상호작용의 빈도로 측정했다. 여기에는 두 가지 이유가 있다. 첫째, 우리는 학교 활동에 부모가 관여하는 것을 넘어서는 양육 방식을 강조하고자 했다. 둘째, 어떤 부모는 아이에게 정말로 도움이 필요해서 개입을 한다. 그런데 학업 역량이 좋지 않은 아이에게 이런 경우가 더 많기 때문에, 부모의 도움이 성과를 저해한다는 잘못된 연관 관계를 도출하게 될 우려가 있다. 예를 들면, 우리는 부모가 숙제를 도와주는 아이의 점수가 그렇지 않은 아이들보다 약간 더 낮은 것을 발견했다. 이것은 아이의 숙제를 돕는 것이 해롭다는 뜻이 아니다. 학업 능력이 우수한 아이의 부모는 숙제를 도와줄 필요가 없었을 수도 있는 것이다. 그리고 학업 역량이 낮은 아이가 숙제를 도와주는 부모가 있을 때 이득을 얻는다는 것은 여전히 엄연한 사실이다.

33. PISA 2012 자료. 이 표본에서 집약적 양육을 하는 부모는 3,271명, 비집약적 양육을 하는 부모는 1,662명이었다.

34. 다중회귀분석은 하나 이상의 독립변수가 종속변수에 미치는 영향을 예측하는 데 쓰이는 통계기법이다. 예를 들어, 아이의 PISA 점수[종속변수]를 양육 방식, 성별, 부모의 교육 수준이라는 세 개의 독립변수를 가지고 예측하는 경우가 그렇다. 또한 다중회귀분석은 다른 독립변수를 통제한 뒤 각각의 독립변수의 영향을 살펴볼 수 있다. 예를 들어, 성별이 같고 부모의 교육 수준도 같은 두 아이(가령 둘 다 여아이고 둘 다 부모가 대졸인 경우)의 점수가 부모의 양육 방식에 따라 어떻게 차이가 나는지 예측할 수 있다.

35. 이 질문들에 대한 답은 이진법으로 코딩했다. 첫 번째 질문은 응답이 "다소 지지한다" 혹은 "그리 지지하지 않는다"로 나온 경우에는 0으로, 그렇지 않으면 1로 코딩했다. 두 번째 질문은 응답이 "허용적임"이면 0으로, "엄격함/요구 수준이 높음"이면 1로 코딩했다. 이 답변에 따라, "비관여형" 부모는 "허용

적"이고 "지지하지 않는" 부모, "독재형" 부모는 "엄격"하고 "지지하지 않는" 부모, "허용형" 부모는 "허용적"이고 "지지하는" 부모, "권위형" 부모는 "엄격"하고 "지지하는" 부모로 정의했다. 우리는 부모와 자녀가 같은 집에 살고 있는 경우로만 분석을 한정했다.

3장

1. Emmanuel Saez, "Striking It Richer: The Evolution of Top Incomes in the United States" (mimeo, University of California, 2015).

2. WVS는 각 국가의 대표성 있는 표본을 추출해 동일한 질문지로 조사를 한다. 이 데이터는 정치학, 사회학, 인류학, 경제학 등 다양한 학문에서 문화적 요인과 경제 발전의 관계에 관심이 있는 학자들에게 널리 쓰인다. 먼저 우리는 가장 많은 국가를 대상으로 한 WVS 제5판(2005~2009)을 분석했고, 이 장의 뒷부분에서 분석을 다른 판으로도 확대했다.

3. 우리는 OECD 창립부터 회원국이었거나 1994년 이전에 회원이 된 나라로만 논의를 한정했다(WVS 자료가 있는 모든 국가를 사용했다). 지니계수는 OECD 자료다. 우리는 각 국가에서 설문 조사를 실시한 해와 가장 근접한 시점의 자료를 사용했다. 1994년 이전에 OECD 국가가 된 나라 중 우리가 데이터를 가지고 있는 나라는 다음과 같다. 호주, 캐나다, 핀란드, 프랑스, 독일, 영국, 이탈리아, 일본, 네덜란드, 뉴질랜드, 노르웨이, 스페인, 스웨덴, 스위스, 터키, 미국. 1994년 이후에 회원이 된 5개 나라(칠레, 한국, 멕시코, 폴란드, 슬로베니아)를 포함하여 분석해도 비슷한 결과가 나온다. 비교를 위해 중국과 러시아도 추가했다.

4. 우리는 우리가 분석의 대상으로 삼는 가치 중 적어도 하나 이상을 언급한 사람으로만 논의를 한정했다. 따라서 표본 중 12%는 분석에 포함되지 않았다. 이들을 포함해도 결과는 크게 달라지지 않는다.

5. 피어슨 상관계수는 해당 데이터에서 두 개의 변수(가령 불평등과 특정한 양육 방식)가 얼마나 관련되어 있는지를 보여주는 일반적인 지표다. 두 변수의 공분산을 표준편차의 곱으로 나눠서 계산한다. 상관계수는 -100%(완전한 음의 상관관계)부터 +100%(완전한 양의 상관관계)까지 존재할 수 있으며 0은 두 변수를 연결시킬 만한 통계적 패턴이 존재하지 않음을 의미한다. 예를 들어, "불평등 정도"와 "상상력을 중요하게 꼽은 부모의 비중" 사이에 음의 상관관계가 나타났다는 것은 더 불평등한 나라에서는 상상력을 중요시하는 부모의 비중이 더 적음을 의미한다.

6. 최근의 연구에 따르면, 아이가 자율성을 요구하는 것과 부모가 통제를 줄이기로 결정하는 것은 종종 관련이 있다. 아이가 더 많은 자유를 요구하면 많은 부모가 우선 아이가 의사 결정을 잘할 능력이 있는지를 가늠하고, 그다음에 잘못된 결정을 했을 때 어떤 위험이 있을지를 가늠한다. 다음을 참고하라. Jennifer L. Romich, Shelly Lundberg, and Kwok P. Tsang, "Independence Giving or Autonomy Taking? Childhood Predictors of Decision-Sharing Patterns between Young Adolescent and Parents", *Journal of Research on Adolescence* 19, no. 4 (2009): 587~600. 이런 것들은 매우 중요한 논의 주제이지만, 우리는 독립성을 허용형 양육 방식과 연결시키는 것이 적절하다고 본다. 다시 말하지만, 여기에서 우리는 '허용적'이라는 말에 부정적인 함의를 담지 않았다.

7. UNICEF Office of Research, "Child Well-Being in Rich Countries: A Comparative Overview", *Innocenti Report Card* 11 (2013), https://www.unicef-irc.org/publications/pdf/rc11_eng.pdf.

8. Mihal Greener, "Are They the World's Most Relaxed Moms? What We Can All Learn from The Dutch", *Washington Post,* November 5, 2015.

9. E. Villamor, S. Hammer, and A. Martinez-Olaizola, "Barriers to Bicycle Helmet Use among Dutch Paediatricians", *Child: Care Health and Development* 34, no. 6(2008): 743~47.

10. Sara Zaske, "How to Parent Like a German", *Time,* February 24, 2015.

11. Chantal Panozzo, "In Switzerland, Parents Observe. In the US, Hovering Is Required", *New York Times,* March 11, 2015.

12. Julian Schärer, "Parenting Style and Income Inequality in Switzerland", bachelor's thesis, University of Zurich, 2016.

13. Daniel Martin, "I Want Every Teacher to Be a Tiger Mum, Says Cameron. PM Praises 'Hard Work Ethos' and Demands End to 'All Must Win Prizes' Culture", *Daily Mail Online,* January 12, 2016.

14. Wendy Lee, "Have Helicopter Parents Landed in the UK?" *Guardian,* October 9, 2014.

15. 최근의 한 연구에서 경제학자 크리스티나 보라와 알뮤디나 세빌라는 지난 30년간 영국에서 부모의 교육 수준에 따라 양육에 투자하는 시간 격차가 생긴 것은 명문대 입학 경쟁이 치열해진 것으로 설명될 수 있다고 주장했다. 이 연구 결과는 우리의 주장과도 맥이 통한다. (이 책 9장에서 논의

한 학교 입학 제도가 양육 방식에 미치는 영향도 참고하라.) 다음을 참고하라. Cristina Borra and Almudena Sevilla, "Parental Time Investments in Children: The Role of Competition for University Places in the UK", (IZA Discussion Paper 9168, 2015).

16. Amy Chua, *Battle Hymn of the Tiger Mother* (London: Bloomsbury Publishing, 2011), 5.

17. Li Yao, " 'Tiger Moms' Popular in China", *China Daily*, April 15, 2011.

18. Chua, *Battle Hymn of the Tiger Mother*, 53.

19. Selena Hoy, "Why Are Little Kids in Japan So Independent?" *Atlantic Citylab,* September 28, 2015.

20. Susan D. Holloway and Ayumi Nagase, "Child Rearing in Japan", in *Parenting Across Cultures: Childrearing, Motherhood and Fatherhood in Non-Western Cultures,* ed. Helaine Selin (Dordrecht: Springer Science+Business Media, 2014), 59~76.

21. Susan Holloway, Sawako Suzuki, and Yoko Yamamoto, "From Kyoiku Mama to Monster Parent: Changing Images of Japanese Mothers and Their Involvement in Children's Schooling", *Child Research Net* (2010), http://www.childresearch.net/papers/parenting/2010_04.html.

22. Roger Pulvers, "Monster Parents Make Matters Worse for Their Children and Teachers", *Japan Times,* August 19, 2012.

23. Kai-D. Bussmann, Claudia Erthal, and Andreas Schroth, "The Effects of Banning Corporal Punishment in Europe: A Five-Nation Comparison", in *Global Pathways to Abolishing Physical Punishment,* ed. Joan E. Durrant and Anne B. Smith (New York: Routledge, 2011), 299~322.

24. Gerhard E. Lenski, *The Religious Factor: A Sociological Study of Religion's Impact on Politics, Economics, and Family Life* (Garden City, NY: Doubleday, 1961).

25. WVS(양육 방식에 대한 우리의 분류)와 OECD.

26. 여기에서도 이 장 서두에서와 같이 초기 OECD 회원국(1994년 이전 회원국) 표본을 분석 대상으로 삼았다. 이 나라들에 대해 1981년에서 2013년까지 (국가마다 차이는 있지만) 6회 조사가 진행되었다. 그리고 우리는 각 조사 연도에 대한 소득 불평등 자료를 OECD에 요청했다. 각 국가별 조사가 수행된 연도는 다음과 같다. 호주(1995, 2005, 2012), 캐나다(2000, 2006), 핀란드

(1996, 2005), 프랑스(2006), 독일(1997, 2006, 2013), 이탈리아(2005), 일본 (2000, 2005, 2010), 네덜란드(2006, 2012), 뉴질랜드(1998, 2004, 2011), 노르웨이(1996, 2007), 스페인(2007, 2011), 스웨덴(1996, 2006, 2011), 스위스 (1996, 2007), 터키(2007, 2011), 영국(2005), 미국(1995, 1999, 2006, 2011).

27. Matthias Doepke and Fabrizio Zilibotti, "Parenting with Style: Altruism and Paternalism in Intergenerational Preference Transmission", *Econometrica* 85, no. 5 (2017): 1331~71.

28. 이 회귀분석에서 통제한 개인별 특성은 다음과 같다. 성별, 나이(선형, 제곱), 교육(고등학교 중퇴, 고등학교 졸업, 대학 교육 일부 혹은 그 이상), 국가 GDP, 국가별 고정효과(몇몇 회귀분석에서), 조사 연도별 고정효과. 분석 결과는 부모가 아닌 응답자를 제외하고, 소수의 국가에 대한 특정 연도의 조사를 제외하고, 소득을 추가적으로 통제했을 때도 강건하게 나타났다.

29. 상세한 내용은 다음을 참고하라. Doepke and Zilibotti, "Parenting with Style."

30. 그림 3.3에서 3개의 막대는 각각의 양육 방식을 나타낸다. 첫 번째 막대는 스웨덴의 현재 불평등 수준에서의 양육 방식 선택을, 두 번째와 세 번째는 불평등이 미국 수준으로 올라갈 경우의 양육 방식 선택을 보여준다. 두 번째와 세 번째는 각각 국가 고정효과를 통제하지 않은 경우와 통제한 경우를 나타내는데, 이 둘은 큰 차이가 없다.

31. 다음을 참고하라. "Andrew Young School World Tax Indicators", Georgia State University, https://aysps.gsu.edu/isp/wti.html.

32. OECD Social Expenditure Database.

33. 터키 대 독일과 앞에서 본 스웨덴 대 미국은 둘 다 불평등(그리고 사회적 정책)과 양육 방식 간 연관관계의 규모를 보여주는 것으로 보아야 한다. 이 효과는 직접적인 인과관계로 해석해서는 안 되며, 생략된 변수의 영향도 포함되어 있을 것이다.

34. Claudio E. Montenegro and Harry Anthony Patrinos, "Comparable Estimates of Returns to Schooling around the World" (World Bank Policy Research Working Paper 7020, 2014). 이 데이터가 각 국가 내에서 교육에 대한 투자 수익이 시간에 따라 어떻게 달라지는지에 관한 정보를 많이 담고 있지 않기 때문에, 양육 방식은 WVS의 다섯 번째 조사(대략 2005년)의 양육 방식만 사용했고, 교육에 대한 투자 수익은 그와 가장 가까운 시기의 자료를 수집했다.

35. WVS(양육 방식에 대한 우리의 분류)와 세계은행.

36. Transparency International, "Corruption Perceptions Index 2016", https://www.transparency.org/news/feature/corruption_perceptions_index_2016.

37. 그림 3.7에 사용된 양육 방식 데이터는 WVS의 다섯 번째 조사 데이터이며, 그래프에 나오는 정치 제도 관련 지표들은 2005년에 측정된 것이다(2005년 은 WVS 다섯 번째 조사가 진행된 첫 해다).

38. "The Global Innovation Index", https://www.globalinnovationindex.org/analysis-indicator.

4장

1. 예를 들어 다음을 참고하라. Melvin L. Kohn, *Class and Conformity: A Study in Values,* with a Reassessment, 2nd ed. (Chicago: University of Chicago Press, 1977); Murray A. Straus and Julie H. Stewart, "Corporal Punishment by American Parents: National Data on Prevalence, Chronicity, Severity, and Duration, in Relation to Child and Family Characteristics", *Clinical Child and Family Psychology Review* 2, no. 2 (1999): 55~70.

2. Joel Kotkin, "Where Inequality Is Worst in the United States", *Forbes,* March 20, 2014.

3. George Galster, Jackie Cutsinger, and Jason C. Booza, "Where Did They Go? The Decline of Middle-Income Neighborhoods in Metropolitan America", *Brookings Metropolitan Policy Program* (2006).

4. Robert D. Putnam, Our Kids: The American Dream in Crisis (New York: Simon & Schuster, 2015).

5. 다음을 참고하라. Annette Lareau, *Unequal Childhoods: Class, Race, and Family Life* (Berkeley and Los Angeles: University of California Press, 2003).

6. Jonathan Guryan, Erik Hurst, and Melissa Kearney, "Parental Education and Parental Time with Children", *Journal of Economic Perspectives* 22, no. 3 (2008): 23~46.

7. 2장에서 이미 언급했듯이 허용형과 권위형의 구분법은 NLSY97의 자료를 이용했을 때와 WVS 자료를 이용했을 때가 다르다. NLSY97에서는 "엄격"하고 "지지하는" 부모는 권위형으로, "엄격하지 않고" "지지하는" 부모는 허용형

으로 구분했다. 교육 수준이 높은 부모 가운데 많은 부모가 집약적 양육을 하는 부모이고(시간 사용 데이터에서 알 수 있다) 자녀에게 근면과 성공의 가치를 불어넣어주려 노력하겠지만, 꼭 엄격한 부모인 것은 아니다. 이런 부모는 WVS에서는 권위형으로, NLSY97에서는 허용형으로 분류될 것이다. 이러한 점은 고학력 부모가 '부드러운 기술'을 가지고 있어서 겉보기에 엄격한 부모로 보일 필요가 없을 때 특히 더 문제를 일으킨다. 아마도 이것이 교육 수준이 높은 집단에서는 권위형 부모의 자녀가 허용형 부모의 자녀보다 성과가 좋지 않은 한 이유일 것이다.

8. 상세한 회귀분석 결과는 요청하면 제공받을 수 있다. 우리가 양육 방식과 계층 상향 이동성 둘 다를 촉진하는 제3의 공통 요인이 이 결과에 영향을 미쳤을 가능성을 배제하지 않는 이유는, 그런 요인까지 완전하게 다 고려하지 못했기 때문이다. 가령 우리는 부모가 가진 '부드러운 기술'의 정도를 측정할 수 없다.

9. 이 결과들은 부모 모두의 양육 방식을 포함하고 부모의 교육 수준, 인종, 민족, 자녀의 성별과 연령을 통제했을 때도 마찬가지로 유효했다.

10. NS-SEC의 사회 계층 범주는 다음과 같다. (1) 고위 경영, 행정, 전문직, (2) 하위 경영, 행정, 전문직, (3) 중간 직업, (4) 소규모 사업 또는 프리랜서, (5) 하위 감독직 및 기술직, (6) 준단순 직업, (7) 단순 직업. 학력 구분은 다음과 같다. (1) 대졸 이상, (2) 대졸, (3) 고등교육 디플로마, (4) A/AS/S 레벨, (5) O 레벨/GCSE 등급 A-C, (6) GCSE 등급 D-G.

11. 골드소프의 7개 직업군 계층 분류는 다음과 같다. (1) 고위 임금 소득자(고위 전문직 및 행정직, 대기업 경영자 등), (2) 비고위 임금 소득자(하위 전문직 행정직, 고급 기술자, 소기업의 경영자, 비육체노동자들에 대한 감독직 등), (3) 단순 비육체노동자, (4) 자영업, (5) 낮은 수준 기술직 및 육체노동 감독직, (6) 숙련 육체노동, (7) 비숙련 육체노동.

12. 우리는 1994년에서 2008년까지 표본에 처음 포함된 아이들의 데이터를 사용했고, 성인이 된 자녀에 대한 결과를 얻기 위해 첫 면접 조사 자료(이때 양육 방식과 부모의 사회계층 정보가 포함되었다)를 여기에 결합했다. 이 결과는 이런 식으로 조사한 부모-자녀 827쌍의 데이터를 토대로 분석한 것이다. 양육 방식 구분은 다음에서 사용된 것을 따랐다. Tak Wing Chan and Anita Koo, "Parenting Style and Youth Outcomes in the UK", *European Sociological Review* 27, no. 3 (2010): 385~99.

13. 이 결과는 골드소프의 7가지 사회계층 분류에 따른 것이다. 회귀분석에는 양육 방식, 부모의 사회계층, 자녀의 나이가 포함되었다. 상세한 분석 결과는 요

청하면 제공받을 수 있다.

14. Kids Count Data Center, "Children in Single-Parent Families by Race", *National Kids Count* (2017), http://datacenter.kidscount.org/data/tables/107-children-in-single-parent-families-by.

15. Alison Aughinbaugh, Omar Robles, and Hugette Sun, "Marriage and Divorce: Patterns by Gender, Race, and Educational Attainment", *Monthly Labor Review*, US Bureau of Labor Statistics, October 2013.

16. 다음을 참고하라. Betsey Stevenson and Justin Wolfers, "Marriage and Divorce: Changes and Their Driving Forces", *Journal of Economic Perspectives* 21, no. 2 (2007): 27~52. 이 연구는 1950~1955년 출생자를 대상으로 하고 있다.

17. 예를 들어 다음을 참고하라. Jonathan Gruber, "Is Making Divorce Easier Bad for Children? The Long-Run Implications of Unilateral Divorce", *Journal of Labor Economics* 22, no. 4 (2004): 799~833.

18. Thomas Piketty, "The Impact of Divorce on School Performance: Evidence from France, 1968~2002" (CEPR Discussion Paper No. 4146, 2003).

19. Gretchen Livingston and Anna Brown, "Intermarriage in the U.S. 50 Years After Loving v. Virginia", *Pew Research Center*, 2017.

20. Lasse Eika, Magne Mogstad, and Basit Zafar, "Educational Assortative Mating and Household Income Inequality" (Federal Reserve Bank of New York Staff Report No. 682, 2014), table C.1.

21. '무작위 짝짓기'는 결혼 확률이 쌍방의 교육 수준에 의존하지 않는 가설적인 상황을 일컫는다.

22. US Census Bureau, "Income and Earnings Summary Measures by Selected Characteristics: 2014 and 2015", *Current Population Survey* (2016), http://www.census.gov/data/tables/2016/demo/income-poverty/p60-256.html.

23. Rakesh Kochhar and Richard Fry, "Wealth Inequality Has Widened Along Racial Ethnic Lines Since End of Great Recession", *Pew Research Center*, December 12, 2014, http://www.pewresearch.org/fact-tank/2014/12/12/racial-wealth-gaps-great-recession/.

24. US Census Bureau, "Percent of People 25 Years and Over Who Have

Completed High School or College, by Race, Hispanic Origin and Sex: Selected Years 1940 to 2015", *CPS Historical Time Series Tables* (2016), http://www.census.gov/data/tables/time-series/demo/educational-attainment/cps-historical-time-series.html.

25. Sean F. Reardon, Demetra Kalogrides, and Kenneth Shores, "The Geography of Racial/Ethnic Test Score Gaps" (CEPA Stanford Working Paper nos. 16~10, 2017).

26. Evanston Township High School, *Annual School Statistical Report 2013~2014*, Office of Research, Evaluation, and Assessment (2014), https://www.eths.k12.il.us/Page/757.

27. US Census Bureau, *American Community Survey* (2014).

28. Kids Count Data Center, "Children in Single-Parent Families by Race", *National Kids Count* (2017), http://datacenter.kidscount.org/data/tables/107-children-in-single-parent-families-by.

29. US Department of Justice, "Prison Inmates at Midyear 2009—Statistical Tables", *Bureau of Justice Statistics* (2010), http://www.bjs.gov/content/pub/pdf/pim09st.pdf.

30. Derek Neal and Armin Rick, "The Prison Boom and the Lack of Progress after Smith and Welch" (NBER Working Paper 20283, 2014).

31. Mark Hugo Lopez and Ana Gonzalez-Barrera, "Women's College Enrollment Gains Leave Men Behind", *Pew Research Center,* March 6, 2014, http://www.pewresearch.org/fact-tank/2014/03/06/womens-college-enrollment-gains-leave-men-behind.

32. Northwestern University, Fall 2015 Enrollment Statistics, Office of the Registrar(2016), http://www.registrar.northwestern.edu/documents/records/enrollment-graduation-statistics/fall_2015_enrollment.pdf.

33. DePaul University, *Tuition Rates 2016~2017,* Student Financial Accounts (2017), http://offices.depaul.edu/student-financial-accounts/cost-of-attendance/tuition/Pages/2016-2017.aspx.

34. DePaul University, *Enrollment Summary 2015,* Division of Enrollment Management and Marketing (2016), offices.depaul.edu/enrollment-management-marketing/enrollment-summary/Documents/EMMEnrollmentSummary2015_FINAL.pdf.

35. Chicago State University, *2015~2016 Undergraduate Costs and Financial Aid,* Office of Student Financial Aid (2017), www.csu.edu/financialaid/costs.htm.

36. Chicago State University, *Enrollment, Retention & Graduation Fact Sheet,* Office of Institutional Effectiveness and Research (2012), www.csu.edu/enrollmentmanagement/enrollservices/pdf/CSUERGFactSheet_Fall2012.pdf.

37. 최근의 한 연구는 오늘날에도 미국에서 교육이 결혼 시장에서의 성과에 여전히 중요성을 갖는다고 주장했다. 다음을 참고하라. Fatih Guvenen and Michelle Rendall, "Women's Emancipation through Education: A Macroeconomic Analysis", *Review of Economic Dynamics* 18, no. 4 (2015): 931~56.

38. 다음의 데이터를 이용했다. International Consortium for Political and Social Research, *General Social Survey,* Roper Center for Public Opinion Research (2013), https://www.icpsr.umich.edu/icpsrweb/ICPSR/studies/34802; and from Sheldon G. Levy and Sandra Ball-Rokeach, "Study of Political Violence Attitudes, Personal Experiences with Violence, Emotional Reactions to Assassination and Violence in the Media, 1968" (International Consortium for Political and Social Research Study No. 7354, 2010). 이 데이터는 어느 한 해에 체벌을 승인한다고 답한 성인의 비중을 조사해 5년간의 평균치를 낸 것이다. 1968년 설문에서 해당 질문은 다음과 같았다. "부모가 자녀를 체벌해도 된다고 생각되는 상황이 존재합니까?(아이는 건강한 상태이고 만 1세 이상이라고 가정)." 종합사회조사(GSS) 설문에서 해당 문항은 다음과 같았다. "때로는 아이를 훈육하기 위해 진지한 체벌이 필요하다는 데 얼마나 동의하십니까? 강하게 동의한다, 동의한다, 동의하지 않는다, 강하게 동의하지 않는다." "강하게 동의한다"와 "동의한다"로 답했을 경우 체벌을 '승인'하는 것으로 간주되었다.

39. Melvin L. Kohn and Carmi Schooler, "Class, Occupation, and Orientation", *American Sociological Review* 34, no. 5 (1969): 659~78.

40. 양육 방식의 선택이 부모의 인지 역량("일관성 있게 자녀에게 관심을 기울이고 관여하고 챙기고 감독하는 데 필요한 정신적 노력"을 들일 수 있는 역량의 정도)에 의해 제약된다는 가설은 다음 연구에서 실증적으로 검증되었다. Deborah Cobb-Clark, Nicolas Salamanca, and Anna Zhu, "Parenting

Style as an Investment in Human Development" (IZA Discussion Paper 9686, 2016). 이 연구에 따르면, 교육 수준이 낮고 사회적 여건이 좋지 않은 부모가 양육 활동에 투자할 때 인지 역량의 한계로 인한 제약을 더 많이 겪는 것으로 나타났다.

41. 다음을 참고하라. María Sáez Martí and Anna Sjoegren, "Peers and Culture", *Scandinavian Journal of Economics* 110, no. 1 (2008): 73~92.

42. 역할 모델의 중요성에 대해서는 스탠퍼드 대학의 사회학자 앨버트 밴두라의 독창적인 초창기 연구, 특히 다음을 참고하라. Albert Bandura, *Social Learning Theory* (Englewood Cliffs: Prentice Hall, 1977). 그의 이론을 경제학적으로 공식화한 최근 연구는 다음을 참고하라. María Sáez Martí, "Observational Learning and Parental Influence" (mimeo, Yale University, 2017).

43. 이런 면에서 경제학자 셸리 런드버그와 로버트 폴락은 미국에서 교육 수준에 따라 결혼 격차가 나는 것은, 결혼이 자녀에게 많은 투자를 할 계획을 가진 사람들의 실천 장치로서 기능하기 때문이라고 본다. 다음을 참고하라. Shelly Lundberg and Robert A. Pollak, "Cohabitation and the Uneven Retreat from Marriage in the United States, 1950~2010", in *Human Capital in History: The American Record,* ed. L. Boustan, C. Frydman, and R. Margo, *National Bureau of Economic Research Conference Report*(Chicago: University of Chicago Press, 2014), 241~72. 다음도 참고하라. Shelly Lundberg, Robert A. Pollak, and Jenna E. Stearns, "Family Inequality: Diverging Patterns in Marriage, Cohabitation, and Childbearing", *Journal of Economic Perspectives* 30, no 2 (2016), 79~102.

44. 예를 들어 다음을 참고하라. Flavio Cunha, James Heckman, and Susanne Schennach, "Estimating the Technology of Cognitive and Noncognitive Skill Formation", *Econometrica* 78, no. 3 (2010): 883~931.

45. 다음을 참고하라. Orazio Attanasio, "The Determinants of Human Capital Formation during the Early Years of Life: Theory, Measurement, and Policies", *Journal of the European Economic Association* 13, no. 6 (2015): 949~97.

46. James Heckman, Rodrigo Pinto, and Peter Savelyev, "Understanding the Mechanisms through which an Influential Early Childhood Program Boosted Adult Outcomes", *American Economic Review* 103, no. 6 (2013):

2052~86.

47. Eliana Garces, Duncan Thomas, and Janet Currie, "Longer-Term Effects of Head Start", *American Economic Review* 92, no. 4 (2002): 999~1012. 다음도 참고하라. Janet Currie, "Early Childhood Education Programs", *Journal of Economic Perspectives* 15, no. 2 (2001): 213~38.

48. 비슷한 결론이 아동발달 분야의 연구에서도 도출되었다. 예를 들어 다음을 참고하라. Jack Shonkoff and Deborah Philips, eds., *From Neurons to Neighborhoods: The Science of Early Childhood Development* (Washington, DC: National Academy Press, 2000). 이 연구는 감정적, 사회적, 규율적, 도덕적 역량의 중요성을 강조한다. 이것은 경제학에서 말하는 비인지적 기술과 비슷한 것들이다.

49. 이와 관련된 많은 연구가 나와 있다. 예를 들어 다음을 참고하라. "Misbehavior, Education, and Labor Market Outcomes", Journal of the European Economic Association 11, no. 4 (2013): 743~79; James Heckman, Jora Stixrud, and Sergio Urzua, "The Effects of Cognitive and Noncognitive Abilities on Labor Market Outcomes and Social Behavior", *Journal of Labor Economics* 24, no. 3 (2006): 411~82; Robert Kaestner and Kevin Callison, "Adolescent Cognitive and Noncognitive Correlates of Adult Health", *Journal of Human Capital* 5, no. 1 (2011): 29~69.

50. Francesco Agostinelli and Giuseppe Sorrenti, "Money vs. Time: Family Income, Maternal Labor Supply, and Child Development" (HCEO Working Paper Series No. 2018~017, 2018, University of Chicago).

5장

1. "10 Reasons Not to Hit Your Child", Ask Dr. Sears, http://www.askdrsears. com/topics/parenting/discipline-behavior/spanking/10-reasons-not-hit-your-child.

2. Proverbs 22:15.

3. Proverbs 20:30.

4. Hadith Collection, Abu Dawud Book 002, Hadith Number 0495, http://www.hadithcollection.com/abudawud. 하디스(문자 그대로는 내레이션이라는 의미다)는 이슬람 예언가 마호메트의 생애를 묘사한 기록이다. 이슬람 전통과 율법에서 하디스는 오로지 코란에만 종속된다.

5. 원문은 다음과 같다. "아티카 무토시 운다루헤가 음와나Atica mutosi ndaaluhega mwana." 방구방구족은 콩고민주공화국 동쪽 카밤바레 테리토리에 사는 부족으로, 아프리카 전통 종교를 가지고 있다. Elias Bushiri Elie, African Proverbs Working Group, Nairobi (Kenya), http://quoterich.com/wp-content/uploads/2017/11/elias_bangubangu.pdf.

6. Plutarch, *De Liberis Educandis*, Section 12.

7. J. H. Plumb, "The New World of Children in Eighteenth-Century England", *Past and Present* 67, no. 1 (1975): 64~95.

8. Philippe Ariès, *Centuries of Childhood: A Social History of Family Life*, translated from the French by Robert Baldick (New York: Knopf, 1962).

9. Ibid., 38.

10. Ibid., 39, 130.

11. Lloyd De Mause, *The Evolution of Parent-Child Relationships as a Factor in History*(London: Souvenir Press, 1976).

12. De Mause, *The History of Childhood* (New York: Psychohistory Press, 1974).

13. Hugh Cunningham, *Children and Childhood in Western Society since 1500* (New York: Longman, 1995).

14. Thomas Wiedemann, *Adults and Children in the Roman Empire* (New Haven: Yale University Press, 1989).

15. John Locke, *Some Thoughts Concerning Education* (Detroit: Gale Group, Eighteenth Century Collections Online; London: Printed for W. Baynes by Hemingway and Crook, Blackburn, 1800). 해당 인용은 '18세기 컬렉션 온라인판(Eighteenth Century Collections Online)'에서 따온 것이다.

16. Ibid., §40.

17. Ibid., §1.

18. Ibid., §40.

19. Jean-Jacques Rousseau, *Emile, or On Education*, translated by Allan Bloom (New York: Basic Books, 1979. 1st English ed., 1762).

20. "열정적인 교사여, 단순해지고, 잘 감응하며, 자신의 감정에 대해 말을 아끼라. 다른 이의 행동을 막기 위해서가 아니면 서두르지 말라. 누누이 말하지만, 안 좋은 가르침을 줄지 모른다는 위험을 명심해서 좋은 가르침을 주고자 하려는 마음을 통제하라. 이 세계에서 유혹자의 역할을 하게 되는 것을 경계하

라. 이 세계는 자연이 인간에게 지상의 낙원이 되도록 의도하였으니, 순진한 아이에게 선악을 알게 하려 시도하지 말라. 아이가 자신의 외부에 보이는 것을 통해 무언가를 배우는 것을 막을 수는 없으므로, 그 아이에게 가장 잘 맞는 형태의 사례들만 주는 것으로 당신의 노력을 제한하라." 다음을 참고하라. Rousseau, *Emile*, 96.

21. Ibid., 102.

22. Maria Montessori, *The Absorbent Mind* (Adyar—Madras: The Theosophical Publishing House, 1949).

23. Ibid., 122.

24. Kai-D. Bussmann, Claudia Erthal, and Andreas Schroth, "The Effects of Banning Corporal Punishment in Europe: A Five-Nation Comparison", in *Global Pathways to Abolishing Physical Punishment,* ed. Joan E. Durrant and Anne B. Smith (New York: Routledge, 2011), 299~322.

25. 스페인에서는 2007년부터 체벌이 불법이며 프랑스, 이탈리아에서는 여전히 합법이다. 이 연구는 스페인에 체벌금지법이 만들어지기 전에 수행되었다.

26. Save the Children Italia Onlus, "I metodi educativi e il ricorso a punizioni fisiche", *Ipsos Public Affairs* (2012), http://images.savethechildren.it/f/download/ri/ricercaipsosamaniferme.pdf.

27. 우리의 표본에서 유일한 예외는 터키였다. 터키에서는 복종의 가치를 믿는 부모의 비중이 1990년 이후로도 계속해서 안정적으로 높다.

28. Giovanni Verga, *The House by the Medlar Tree* (Berkeley: University of California Press, 1983). 원래는 1881년에 이탈리아어로 출간되었다. 이탈리아어 원제는 *I Malavoglia*이다.

29. Verga, Fantasticheria, in *Giovanni Verga. Tutte le novelle, a cura di Carla Riccardi,* 136 (Milano: Mondadori, 1979). 이탈리아어 원문을 우리가 번역했다.

30. John Mainwaring, *Memoirs of the Life of the Late George Frederic Handel* (London: R. and J. Dodsley, 1760).

31. Oded Galor and Daniel Tsiddon, "Technological Progress, Mobility, and Economic Growth", *American Economic Review* 87, no. 3 (1997): 363~82; John Hassler and Jose V. Rodriguez Mora, "Intelligence, Social Mobility, and Growth", *American Economic Review* 90, no. 4 (2000): 888~908.

32. Linda Pollock, *Forgotten Children: Parent-Child Relations from 1500 to*

1900 (Cambridge: Cambridge University Press, 1983).

33. Carl F. Kaestle and Maris A. Vinovskis, *Education and Social Change in Nineteenth-Century Massachusetts* (Cambridge: Cambridge University Press, 1980).

34. Antoine Prost, "Public and Private Spheres in France", in *The History of Private Life. Riddles of Identity in Modern Times,* ed. Antoine Prost and Gerard Vincent (Cambridge, MA: Harvard University Press, 1991), 1~144.

35. Chang-Tai Hsieh, Erik Hurst, Charles I. Jones, and Peter J. Klenow, "The Allocation of Talent and U.S. Economic Growth" (NBER Working Paper No. 18693, 2013).

36. 다음을 참고하라. Ramon Marimon and Fabrizio Zilibotti, "Unemployment vs. Mismatch of Talents: Reconsidering Unemployment Benefits", *Economic Journal* 109, no. 455(1999): 266~91; Gianluca Violante, "Technological Acceleration, Skill Transferability, and the Rise in Residual Inequality", *Quarterly Journal of Economics* 117, no. 1 (2002): 297~338.

37. 1인당 GDP는 구매력평가환율로 환산한 것이다. 펜 월드 테이블(Penn World Table) 9.0을 참고하라. 그림 5.1과 5.2에서 복종과 독립성을 언급한 응답자 비중은 전체 응답자 대비 비중을 나타낸 것이어서 그림 3.1과 약간 다르다(그림 3.1에 대한 설명은 3장을 참고하라).

38. 복종을 강조하는 부모 비중과 1인당 GDP의 상관계수는 -55%, 독립성을 강조하는 부모 비중과 1인당 GDP의 상관계수는 +40%다. 둘 다 통계적으로 유의하다.

39. Christopher G. Ellison, John P. Bartkowski, and Michelle L. Segal, "Do Conservative Protestants Spank More Often? Further Evidence from the National Survey of Families and Households", *Social Science Quarterly* 77, no. 3 (1996): 663~73; Christopher G. Ellison, "Conservative Protestantism and the Corporal Punishment of Children: Clarifying the Issues", *Journal for the Scientific Study of Religion* 35, no. 1 (1996): 1~16.

40. 종교가 양육에 영향을 미칠 수 있는 간접적인 또 다른 경로는 교육이다. (이 책에서는 다루지 않았다.) 예를 들면 어떤 종교는 고전 문헌 읽는 것을 강조하며 이것은 부모가 자녀에게 언어 능력을 더 키워주고자 하

는 동기를 제공할 수 있다. 다음을 참고하라. Maristella Botticini and Zvi Eckstein, *The Chosen Few: How Education Shaped Jewish History* (Princeton, NJ: Princeton University Press, 2012); Sascha Becker and Ludger Woessmann, "Was Weber Wrong? A Human Capital Theory of Protestant Economic History", *Quarterly Journal of Economics* 124, no. 2 (2009): 531~96. 종교적 태도와 경제적 태도의 관계에 대한 더 일반적인 설명은 다음을 참고하라. Luigi Guiso, Paola Sapienza, and Luigi Zingales, "People's Opium? Religion and Economic Attitudes", *Journal of Monetary Economics* 50, no. 1 (2003): 225~82.

41. Kaestle and Vinovskis, *Education and Social Change in Nineteenth-Century Massachusetts.*

42. John P. Bartkowski and Christopher G. Ellison, "Divergent Models of Childrearing in Popular Manuals: Conservative Protestants vs. the Mainstream Experts", *Sociology of Religion* 56, no. 1 (1995): 21~34.

43. Ibid., 25.

44. Irwin A. Hyman, *The Case against Spanking: How to Discipline Your Child without Hitting* (San Francisco: Jossey-Bass, 1997), 6.

45. 우리의 표본은 종교가 없는 사람 14%, 가톨릭 23%, 개신교 31%, 기타 종교 32%로 구성되어 있다. 표본 크기는 5,674명이다. '기타 종교'에는 특정한 종교 분파와 자신을 연관시키지는 않지만 삶에서 종교가 중요하다고 생각하는 사람도 포함되어 있다.

46. 이 분석은 다항 로지스틱 통계 모델로 수행했다.

47. 다항 로지스틱 모델을 통한 우리의 추산에 따르면, 허용형 부모가 아니라 권위형 부모가 되는 경우에 대해 종교가 없는 부모 대비 다음 각 종교의 상대적 승산비는 가톨릭의 경우 1.4, 개신교의 경우 1.6이었다. 허용형 부모가 아니라 독재형 부모가 되는 경우에 대해 종교가 없는 부모 대비 상대적 승산비는 가톨릭 2.2, 개신교 3.0이었다.

48. 허용형 부모가 아닌 권위형 부모가 되는 경우에 대해 종교가 없는 부모 대비 종교가 있는 부모의 상대적 승산비는 1.2였다. 허용형 부모가 아닌 독재형 부모가 되는 경우에 대해 종교가 없는 부모 대비 종교가 있는 부모의 상대적 승산비는 1.6이었다.

49. 터키는 표본 사이에서 이슬람이 다수인 유일한 나라이지만 이 결과는 터키로 인한 것이 아니다. 사실, 터키를 표본에서 제외하면 통계적 연관성이 더 뚜렷

하게 나타난다.

50. 전과 마찬가지로 국가별 고정효과는 통제했다. 즉, 사람들은 해당 국가의 평균을 기준으로 좌파 성향과 우파 성향으로 구분되었다. 스웨덴에서 보수당(중도당)에 투표한 많은 사람들이 미국에서 민주당에 투표하는 전형적인 사람보다 정치적으로나 사회적으로 더 진보적이다. 우리의 논의에서는 미국인은 미국인과, 스웨덴인은 스웨덴인과 비교하고 있기 때문에 이와 같은 차이는 문제가 되지 않는다. 또한 우리는 연령과 성별 등 기타 변수들도 통제했다.

51. WVS는 설문 대상자에게 자신의 정치적 성향을 10점 척도로 표시하도록 한다. 1은 좌파 10은 우파다. 우리는 1~3점은 좌파 성향, 4~7점은 중도 성향, 8~10점은 우파 성향으로 분류했다.

52. 종교성이 중요하다는 결과를 경제적 요인이 양육 방식에 영향을 미친다는 가설을 기각하는 증거로 여기고 싶을지도 모르지만, 우리가 보기에 종교성에 대한 결과는 이 책의 전반적인 주장에 전적으로 부합한다. 1장에서 강조했듯이 우리는 사람들이 제약 조건하에서 목적을 달성하기 위해 의도적으로 행동한다고 간주한다. 또한 우리는 이러한 목적들이 엄격하게 경제적인 요인으로만 한정된다고 보지 않는다. 경제적 요인들이 대부분의 사람들에게 중요한 역할을 하겠지만 우리는 종교나 국가 정체성 같은 다른 요인들도 배제하지 않는다. 이러한 관점에 대해서는 경제학자 알베르토 비진Alberto Bisin과 티에리 베르디에Thierry Verdier의 다음 논문도 참고하라. "'Beyond the Melting Pot': Cultural Transmission, Marriage, and the Evolution of Ethnic and Religious Traits", *Quarterly Journal of Economics* 115, no. 3 (2000): 955~88. 이들은 종교적인 사람들, 특히 소수자들이 자신의 신념을 아이에게 전승하기 위해 투자한다고 주장했다. 이러한 노력은 인구 집단 내에서 문화적, 종교적 다양성이 지속적으로 유지되는 이유를 설명해준다. 이 결과는 이 책의 전체적인 주제 및 종교가 양육에 중요한 영향을 미친다는 구체적인 연구 결과에 잘 부합한다.

53. Pew Research Center, "Changing Attitudes on Gay Marriage", June 26, 2017, http://www.pewforum.org/fact-sheet/changing-attitudes-on-gay-marriage/.

6장

1. 우리는 여기에서 여아와 남아의 이분법적 젠더 구분으로만 논의를 한정했다. 이분법으로 구분할 수 없는 젠더, 가령 트랜스젠더 아이는 고려하지 않았다.

이들을 포함할 수 있도록 범위를 확장하는 것은 유의미한 연구이겠지만, 현재 우리가 가진 데이터로는 이것이 가능하지 않다.

2. 예를 들어 다음을 참고하라. Janis B. Kupersmidt, Donna Bryant, and Michael T. Willoughby, "Prevalence of Aggressive Behaviors among Preschoolers in Head Start and Community Child Care Programs", *Behavioral Disorders* 26, no. 1 (2000): 42~52.

3. 이 견해를 개진하는 대표적인 주장으로는 예를 들어 다음을 참고하라. Richard Whitmire, *Why Boys Fail: Saving Our Sons from an Educational System That's Leaving Them Behind* (New York: AMACOM, 2010). 안 좋은 학교가 특히 남아들에게 더 안 좋다는 주장에 대한 더 공식적인 근거는 다음을 참고하라. David H. Autor, David N. Figlio, Krzysztof Karbownik, Jeffrey Roth, and Melanie Wasserman, "School Quality and the Gender Gap in Educational Achievement", *American Economic Review: Papers & Proceedings* 106, no. 5 (2016): 289~95.

4. Ester Boserup, *Woman's Role in Economic Development* (London: George Allen & Unwin, 1970).

5. 최근의 연구에서 일군의 경제학자들이 밝힌 바에 따르면, 쟁기 사용의 역사는 성별 역할 구분과 관련해 오늘날까지도 지속되는 매우 장기적인 영향을 남겼다. 다음을 참고하라. Alberto Alesina, Paola Giuliano, and Nathan Nunn, "On the Origins of Gender Roles: Women and the Plough", *Quarterly Journal of Economics*, 128, no. 2 (2013): 469~530.

6. Loftur Guttormsson, "Parent-Child Relations", in *Family Life in the Long Nineteenth Century, 1789~1913*, ed. David I. Kertzer and Marzio Barbagli (London: Yale University Press, 2002), 251~81.

7. Joyce Burnette, "Women Workers in the British Industrial Revolution", EH.Net Encyclopedia, ed. Robert Whaples, March 26, 2008, http://eh.net/encyclopedia /women-workers-in-the-british-industrial-revolution/.

8. Joyce Burnette, *Gender, Work, and Wages in Industrial Revolution Britain* (Cambridge: Cambridge University Press, 2008).

9. Guttormsson, "Parent-Child Relations", 263.

10. Claudia Goldin, "Marriage Bars: Discrimination against Married Women Workers from the 1920s to the 1950s", in *Favorites of Fortune: Technology, Growth, and Economic Development since the Industrial*

Revolution, ed. Henry Rosovsky, David Landes, and Patrice Higonnet (Cambridge, MA: Harvard University Press, 1991), 511~36.

11. OECD, "Sex and Age Indicators", *OECD.Stat* (2017), https://stats. oecd.org/Index.aspx?DataSetCode=LFS_SEXAGE_I_R#; US Census Bureau, "Historical Statistics of the United States: Colonial Times to 1970", *US Department of Commerce* (2015), www2.census.gov/ library/publications/1975/compendia/hist_stats_colonial-1970/ hist_stats_colonial-1970p1-chA.pdf and www2.census.gov/library/ publications/1975/compendia/hist_stats_colonial-1970/hist_stats_ colonial-1970p1-chD.pdf: Table A119-134 and D29-41.

12. 다음을 참고하라. Goldin, *Understanding the Gender Gap: An Economic History of American Women* (New York: Oxford University Press, 1990).

13. Michelle Rendall, "Brain versus Brawn: The Realization of Women's Comparative Advantage" (mimeo, Monash University, 2017). 렌달의 주장은 어느 쪽 성별이 지적으로 '절대 우위'가 있다는 가정에 기반한 것이 아니다. 여성이 지적으로 남성과 동일한 능력이 있지만 물리적 힘이 필요한 일에서는 남성보다 뛰어나지 않다면, 여성은 지적인 능력에서 남성보다 '비교 우위'가 있다고 말할 수 있다.

14. Jeremy Greenwood, Ananth Seshadri, and Mehmet Yorukoglu, "Engines of Liberation", *Review of Economic Studies* 72, no. 1 (2005): 109~33.

15. US Census Bureau, "Race and Hispanic Origin of People by Median Income and Sex: 1947 to 2015", *Current Population Survey* (2016), https://www2.census.gov/programs-surveys/cps/tables/time-series/ historical-income-people/p02.xls; Goldin, Understanding the Gender Gap, table 3.2 for the years 1890 and 1930.

16. 차별은 차별받는 집단의 인적 자본 발달을 저해할 수 있다. 그리고 부모는 자녀가 커서 노동시장에서 차별받을 것이라고 예상하면 자녀가 성공하도록 몰아붙이려는 노력을 덜 기울일지 모른다. 이 주장은 성차별이나 인종적 소수자에 대한 차별 등 차별받는 어느 집단에 대해서도 적용할 수 있다. 이러한 악순환 고리를 수학적으로 짚어낸 경제학 연구는 다음을 참고하라. María Sáez Martí and Yves Zenou, "Cultural Transmission and Discrimination", *Journal of Urban Economics* 72, no. 2-3 (2012): 137~46.

17. Raquel Fernández, Alessandra Fogli, and Claudia Olivetti, "Mothers

and Sons: Preference Formation and Female Labor Force Dynamics",
Quarterly Journal of Economics 119, no. 4 (2004): 1249~99.

18. Raquel Fernández, "Cultural Change as Learning: The Evolution of Female Labor Force Participation over a Century", *American Economic Review* 103, no. 1 (2013): 472~500. 이와 관련된 가설로는 다음을 참고하라. Alessandra Fogli and Laura Veldkamp, "Nature or Nurture? Learning and the Geography of Female Labor Force Participation", *Econometrica* 79, no. 4 (2011): 1103~38.

19. 이 데이터의 출처는 "미국인 시간사용조사, 2013~2016"이다. 시장 노동과 비시장 노동 시간의 정의와 분류 방법은 다음을 따랐다. Mark Aguiar and Erik Hurst, "Measuring Trends in Leisure: The Allocation of Time over Five Decades", *Quarterly Journal of Economics* 122, no.3 (2007): 969~1006. 시장 노동은 전일제로 시간을 들여야 하는 주요 직업, 2차 직업, 시간 외 근무 등을 포함한다. 여기에는 재택으로 일을 하는 것도 포함되지만 출퇴근 시간이나 휴식 시간은 포함되지 않는다. 비시장 노동에는 장보기, 청소, 요리 등이 포함되지만 여가와 양육은 포함되지 않는다.

20. US Census Bureau, "Percent of People 25 Years and over Who Have Completed High School or College, by Race, Hispanic Origin and Sex: Selected Years 1940 to 2015", *Current Population Survey* (2015), https://www2.census.gov/programs-surveys/demo/tables/educational-attainment/time-series/cps-historical-time-series/taba-2.xlsx.

21. 오늘날 여성이 남성보다 대학 졸업자 비율이 더 높은 이유로 생각해볼 만한 가능성 하나는, 교육 수준이 결혼 시장에서 갖는 시사점과 관련이 있으리라는 것이다. 이 점을 언급한 연구는 다음을 참고하라. Pierre-André Chiappori, Murat Iyigun, and Yoram Weiss, "Investment in Schooling and the Marriage Market", *American Economic Review* 99, no. 5 (2009): 1689~1713.

22. 딸을 둔 부모와 아들을 둔 부모가 양육 방식 이외의 면에서 보이는 차이(결혼 안정성, 시간 사용 등의 차이)에 대해서는 다음을 참고하라. Shelly Lundberg, "Sons, Daughters, and Parental Behaviour", *Oxford Review of Economic Policy* 21, no. 3 (2005): 340~56.

23. WVS에서와 마찬가지로, 부모는 자녀를 키울 때 강조하는 가치를 묻는 문항에 응답했다. 이 경우에는 강조하는 순서대로 순위를 매기도록 했다. 우리는

'복종'을 자녀가 배워야 할 가장 중요한 2개의 가치 중 하나로 언급한 부모를 독재형으로 분류했다. 설문의 보기에 제시된 가치는 다음과 같다. "복종한다", "다른 사람들이 좋아하는 사람이 된다", "스스로 사고한다", "근면한 태도를 갖는다", "도움을 필요로 하는 사람이 있으면 돕는다". 독재형으로 분류되지 않은 부모들 중 "근면한 태도를 갖는다"가 상위 2개 중 하나로 꼽힌 경우 권위형, 그렇지 않으면 허용형으로 분류했다.

24. 이것은 남성의 일과 여성의 일이 다르다고 생각하느냐에 대한 응답(강하게 동의한다, 동의한다, 동의하지 않는다, 강하게 동의하지 않는다), 가족 소득, 교육, 아이의 성별과 연령, 인종, 지역과 양육 방식에 대해 다항 로지스틱 회귀분석을 돌려 도출한 것이다. 남성의 일과 여성의 일에 대한 견해를 제외한 다른 요인들을 통제한 상태에서 허용형이 아닌 독재형이 되는 경우에 대해 남성의 일과 여성의 일이 다르다는 언명에 동의하지 않는 응답자 대비 "동의한다" 또는 "강하게 동의한다"라고 응답자의 상대적 승산비는 1.86(표준 오차는 0.47)이었다.

25. Data from World Bank *International Comparison Program database:* https://data.worldbank.org/indicator/SL.TLF.CACT.FE.ZS, https://data.worldbank.org/indicator/NY.GDP.PCAP.PP.KD.

26. Ester Boserup, *Woman's Role in Economic Development* (London: George Allen & Unwin, 1970).

27. 예를 들어 다음을 참고하라. Siwan Anderson, "The Economics of Dowry and Brideprice", *Journal of Economic Perspectives* 21, no. 4 (2007): 151~74.

28. Michlle Tertilt, "Polygyny, Fertility, and Savings", *Journal of Political Economy* 113, no. 6 (2005): 1341~71.

29. 일부다처제 데이터 출처는 가장 최근의 Demographic and Health Surveys 이며, 1인당 GDP 자료 출처는 World Development Indicators이다.

30. Amartya Sen, "More Than 100 Million Women Are Missing", *New York Review of Books,* December 20, 1990.

31. Stephan Klasen and Claudia Wink, "Missing Women: Revisiting the Debate", *Feminist Economics* 9, no. 2 – 3 (2003): 263~99.

32. Seema Jayachandran and Ilyana Kuziemko, "Why Do Mothers Breastfeed Girls Less than Boys? Evidence and Implications for Child Health in India", *Quarterly Journal of Economics* 126, no. 3 (2011): 1458~538.

33. Jesus Fernández-Villaverde, Jeremy Greenwood, and Nezih Guner, "From Shame to Game in One Hundred Years: An Economic Model of the Rise in Premarital Sex and its De-Stigmatization", *Journal of the European Economic Association* 12, no. 1 (2014): 25~61.

34. Jeremy Greenwood and Nezih Guner, "Social Change: The Sexual Revolution", *International Economic Review* 51, no. 4 (2010): 893~923.

35. 다음을 참고하라. Claudia Goldin and Lawrence Katz, "The Power of the Pill: Oral Contraceptives and Women's Career and Marriage Decisions", *Journal of Political Economy* 110, no. 4 (2002): 730~70.

36. Ebonya L. Washington, "Female Socialization: How Daughters Affect Their Legislator Fathers' Voting on Women's Issues", *American Economic Review* 98, no. 1 (2008): 311~32.

37. Matthias Doepke and Michèle Tertilt, "Women's Liberation: What's in It for Men?" *Quarterly Journal of Economics* 124, no, 4 (2009): 1541~91. 다음도 참고하라. Matthias Doepke, Michlle Tertilt, and Alessandra Voena, "The Economics and Politics of Women's Rights", *Annual Review of Economics* 4 (2012): 339~72; and Doepke and Tertilt, "Families in Macroeconomics", in *Handbook of Macroeconomics,* vol. 2B, ed. John B. Taylor and Harald Uhlig (Amsterdam: North Holland, 2016), 1789~891.

38. *London Times,* April 23, 1868.

39. *London Times,* March 27, 1869.

7장

1. Gallup News Service, "Desire to Have Children" (2013), www.gallup.com/file/poll/164630/Fertility_130925.pdf. "견해가 없음"이라고 답한 사람을 포함해, 선호를 언급한 모든 응답자 중에서의 비중을 나타낸 것이다.

2. 유럽의 출산율 저하의 원인에 대해 14세기부터 고찰한 연구는 다음을 참고하라. Nico Voigtländer and Hans-Joachim Voth, "How the West 'Invented' Fertility Restriction", *American Economic Review* 103, no. 6 (2013): 2227~64.

3. Lant Pritchett, "Desired Fertility and the Impact of Population Policy", Population and Development Review 20, no. 1 (1994): 24~40. 데이비드 웨일의 다음 논의도 참고하라. *Economic Growth,* 3rd ed. (New York:

Routledge, 2016).

4. 잉글랜드와 웨일스 자료의 출처는 다음과 같다. Ron Lee and Roger Schofield, "British Population in the Eighteenth Century", in *The Economic History of Britain since 1700*, vol. 1, ed. Roderick Floud and Deirdre McCloskey (Cambridge: Cambridge University Press, 1981). 1800년, 1820년, 1840년 은 Ron Lee and Schofield, "British Population in the Eighteenth Century", in *The Economic History of Britain since 1700*, vol. 1, ed.이며 나머지 기간 은 Jean-Claude Chesnais, *The Demographic Transition: Stages, Patterns, and Economic Implications* (Oxford: Oxford University Press, 1992) 의 표 A 2.3과 표 A 2.4다. 미국 자료의 출처는 다음과 같다. Larry E. Jones and Michele Tertilt, "An Economic History of the Relationship between Occupation and Fertility in the United States: 1826-1960", in *Frontiers of Family Economics*, vol. 1, ed. Peter Rupert (Bingley, UK: Emerald Group Publishing Limited, 2008), table 1A.

5. Data from World Bank International Comparison Program database: https://data.worldbank.org/indicator/SP.DYN.TFRT.IN, https://data. worldbank.org/indicator/NY.GDP.PCAP.PP.KD.

6. Thomas R. Malthus, An Essay on the Principle of Population (New York: Dover Publications, 2007).

7. 출산 선택에 대한 베커의 원래 연구는 다음을 참고하라. Gary S. Becker, "An Economic Analysis of Fertility", in *Demographic and Economic Change in Developed Countries* (Princeton: Princeton University Press, 1960), 209~40. 자녀의 양-질 교환관계에 대해서는 다음을 참고하라. Gary S. Becker and H. Gregg Lewis, "On the Interaction between the Quantity and Quality of Children", *Journal of Political Economy* 81, no. 2 (1973): S279-S288; and Robert J. Barro and Gary S. Becker, "Fertility Choice in a Model of Economic Growth", *Econometrica* 57, no. 2 (1989): 481~501. 출산의 경제학에 베커가 기여한 점을 개괄적으로 보려면 다음을 참고하라. Matthias Doepke, "Gary Becker on the Quantity and Quality of Children", *Journal of Demographic Economics* 81, no. 1 (2015): 59~66.

8. 산업화와 인구 전환을 이와 같은 방식으로 고찰한 초창기의 독창적인 연구는 다음을 참고하라. Oded Galor and David N. Weil, "Population, Technology, and Growth: From Malthusian Stagnation to the Demographic Transition

and Beyond", *American Economic Review* 90, no. 4 (2000): 806~28. 다음도 참고하라. Oded Galor and Oded Moav, "Natural Selection and the Origin of Economic Growth", *Quarterly Journal of Economics* 117, no. 4 (2002): 1133~91. 출산율 저하의 동학에 대해서는 다음을 참고하라. David de la Croix and Matthias Doepke, "Inequality and Growth: Why Differential Fertility Matters", *American Economic Review* 93, no. 4 (2003): 1091~113.

9. 산업화 시기 영국의 아동노동에 대한 개괄로는 다음을 참고하라. Jane Humphries, *Childhood and Child Labour in the British Industrial Revolution* (Cambridge: Cambridge University Press, 2010).

10. 예를 들어 로프터 구토름손은 이렇게 언급했다. "아동노동이 아동에게 일으키는 잘 알려진 피해에도 불구하고 공장 노동은 생각만큼 가족의 유대를 교란하지는 않았다. 북부 프랑스 공장의 약 4분의 1에서 3분의 1의 경우 아이와 아버지가 같은 공장에 다니는 것은 그리 드문 일이 아니었다. 또한 형, 오빠, 언니, 누나가 같은 공장에 있는 경우도 많았다. 이것은 많은 공장 아동에게 일종의 보호를 제공했다("Parent-Child Relations", in *Family Life in the Long Nineteenth Century, 1789~1913,* ed. David I. Kertzer and Marzio Barbagli[London: Yale University Press, 2002], 271)."

11. Michael Haines, *Fertility and Occupation: Population Patterns in Industrialization* (New York: Academic Press, 1979).

12. 출산율 자료의 출처는 다음과 같다. 1800년, 1820년, 1840년은 Ron Lee and Schofield, "British Population in the Eighteenth Century", in *The Economic History of Britain since 1700,* vol. 1, ed.이며 나머지 기간은 Jean-Claude Chesnais, *The Demographic Transition: Stages, Patterns, and Economic Implications* (Oxford: Oxford University Press, 1992)의 표 A 2.3과 표 A 2.4다. 학교에 다니는 아동의 비중 자료의 출처는 다음과 같다. Hugh Cunningham, "Combating Child Labour: The British Experience", in *Child Labour in Historical Perspective 1800~1985: Case Studies from Europe, Japan and Colombia,* ed. Hugh Cunningham and Viazzo Pier Paolo (Florence: UNICEF ICDC, 1996), 41~55.

13. 아동노동에서 아동 교육으로의 전환은 의무교육법과 아동노동금지법으로 더 가속화되었다. 다음을 참고하라. Doepke, "Accounting for Fertility Decline during the Transition to Growth", *Journal of Economic Growth* 9, no. 3 (2004): 347~83.

14. 자료 출처는 표 7.4와 같다.

15. Data from OECD, "Gender Institutions and Development Database" and World Bank, "Education Statistics" (2016), https://data.worldbank.org/data-catalog/ed-stats.

16. Data from World Bank *International Comparison Program database:* https://data.worldbank.org/indicator/SP.DYN.TFRT.IN, https://data.worldbank.org/indicator/SL.TLF.0714.ZS.

17. Chesnais, *The Demographic Transition and the US Census Bureau.*

18. 예를 들어 다음을 참고하라. Yoram Ben-Porath, "Fertility Response to Child Mortality: Micro Data from Israel", *Journal of Political Economy* 84, no. 4 (1976): S163~78; and Michael R. Haine, "The Relationship between Infant and Child Mortality and Fertility: Some Historical and Contemporary Evidence for the United States", chapter 7 of *From Death to Birth: Mortality Decline and Reproductive Change,* ed. M. R. Montgomery and B. Cohen, (Washington DC: National Academy Press, 1998).

19. 사망률 변화가 미친 영향에 대한 상세한 논의는 다음을 참고하라. Matteo Cervellati and Uwe Sunde, "The Economic and Demographic Transition, Mortality, and Comparative Development", *American Economic Journal: Macroeconomics* 7, no. 3 (2015): 189~225.

20. 이 주장을 더 정교화한 논문은 다음을 참고하라. Doepke, "Child Mortality and Fertility Decline: Does the Barro-Becker Model Fit the Facts?" *Journal of Population Economics* 18, no. 2 (2005): 337~66.

21. 노동자 계급과 자본가가 공교육을 지지하는 데 공통된 이해관계가 있음을 경제학적 관점으로 분석한 연구는 다음을 참고하라. Oded Galor and Omer Moav, "Das Human-Kapital: A Theory of the Demise of the Class Structure", *Review of Economic Studies* 73, no. 1 (2006): 85~117.

22. 다음을 참고하라. Matthias Doepke and Fabrizio Zilibotti, "The Macroeconomics of Child Labor Regulation", *American Economic Review* 95, no. 5 (2005): 1492~524.

23. 다음을 참고하라. Doepke and Zilibotti, "Do International Labor Standards Contribute to the Persistence of the Child Labor Problem?" *Journal of Economic Growth* 15, no. 1, (2010): 1~37.

24. 자료출처: Chesnais, *The Demographic Transition;* 각국 통계청.

25. Jeremy Greenwood, Ananth Seshadri, and Mehmet Yorukoglu, "Engines of Liberation", *Review of Economic Studies* 72, no.1 (2005): 109~33.

26. Greenwood, Seshadri, and Vandenbroucke, "The Baby Boom and Baby Bust", *American Economic Review* 95, no. 1 (2005): 183~207. 베이비붐에 기여했을 것으로 보이는 기술 발달의 또 다른 측면은 의료 기술의 발달로 모성 사망 위험이 줄어들고 모성 건강이 향상된 것이다. 다음을 참고하라. Stefania Albanesi and Claudia Olivetti, "Maternal Health and the Baby Boom", *Quantitative Economics* 5, no. 2 (2014): 225~69.

27. Matthias Doepke, Moshe Hazan, and Yishay Maoz, "The Baby Boom and World War II: A Macroeconomic Analysis", *Review of Economic Studies* 82, no. 3 (2015): 1031~73.

28. 데이터 출처는 미국 센서스 조사다. 상세한 내용은 다음을 참고하라. Doepke, Hazan, and Maoz, "The Baby Boom and World War II"

29. 2차 대전이 여성의 노동시장 참여에 미친 영향에 대한 초창기 분석은 다음을 참고하라. Claudia Goldin, "The Role of World War II in the Rise of Women's Employment", *American Economic Review* 81, no. 4 (1991): 741~56. 이 주제에 대한 더 최근의 연구는 다음을 참고하라. Claudia Goldin and Claudia Olivetti, "Shocking Labor Supply: A Reassessment of the Role of World War II on Women's Labor Supply", *American Economic Review* 103, no. 3 (2013): 257~62.

30. 데이터 출처는 다음과 같다. Doepke, Hazan, and Maoz, "The Baby Boom and World War II."

31. 데이터 출처는 다음과 같다. Chesnais, *The Demographic Transition* and national statistical agencies.

32. 데이터 출처는 다음과 같다. World Bank, *World Development Indicators.*

33. 산업화된 국가들에서 여성의 경제활동 참여와 출산율이 양의 상관관계를 보임을 처음으로 짚어내고 분석한 논문은 다음을 참고하라. Luisa Fuster and José Da Rocha, "Why Are Fertility Rates and Female Employment Ratios Positively Correlated Across OECD Countries?" *International Economic Review* 47, no. 4 (2006): 1187~222.

34. James Feyrer, Bruce Sacerdote, and Ariel Stern, "Will the Stork Return to Europe and Japan? Understanding Fertility within Developed Nations",

Journal of Economic Perspectives 22, no. 3 (2008): 3~22.

35. Matthias Doepke and Fabian Kindermann, "Bargaining over Babies: Theory, Evidence, and Policy Implications" (NBER Working Paper No. 22072, 2016).

36. 다음을 참고하라. Kjetil Storesletten and Fabrizio Zilibotti, "China's Great Convergence and Beyond", *Annual Review of Economics* 6 (2014): 333~62; Zheng Song, Kjetil Storesletten, and Fabrizio Zilibotti, "Growing Like China" *American Economic Review* 101, no. 1 (2011): 196~233; Fabrizio Zilibotti, "Growing and Slowing Down Like China", *Journal of the European Economic Association* 15, no. 5 (2017): 943~88.

37. 경제학자 웨이 웨이 샹진과 장 샤오보의 주장에 따르면 이 정책은 중국에서 저축률이 크게 증가한 원인 중 하나다. 다음을 참고하라. Shang-Jin Wei and Xiaobo Zhang, "The Competitive Saving Motive: Evidence from Rising Sex Ratios and Savings Rates in China", *Journal of Political Economy* 119, no. 3 (2011): 511~64.

38. 다음을 참고하라. Zheng Song, Kjetil Storesletten, Yikai Wang, and Fabrizio Zilibotti, "Sharing High Growth Across Generations: Pensions and Demographic Transition in China", *American Economic Journal: Macroeconomics* 7, no. 2 (2015): 1~39.

39. Barbara H. Settles, Xuewen Sheng, Yuan Zang, and Jia Zhao, "The One-Child Policy and Its Impact on Chinese Families", in *International Handbook of Chinese Families,* ed. Chan Kwok-bun (New York: Springer, 2013), 627~46.

40. 다음을 참고하라. Taha Choukhmane, Nicolas Coeurdacier, and Keyu Jin, "The One-Child Policy and Household Saving", (unpublished manuscript, Yale University, 2017). 이 연구는 '한 자녀 정책'이 중국의 총 저축률 증가를 상당 부분 설명할 수 있음을 보여주었다. 한 자녀 정책이 양질 교환을 통해 성장에 전반적으로 어떤 영향을 미치는지에 대한 연구는 다음을 참고하라. Pei-Ju Liao, "The One-Child Policy: A Macroeconomic Analysis", Journal of Development Economics 101 (2013): 49~62.

8장

1. 이 장은 산업혁명 시기 계급 간 차이에 대해 우리가 이전에 수행했던 다음 연

구를 토대로 했다. Matthias Doepke and Fabrizio Zilibotti, "Occupational Choice and the Spirit of Capitalism", *Quarterly Journal of Economics* 123, no. 2 (2008): 747~93. 다음도 참고하라. Doepke and Zilibotti, "Culture, Entrepreneurship, and Growth", in *Handbook of Economic Growth*, vol. 2A, ed. Philippe Aghion and Steve Durlauf (Amsterdam: North Holland, 2013), 1~48; Doepke and Zilibotti, "Social Class and the Spirit of Capitalism", *Journal of the European Economic Association* 3, no. 2~3 (2005): 516~24.

2. 예를 들어 다음을 참고하라. David Cannadine, The Rise and Fall of Class in Britain (New York: Columbia University Press, 1999). 우리는 성직자, 장교와 같은 집단은 고려하지 않았다. 이들은 상류층과 중류층의 성격을 혼합적으로 가지고 있지만, 양육과 관련해서는 중요한 역할을 하지 않았다.

3. 전 산업사회의 도제 제도에 대한 개괄로는 다음을 참고하라. David de la Croix, Matthias Doepke, and Joel Mokyr, "Clans, Guilds, and Markets: Apprenticeship Institutions and Growth in the Pre-Industrial Economy", *Quarterly Journal of Economics* 133, no. 1 (2017): 1~70.

4. Thorstein Veblen, *The Theory of the Leisure Class* (New York: Dover, 1994, first published in 1899), 26.

5. Hester Jenkins and D. Caradog Jones, "Social Class of Cambridge University Graduates of the 18th and 19th Centuries", *British Journal of Sociology* 1, no. 2 (1950): 93~116.

6. Suzanna Chambers, "At Last, a Degree of Honour for 900 Cambridge Women", *Independent,* May 30, 1998.

7. Valerie A. Fildes, *Breasts, Bottles, and Babies: A History of Infant Feeding* (Edinburgh: Edinburgh University Press, 1986).

8. 인내가 경제적 성공에서 갖는 중요성에 대해서는 인류학자, 경제학자, 심리학자들의 실험 연구가 많이 이루어져왔다. 고전적인 장기 추적 연구는 스탠퍼드 대학의 심리학자 연구 팀이 수행한 것으로, 어린 시절에 더 참을성이 있었던 아이들이 나중에 공교육을 더 잘 받고, 보수가 높은 직업을 가지며, 높은 소득을 올릴 가능성이 더 큰 것으로 나타났다. 다음을 참고하라. Walter Mischel, Yuichi Shoda, Monica L. Rodriguez, "Delay of Gratification in Children", in *Choice Over Time,* ed. George Loewenstein and Elster Jon (New York: Russell Sage Foundation, 1992). 더 최근에는 실험 경제학자들이 10~18세

아동의 시간 선호를 실험으로 도출해서 이것이 저축, 흡연, 과다한 음주, 체질량지수, 학교에서의 성과 등과 관련이 있음을 드러냈다. 다음을 참고하라. Matthias Sutter, Martin G. Kocher, Daniela Glaetze-Ruetzler, and Stefan T. Trautmann, "Impatience and Uncertainty: Experimental Decisions Predict Adolescents' Field Behavior", *American Economic Review* 103, no. 1 (2013): 510~31. 마지막으로, 한 인류학자 연구 팀은 아마존의 티만족 사람들을 대상으로 인내와 경제적 성공 사이의 관계를 연구했다. 티만족은 자급자족 경제에서 최근 시장경제로 전환했다. 이 연구에 따르면 시장 이전의 환경에서 인내심이 더 많았던 사람들이 시장경제로 전환한 이후에 평균적으로 교육을 더 많이 받고 기업가적 활동에 종사하는 경우도 더 많은 것으로 나타났다. 다음을 참고하라. Victoria Reyes-Garcia, Ricardo Godoy, Tomas Huanca, William R. Leonard, Thomas McDade, Susan Tanner, and Vencent Vadez, "The Origin of Monetary Income Inequality: Patience, Human Capital, and the Division of Labor", *Evolution and Human Behavior* 28 (2007): 37~47.

9. 실험 연구가 아닌 연구 중에서도 인내의 중요성을 강조한 연구가 많이 나와 있다. 예를 들어 다음을 참고하라. David Figlio, Paola Giuliano, Umut Özek, and Paola Sapienza, "Long-Term Orientation and Educational Performance" (NBER Working Paper 22541, 2016).

10. Joyce Burnette, "How Skilled Were English Agricultural Labourers in the Early Nineteenth Century?" *Economic History Review* (new series) 59, no. 4 (2006): 688~716.

11. Max Weber, *The Protestant Ethic and the Spirit of Capitalism,* translation of the original 1905 edition by Talcott Parsons, with a foreword by R. H. Tawney (New York: Charles Scribner's Sons, 1958; republished by Dover, 2003).

12. François Crouzet, *The First Industrialists* (Cambridge: Cambridge University Press, 1985), 127.

13. 19세기 초에 작위가 있는 귀족과 신사 계급은 잉글랜드와 웨일스의 인구 중 1.4%를 차지했고 중류층은 30%를 차지했다.

14. Crouzet, *First Industrialists,* 112.

15. Jennifer Tann, "Watt, James (1736~819)", *Oxford Dictionary of National Biography,* online ed. (Oxford University Press, 2004). doi:10.1093/

ref:odnb/28880.

16. Geoffrey Tweedale, "Carnegie, Andrew (1835~919)", Oxford Dictionary of National Biography, online ed. (Oxford University Press, 2004). doi:10.1093/ref: odnb/32296.

17. Andrew Carnegie, *The Gospel of Wealth and Other Timely Essays*, ed. Edward C. Kirkland (Cambridge, MA: Belknap Press of Harvard University Press, 1962), 3.

18. Ibid., 56.

19. Ruth Brandon, *The Dollar Princesses: Sagas of Upward Nobility, 1870~1914* (New York: Knopf, 1980).

20. Paul Addison, "Churchill, Sir Winston Leonard Spencer (1874~1965)", *Oxford Dictionary of National Biography*, online ed. (Oxford University Press, 2004). doi:10.1093/ref:odnb/32413.

21. William Rubinstein, *Men of Property: The Very Wealthy in Britain Since the Industrial Revolution* (London: Croom Helm, 1981).

9장

1. 이는 학습 문화와 제도가 다른 나라로 이주한 이민자 아동이 공통적으로 겪는 상황으로 보인다. 인도계 미국인이자 예일 대학 학생인 우샬도 노라가 겪은 것과 비슷한 개인적인 경험을 이야기해주었다(그는 이 책의 초고를 읽고 유용한 조언도 해주었다). 인도계 미국인인 그의 많은 친구들 가정에서도 그랬듯이, 그의 부모는 그가 어렸을 때부터 고급 수학을 배우게 했다. 하지만 이민자 공동체에서 살지 않은 친구들은 그런 교육을 받지 않았다. 우샬은 노라가 겪은 것 같은 상충적인 상황에 대해 이렇게 언급했다. "집에서는 수학을 공부해라. 하지만 인도인 공동체 외부에서는 그것에 대해 이야기하지 말아라. 그러지 않으면 동떨어진 외부인처럼 보일 것이다."

2. 경제학자 밸러리 레이미와 게리 레이미는 명문 대학 입학 경쟁이 미국에서 고학력 부모가 양육에 쏟는 시간이 캐나다에 비해 훨씬 많이 증가한 것의 주요 원인이라고 주장했다. 다음을 참고하라. Garey Ramey and Valerie A. Ramey, "The Rug Rat Race", *Brookings Papers on Economic Activity* (Spring 2010): 129~76.

3. 이탈리아 학생과 부모에게 미치는 이러한 인센티브의 영향력을 가늠하려면 이탈리아가 유럽 국가 중에 교육의 투자 수익이 가장 낮은 나라 가운데 하

나라는 것도 고려해야 한다. 유럽 국가 중 이탈리아보다 교육의 투자 수익이 낮은 곳은 북유럽 국가들뿐이다. 다음의 표 4를 참고하라. Mircea Badescu, Béatrice D'Hombres, and Ernesto Villalba: "Returns to Education in European Countries: Evidence from the European Community Statistics on Income and Living Conditions (EU-SILC)", *JRC European Commission*, 2011.

4. Donald Greynadus, Helen Pratt, Richard Spates, Anne Blake-Dreher, Marissa Greynadus-Gearhart, and Dilip Patel, "Corporal Punishment in Schools", *Journal of Adolescent Health* 32, no. 5 (2003): 385~93.

5. Emily Cuddy and Richard V. Reeves, "Hitting Kids: American Parenting and Physical Punishment", *Brookings Social Mobility Papers*, November 6, 2014.

6. 예를 들어 다음을 참고하라. Peony Lui, "School Incidents Highlight China's Corporal Punishment Debate", *South China Morning Post*, January 25, 2013.

7. "Corporal Punishment Rife in Schools in 2012: Survey", *The Japan Times*, June 3, 2013.

8. Nathan Schwartzman, "After Corporal Punishment Debate, Korean Students Still Being Hit", *Asian Correspondent,* July 18, 2012, https://asiancorrespondent .com/2012/07/after-corporal-punishment-debate-korean-students-still-being-hit/#1gYUIv4HlWUGlTCJ.992.

9. Patricia Ashton, Pat Kneen, Frances Davies, and B. J. Holley, *The Aims of Primary Education: A Study of Teachers' Opinions* (London: Macmillan, 1975); discussed by John Darling, *Child-Centred Education and Its Critics* (New York: SAGE Publications, 1994).

10. Darling, *Child-Centred Education and Its Critics*, 50.

11. Ibid.

12. 다음을 참고하라. Ho Ping-ti, *The Ladder of Success in Imperial China: Aspects of Social Mobility, 1368~1911* (New York and London: Columbia University Press, 1962); Ting Chen, James Kai-Sing Kung, and Chicheng Ma, "Long Live Keju! The Persistent Effects of China's Imperial Examination System" (mimeo, Hong Kong University of Science and Technology, 2017).

13. Guofang Wan, "The Educational Reforms in the Cultural Revolution in China: A Postmodern Critique", *Education,* 122, no. 1 (2001): 21~32.

14. David Lague, "1977 Exam Opened Escape Route into China's Elite", *The New York Times,* January 6, 2008.

15. 가오카오가 양육에 미치는 영향에 대한 최근의 설명과 중국이 가진 그 밖의 문화적 특성에 대해서는 다음을 참고하라. Yanna Gong, *Gaokao: A Personal Journey Behind China's Examination Culture* (San Francisco: China Books, 2014).

16. Charlie Campbell, "Chinese Students Face Up to 7 Years in Prison for Cheating on College-Entrance Exams", *Time,* June 8, 2016.

17. 시험의 세부 사항은 지역에 따라 다르다. 여기에서 말한 것은 '3+X' 체계로, 오늘날 대부분의 지역에서 쓰인다. 3은 표준 중국어, 수학, 외국어이고 X는 기타 선택 과목들이다. 사회과학 계열 학생들은 정치, 역사, 지리, 자연과학 계열 학생들은 물리, 화학, 생물이 포함된다. 다음을 참고하라. "China: Gaokao UCAS Qualification Information Profiles" (https://qips.ucas.com/qip/china-gaokao).

18. 다음을 참고하라. *PISA: Results in Focus* (OECD, 2015).

19. Helen Gao, "China's Education Gap", *The New York Times,* September 4, 2014.

20. Teddy Ng and Li Jing, "Chinese Protests over University Quotas Spread to Third Province", *South China Morning Post,* May 23, 2016.

21. 예를 들어 다음을 참고하라. Zhuang Pinghui, "Gaokao: How One Exam Can Set the Course of a Student's Life in China", *South China Morning Post,* June 8, 2017.

22. Yang Dongping, *Annual Report on China's Education* (Beijing: Social Sciences Academic Press [China], 2014).

23. Zhao Xinying, "School Tests Blamed for Suicides", *China Daily,* May 14, 2014.

24. Fauna, "Chinese Students Get IV Drips While Studying for Gaokao Exam", *chinaSmack,* May 7, 2012.

25. Fabrizio Zilibotti, "Growing and Slowing Down Like China", *Journal of the European Economic Association* 15, no. 5 (2017): 943~88.

26. John Sudworth, "China's Students Take on Tough Gaokao University

Entrance Exam", *BBC News,* June 8, 2012.

27. OECD, "Education at a Glance 2014: OECD Indicators", *OECD Publishing* (2014).

28. Teru Clavel, "Prepping for University Straight from the Crib", *The Japan Times,* February 16, 2014, http://www.japantimes.co.jp/community/2014/02/16/issues/prepping-for-university-straight-from-the-crib/#.WQcPpNqGM2w.

29. "University Entrance Examinations", *Nippon.com,* April 11, 2015, http://www.nippon.com/en/features/jg00032/.

30. Anne Allison, *Precarious Japan* (Durham, NC: Duke University Press, 2013).

31. 2016년에 [각급 학교 전체에서] 학업 중이던 학생 중 5%가 그만두었다. 다음을 참고하라. Official Statistics of Finland (OSF), "Discontinuation of Education Decreased", *Statistics Finland* (2016).

32. Pasi Sahlberg, *Finnish Lessons: What Can the World Learn from Educational Change in Finland?* (New York: Teachers College Press, 2011).

33. Julie Nightingale, "Focus on Finnish Assessment", *Chartered Institute of Educational Assessors,* www.ciea.org.uk/focus-finnish-assessment/.

34. 다음을 참고하라. Sherwin Rosen, "The Theory of Equalizing Differences", in *Handbook of Labor Economics* 1, ed. Orley Ashenfelter and Richard Layard (Amsterdam: North Holland, 1986), 641~92.

35. Harriet Alexander and Richard Orange, "OECD Education Report: Finland's No Inspections, No League Tables and Few Exams Approach", *The Telegraph,* December 3, 2013.

36. "Barnen i Hallstahammar kan fåslippa läor", *SVT Nyheter,* June 16, 2014, https://www.svt.se/nyheter/inrikes/har-kan-det-bli-laxfritt.

37. 국가별 학생의 성취도 차이를 설명하는 요인에 대한 연구의 개괄로는 다음을 참고하라. Eric A. Hanushek and Ludger Woessmann, "The Economics of International Differences in Educational Achievement", in *Handbook of the Economics of Education,* vol. 3, ed. Eric A. Hanushek, Stephen Machin, and Ludger Woessmann (Amsterdam: North Holland, 2010), chapter 2.

38. 다음을 참고하라. https://www.thelocal.se/20160525/why-swedens-teachers-have-no-time-for-their-students.

39. Anna Dorozynska, "Teacher Job Satisfaction in Primary Schools: The Relation to Work Environment" (student essay, Department of Education and Special Education, Göteborgs Universitet, 2017), https://gupea. ub.gu.se/bitstream/2077/51390/1/gupea_2077_51390_1.pdf.

40. 다음을 참고하라. http://www.konkurrensverket.se/globalassets/ publikationer/uppdragsforskning/forsk_rap_2010-6_betygens_varde. pdf; and http://www.ifau.se/globalassets/pdf/se/2016/wp2016-09- impact-of-upper-secondary-voucher-school-attendance-on-student- achievement.pdf.

41. Odd Eiken, "The Kunskapsskolan ('The Knowledge School'): A Personalised Approach to Education", CELE Exchange, Centre for Effective Learning Environments 1 (2011), http://www.oecd.org/education/innovation- education/centreforeffectivelearningenvironmentscele/4721189.pdf.

42. Yann Algan, Pierre Cahuc, and Andrei Shleifer: "Teaching Practices and Social Capital", *American Economic Journal: Applied Economics* 5, no. 3 (2013): 189~210.

43. Ibid.

44. Jean-Benoît Nadeau and Julie Barlow, *Sixty Million Frenchmen Can't be Wrong* (Naperville, IL: Sourcebooks, Inc., 2003), 183.

10장

1. Thomas Piketty, *Capital in the Twenty-First Century* (Cambridge, MA: Harvard University Press, 2014).

2. 다음도 참고하라. Roland Bénabou and Efe A. Ok, "Social Mobility and the Demand for Redistribution: The Poum Hypothesis", *Quarterly Journal of Economics* 116, no. 2 (2001): 447~87. 이 연구는 사회계층 이동성이 정치와 정책에 미치는 영향을 다루고 있다.

3. Miles Corak, "Income Inequality, Equality of Opportunity, and Intergenerational Mobility", *Journal of Economic Perspectives* 27, no. 3 (2013): 79~102.

4. 예를 들어 다음을 참고하라. Daron Acemoglu and David Autor, "Skills, Tasks and Technologies: Implications for Employment and Earnings", *Handbook of Labor Economics* 4 (2011): 1043~171; Daron Acemoglu and

Pascual Restrepo, "The Race between Machine and Man: Implications of Technology for Growth, Factor Shares and Employment", (NBER Working Paper No. 22252, 2016); Guy Michaels, Ashwini Natraj, and John Van Reenen, "Has ICT Polarized Skill Demand? Evidence from Eleven Countries over Twenty-Five Years", *Review of Economics and Statistics* 96, no. 1 (2014): 60~77.

5. 다음을 참고하라. Daron Acemoglu, Philippe Aghion, Claire Lelarge, John van Reenen, and Fabrizio Zilibotti: "Technology, Information and the Decentralization of the Firm", *Quarterly Journal of Economics* 122, no. 4 (2007): 1759~99.

6. Alex Williams, "Robot-Proofing Your Child's Future", *The New York Times*(Thursday Styles), December 14, 2017.

7. Robert D. Putnam, *Our Kids: The American Dream in Crisis* (New York: Simon & Schuster, 2015).

8. OECD: "Education at a Glance: Transition from School to Work." See https://data.oecd.org/youthinac/youth-not-in-employment-education-or-training-neet.htm.

9. John Maynard Keynes, "Economic Possibilities for our Grandchildren", in *Essays in Persuasion* (New York: Harcourt Brace, 1932), 358~73.

10. Ibid., 372.

11. 이 경향들에 대한 상세한 분석으로는 다음을 참고하라. Fabrizio Zilibotti, "Economic Possibilities for Our Grandchildren 75 Years After: A Global Perspective", in *Revisiting Keynes: Economic Possibilities for our Grandchildren*, ed. Lorenzo Pecchi and Gustavo Piga (Cambridge, MA: MIT Press, 2008).

12. Edward Lazear and Sherwin Rosen, "Rank-Order Tournaments as Optimum Labor Contracts", *Journal of Political Economy* 89, no. 5 (1981): 841~64; Andrei Shleifer, "A Theory of Yardstick Competition", *Rand Journal of Economics* 16, no. 3 (1985): 319~27.

13. 다음을 참고하라. James Heckman, "Four Big Benefits of Investing in Early Childhood Development", https://heckmanequation.org/assets/2017/01/F_Heckman_FourBenefitsInvestingECDevelopment_022615.pdf

찾아보기

ㄱ

가르세스, 엘리아나 231
가족 규모 314~317
가족이 함께하는 식사 100
게일러, 오디드 326
결혼 격차 207, 227
결혼 시장 215, 216, 227, 287, 359
　노동 시장에서의 여성 287
　동류 짝짓기 208. 209, 215, 227
　젠더 불균형 214~218
경제적 보수주의 267, 269
경제적 불평등 73~77
　미래의 양육 439~441
　부모의 학력 210~212
　불평등 증가와 권위형 양육의 증가 168~171
　인종과 불평등 210~214
　정책 개입 228~234, 449~453
　주거지 분리 192, 228, 444~446
　중산층 공동화 441~444
　집약적 양육 138~140
　출산율 318~322
　히피 대 여피와 1980년대 불평등

증가 112~119
경제협력개발기구(OECD) 112, 119, 120, 139, 142, 143, 176, 248, 256, 264~267, 419, 426, 442
　국제학업성취도평가(PISA) 119~124, 134, 146, 147, 404, 407, 412, 415, 418
계급 기반 사회 386, 441
계몽주의 시대 242, 243
공감 24
과잉양육 90~94
교사와 부모의 관계 29
교육
　교육 증가와 아동노동 쇠퇴 331~336
　교육에 대한 투자 수익 26, 30, 114, 115, 135, 181~184, 189, 190, 193, 220, 224, 226, 234, 326, 327, 331, 362, 411, 429, 433, 439
　더 나은 교육제도 만들기 31~35
　부모의 교육 수준("부모의 교육 수준" 항목 참조)
　성교육 305~308
　성취 격차 211~214
　소득 불평등 25, 37, 113, 114, 137~143, 156, 163, 167, 171~180, 189, 191, 192, 229, 256, 268, 409, 432, 453
　영국 귀족층 39, 364, 372~376, 379, 380
　자유주의적인 교육 20, 36, 37, 55, 56, 69, 70, 71, 106, 107, 399, 433, 436

전 산업사회의 노동자 계급 379, 380

젠더 역할 변화 288~292

중산층 가치의 전 산업사회적 뿌리 376~381

출산의 경제학 323~327

교황 요한 바오로 2세 112

구너, 네지 307

구라이언, 조너선 198

구토름손, 로프터 279

국제투명성기구 185

국제학업성취도평가(PISA) 119~124, 134, 146, 147, 404, 407, 412, 415, 418

권위형 양육 방식 57~59, 78~82

성공의 개념 91~93

자녀의 학력 199~202

귀족층(영국) 39, 364, 372~376, 379, 380

그린우드, 제러미 285

근로소득 세액공제(EITC) 232, 233

글래스터, 조지 192

글로벌혁신지수 190

기노트, 하임 89

기독교 근본주의 259, 260

기술 변화

성역할의 변천 279~282

시간 사용 447~448

중산층 공동화 442, 445

ㄴ

나이, 조지프 78

네덜란드 95, 97, 113, 143~147, 171, 423, 434

노동 학교 329

노동자 계급의 가치 367~372

노조 115, 281, 342~344, 419

누진세 176, 179, 229

뉴욕 타임스 154, 443

느긋한 양육 28. 30, 71, 75, 103, 109, 156, 189, 190, 400, 412, 422, 431

네덜란드("허용형 양육" 항목도 참조) 145~147

독일과 스위스 152~156

니트(고용 상태도 아니고 학생 상태도 아닌 젊은이) 445

ㄷ

〈다운튼 애비〉 364, 385

대처, 마거릿 112, 400

대침체 445

대학원 교육 93, 94, 114, 128, 133, 198, 200, 220, 221, 346

덩샤오핑 23

도프케, 마티아스 11, 13, 18, 52, 71, 104~105, 108, 110, 141, 142

아동기 16, 17, 28, 106, 107

아동노동 경험 106, 328

에반스턴의 성취 격차 211, 216

여성의 노동시장 참여 349, 350, 356, 357

여성의 직장과 육아 병행의 어려움 105

자녀 153, 274~275

1950년대 학교 체벌 328

독립성 142

일본 162~164

전통 사회에서의 가치 248~251
현대 경제에서 독립성에 대한 투자
수익의 증가 251~255
독일 11, 16~18, 28, 30, 141
공립학교 393
농업 108, 328
느긋한 양육 152~156
소득 격차 110, 137, 175
아동의 독립성 71, 85
자유로운 교육 30
전통적인 성역할 105
조세와 재분배 179, 180
학교 시스템 109, 334, 335
독재형 양육 방식 48~53
강요 78
부모의 지속적인 감시 79
불평등 증가와 더불어 증가 171
사회적 보수주의 267~269
쇠퇴 245~248, 256~258, 269~
274, 434
인종 213
자녀의 학력 199~202
종교성 258~260
체벌 (“체벌” 항목 참조)
프랑스와 스페인 165, 166
돈부시, 샌포드 59
동류 짝짓기 208, 209. 215, 227
동아시아의 육아 접근 방식(“중국계 미
국인 타이거 맘” 항목 참조)
듀젠베리, 제임스 47
드 모스, 로이드 241
드 보부아르, 시몬 111
디킨스, 찰스 322

ㄹ

라로, 애넷 198
라이히, 빌헬름 11
라켈, 페르난데스 287
러셀, 버트런드 111
러시아 143, 245, 423
레이건, 로널드 112
렌달, 미셸 284
렌스키, 게르하르드 166
로드리게스 모라, 호세 115
《로마 제국의 성인과 아동》242
로봇화 259, 443, 447
로젠, 셔윈 416
로크, 존 242, 243
루빈, 제리 116, 117
루빈스타인, 윌리엄 386
루소, 장 자크 243, 244, 251, 253
리스콧-하임스, 줄리 93, 99
린들리, 조앤 114

ㅁ

마라노, 해라 에스트로프 92, 93, 99
마오쩌둥 22, 23, 401
마친, 스티브 114
마카오 122, 404
마틴, 존 54
만, 호레이스 245
매코비, 엘리너 54
매키, 앨리슨 18
맬서스, 토머스 249, 321~323
멕시코 122, 166, 397
모과나무집 250
모그스태드, 마그네 209

몬테소리, 마리아 244
문화적 전승과 학습 286~288
미국인 시간사용조사(ATUS) 94, 98

ㅂ

바싯, 자파르 209
바움린드, 다이애나 48, 51, 53, 54, 57, 58, 72
바트코프스키, 존 260
바흐, 요한 제바스티안 336, 337
반권위주의 운동 111, 116
반덴브루크, 기욤 347
반응적 양육 72
방임적 부모 54, 102, 127
버네트, 조이스 280, 281
번스, 주디스 97
법치 184~187
베르가, 조반니 250, 251
베버, 막스 381
베블런, 소스타인 373
베이비붐 시기 38, 315, 319, 344~351, 355
베커, 게리 43, 44, 47, 67, 324, 360
벨기에 18, 122, 423
보서럽, 에스터 278, 279, 301
복종 48~51, 54, 56, 139, 162, 165~ 168, 171, 175, 202, 203, 222, 239, 245, 247, 251, 256~258, 260, 269, 270, 312, 422, 424, 426, 427, 430, 436
본성 vs. 양육 83~85
부모의 교육 수준 87, 128, 134, 175, 189, 222, 295
　　결혼 격차 207, 227

대학원 133
동류 짝짓기 209, 215, 227
　　아동의 계층 상향 이동 199~202
　　육아 격차 218~220
　　젠더 간 격차 208~209
　　한부모 가정 206~208
《부의 복음》 383
부자, 제이슨 192
브라질 166, 256, 258
브로카우, 톰 90
브루클린 자유 학교 55
비관여형 부모 125, 195, 196, 199, 200, 213
　　자녀의 학력 126~128, 130~134, 202
비노브스키스, 마리스 253, 259
비반응적 양육 72
비에데만, 토마스 242
비올란테, 지안루카 115
비인지적 기술 83, 84, 223, 232
비트 세대 111
빈곤 12, 23, 46, 108, 192, 193, 214, 221, 321, 322, 443, 444, 452
빈곤의 덫 218~221

ㅅ

사르트르, 장 폴 111
사벨예프, 피터 231
사회적 계층 이동성 32, 63, 191, 193, 219, 221, 228, 388, 434, 441, 442, 449, 452
　　미국 199~202
　　영국 202~205

사회적 계층("계급 기반 사회" 항목 참조)
사회적 보수주의 267
사회적 자본과 민주주의 17
산아제한 307, 308
    가족 규모 316
산업혁명
    교육의 확대와 출산율 저하 331~336
    이전의 사회계층 39, 248, 249, 364, 365
    이후의 양육 변화 330, 339~344
    이후의 성역할 변화 280
살버그, 파시 415
상상력 93, 94, 139~144, 156, 163, 165, 167, 168, 184, 188, 251, 258, 259, 269, 403, 408, 422, 424, 427, 433, 435, 436
샤러, 줄리안 14, 155
서비스 분야 일자리 222, 284
설득 57, 77~82, 85~87
성격의 유전적 영향 83
성취 격차 211~214, 453
성역할 38, 277~281, 288, 289, 294~297, 300, 312, 437
세계가치관조사(WVS) 138, 139, 143~145, 158, 161, 163, 165~172, 188, 189, 247, 258, 262~267, 293, 297~299, 411
    개인별 데이터 분석 167~168
    불평등 증가 168~171
    소득 불평등의 효과 171~176
세계은행 182, 185
세샤르디, 아난스 285

세서도트, 브루스 355
소득변화패널연구(PSID) 260, 293
소렌티, 주세페 14, 232
수평적 교수법 423, 429
슐레이퍼, 안드레이 423
스웨덴 19, 20, 21, 22, 36, 39, 60, 144, 147~152, 169, 177, 188, 230, 265, 276, 308, 358, 449
    독재형 양육의 쇠퇴 245~248
    소득 불평등 23, 26, 35, 113, 173, 174, 175
    학교 시스템과 장래가 막중하게 걸려 있는 시험 417~422, 429
스위스 19~22, 26, 36, 87, 120, 147, 152, 171, 185, 190, 276, 423, 434
    느긋한 양육 22, 152~156
    아동 행복도 144, 143
스쿨러, 카르미 222
스타인버그, 로런스 60
스턴, 아리엘 355
스토레스레튼, 크예틸 115
스페인 11, 17, 51, 95, 171, 182, 188, 353, 423, 445
    독재형 육아의 잔류 165, 166, 175, 245~248
    소득 불평등 141, 169
승산비 128~130, 261
승자독식 문화 30
시간 사용 219
    베이비붐 344~347
    성역할의 변천 285, 288, 289
    양육 방식 94, 196, 198
    양육의 미래 447

시간의 기회비용 347, 348
시어스, 윌리엄 237, 238
신체적 학대 50

ㅇ

아고스티넬리, 프란치스코 232
아기온, 필립 115
아동 돌봄
　본성 대 양육 83~85
　아이에게 쓰는 시간 195~199
　위험 행동 59
　이타주의와 온정적 개입주의 9,
　66~70, 73
　집약적 양육과 양육 시간 사용 증
　가 94~100
　한부모 가정 206~209
아동 사망률 151, 337, 339
아동 양육 보조 147, 148, 229, 230, 357,
358
"아동기의 역사" 241
아동노동 38, 45, 317, 326, 327~330,
339, 342~346
　교육 증가와 아동노동 감소 331~
　336
아동발달보충연구(CDS) 260, 293
아들 키우기와 딸 키우기
　20세기 여성 경제활동 참가율 증가
　282~285
　교육과 시간 사용의 변화 288~292
　국가 간 비교 297~304
　기술 변화와 성역할의 변천 279~
　282
　미래 437~439

성역할 구분의 경제적 뿌리 278~
279
성혁명 이전과 이후의 아동 성교육
305~308
양육 방식 274~277
정치적 결과 308~312
학습과 문화 전승 286~288
아리에스, 필리프 241, 241
아메리칸 드림 442
아시아
　독립성의 강조 142
　독재형 양육의 쇠퇴 245~248
아타나시오, 오라치오 86
애거시, 마이크 50, 51, 61
애거시, 앤드리 50
애쓰모글루, 대런 115
앨간, 얀 423
《약골의 나라: 침투적 양육의 높은 비
용》 93
양육
　계급 기반 사회("계급 기반 사회"
　항목 참조)
　느긋한 양육 145~147, 152~156
　목적과 제약 조건 44~47
　미래("양육의 미래" 항목 참조)
　반응적 대 비반응적 양육 72
　빈곤의 지속 221~227
　사회적 계층 이동성 202~205
　아들 대 딸("아들 키우기와 딸 키
　우기" 항목 참조)
　양육 전환의 정치적 결과 339~344
　종교성에 따른 국가 간 양육 차이
　263~267

집약적 양육("집약적 양육" 항목 참조)

헬리콥터 양육("헬리콥터 양육" 항목 참조)

양육에 대한 역사적 관점

가족 규모 314~317

복종과 경제 발선 256~258

부모-자녀 관계 241, 249, 279

사회적 보수주의 267~269

전통 사회와 독립성의 가치

종교성과 양육 방식 258~260

체벌 369, 396, 397

출산 선택 317~323

현대 경제에서 독립성의 투자 수익 증가 251~255

양육의 경제학 28, 35, 37, 43, 136~138, 155, 161, 163, 188, 199, 252, 289, 440

개인적인 경험 16~18

경제 불평등이 위험 행동에 미치는 영향 74~77

목적과 제약 조건 44~47

복종 256~258

아동의 '질' 323~327

양육의 미래 439~440

육아의 사회·경제적 격차 195~199

헬리콥터 양육 134~135

양육의 미래

경제학적 접근 439~440

낙관적 측면 449~452

소득 불평등 432~434

시간 배분과 케인스의 예측 446~448

양육의 덫 94, 221~228, 444

벗어나기 위한 정책 228~234

《에밀》 243

에이카, 래시 109

엘리슨, 크리스토퍼 260

여권/여성의 권리("젠더" 항목 참조)

여성의 노동시장 참여율 증가 282~286

역할 모델 200, 217, 224, 232, 294, 296, 297, 300, 437, 438, 440

영국

계층 이동성 202~205

과잉육아의 확산 156~158

귀족층 363, 364, 372~376, 383~386

노동자 계급 367~372

사회계층 363~367

산업혁명 이후 양육의 변화 339~341

아동 사망률 337, 338

아동 행복도 145

아동노동 331~333

중산층 가치의 전 산업사회적 뿌리 376~381

영국 가구패널조사(BHPS) 59, 204

영유아 대상 개입(ECI) 프로그램 230, 452

오바마, 미셸 217

오바마, 버락 217

온정적 개입주의 9, 66~70, 72, 73

올리베티, 클라우디아 287

와인버그, 브루스 86

요루코글루, 메흐메트 285

《우리 아이들: 빈부 격차는 어떻게 미래 세대를 파괴하는가》193
워싱턴, 에보냐 309
웨일, 데이비드 326
위스너, 웬디 90
위험 행동과 경제적 불평등 74~77
위험 회피 77, 83
윌리엄(스), 알렉스 443
유니세프 144
유럽
　교육에 대한 투자 수익 181~183
　느긋한 양육 문화 145~156
　독립성의 강조 142
　독재형 육아의 쇠퇴 245~248
　소득 격차 137, 138, 141, 142
　아동의 행복 144, 145
유한계급 39, 373, 376, 387
《유한계급론》373
융, 카를 111
이샤이, 마오즈 348
《이중 언어의 강점》18
2차 대전 중 여성의 노동시장 참여 증가 283
이타주의 66, 73
이탈리아 11, 17, 27, 28, 30, 92, 95, 98, 103, 103, 110, 113, 122, 141~143, 148, 150, 156, 175, 182, 185. 246, 250, 253, 292, 353, 392, 395, 398, 423, 445
이혼 105, 206~209, 227, 283, 310, 445
인구 전환 16, 323, 326, 333, 336, 339, 354, 440
《인구론》321
인권 보호 184~187

인내/끈기 232, 377~380, 382, 384, 385, 387, 428
인종
　결혼 시장 214~218
　사회적·경제적 불평등 210~214
　일본 39, 142, 147, 162~164, 171, 175, 188, 245, 247, 344, 353, 397, 423, 424, 430
　장래가 막중하게 걸려 있는 시험과 독립성의 강조 409~412
잉마르, 베리만 49

ㅈ

자녀의 학력
　양육 방식 199~202
　집약적 양육 187, 188
자야찬드란, 시마 304
자유 의지 29
자유주의적인(허용적인) 교육 모델 20, 36, 37, 55, 56, 69~71, 106, 107, 112, 399, 433, 436
장래가 막중하게 걸려 있는 시험과 학교 시스템 401, 412
　스웨덴 417~422
　역사적 변천 396~400
　일본 409~412
　중국 401~408
　프랑스 423~428
　핀란드 412~417
전국 아동·청소년 장기추적조사 1997년 (NLSY97) 124~128, 130~134, 195, 200, 204~207, 213
전통 사회 250, 251, 435

성별 역할 278, 279
전통주의에 대한 공격 27
점유자 프리미엄 254, 255
정부 제도의 질 184
정책적 개입 12, 32, 37, 40, 195, 228, 441, 449. 450
정치적 성향
    아들 키우기와 딸 키우기 309, 310
    양육 방식 267~269
정치적 제도와 양육의 전환 339~344
제인스, 브루스 55, 68, 71
젠더
    결혼 시장 불균형 206~209
    교육 격차 209
    분업("성역할" 항목 참조)
    양육 방식과 아동의 젠더 293~297
    임금 격차 285~286
조세 35, 229, 233, 388, 452
    누진세 32, 190, 451
    양육 방식의 재분배적 효과 35, 147, 176~180
종교성
    미국에서 종교가 미치는 영향에 대한 실증 근거 260~263
    쇠퇴 436
    양육 방식 165, 166, 258~260
종교적 권위와 규율 239~245
종합사회조사 308
주거지 분리("경제적 불평등" 항목도 참조) 192, 228, 444~446
중국 18, 22~24, 39, 92, 120, 143, 147, 172, 188, 303, 322, 395, 397, 422, 429, 430, 440

경쟁과 장래가 막중하게 걸려 있는 시험 401~412, 415
    집약적 육아 158~164
    한 자녀 정책 353, 358~362
〈중국 교육 연간 보고서〉 407
중국계 미국인 타이거 맘 61, 91
중산층
    공동화 441~444, 446
    중산층 가치의 전 산업사회적 뿌리 376~381
지식의 제약 46, 64, 85~87
진, 케유 361
질리보티, 파브리지오 11, 17, 19, 46, 76, 80, 82, 92, 115, 142, 161, 206, 253, 401, 403, 438
    1970년대 학교의 성별 교육과정 차이 276
    국가별 학교 교사들의 체벌 사용 차이 238, 398
    어린 시절 27, 28, 100~104,
    자녀 18, 20, 36, 148~152, 230, 272, 274, 275, 392
집약적 양육 61, 71~77, 89, 90, 94, 99, 109, 118, 136, 138, 139, 143, 155, 164, 189, 190, 194, 195, 201, 223, 226, 229, 361, 387, 395, 400, 409, 429, 430, 441, 443, 444, 448
    금지 대 설득 77~82
    사회계층의 상향 이동 119~124, 202~205, 225
    중국의 양육 방식 158~162

ㅊ

차오, 루스 61
처칠, 윈스턴 385
1980년대 히피 대 여피 112~118
체벌 19, 24, 37, 50, 62, 79, 86, 87, 107, 165, 166, 220, 221, 237, 238, 239, 245~247, 254, 261, 270, 272, 273, 369, 396~398, 433, 453
추아, 에이미 91, 92, 132, 156, 158, 159, 162
추크메인, 타하 361
출산율
　가족 규모 314~317
　미래 440
　베이비붐 시기 319, 344~351
　사망률이 출산 선택에 미친 영향 336~339
　산업화와 교육의 확대로 인한 출산율 저하 331~336
　시간의 기회비용 347, 348
　아동의 '질'과 출산의 경제학 323~327
출산 선택의 역사 317~323
칠레 122, 166

ㅋ

카네기, 앤드루 383
카훅, 피에르 423
캐머런, 데이비드 156, 157
캐슬, 칼 253, 259
케리, 태니스 93, 99
케인스, 존 메이너드 446, 448
쿠, 애니타 59

쿠지엠코, 일리야나 304
콘, 멜빈 222
키어니, 멜리사 199
킨더만, 파비안 14, 357
킹, 켄달 18

ㅌ

타이거 맘 11, 61, 90, 93, 132, 136, 145, 156, 159, 433
"타이거 맘의 정반대" 55
탁 웡 찬 59
터키의 조세와 재분배 179~180
터틸트, 미셸 14, 302, 310, 311
토머스, 던컨 213

ㅍ

퍼트넘, 로버트 17, 193, 444
페르난데스-빌라베르데, 헤수스 307
페리 어린이집 프로젝트 231
페이러, 제임스 355
포글리, 알레산드라 287
포르투갈 122, 145
퓨 리서치 센터 271
프란치스코 교황 270
프랑스 22, 39, 120, 137, 353, 355, 395
　독재형 육아의 잔류 165, 166, 182, 188, 245, 246
　소득 격차 141, 171, 175
　수직적 교수법 423~429
프랑크푸르트 학파 111
프로스트, 앙투안 254
프로이트, 지그문트 111, 399
《프로테스탄트 윤리와 자본주의 정신》

381

프롬, 에리히 111

프리쳇, 랜트 316

플럼, 존 240

플루타르코스 240

피케티, 토마 208, 441

핀란드 39, 120, 144, 169, 171, 429

    낮은 압박과 학업 성취 412~417

    스웨덴 학교 시스템과의 비교 417~423

핀토, 로드리고 231

ㅎ

하이먼, 어윈 260

하잔, 모세 348

학교 시스템("장래가 막중하게 걸려 있는 시험과 학교 시스템" 항목 참조)

학교의 또래집단 효과 21, 126, 224, 392

한국 120~122, 147, 323, 395, 397

한부모 195, 198, 206~209, 214, 229, 387, 452

합계출산율 95, 316, 318, 319, 359, 360

    2차 대전 동안과 그 이후 344~351, 353, 354

해슬러, 존 115

허스트, 에릭 198, 199

허용형 양육 19, 26, 27, 36, 48, 53~57, 60, 68, 70, 72, 75, 79, 88, 93, 111, 125, 139, 143, 155, 167, 168~171, 173, 175, 177, 179, 182, 185, 187, 188, 189, 195, 196, 200, 204, 205, 244, 254, 256, 258, 262~268, 270~272, 293, 295, 298, 299, 412, 424, 435

    긍정적, 부정적 의미 54, 55

    네덜란드 145~147

    더 행복하고 독립적인 아이들 81

    독일과 스위스 152~156

    불평등 증가와 허용형 양육의 쇠퇴 117, 181, 247

    비용 80

    성공에 대한 개념 73, 74

    자녀의 학력 130~134

    학교 교수법의 변화 396~400

헝가리 122

헤드 스타트 프로그램 231

헤크먼, 제임스 84, 230, 231, 452, 453

헨델, 게오르크 프리드리히 252

헬리콥터 양육 11, 22, 26, 36, 88, 90, 99, 117, 136, 138, 156~158, 174, 187, 188, 206, 433, 435, 440

    경제적 뿌리 134, 135

    정의 16, 89

호프먼, 애비 116

혼전 성관계 250, 305, 308

    노동자 계급 371

홈스쿨링 98, 99, 160

홍콩 120, 122, 323, 360, 401, 403, 404

〈화니와 알렉산더〉 49

환경

    본성 대 양육 논쟁 83~85

    양육 격차 223~225

    환경이 아동 돌봄에 미치는 영향 70~73

기울어진 교육
부모의 합리적 선택은 어떻게
불평등을 심화시키는가?

마티아스 도프케,
파브리지오 질리보티 지음
김승진 옮김

초판 1쇄 2020년 03월 19일 발행
초판 3쇄 2021년 01월 20일 발행

ISBN 979-11-5706-192-1 (03330)

만든사람들

기획편집	신원제
편집도움	양선화
디자인	곽은선
마케팅	김성현 김규리
홍보	고광일 최재희
인쇄	한영문화사

펴낸이	김현종
펴낸곳	(주)메디치미디어
경영지원	전선정 김유라
등록일	2008년 8월 20일
	제300-2008-76호
주소	서울시 종로구 사직로 9길 22 2층
전화	02-735-3308
팩스	02-735-3309
이메일	medici@medicimedia.co.kr
페이스북	facebook.com/medicimedia
인스타그램	@medicimedia
홈페이지	www.medicimedia.co.kr

이 도서의 국립중앙도서관 출판예정도서목록(CIP)은
서지정보유통지원시스템 홈페이지(http://seoji.nl.go.kr)와
국가자료종합목록시스템(http://www.nl.go.kr/kolisnet)에서
이용하실 수 있습니다. (CIP제어번호: CIP2020009008)